"福建省'十三五'中小学名师名校长培养工程丛书"编委会

（福建教育学院培养基地）

丛书主编：郭春芳

副 主 编：赵崇铁　朱　敏

编 委 会：（按姓氏笔画排序）

　　　　　于文安　杨文新　范光基　林　藩　曾广林

名校长卷

主　　编：于文安

副 主 编：简占东

编　　委：陈　曦　林文瑞　林　宇

名师卷

主　　编：林　藩

副 主 编：范光基

编　　委：陈秀鸿　唐　熙　丛　敏　柳碧莲

福建省『十三五』
名校长丛书

在思想自觉中办学

——福建省"十三五"小学名校长培养人选办学思想录

主　编：于文安

副主编：陈　曦

厦门大学出版社

XIAMEN UNIVERSITY PRESS

国家一级出版社
全国百佳图书出版单位

图书在版编目(CIP)数据

在思想自觉中办学：福建省"十三五"小学名校长培养人选办学思想录/于文安
主编.—厦门：厦门大学出版社，2021.8
（福建省"十三五"名校长丛书/郭春芳主编）
ISBN 978-7-5615-8287-9

Ⅰ.①在…　Ⅱ.①于…　Ⅲ.①小学—校长—人才培养—福建　Ⅳ.①G627.1

中国版本图书馆 CIP 数据核字(2021)第 127003 号

出 版 人	郑文礼
责任编辑	郑　丹

出版发行　**厦门大学出版社**

社　　　址	厦门市软件园二期望海路 39 号
邮政编码	361008
总　　　机	0592-2181111　0592-2181406(传真)
营销中心	0592-2184458　0592-2181365
网　　　址	http://www.xmupress.com
邮　　　箱	xmup@xmupress.com
印　　　刷	厦门集大印刷有限公司

开本	720 mm×1 000 mm　1/16
印张	32.75
插页	2
字数	532 千字
版次	2021 年 8 月第 1 版
印次	2021 年 8 月第 1 次印刷
定价	98.00 元

本书如有印装质量问题请直接寄承印厂调换

厦门大学出版社
微信二维码

厦门大学出版社
微博二维码

◎ 总　序

　　"百年大计，教育为本；教育大计，教师为本。"教师队伍建设是教育质量提升的关键。2018 年，中共中央、国务院印发《关于全面深化新时代教师队伍建设改革的意见》，吹响了新时代教师队伍建设改革的集结号，提出教师队伍建设改革的目标是"到 2035 年，教师综合素质、专业化水平和创新能力大幅提升，培养造就数以百万计的骨干教师、数以十万计的卓越教师、数以万计的教育家型教师"。福建省委、省政府牢记习近平总书记"福建没有理由不把教育办好"的殷切嘱托，以高度责任感、使命感，坚持教育优先发展，始终将建设一支师德高尚、业务精湛、结构合理、充满活力的高素质专业化教师队伍作为基础工作，出台了一系列政策措施，激发广大教师投身教育综合改革的积极性、主动性、创造性。福建省教育厅为打造基础教育高层次领军人才队伍，实施"强师工程"核心项目——中小学名师名校长培养工程，旨在培养一批在省内外享有盛誉的名师名校长，促进我省教育高质量发展。

　　"十三五"期间，福建教育事业紧紧围绕"新时代新福建"发展战略，坚定不移走以提升质量为核心的内涵发展之路，着力推动规模、质量和效益的协调发展，努力让教育改革发展成果更多地惠及民生，让人民群众有更多的获得感。2017 年，省教育厅会同财政厅启动实施了"十三五"中小学名师名校长培养工程，在全省遴选培养 100 名名校（园）长、培训 1000 名名校（园）长后备人选、100 名教学名师和 1000 名学科教学带头人。通过全方位、多元化的综合培养，造就一批师德境界高远、政治立场坚定、理论素养深厚、教学能力突出（治校能力突出）、教学风格鲜明（办学业绩卓越）、教育视野宽阔、富有开拓创新精神、在省内外有较大影响力的名师名校长,为培育闽派教育家型校长和闽派名师奠定基础,带动和引领全省中小学教师队伍建设,为推进我省基础教育优质均衡发展、办好人民满意教育,为"再上新台阶、建设新福建"提供有力的人才保障。

为扎实推进福建省"十三五"中小学名师名校长培养工程,保障实现预期培养目标,福建教育学院作为本次名师名校长培养工程的主要承担单位,自接到任务起,就精心研制培养方案,系统建构培训课程,择优组建导师团队,不断创新培养方式,努力做好服务管理,积极探索符合名师名校长成长规律的培养路径,确保名师名校长培养培训任务高质量完成,助力全省名师名校长健康成长,努力将培养工程打造成全省乃至全国基础教育高端人才培养示范性项目。

在培养过程中,我们从国家战略需求、学校发展需求和教师岗位需求出发,积极探索实践以"五个突出"为培养导向,以"四双""五化"为培养模式的基础教育高端人才培养路径。其中"五个突出":一是突出培养总目标。准确把握目标定位,所有培养工作紧紧围绕打造教育家型名师名校长而努力。二是突出培养主题任务。2017年重点搞好"基础性研修",2018年重点突出"实践性研修",2019年重点突出"个性化研修",2020年重点抓好"辐射性研修"。三是突出凝练教学主张(办学思想)。引导培养对象对自身教学实践经验(办学治校实践)进行总结、提炼、升华,用先进科学理论加以审视、反思、解析,逐步凝练形成富含思想和实践价值、具有鲜明个性的教学主张(办学思想)。四是突出培养人选的影响力与显示度。组织参加高端学术活动,参与送培送教、定点帮扶服务活动,扩大名师名校长影响。五是突出研究成果生成。坚持研训一体,力促培养人选出好成果,出高水平的成果。

"四双":一是双基地培养。以福建教育学院为主基地,联合省外高校、知名教师研修机构开展联合培养、高端研修、观摩学习。二是双导师指导。按照理论联系实际原则,为每位培养人选配备学术和实践双导师。三是双渠道交流。参加省内外及境外高端学术交流活动,积极承办高水平的教学研讨活动,了解教育前沿情况,追踪改革发展趋势。四是双岗位示范。培养人选立足本校教学岗位,同时到培训实践基地见学实践、参加送培(教)活动。

"五化"：一是体系化培养。形成"需求分析—目标确定—方案设计—组织实施—效果评估"的培养链路，提高培养专业化、精细化、科学化水平。二是高端化培养。重视搭建高端研修平台，采取组织培养人选到全国名校跟岗学习、参加国内高层次学术会议和高峰论坛、承担省级师训干训教学任务等形式，引领推动名师名校长快速成长。三是主题化培养。每次集中研修，都做到主题鲜明、内容聚焦，坚持问题导向和结果导向，努力提升培养的针对性和实效性。四是课题化培养。组织培养对象人人开展高级别课题研究，以提升理性思维、学术素养和科研水平，实现从知识传授型向研究型、从经验型向专家型的转变。五是个性化培养。坚持把凝练教学主张（办学思想）作为个性化培养的核心抓手，引导培养人选提炼形成系统的、深刻的、清晰的教育教学"个人理论"。

　　通过三年来的艰苦努力，名师名校长培养工作取得了显著成效，积累了丰硕成果，达到了预期目标。名校长培养人选队伍立志有为、立德高远的教育胸襟进一步树立，办学理念、政策水平和管理能力进一步提升，立功存范、立论树典的实践引领能力进一步提高，努力实现名在信念坚定、名在思想引领、名在实践创新、名在社会担当。名师培养人选坚持德育为先、育人第一的教育思想进一步树立，教书育人责任感、使命感和团队精神进一步强化，教育理论素养进一步提升，先进教育理念进一步彰显，教育教学实践和创新能力进一步增强，独特教学风格和教学主张逐步形成，教育科研和教学实践均取得了丰硕成果。一是专项研究深。围绕教学主张或教学模式出版了 38 部专著。二是成果级别高。84 位名校长人选主持课题 130 项，其中国家级 6 项；发表 CN 论文 239 篇，其中核心 16 篇；53 位名师培养人选主持省厅级及以上课题 108 项，其中国家级 7 项；发表 CN 论文 261 篇，其中核心 81 篇。三是奖项层次高。3 位获 2018 年教育部基础教育国家级教学成果奖二等奖；15 人获得 2017 年、2018 年福建省基础教育教学成果奖，其中特等奖 3 位、一等奖 7 位、二等奖 5 位；1 位评上国家级"万人计划"教学名师；34 位培养人选评上正高级职称教师；13 位获"特级教师"称号；2 位获"福建省优秀教师"称号。四是辐射引领广。开设市级及以上公开课、示范课 203 节；开设市级及以上专题讲座 696 场；参加长汀帮扶等"送培下乡"活动 239 场次；指导培养青年骨干教师 442 人。

　　教育是心灵的沟通，灵魂的交融，思想的碰撞，人格的对话，名师名校长应该成为教育的思想者。在我省名师名校长培养对象即将完成培养期时，福建教育学院培养基地组织他们把自己的教学（办学）思想以著作的形式呈现给大家，并资助出版了"福建省'十三五'名校长丛书""福建省'十三五'名师丛书"，目的就是要引领我省中小学教师进一步探究教育教学本质，引领我省中小学校长进一步探究办学治校的规律，使名师名校长培养对象成为新时代引领我省教师奋进的航标，成为办人民满意教育的先行者。结束，是下一阶段旅程的开始，希望我省名师名校长培养对象不忘立德树人初心，牢记为党育人、为国育才使命，积极投身新时代新福建建设，为福建教育高质量发展再建新功。是为序。

福建教育学院党委书记、教授、博士

郭春芳

2020 年 8 月

序

福建省"十三五"中小学名校长培养工程，是福建省中小学校长培训高端项目，也是福建省委省政府为民办实事项目。该项目的实施，旨在响应习近平总书记"福建没有理由不把教育办好"的殷切期盼，致力于培养造就一批在全省、全国有影响力的教育家型校长，打造新时代优质特色学校，为"再上新台阶、建设新福建"提供有力的智力支撑。福建教育学院作为唯一承担我省中小学名校长培养任务的培养单位，一直以"建设一支政治立场坚定、理论素养深厚、治校能力突出、办学业绩卓越、教育视野宽阔、富有开拓创新精神的名校长队伍"为努力方向和追求目标。

以"凝练校长的办学思想"为主线进行培养，是培养教育家型校长的一条有效途径。具有明确的办学思想是校长作为学校发展顶层设计者必备的素质，是实现学校内涵发展的必然要求，是校长是否有影响力的标志，是教育转型期对校长提出的新课题，也是培养教育家型校长的必由之路。只有凝练出自己的办学思想，才能使校长建立起系统的教育哲学，才能在办学实践中登高望远、思路明晰，才能在纷繁复杂的教育变革中从容地把握机遇、迎接挑战。

培养工程自2017年5月9日启动后，项目团队按照"突出理论提升、突出个性培养、突出学校改进、突出思想凝练、突出示范引领、突出成果生成"的培养要求，完成了5次省内外集中研修，组织了10批次的省外名校跟岗学习，开展了70余次的学习共同体活动，参加了1场办学思想报告会和1场全国优秀中学校长教育思想研讨会，启动了帮扶长汀县8所中小学的教育帮扶活动，举办了2次主题鲜明的校长论坛和4场办学思想报告会，组织了2场名校长培养人选办学思想专著出版论证会等，对名校长培养人选进行系统培养，为他们走向"教育家型校长"奠定了坚实的理论基础。

来自八闽大地的84位中小学校长经过这几年的不懈努力，教育理论素养全面提升，创新实践能力全面加强，个人专长更加凸显，特色风格更加鲜明，办学思想更加明晰，示范辐射更加广泛。培养期间，84 位校长对自己的办学思想进行了系统梳理凝练，均完成了个人办学思想报告。这些报告分别从形成背景、内涵解析、体系建构、理论支撑、实践探索和未来展望等方面对个人的办学思想及实践进行了系统阐述，形成了比较完整的理论体系并都经过了学校实践检验。

为更好地增强名校长培养工程的示范辐射引领作用，项目团队将部分名校长培养人选的办学思想报告集结成《在文化自觉中办学——福建省"十三五"中学名校长培养人选办学思想录》和《在思想自觉中办学——福建省"十三五"小学名校长培养人选办学思想录》两本文集，分别收录了 35 位中学名校长培养人选和 46 位小学名校长培养人选的办学思想报告。这些校长成长经历不同，所在学校地域不同，学校发展历程不同，取得办学成效各异，但从这些精彩纷呈的报告中，相信每一位校长都能在这些凝练的办学思想和丰富的办学实践中得到启示，从而在自己的办学治校实践中加以借鉴，扩大视野，进而提高自己的理论水平和实践能力。

于文安

2020 年 12 月

目录

01. 陈　坚　"品·智教育"办学主张的探索与实践 ⋯⋯⋯⋯⋯⋯ 001

02. 林　莘　容爱智创，向上向善 ⋯⋯⋯⋯⋯⋯⋯⋯⋯⋯⋯⋯⋯ 011

03. 方晓敏　正气立德　蕴秀树人 ⋯⋯⋯⋯⋯⋯⋯⋯⋯⋯⋯⋯ 021

04. 林　武　"智善教育"的行与思 ⋯⋯⋯⋯⋯⋯⋯⋯⋯⋯⋯⋯ 032

05. 洪丽玲　教育，是一种成全
　　　　　——福州市宁化小学"成全教育"办学主张及实践 ⋯ 043

06. 林兆星　生态教育：为"儿童的发展"奠基 ⋯⋯⋯⋯⋯⋯⋯ 052

07. 林　彤　"同异教育"促校园异彩交辉 ⋯⋯⋯⋯⋯⋯⋯⋯⋯ 063

08. 李　斌　"天籁教育"的探索与实践 ⋯⋯⋯⋯⋯⋯⋯⋯⋯⋯ 074

09. 何宝群　多彩教育
　　　　　——让每一个孩子拥有绚烂多彩的童年 ⋯⋯⋯⋯⋯ 089

10. 刘玉斌　依"和"而长　因"和"而美 ⋯⋯⋯⋯⋯⋯⋯⋯⋯ 101

11. 林华强　生命因成长而美丽
　　　　　——"儿童生命成长的教育生态"办学思想论述 ⋯⋯ 113

12. 许昱钒　儒雅教育办学理念及实践 ⋯⋯⋯⋯⋯⋯⋯⋯⋯⋯ 122

13. 叶秀萍　差异教育促进最优发展 ⋯⋯⋯⋯⋯⋯⋯⋯⋯⋯⋯ 134

14. 易增加　唯美教育　向美生长
　　　　　——"唯美教育"办学思想的建构与实践 ⋯⋯⋯⋯⋯ 145

15. 邵永红　心本教育：让学校"立"起来 ⋯⋯⋯⋯⋯⋯⋯⋯⋯ 158

①

16.　黄锦英　适性教育办学思想与实践探索 ……………………………… 170

17.　赵　璟　为儿童办学校 …………………………………………………… 181

18.　张宏伟　创新育人模式，谱写"生命成长"教育新篇章 …………… 193

19.　吴顺国　启明教育　启航未来 ………………………………………… 203

20.　曾旭晴　阳光教育办学思想的实践与探索 …………………………… 213

21.　何君虹　人格教育：培育健全人格，发展多元智能 ……………… 224

22.　蔡晓芹　和谐育人　幸福有成 ………………………………………… 236

23.　苏伟毅　兰质教育：追求有价值与品质的教育 …………………… 246

24.　吴珍梅　办孩子喜欢的学校 …………………………………………… 258

25.　王恭礼　践行幸福教育　奠基幸福人生 …………………………… 270

26.　林丽卿　积极教育
　　　　　　——为学生终生幸福奠基 ………………………………… 281

27.　陈素霞　沐春教育：让教育与成长如沐春风 …………………… 291

28.　罗耀辉　致真教育　引领发展 ………………………………………… 301

29.　吴章文　润君养正　融和致远
　　　　　　——立德树人导向下君子人格培育的探索与实践 …… 312

30.　李泽华　践行适趣教育　奠基学生成长 …………………………… 324

31.　潘　玲　"润泽"教育　让师生生命有光泽
　　　　　　——"润泽"教育的办学思想凝练 ………………… 337

32.　邓小华　生命拔节教育 …………………………………………………… 347

33.　林朝煌　让每一天都阳光正好
　　　　　　——"阳光教育"办学思想的实践与探索 …………… 357

34. 张丽芳　和而不同　达人雅志
　　　　　　——和雅教育办学思想的构建与探索 ················ 369

35. 龚朱红　创·见教育，且思且行向未来 ···················· 381

36. 杨邦清　"绿色教育，知行合一"办学思想 ·············· 393

37. 林　勇　和乐教育：和而不同，各得其乐 ·············· 404

38. 陈理晋　"金拇指"赏识教育办学思想探索与实践 ······ 416

39. 黄志忠　厚植文化　助力发展
　　　　　　——启元教育文化的构建与实施 ·················· 425

40. 刘添昌　让每个孩子拥有自己的精彩
　　　　　　——"丰·彩教育"办学思想探索与实践 ········ 437

41. 翁日尔　为新时代培育贤人 ···························· 448

42. 陈　谨　青为大美，圆润万方
　　　　　　——霞浦四小"青苹果教育"办学思想与实践 ···· 458

43. 陈妙洪　"品质教育"办学主张及实践 ················ 472

44. 朱晓华　让平和润泽童年 ···························· 482

45. 余清华　多元和合　润泽花开
　　　　　　——"和润教育"办学思想的构建与实践 ········ 494

46. 林彩英　大家学园
　　　　　　——汇聚所有美好 ···························· 504

01

"品·智教育"办学主张的探索与实践

◎陈 坚

【作者简介】

陈坚，男，福建省福州人，中小学正高级教师，特级教师，教育硕士。福建师范大学附属小学原校长，现为福建省福州实验小学党总支书记、校长，福建师范大学公共管理学院硕士生导师，福建教育学院兼职教授。福建省首批中小学教学名师，福建省"十三五"小学名校长培养人选。

福建师范大学附属小学（以下简称福建师大附小）遵循"自强不息"的校训，在"品·智教育"的办学主张引领下，努力"把学生培养成品德好、基础实、思维活、兴趣广、能健体、会审美，初步具有创新精神和实践能力的小学毕业生"。

一、办学主张

小学阶段不仅是学生知识、能力等素养积累的初始阶段，也是品质、意志和世界观的奠基时期。作为一所拥有深厚底蕴的百年名校，福建师大附小努力围绕"立德树人"这一根本任务进行校本表达，面对日新月异的社会环境提交具有学校特色的答卷，在妥善传承的基础上实现守正出新。这不仅需要争办一流教育的决心，还需要改革创新的理念、开阔的眼界及锐意进取的实践行动。福建师大附小根据学情、校情凝练了"品·智教育"的办学主张，以品德培育与智慧教育双线发力，构建学校育人体系。学校注重形塑学生"品之本"：将日常规范细节全落地，借助双德育百优项目的合力作用，关注全时空家校共同育人。学校助力学生"智之启"：通过前瞻未来、谋划全局，以顶层设计锚定育人目标；指向主体、着眼生态，以质量检测锁定教学实效；多方联动，生态共美，以教育新模式辐射引领。紧扣德育之本，重视智育之启，学校致力于把围绕"品·智教育"办学主张搭建的育人体系建设成为一个持续生发、发展、联结的生态系统。

二、理论体系

（一）"品·智教育"的理论依据

1. "品·智教育"的基本内涵

"品·智教育"办学主张的提出是基于新时代背景下落实"立德树人"根本任务的校本表达。其对应的是中国传统文化的瑰宝"知行合一"。在中国古代传统文化中，知行关系是一对非常重要的关系，历代思想家、哲学家、教育家均对这个问题进行过论述与探索。像孔子、孟子、朱熹等，都对知与行的先后、知与行的高低、知与行的难易等方面有过相关论述。而王阳明对知行的关系实现了一种超越，提出了"知行合一观"。按照王阳明的观点，"知行合一"的内涵可以概括为：知与行是不可分割的一体；知与行不分先后，知就应行，行就应知，有知才有行，有行才有知；知行合一是人的内在的自然表现，不是由外在力量所推动。

"品·智教育"提出了"智以品为本，品启智求真"的哲学辩证思维，其实质指向于"品智合一"，即道德品质与智力能力的合一，智中有品，品中有智，"品智一体"，"品智并行"，同进同退，没有先后之分，没有高低之差，没有难易之别。

2. 党和国家的政策依据

习近平总书记于 2018 年教师节在全国教育大会上曾提出："要在加强品德修养上下功夫，教育引导学生培育和践行社会主义核心价值观，踏踏实实修好品德，成为有大爱大德大情怀的人。"同时强调："在党的坚强领导下，全面贯彻党的教育方针，坚持马克思主义指导地位，坚持中国特色社会主义教育发展道路，坚持社会主义办学方向，立足基本国情，遵循教育规律，坚持改革创新，以凝聚人心、完善人格、开发人力、培育人才、造福人民为工作目标，培养德智体美劳全面发展的社会主义建设者和接班人，加快推进教育现代化、建设教育强国、办好人民满意的教育。"

习近平在党的十九大报告中指出：努力让每个孩子都能享有公平而有质量的教育，实现教育内涵式发展。

习近平在"学校思想政治理论课教师座谈会"上指出，青少年阶段是人生的"拔节孕穗期"，这一时期心智逐渐健全，思维进入最活跃状态，最需要精心引导和栽培。"蒙以养正，圣功也。"就是说青少年教育最重要的是教给他们正确的思想，引导他们走正路。思政课是落实立德树人根本任务的关键课程，思政课作用不可替代，思政课教师队伍责任重大。

《关于深化教育教学改革全面提高义务教育质量的意见》的基本要求中提出：树立科学的教育质量观，深化改革，构建德智体美劳全面培养的教育体系，健全立德树人落实机制，着力在坚定理想信念、厚植爱国主义情怀、加强品德修养、增长知识见识、培养奋斗精神、增强综合素质上下功夫。坚持德育为先，教育引导学生爱党爱国爱人民爱社会主义；坚持全面发展，为学生终身发展奠基；坚持面向全体，办好每所学校、教好每名学生；坚持知行合一，让学生成为生活和学习的主人。

以上相关政策对小学教育既提出了品德修养教育，也提出了科学的教育质量观，为"品·智教育"办学主张的架构提供了理论依据。

3. 国内关于品德教育与传授知识关系的研究

观点一：传授知识和思想品德教育共同存在于教学过程中。教学过程中不仅要传授知识，同时还要形成学生的世界观和道德品质的基础，以及促使学生的兴趣、爱好、情感、态度、性格等的发展。知识是对客观事物的认识，思想品德则是在认知过程中对客观事物的态度和形成的个性心理，两者是同一事物的两个侧面。在教育教学过程中，传授知识与思想品德教育相统一，有利于实现学生身心全面可持续发展。

观点二：传授知识与思想品德教育是相互渗透的。学生是在认识客观世界的过程中形成自己的态度，这就需要思想品德教育的保证。在传授知识过程中渗透思想品德教育，培养学生良好的学习态度、习惯和良好的意志品质，养成文明行为习惯。

观点三：传授知识与思想品德教育具有差异性。虽然传授知识和思想品德教育共同存在于教学过程，但是，同一教学过程中的两个不同侧面并不能完全同步平衡发展，必然出现"智高德劣"或"德优智低"的现象。

"品·智教育"办学主张的提出正是正确认识思想品德教育与传授知识之间的同一性、差异性，我们才能做到在传授知识时，不断挖掘思想品德教育的要素；在思想品德教育中，又不缺乏知识能力的培养，从而做到有理有据，以理服人，避免空洞说教，努力做到教书育人，实现全面贯彻党的教育方针，提高教育质量。

4. "品·智教育"的实际意义

"品·智教育"办学主张具体表现为：品为本，品行、品格、品味。品行端正，静雅有礼，诚信友善；品格优秀，刻苦学习，勇于探索；品味高雅，热爱祖国，勇于奉献。智为要，知识、能力、创新。基础扎实，思维敏捷，求实创新。学校的办学主张以发展为目的，所以需要不断地实践，在实践中发展。在具体实践中培养孩子的品德和才能，在品德和才能发展提高的过程中，引导孩子通过反思促进自身品德和才能的改进，如此循环往复以使孩子在各方面均得到不断成长。实施"品·智教育"，让每个孩子都成为一名实践者，自己的行为自己做主，在实践中学习，在实践中成长，在实践中提升，让每一个生命蓬勃向上。

（二）学校文化体系的架构

1. 文化体系

校训：自强不息。

校风：文明　勤奋　活跃　创优。

办学主张（理念）："品·智教育"——智以品为本，品启智求真。

学风：乐学　乐思　求真　求实。

教风：仁爱　乐教　严谨　创新。

培养目标：把学生培养成品德好、基础实、思维活、兴趣广、能健体、会审美，初步具有创新精神和实践能力的小学毕业生。

教师道德准则：爱国守法，依法执教；爱岗敬业，恪尽职守；关爱学生，教书育人；为人师表，淡泊名利；严谨笃学，终身学习。

办学目标：高质量　创特色　争一流。

学校发展理念：重文化，谋发展；重实际，创特色。

共同愿景：办值得回忆的优质教育。

2. 文化体系缘起于校训

福建师大附小的学校文化体系的整体架构缘起于学校的校训。我们知道，一所学校的校训是学校文化的核心和灵魂，是广大师生所遵守的行为准则和道德规范，是学校对办学理念、指导思想、办学特色、培养目标的概括，其所承载的是一个学校的历史和文化底蕴，能较好地概括学校的整体价值追求；是学校精神的集中体现，堪称学校的精髓和灵魂。校训对内可以影响和规范师生的言行举止和行为方式，体现学校的教育教学理念，引领学校的办学思路和发展方向；对外则作用于社会文化和文明理念，彰显学校精神。

福建师大附小作为一所拥有深厚底蕴的百年名校，在长期的办学中形成了"自强不息"的校训，意在传承学校创办百年以来始终奋发图强、积极向上的精神，表达了面对日新月异的社会环境，不断改革创新、锐意进取，争办一流教育的决心；更充分体现我国传统文化"博大精深、源远流长"的精髓。"自强不息"出自《周易》："天行健，君子以自强不息。"其意是天上的日月星辰是不分昼夜、永恒运动的，人应效法天，积极进取，永不停息。自强，即自己努力向上；息，停止。"自强不息"蕴含着独立自主、发奋图强、不断进取的精神，集中体现和深刻反映了中华民族致力于实现富强、民主、文明、和谐的价值目标，坚持自由、平等、公正、法治的价值取向，以及弘扬爱国、敬业、诚信、友善的价值理念。福建师大附小校训"自强不息"旨在期冀广大师生发奋图强，励精图治，卧薪尝胆，永不松懈，彰显全校上下共同追求、践行的精神境界。校训"自强不息"是学校生命力、凝聚力、感召力的主要体现，在加强校园文化建设、促进学校发展、铸造师生灵魂中有不可替代的作用。

3. 文化体系架构的五大原则

遵循全局性、前瞻性、全员性、浸润性、主体性五大原则。

三、实践探索

福建师大附小围绕立德树人这一根本任务，根据学情、校情凝练出"品·智教育"办学主张，以品德培育与智慧教育双线发力构建学校育人体系。

（一）育人之初心，形塑学生"品之本"

学校育人体系建设围绕"立德树人"，指向培养学生的"核心素养"。小学行为养成教育是人生的奠基工程，任何人在其成长过程中，都会在各方面形成自己的习惯。福建师大附小在行为养成教育方面（品德培育）积累了丰富的实践经验，推行的"静雅校园"活动与"雏鹰争章树美德"活动取得了良好的效果。

1. 德育百优项目双合力

行为养成教育有利于促进学生的身心健康成长，有利于营造积极向上的校园氛围，有利于推动社会的和谐有序发展。在加强日常行为规范养成的基础上，培养学生德育品质还需要以具体活动为平台，有目标、有层次、有反馈地保障育人效果。福建师大附小在考虑到教育教学规律和儿童身心发展规律的基础上结合已有的德育工作经验，进行了小学生行为养成教育的有益实践，形成了以"先锋雏鹰树美德"和"静雅校园，做静雅、文明、有礼的附小人"两项省德育百优示范项目为基础格局的德育全景课程体系，发挥全体教师的教育力量，加大家校共育的力度，不断将德育百优双项目活动推向深入。

2. 时空浸润家校共育人

对学生的品质养成，应重视家校合作，共同指向学生的人格成长。因此，学校的另一项省德育百优活动"雏鹰争章树美德"，就是通过制定先锋雏鹰美德养成手册——"我成长，您点赞"模块，充分调动家校中的多方参与者的积极性和主动性，实现家校合力。手册记载"我的美德行动"，让学生关注自己的成长历程，班主任、科任教师、大队委、值周班级均可以点赞肯定学生的美德细节，实现对话式德育评价。家长根据家中表现情况进行点赞反馈，通过集赞的方式，学生以直观、量化的方式感知成长，并通过合理范围内的争赞比赛激励学生做静雅、文明、有礼之人。

立德树人不能仅仅局限于学校范围，还需要充分挖掘各种德育资源。因此，学校重视开展多样的跨学段少先队活动课程、研学活动，丰富学生的校园文化生活，涵养学生的品质。学校围绕"社会主义核心价值观"主题广泛开展各种少先队活动，包括结合传统节日、纪念日开展丰富多彩的养成教育系列活动；校读书节、艺术节、科技节、体育节、劳动节等大型主题活动，为学生提供展示才华的舞台，激发学生的创造力。同时，我们还精心组织春秋两季以社会实践为主要内容的研学活动及海外游学、访学等假期研学项目，通过带领学生参与多彩而富有意义的活动，增长见识、开阔眼界，同时获得对生活意义与价值的启发。

（二）育人之核心，助力学生"智之启"

课程建设是学校发展的助推器，更是学校办学主张是否落地的试验田。在新时代的背景下，课程建设的核心价值追求应是"立德树人"，而培养学生的核心素养应是学校构建与实施新课程体系的价值引领与行动指南。近年来，福建师大附小努力围绕立德树人打造校园文化，以培养学生的核心素养为导向，遵循全局性、前瞻性、全员性、浸润性、主体性五大原则，将培养"品德好、基础实、思维活、兴趣广、能健体、会审美，初步具有创新精神和实践能力的小学毕业生"作为学校的育人目标。构建并实施"智慧—生长"生态型校本课程体系，更加注重培育学生良好的综合素质和创新实践能力，全面促进学生核心素养的培养与学校的可持续发展。

1. 通过前瞻未来、谋划全局，以顶层设计锚定育人目标

福建师大附小在进行课程体系的顶层设计时，坚持本土化、系统化和综合化，探索并实践了国家统一课程计划背景下的基于学生需求、教师发展、学校特色的三级课程，构建了集学科课程、活动课程、综合课程等多种课程类型于一身的"智慧—生长"生态型课程体系（见图1）。

```
┌─────────────────────────────────┐
│            课程体系              │
└─────────────────────────────────┘
                ↓
┌─────────────────────────────────┐        ┐
│      国家课程（主干课程）        │        │
└─────────────────────────────────┘        │
                ↓                           │ 三
┌─────────────────────────────────┐        │ 级
│            地方课程              │        │ 课
│      （拓展）   （延伸）         │        │ 程
├─────────────────────────────────┤        │
│   校本课程（五大领域课程）       │        ┘
└─────────────────────────────────┘
```

社会与生活	文学与艺术	数学与科学	英语与国际理解	体育与健康
校史教育	艺术节	科技节	英语节	春季、秋季体育节
爱国爱党教育	读书节	人工智能教育	英语戏剧社	篮球社
爱家乡教育	班级读书会	数学思维拓展	海外游学	足球社
静雅活动	绘本阅读	诺贝尔实验室	英语绘本阅读	围棋社
班级值周	书法绘画篆刻	科技社团	英语自然拼读	啦啦操
研学旅行	乐器	航模社团	国际小讲坛	健康加油站
少先队活动	才艺小课程	信息技术应用	世界文化介绍	心理辅导
专家论坛	文艺社团	专家讲坛	专家讲坛	医护社团
……	……	……	……	……

奠定基础　拓展视野　关注个性

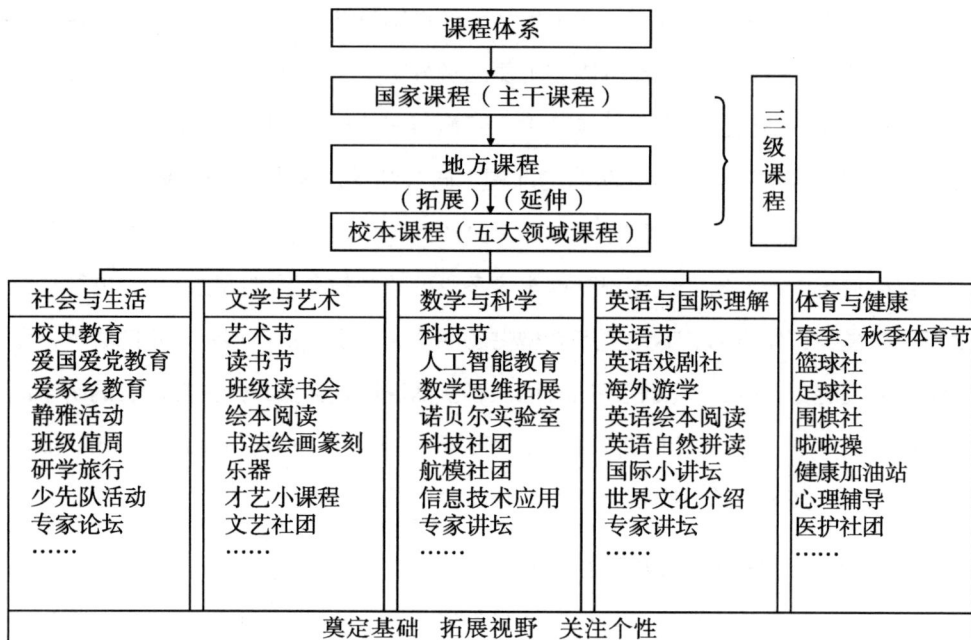

图1　福建师大附小"智慧—生长"生态型校本课程体系

福建师大附小将课程结构确立为"学科课程、兴趣活动和主题学习"三级。学校的三级课程体系从酝酿到确立，进行了理论上的准备、时间上的积淀和实践中的试验，从宏观走向微观，从零散走向系统，不仅确保了国家课程的充分落实，还注重使校本课程适应校情。随着实践经验的不断积累，学校对校本课程的内涵建设有了更明晰的认知，认识到校本课程内涵建设主要指向以下三个范畴：一是关注学生主体发展，课程的打造、运行、优化都应该以生为本，适性扬才；二是指向未来的综合能力，促进逻辑思维能力、融通能力的培养等；三是重视实践反馈优化，以动态发展的观点进行校本课程建设，在实践中注重反馈并有针对性地进行调整升级。

基于本校的人才培育目标，学校制定了三大课程目标：奠定基础、拓宽视野和关注个性。奠定基础，是指以国家课程为主干，为学生从小奠定品格基础、健康基础和学业基础；拓宽视野，是指以五大领域课程（社会与生活、文学与艺术、数学与科学、英语与国际理解、体育与健康）为平台，发展学生的学科视野和世界眼光；关注个性，是指通过五大领域课程，有效关注学生的特殊需要与兴趣特长。

2. 指向主体，着眼生态，以质量检测锁定教学实效

为了避免校本课程的泛化和碎片化，学校从两个方面着手：一是强调依托校训、学校育人目标及各个年级素养的连续性，筛选出适合学生发展需求的校本课程；二是关注校本课程的结构与质量，将开设的校本课程联结成具有延续逻辑关系的课程结构，以此促进学生获得有价值的整体经验。拓展课程主要分为三类：一是学科拓展类，如语训（语文）、杨辉数学（数学）、诺贝尔科学实验室（科学）；二是强身健体类，如篮球、啦啦操、健康加油站（即体能锻炼）；三是多彩兴趣类，如围棋、茶道、篆刻、葫芦丝等。顺应时代发展潮流，学校还起步开展了人工智能启蒙教育，面向未来育人。

学校充分挖掘校内外资源，形成了"本校师资＋福建师大师生＋专业人士＋优质机构"的四方师资。一是发挥本校教师专长。二是依托福建师大师生资源。三是积极引入优质的校外资源。群策群力，多方协同完善课程师资队伍建设。

四、未来展望

福建师大附小作为福建省首批基础教育改革示范校持续推进育人体系建设，学校塑造起了具有附小鲜明特色的育人品牌，内涵建设迈上了一个新台阶。学校以此为基础，并借助德育项目、课程建设与外部环境合作的契机，充分发挥了学校作为省属重点小学及省基础教育改革示范校的辐射、引领和示范作用。目前，学校已与福州高新区第一中心小学、龙岩上杭古田中心小学、龙岩学院附属小学、福建师大东侨实验小学等结成教育教学联盟，通过输出经验、共享成果、互动交流、推动创生等，探索实践并推动联盟校共同建构育人新模式，分享育人新样态。为此学校得以在校内、校际寻找到新的生发点与发展空间，实现示范与交流并行、互动与创生共生。期待四所学校经由联盟发展成为一个更为上位的适合各校师生发展的新生态育人系统，实现了多校联动，示范与交流并行。这样的区域交流、校校协同、资源共享、联动优化，有效拓展了育人的生态外延。

智以品为本，品启智求真。福建师大附小将"品""智"双线并行，全面构

建"智慧一生长"生态型课程体系，以自身的育人体系建设实践提交具有师大附小特色的经验表达。学校后期发展将坚持以"高水平、有特色、乐园式发展"为宗旨，以"快乐"为特色，积极实施"乐、能、创"等创新教育，精心打造"乐园式""品·智教育"特色学校，强化"乐园式""品·智教育"的理论体系：一个中心——让每一位学生都快乐地获得最大的发展。两个原则——让学生个性充分发展、让学生拥有快乐童年。三种策略——快乐是一种文化，打造人文校园；读书是一种快乐，打造书香校园；和谐是最大的快乐，打造和谐平安校园。学校努力"把学生培养成品德好、基础实、思维活、兴趣广、能健体、会审美，初步具有创新精神和实践能力的小学毕业生"，为实现"办值得回忆的优质教育"的美好愿景而不懈努力。

02

容爱智创，向上向善

◎林 莘

【 作者简介 】

林莘，女，福建福州人，特级教师、福建省杰出人民教师、正高级教师、福建省首批名师、福建省首批学科带头人、教育部国培专家库专家、福建省政府督学、福建省"林莘名师工作室"领衔名师、福建省语文学会小语专委会副会长、全国名师专业发展研究会第一届专业委员会副主任。福州教育学院第四附属小学原校长、书记，现为融侨赛德伯学校总校长、书记。福建省"十三五"小学名校长培养人选。

教学主张是教育实践的思想武器，是教育创新的根本动力所在。如何总结办学主张，是每一位校长应当高度重视的问题。多年来，我们通过丰富的办学实践，结合福州市教育学院第四附属小学（以下简称"四附小"）的实际情况，提炼出容爱教育的办学主张。

一、办学主张

（一）提出背景

21 世纪以来，我国基础教育迅猛发展，如何在党的指导下，汲取东西方先进的教育思想，开创有中国特色、地方文化特征的办学主张，成为每一位校长应当积极思考的重要问题。我认为，作为新建小学，需要对学情、校情深入分析。经过考察，我认为卢梭的自然主义教育契合我校校情，可将之融入中国办学实际，将之置于中国特色的马克思主义教育思想框架下，结合习近平新时代中国特色社会主义思想核心要素，进而提炼为容爱教育的办学主张。

（二）理论内涵

容爱教育的办学主张尤其是其厚重的理论内涵，概括而言，体现在"容"与"爱"两个维度。"海纳百川，有容乃大"是我国近代民族英雄、福州先贤林则徐的至理名言，展示他的宽广胸襟和大爱精神；"爱是阳光""培养一个有爱心的孩子"是中国儿童文学奠基人、中国现代女文学家、福州名人谢婉莹的"博爱"心声。我们把蕴涵着中华民族传统美德中"容"和"爱"的理念加以传承，作为四附小办学"立校树魂"的根本宗旨，在全校师生中倡导"容爱精神"：包容个性差异、宽容成长偏颇、兼容多元志趣；"容"就是大爱，有了爱就有了一切。我们办学就是要从爱孩子的视角出发，关注孩子的生命成长，以孩子的未来成才为己任。

（三）理论渊源

容爱教育的理论渊源是自然主义教育哲学。从自然主义教育哲学出发，在容爱教育的办学主张下，始终坚守学生本位（儿童中心）。"学生中心还是学科中心"几乎是世界各国在历次课程改革中要解决的首要问题。自然主义课程理论对此的鲜明主张是，必须以学生为中心。学生中心的理论特点是由自然主义课程理论的前提假设所决定的。自然主义教育理论认为教育的终极追求是人的成长和发展，必须置于教育场域的中心。容爱教育恪守自然主义教育理论这一核心原则，将学生的发展置于一切思考的出发点。

哲学视角的"自然性"是指人的自然性，主要是人与其动物祖先的动物性不无历史联系但融入了文化因子的、在人的实体性存在中体现出来的带有自然色彩的人的属性。在对人的自然性问题的阐释上，马克思曾做出一个精辟的分析："人不仅是自然存在物，而且是人的自然存在物，就是说，是自为地存在着的存在物，因而是类存在物。他必须既在自己的存在中也在自己的知识中确证并表现自身。……历史是人的真正的自然史。"我们坚信，只有回归学生、尊重学生，才能回归教育本质，并共同与学生开创丰富学习快乐体验的教育生命叙事空间。

二、理论体系

容爱教育的理论体系是在办学实践过程中不断完善和丰富的，并将和谐向善校园构建作为重要的追求维度。"善"有"美好"之意，"尽善尽美""止于至善"是中华民族千百年来薪火相传的追求。爱是人间最美好的情感，"仁者爱人"是人间最美好的行为，所以爱就是善。在2015年"六一"国际儿童节时，习近平总书记以"向上向善"来勉励全国少年儿童，我们遵循习总书记教诲，以"容爱"理念建构和谐向善校园。具体而言，容爱教育在理论谱系分析上可以归纳为以下两个维度，并在两个维度上有具体表征。

（一）多向关爱教师，孕育教师爱生挚情

一切教育观可以归结为教师观、学生观、教学观的三合一，教师观是教育观的基础和关键。从容爱教育的办学主张出发，我们坚信，教师是否受到关爱和尊重对教育具有先导性的影响。"将心比心"是人之常情，只有充分感受被人爱，才会充满爱他人的激情。每个教师只有在学校能处处感受到被关爱，才会发自内心去挚爱学生。这是一种"爱"的传递，是"爱心共振"的心理现象。我校教师来自五湖四海，不少还是刚走出高校之门、离开父母初上讲台的年轻教师。相聚在四附小是一种缘分，他们需要学校领导给予关爱。为此，我们首先将"容爱"之情惠及全体教师。

1. 业务上关怀

教师，尤其是青年教师在工作岗位上最关心的是自身的专业成长，以适应与时俱进的教育教学工作需求，从而获得成功感，增强自信心，激发进取心。我们理解教师这一情感意向，努力予以满足，以表达我们的关爱。为此，我们对不同发展阶段的教师予以不同的支持，创造不同的条件促进他们的成长与发展。给青年教师以学习空间、受导条件和锻炼机会；给五年以上教龄的教师以培训机会、磨课辅导和观摩研讨平台；给骨干教师以展示风采、指导新师和外出竞赛等空间，让每位教师都能感受到学校对他们专业成长的关爱。

2. 生活上关心

学校坚持人性化理念，重视创造条件，关心教师在校工作时间的物质生活和精

神生活，在政策范围内改善教师的午餐、午休，关注特殊困难教师的特殊需求；在娱乐休闲方面，校工会常组织丰富多彩的活动，让教师课余时间放松心情；在精神生活方面，启迪教师以实现四附小目标追求为理想，以我是四附小人为骄傲，激发教师昂扬斗志。

3. 平等中垂范

"一视同仁"是教师感受爱的重要标准。为此，学校三位领导和全体中层干部，在学校教学教研工作中全部"身先士卒"担任学科教学，"官兵平等"地承担教学观摩、课题研究，垂范引领教师爱岗敬业，扎根实践。在"身先"与"平等"中发现与感受教师的勤奋与敬业，及时予以表彰激励，潜移默化地让教师感受与体验领导的关爱与呵护，进而"将心比心""感受爱心"，移情于爱校、爱岗和爱学生。尤其是不断孕育"爱生"之情，并在工作中将自己的爱心充分地在学生身上挥洒，真正做到让校园处处充满爱的阳光。

（二）全面关爱学生，激发学生向善热情

学生观是教育观的另一个维度，是构建教育思想的本质内核所在。在容爱教育的教育主张下，学生是教育思考的出发点，应该成为教育和教学活动的关键考量。学生是学校教师的教育对象，也是学校教师关爱的主体。促进学生健康向善成长是教师对学生的最大关爱。学生之间存在个性差异，学生成长存在指向偏颇，学生喜好存在多元志趣，因此，我们爱学生既需要教师的爱心引领，包括细心观察、精心引导、耐心等待和恒心坚持，又需要根据学生特点，化爱为容，以容为爱。即要求每个教师在各自岗位上包容学生个体差异，宽容学生成长偏颇，兼容学生多元志趣，从而让每个学生都能从中感受到教师的爱。为此，我们采取如下措施：

1."规范"引领学生向善

优质学校，必须培养具有自觉行为规范和良好学习习惯的学生群体，这是引领学生向善的基石。我们在办学伊始就十分重视在"规范"引领方面为学生向善发展奠基，开展"与礼同行"教育与训练，"与爱同行"的滋润与调控，"与美同行"的启迪与熏陶。在"三同行"的规范教育中既展示教师对学生"四心"之挚爱，又萌

发学生对学校与学习的热爱，从中培养学生良好的行为规范和学习习惯。学校就在师生间爱的互动、爱的共鸣、爱的和谐共振中共同主动向善，持续向善，天天向上，从而构建和谐向善校园。

2. 环境熏陶学生向善

环境是重要的教育资源。儿童是在与环境互动中获得发展的。为此，我们在办学过程中精心创设引领学生向善的主题环境，既给学生以美的心灵熏陶，又给学生以善的文化启迪，还从中规范学生爱护环境、优化环境的行为习惯，充分发挥环境培育学生善心、善行的功能，从而构建和谐向善校园。

我校环境创设包括"容爱广场""容爱楼道""容爱场馆""容爱教室"四个部分，其中"容爱楼道"的文化气息最浓，也最有特色。我们的"容爱楼道"集中展示"榕·龙·融·荣"文化特色，给学生以向善的浓郁熏陶。我们充分发挥学校教学楼道宽敞的优势，在一楼，"榕的生命"和爱家乡——以榕城美景和优秀文化传统为主题，用色彩鲜艳、构思独特、造型优美的画面展示福州榕阴苍翠、茉莉飘香、海洋浩渺、船政壮观和诱人美食、"三宝"传统，展示三山、二塔一条江的地域传统特色，给学生以家乡的情感熏陶。在二楼，"龙的文化"和爱祖国——以中华龙的传统文化特色为主题，不仅图文并茂，而且投放实物模型，让学生能欣赏又能活动，如楚河汉界与黑白子的国棋——象棋与围棋实物与巨大模型，展示京剧脸谱、敦煌石窟、民族服饰、古筝编钟、水墨国画、汉字演变、民间舞蹈等，给学生以爱国情感的熏陶。在三楼，以"融的文化"和"融入世界，拥抱未来"为主题，辟有太空探索、机器人、海底世界等科学探究环境……定期更换环境内容来拓宽学生视野，引导学生走向世界、拥抱未来，给学生以爱科学、向往未来情感的熏陶。在四楼，则以"荣的行动"为主题，开辟校史室引导学生自我展示善行风采，通过明星靓影和制作成果，诱发学生创新思维，体现学生自身价值。两层楼道环境由学校统一创设，留有足够的空间，鼓励学生用自己设计、自己制作的作品来充实美化，以展示他们是环境创设与保护小主人的情怀与自信。

3. 活动锻炼学生向善

小学生向善不仅存善念、会善言，更应要求能善行。而善行通过各种活动实践来锻炼与体现，做到知行融合、以善为荣。学校通过"三多一充足"：开设多项活动项目，开辟多种活动渠道，开发多方活动指导资源，提供充足活动实践，引领与锻炼学生向善本领——活动中遵守规则之善、活动中爱护物品之善，活动中相互尊重之善、活动中团结协作之善、活动中礼貌交往之善……学校通过"明星榜"予以表彰激励，使学生善行得到充分肯定，成为同伴效行的榜样，从而让学校向善的风气更加浓郁，学校的校风更加纯净。

三、实践探索

在容爱教育的办学主张框架下，我们探索出"容爱智创，向上向善"的办学实践特征，并不断在前进道路上加以完善与拓展。概括而言，上有上方、上位之意，延伸为前景、前程，转寓为发展、成长。向上主要指向着美好的前景发展、成长。毛泽东同志的"天天向上"就是此意，习近平同志的"向上向善"也是此意。它既勉励孩子们健康成长，又鞭策学校教育工作者要促进孩子们健康成长。

四附小虽是新办校，但定位起点高。我们通过学校、教师树立"向上"目标，进行向上探索，促进学生向上成长。为此，五年来我们做了如下努力：

（一）课堂翻转的智创行动

课堂翻转的智创行动主要体现为建构"学习共同体"本土化的课堂形态：四附小 2012 年建校，2013 年，在省名师培训班中，我接触了台北秀山小学践行日本佐藤学倡导的"学习共同体"的改革实践，为其"安静润泽的课堂、专注倾听的交流、主动积极的合作和串联回归、伸展跳跃的学习过程与效果"所折服与震惊，敬佩之余产生学习与迁移的冲动，立即向该校林文生校长深入了解。回校后，领导班子共同做出决定，四附小要加盟佐藤学教授的"向上"载体与途径，让四附小的课堂实现教与学的翻转，从而引领四附小的学生真正主动学习，四附小教师的专业素养"向上"成长，四附小教学质量"向上"提升。五年来，在教育局领导大力支持下，在林文生校长与佐藤学教授的热情指导下，在省市教育专家余文森、鲍道宏等教授的关心下，在全校教师的共同努力下，我们立足校情进行的探索正有序深入、有效推进，在本土化过程中体现我校教师的教育智慧和创新精神，我们称之为"智创"行动，我们初步的智创成果是：

（1）确立了"学习共同体"本土化改革的指导思想。变革课堂师与生、教与学的关系，培养学生既自主又协同的学习能力，激发课堂学习活动，提高课堂学习效果，促进教师专业成长。

（2）形成了"学习共同体"本土化的课堂范本形态：

①以聆听为核心的"聆听—对话"式学习方法。

聆听，首先指教师要善于聆听学生心声，在理解学生、发现学生中启迪学生，要以聆听为主要教学手段；其次指导学生要专注倾听同伴表达，在互相倾听、互相启迪、互相合作、互相帮助中共同成长；同时还要在倾听中加强沟通，提高学习能力。

②以"四环节"为主线的协同学习范式，即个人自主学习—同伴倾听交流—大组对话串联—回归伸展跳跃。

③多"因"制宜、灵活实施、力求有效的本土化原则。多因主要指大陆与台湾地区，以及日本存在的多方面差异而成为影响有效性的因素，所以不能完全照搬日本或台湾地区的"学习共同体"，学习范式必须因学科特点差异、教材容量与要求差异、学生年段差异、师资强弱差异、实践时段差异等因素灵活实施，"灵活"是本土化形态的特点，如此才能保证"学习共同体"的效果与效率。

（3）转变课堂学与教的行为。"学习共同体"的课堂上，学生学习思考、倾听交流活动的时间超过一节课的50%，从而保证了学生成为学习的主体，也让学生有充分的时空围绕所学的核心问题进行深刻思考与讨论交流，消除碎片化接受学习因素，使思维的时间得到保证，思维的广度与深度得到拓展，增强了有效学习能力的向上发展。

转变学习行为的同时，也转变了教师的教学行为，教师必须从尊重学生主体的理念出发，学会在课堂上认真倾听，在倾听中了解学生学习特点，理解学生学习思路，发现学生学习障碍，进而有针对性地予以启迪引领、鼓励、表彰，激发学生主动学习、协同合作的积极性。这个过程中，教师悟出的"学习共同体"本土化方法方式的操作要领和灵活机制，促进了教师自身专业成长的向上发展。

（二）教师教研的智创模式

"学习共同体"本土化的实践探索，倒逼了教师教研模式的转型。教师在这个过程中充分发挥智慧，创造出有效的新模式：

1. 开放课堂研讨

为让教学研讨普适化，我们一改教学观摩的单一模式，从校领导做起，开放课堂，让教师自由进入课堂听课，而后交流研讨；每个教师都以开放的态度，欢迎其他教师随时进班听课，每个教师也都主动到别班听课。

2. 倡导观察研讨

一改平时听课老师坐在教室后面观察教师教学的行为，倡导教师坐在学生小组旁边观摩学生学习行为，从中分析研究学生学习过程的心理状态、思维特点、倾听能力与交流沟通，反过来思考教师教学行为的得与失、改与创。

3. 提升观摩或研讨

将传统的定期观摩研讨跟平时的随机观察研讨相结合，鼓励教师从观察学生学习的角度入手，去思考教师教的得失，从中研因析果，反思调控，从而提高观摩研讨的实效性。

（三）课程设置的智创改革

我们在坚决全面实施国家课程的同时，根据"学习共同体"协同学习的特点和学科教学要求的差异，对每周课程开设的节数与时间进行智慧创设，每节课时间调整为 30 分钟，以增加每周时数，根据学科特点，设计长短课——长课为两节连上，计 60 分钟，短课则以 30 分钟为准，这就为语文、数学、英语增长课时提供了条件，但总学时保持不变。30 分钟的课时设置又倒逼教师要深入钻研教材，把握教学重点，在教学过程中剔除无效环节、累赘语言和低效提问，从而优化教学过程，创设"简约有效"的课堂，提高教学效果。

（四）教材内容的智创处理

我们要求教师在集体备课时发挥智慧，根据教学时间缩短的特点，对教材内容进行深入导读与分析，创造性地删繁就简，集中时空突破教学重点，以适应"合作共同体"的学习需求，如：语文学科采取"单元教学""教材归类""群文阅读"等方式创造性地处理教材。

（五）校本课程的智创设置

为拓展学生知识视野，发展学生多元智能，培养学生综合素质和实践能力，满足不同志趣、不同个性、不同发展水平学生的"向上"需求，我们建校伊始就在狠抓团体课程、课堂教与学改革的同时，大力开发校本课程。四附小的校本课程包括各学科课外拓展课程，传承中华优秀文化的国学课程、地方发展特色的乡土课程和普及现代科技的科普课程、发展学生才艺的艺术课程、健体健心的健康心理课程和增强学生生存能力的生活课程等，这其中多数是综合实践活动课程的校本化，共148项，校本课程以兴趣小组、社团活动的形式让学生自行选择、自行组合、自主招募，学校借助省市高校、校外机构艺术团体等有相关特长的师资力量及高校学生志愿者给学生以具体指导，以提升校本课程学习质量。

（六）传统节日主题活动的智创开展

活动是学生"向上向善"发展的不可或缺的载体，我校德育工作除了通过规范引领、环境熏陶、课程创设之外，很重要的渠道是活动锻炼，除了上述多形式开展的综合实践活动之外，我们还重视充分发挥各种传统节日主题活动来培养学生综合素质，引领学生"向上向善"。传统节庆活动包括元旦迎新"我又长大了"的主题活动，拗九节的孝敬父母感恩主题活动，清明节怀念革命先烈主题活动，植树节绿化环境主题活动，五一"劳动光荣"主题活动，六一"幸福成长、阳光少年"主题活动，七一"永远跟党走"主题活动，九月教师节"感谢师恩"主题活动，国庆节热爱伟大祖国主题活动，重阳节敬老主题活动，"十·一三"少先队建队纪念日活动……还有校园读书节、艺术节、科技节、体育节、"班班有歌声"、"班班有美展"，开学典礼、闭学典礼、毕业典礼，升旗仪式"国旗下讲话"、阳光少年评选，等等，都精心设计、精心准备，以学生为主体，形式多样、生动活泼地开展。传统节日主题活动可以使学生从中渗透思想品德教育，培养学生"爱"的思想感情，锻炼学生实践能力，促进学生"向上向善"。

四、未来展望

福州教育学院四附小五年办学历程，时间虽短，但实践丰富，我们牢记习总书记"向上向善"的教诲和"我们期盼有更美好的教育"的殷切嘱咐，创字当头，行稳致远。在各级领导关心支持下，在全体教师共同努力下，沿着学校定位的宏伟目标，在追求教育梦想的道路上成长壮大。今后，我们还要继续奋斗探索，砥砺前行，向上向善。未来将力图在如下三个维度展开探索：

（1）强化与国内外顶尖学术机构合作对接，试图构建U–S–G（大学、中小学、政府）三方强联动的合作生态，让孩子们成长有党和政府的亲切关怀，又同时有名师引领。

（2）探索与国际教育生态对接，将教育写在中国大地上，构建有中国特色、中国气派的基础教育生动案例，同时又具有开阔国际视野，培养具有良好社会主义道德素养的优质小学生。

（3）在立德树人维度持续发力，构建核心素养扎实的师生共同成长联盟。牢固确立容爱教育的核心主张，不断结合校情进行深化，使得师生皆在学校获得丰富而难忘的教育生命体验。

总之，路漫漫其修远兮，吾将上下而求索，我们将持续在各级领导和专家指导下，不断探索和丰富四附小的办学实践，将容爱教育发展成具有浓厚本土特色的优质教育思想体系。

03

正气立德　蕴秀树人

◎ 方晓敏

【作者简介】

方晓敏，女，福建福州人，正高级教师、特级教师，现为福州教育学院附属第二小学校长、书记，全国三八红旗手，省杰出人民教师，福州市第十三届政协委员，福州市优秀人才，福州市劳动模范，福建省书法家协会副秘书长，福建省"方晓敏书法名师工作室"领衔名师，全国首批跨世纪名师工程学员，全国名校长、骨干校长学员，福建省优秀教师，省优秀德育工作者，"佐藤明雄"教育奖获得者，省新长征突击手，省星星火炬奖章获得者，省职工艺术家，省学科带头人，福建省高级专业技术职务评审委员，省市骨干校长、教师培训导师，福建省"十三五"小学名校长培养人选。

一、办学主张

（一）书院文化　薪火相传

鳌峰书院开办于 1707 年（康熙四十六年），作为福州古书院之首，办学卓有成效，培养出一批批优秀学子才俊，获誉"东南文薮""东南第一学府"。1711 年（康熙五十年），皇帝御赐"三山养秀"匾额，称赞鳌峰书院为福州（三山）培养享誉八闽、名扬海内外的优秀人才。这让致力于传承鳌峰书院优秀传统的福州教育学院附属第二小学（以下简称"二附小"）师生引以为傲。

正秀教育以中国优秀传统文化"蒙以养正"和鳌峰书院特色文化"三山养秀"为基本理念。"正"指的是正志、正德、正行、正格、正心。"秀"包括秀雅、秀智、秀能、秀艺、秀劳、秀心等。"三山名府，养正蕴秀"高度凝练了二附小的办学主张，意在让二附小学子从小树立远大志向，经历内正德行、温蕴气质、外秀才艺的育人过程，从而成长为具备未来社会发展所需求的必备品格和关键能力的优秀人才。

（二）养正滋兰　春风化雨

养正，语出《周易》："蒙以养正，圣功也。"《抱朴子》也有"弘道养正"之语。养有"培养、修养、涵养"之意；正乃正道、正义、正气之意。养正，即培养（修养、涵养）正道（正义、正气），指培养走正道、行正义、有正气之人，这既是立德树人的目标，又是立德树人的价值取向，更是弘扬做人的精神追求。所以，养正既是我国千百年优秀文化传统的传承，又是对鳌峰书院育人成效的肯定，还是当代二附小办学的方向标，更是社会主义核心价值观在学校教育中的有机融合与充分体现。

养正对学校而言就是要正校风、正师风、正学风、树正气。从核心素养角度审视，养正是培养人才的必备品格。对学生而言，就是要正志向、正道德、正行为、正人品、正心理，做到向上向善，发展学生共同的社会性。

蕴秀之蕴，语出《后汉书》"蕴椟古今，博物多闻"，乃积聚蕴藏、孕育之意。秀，语出《诗经·生民》："实发实秀，实坚实好"，又《秋风辞》有"兰有秀兮菊有芳"。秀有优秀、俊秀、清秀、雅秀之意，又可做突显、彰显解。蕴秀含有积聚或彰显优秀、俊秀、雅秀人才之意或让各种人才彰显才干之意。这既是学校教书育人的重要目标，也是学校培养人才的真正价值，更是学校培养人才的不懈追求。

蕴秀对学校而言，就是要在对学生进行全面发展教育的同时，尊重学生个性，重视因材施教，培养学生各种个性特长，培养出各种优秀人才；对学生而言，就是要在努力学习文化知识、启迪智慧、增长聪明的同时充分发展兴趣爱好，大胆张扬和彰显个性特长，如秀文雅礼仪，秀言语智慧，秀体美才艺，秀数理思维，秀读书享悦，秀科技创新，秀劳动技能……做到学有所长，未来做到术业有专攻，从而突显不同的个性。

对小学生而言，致力于养正立德，扣好人生第一粒扣子，是第一要义，也是苗壮成长、成才的前提和保障。只有志正、道正、行正、品正、心正，才能展示人正之共性，才能努力探索和大胆地表达表现，才能从中秀出才干，成长为优秀人才。也就是说，养正可以蕴秀。

此外，追求蕴秀，在努力探索发展才干的过程中，必然会遇到困难和挫折，只有战胜之后磨炼才干，才能脱颖而出，发展个性，达成优秀。这个过程也是坚定志向、磨炼意志、坚持正道、锻铸正品、实现养正的修养过程。这就表明蕴秀有助力养正固本之功。所以养正蕴秀是相互联系、相辅相成、相互促进的辩证关系。从核心素养的培养的角度审视，养正蕴秀的关系如图1所示。

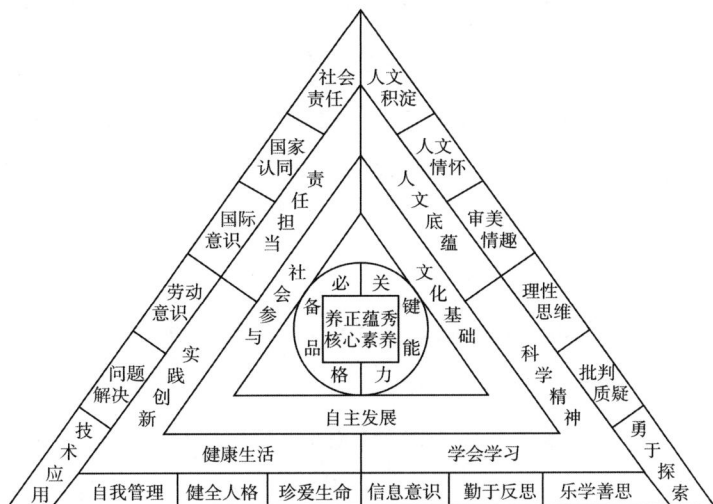

图1　从核心素养审视养正蕴秀

（三）笃志敦行　塑心育秀

1. 养正

（1）正志向

正志向指匡正学生发展志向，从小立志报国。志，今人称为理想，是一个人的精神支柱。古人认为"有志者事竟成""志存高远"。《诗经》中就有"在心为志"的记载，就是说志是人心中的思考，立志于心。孟子说："人若无志，与禽兽同类。"孔子说："吾十有五而志于学。"墨子说："志不强者智不达。"我们今天要像民族英雄鳌峰学子林则徐那样立下"苟利国家生死以，岂因祸福避趋之"为国献身的伟大志向；引导学生要像周恩来总理小时候就立下"为中华民族之崛起而读书"的伟大志向那样，立下为实现伟大中国梦——建设富强、民主、文明、和谐、美丽的中国特色社会主义而读书的伟大志向。这就是养正的核心目标。

（2）正道德

正道德指匡正学生道德行为，从小立德树人。古人云：积善成德。这是美德形成的规律，也是加强道德修养、提升道德品质的重要途径。凡具有积极的道德意义，被道德意识评价为善的行为，就是善行，就称为美德。人们对崇高理想的追求，即对哲学意义上的善的追求，就是对美德的追求。而美德的核心就是利人——凡有利于他人、有利于人民、有利于国家、有利于事业的行为就是良好的道德行为，"毫不利己，专门利人"就是真善美的道德行为。当前社会主义核心价值观倡导"爱国、敬业、诚信、友善"，就是要引导学生大力践行核心道德行为，积极培养核心道德品质。

（3）正行为

正行为即规范学生的一言一行，做到遵规守纪、自尊自律，养成良好的行为习惯。正行为就是要让学生知道平时应心中有规范，严格遵守行为规范，做到规范必遵，纪律必守，严于律己，不符合规范的事坚决不做。树立"遵规为傲，违规为耻"的理念，既要"以行为尊"——使自己的行为处处体现对自己人格的尊重，又要行己为耻——对自己的不当行为应该有羞耻感，如此，才能处处"以志律心，以理律己""以细行律身"，在细节上严格要求自己，处处"克己""责己""律己""正己"。

（4）正人格

正人格就是指塑造小学生健全人格，人格是做人资格和为人品格的总和，是一个人比较稳定而一贯的良好道德行为与高尚作风的综合，是反映人的道德面貌和道德品质的重要标志。健全学生人格因素，就要培养学生具有优雅的气质、广泛的爱好、刚毅的性格、良好的品德、友善的态度；体现为做人自尊自重、正直诚实、待人忠实信义，处事公正无私。人格是无价宝，自尊自重是优秀人格的内驱力，文化素质是人格形成的推进器，而道德修养是形成人格的关键因素，忧患困苦是磨炼高尚人格的学校，社会实践是铸造高尚人格的大熔炉，所以我们一定要在养正立德中培养小学生尊重人格意识，从小努力铸造高尚人格。

（5）正心理

正心理就是培养小学生健康的心理品质，而健康的心理品质是一个人所必备的，且是影响其确立正确志向、道德行为和人格，发展其智力才干的重要内在因素。小学生正处于心理品质、健康发展的关键期，必须十分重视培养。健康心理包括生活心理、学习心理、道德心理、审美心理和交往心理。培养小学生的这些健康心理，使之成为既富有个性又心胸开阔、积极进取、乐观向上、不怕困难、不懈追求、勇于创新的学习者，才能为健康成长、成才奠定良好基础。

2. 蕴秀

（1）秀文雅礼仪

秀文雅礼仪指引导学生参加文雅礼仪学习活动。"礼尚往来"的文雅礼仪是中华民族优良传统，是衡量一个人文化素养、道德情操的水准之一。举止文雅是礼貌待人、风度潇洒的外表风采与内里品质的综合表现，也是人们之间文明交往的行为规范，做到文雅有礼，就是要引导学生"知礼""达礼"，表现为言而有礼，行而有矩，文雅谦和，举止端庄，亲切和蔼，彬彬有礼，从中展示人格魅力。

（2）秀言语智慧

秀言语智慧指引导学生参加言语智慧学习活动，发展学生语言文字正确、流畅，优雅表达、表现的智慧与能力。秀言语智慧，就是要培养学生流畅大方地表达，主动有序交流沟通，以及情感充沛生动诵读，富有想象描绘叙述的口头和书面表达等能力，以及规范工整优美的书法表现能力，促进学生言语智慧富有个性地发展。

（3）秀数理思维

秀数理思维指引导学生参加数学思维学习活动，发展学生思维的流畅性、广阔性、变通性和创造性等良好品质。思维能力是个体学习与发展、待人与处世、生活与工作、守业与创业的核心能力。秀数理思维，就是要在数学活动中循序渐进地以各种数学问题解决为核心，引导学生运用数学思想方法多角度探讨问题解决的有效途径，从中发展数理思维，提高问题解决的创新能力，培养良好的思维品质。

（4）秀智读悦享

秀智读悦享指引导学生参加智读悦享的阅读活动，培养学生爱读书、好读书、读好书、乐分享的良好习惯，提高智慧阅读能力。阅读能力是学习求知的关键能力，是美德之母，是发展之舟。智读悦享活动就是要鼓励学生好读善思，智读悦享，广读活学，广撷博采，不断拓展自己的知识视野，并乐于与人分享，共同进步。

（5）秀体美才艺

秀体美才艺指引导学生参加体美才艺学习活动，发展学生具有形体美、才艺俊的特长和感受美、欣赏美、发现美、创造美的审美素质。审美活动是身心的体操，是使青少年思想健康、道德高尚、体魄健全的重要途径。秀体美才艺就是为了发展学生形体美、才艺俊的特长，鼓励学生能歌善舞、爱运动，从而提升身体素质，丰富审美情趣，修养高雅情操和优雅风度。

（6）秀科技创新

秀科技创新指引导学生参加科技创新学习活动，培养学生会观察发现、爱科技探索、乐操作创新的兴趣爱好和初步能力。好奇求新是小学生的年龄特点，也是积极进取、勇于探索、大胆创新的内驱力。我们要引导小学生积极主动参加校园科技创新学习活动，做到喜欢观察周围科学现象，积极探究简单科学原理，大胆进行科技创新的思考与实践，从中增强科技探究意识，丰富科学基础知识，发展科技创新动手能力。

（7）秀劳动技能

秀劳动技能指引导学生参加劳动技能学习与志愿服务活动。培养学生爱劳动、会劳动、乐劳动，主动参加学校、家庭及社会各种力所能及的志愿服务活动。要引导学生学习劳动的基本技能，并在日常生活中积极主动秀劳动技能，既乐于自我服务，又乐于服务他人、服务群体、服务家庭、服务社区，从中不断增强学生爱劳动意识与情感，发展生活自理劳动和服务公共环境卫生等劳动技能，促进身心健康成长。

二、实践探索

学校本着"立足地域特色，凝聚合力育人"的教育思想，以"厚德、志学、敏行"为校训，深入挖掘鳌峰书院文化底蕴，以培养学生良好的道德品质和行为习惯为目标，牢固树立科学发展观，全面贯彻党的教育方针，坚持从学校工作实际和学生的思想实际出发，以全面培养学生综合素质为重点开展养正教育，从而达到以下办学成效：

（一）正行入手，重视良好行为习惯养正培养

以"扣好人生第一粒扣子"为习惯培养的抓手，倡导自我认识、自我管理是二附小对鳌星少年良好习惯的养成。学校以学生日常行为习惯的养成教育作为学校德育工作的重要内容，注重加强对学生的思想道德、行为规范和礼仪常规教育，力求营造"敬""静""净"的文明校风。

（二）文化传承，致力于校园特色文化建设

学校在加强德育工作思路中，不断挖掘校园历史资源和鳌峰书院的文化底蕴，在传承"鳌峰文化"中以鲜明正确的导向鼓舞学生，以内在的力量凝聚激励学生，以环境育人建设新时代风格和特色的校园文化，营造良好的校园氛围和浓郁的办学特色。

（三）家校联系，建设大德育格局

学校重视家长学校、"红领巾亲子理事会"，建议开展"大手拉小手"的活动，将学生与家长有机地整合起来，一起参与，互相促进，共同成长，从而达到1+1＞2的效果。在校园里，实行"微笑文明每一天"，用微笑温暖身边的人；在家庭中，开展"大手拉小手，文明共成长"。校少先队还充分利用"家长学校"、校关工委、社区等资源，开创三位一体的"大德育"格局。开展少先队"心手相牵"亲子营，探索少先队进家庭的新模式，以相互沟通、学会付出、懂得感恩为路径，促进两代红领巾共同成长，用平等、尊重、关爱和责任营造温馨和谐的亲子

关系，让少先队员在充满爱的环境中健康成长，这已经成为学校养正教育工作亮丽的风景线。

（四）劳动育人，落实"三爱"教育

学校各年级在日常教育中把"三爱"融入学生的社会实践活动中，并编写低、中、高劳动教育校本教材，在综合实践活动中教育学生积极参加劳动锻炼。为提高学生自我服务和日常生活，让学生感受劳动的乐趣，进一步倡导学生热爱生活、热爱劳动，体验父母的辛苦，培养学生独立生活的能力，学会并掌握自理劳动和服务性劳动技能。引导学生树立"自己的事情自己做，集体的事情学着做"和热爱劳动的情感，提高劳动本领，感受劳动乐趣，体验劳动的价值，同时也丰富学生的课余生活，每学期举行劳动技能展示系列活动，提高学生的学习积极性，让学生在劳逸结合中获得健康、全面的发展。

（五）心育引领，加强心理健康教育

面向全体学生，开展预防性和发展性为主的心理健康教育，增强心理健康意识，提高自我发展的能力。设立个别辅导档案，开展个案调查和分析，通过说悄悄话、谈心、评语改革等形式，尊重学生主体地位和个性人格。全面落实心育"面向全体学生"原则和"预防与发展相结合"原则，提高育人效果。与教育学院的心理干预课题小组签订了三年合作协议，引进优秀的团队开展研训，提升班级的凝聚力，将心理健康工作向前推进。

（六）文化传承，开展系列活动

为继承和弘扬中华民族优秀的历史文化传统，吸收人类文明发展的一切优秀成果，学校"少年传承中华传统美德"系列教育活动分为"小小百家讲坛""墨香书法展示""寻访红色足迹""小小传承人""我的家风故事""英雄在我心中"。积极推动书法教育健康和深入发展，激发培育广大学生学习和欣赏书法的热情，学校通过扎实开展书法教育，激发和培育学生学习书法的热情，结合实际情况组织学生进行书画展览竞赛，引导学生学书法、练书法，让学生感受书法的魅力，提高审美能力和文化品位，增强文化自信与爱国情感。

（七）榜样示范，充分发挥学校红领巾文明礼仪示范队的作用

学校长期以来重视少先队自主岗位的建设，现已有红领巾阵地十多个，包括红领巾广播站、红领巾文明出行劝导队、红领巾文明礼仪示范岗、红领巾小小讲解队等，更好地实现了队员自我教育、自我管理和自我服务，成为优雅穿行在校园内的一抹红。学校还编写《文明礼仪伴我行》校本教材，并开设了礼仪课程，侧重培养并讲解相关礼仪。

（八）走向社区，增强校园文化影响力

学生的校园文化传承不只局限于学校、家庭范围内，还将校园文化向社会延伸，开展综合实践活动，走向敬老院、福利院，走向街道，走进大自然，让学生在实践活动中，既学会关心周围的人、事和环境，关心身边的整个社会，又传播学校养正蕴秀文化特色，不仅提高了学生的自主自理能力，也大大增强了学生的社会责任感。

（九）活动体验，寓养正蕴秀于综合实践活动之中

精心设计和组织开展内容鲜活、形式新颖、吸引力强的道德实践活动，促进学生知与行的统一，寓德育于活动之中，让学生在活动中体验情感。"爱·音乐""秀·艺"为主题的新年音乐会，让学生的才华得到尽情的展示。两届音乐会为福州小学之首创，得到各大媒体和社会各界的广泛好评，网络直播点击率五万多，得到了《人民日报》、《今日头条》、《福建日报》、东南网、福州电视台等多家媒体竞相报道。这也是学校美育教育成果的集中展示。

（十）师表示范，潜移默化的榜样教育

"学博为师，德高为范"，教师是学校"养正蕴秀"的主要实施者，也是学生直接仿效的对象，一个谈吐文雅、仪表端庄、正气浩然、才德兼具的教师对学生文明礼仪行为习惯的养成起着潜移默化的促进作用。学校非常注重教师在学生面前树立正秀行为的榜样。老师们以自己良好的师德表率给学生树立榜样，以深厚的思想情感、庄重大方的仪表、和蔼可亲的仪容、彬彬有礼的语言给学生做文明礼仪示范，使学生在师生交往中受到潜移默化的教育。

学校一贯秉承鳌峰精神，以"养正立德，启智蕴秀，香香校园，美美与共"为校训，着眼于大教育，践行小细节，搭建"三种教育"为养正基础，"五个艺能"为秀艺平台的德育架构，培养全面而有特长的二附小学子。

小学生的行为习惯养成非常重要。"三种教育"力求营造"敬""静""净"的文明校风；倡导孩子懂得尊敬、孝敬，对于师长，要行礼问好，虚心听从教导，学会感恩；学会安静、静心，小声说，慢慢走，创造安静舒适的环境；保持干净、洁净，注重个人卫生，保洁校园，人人有责。

"五个艺能"分别为音乐、美术、体育、科技、劳动五类艺能展示，搭才艺平台，蕴优秀之才。为孩子搭建"新、实、活"的秀艺平台，让孩子们的才华尽显。学校共有近500人学习艺术特长，其中有70人会演奏管弦器乐类、100多人会演奏钢琴并参加过不同级别考试。"爱·音乐""秀·艺"音乐会现场直播网络点击率突破10万，受到各大主流媒体争相报道，反响热烈。书画名家进校园、艺术大咖进校园、社区志愿者进校园，让孩子与名家、大师零距离地学习……学校就是以这种走出去、请进来的方式为每一个家庭与学校的融合教育打造共享平台、提供创新理念，为孩子提供充分的展示空间，促进孩子学艺之路走得更深更远。学生们在篮球训练队、戏剧社、合唱团、舞蹈队、乒乓球队、健美操队等20余个社团中，展现学生的个性，让他们成为全面而有特色的二附小人。学校在省市乃至全国语言、书法、体育、艺术、科技等各类比赛中屡获佳绩。其中，学生参加十九届全国机器人VEX项目获一等奖，学校创作编排的朗诵获全国艺术展演一等奖。学校美育工作得到了上级领导和家长们的一致认可。

教学方面，同样以养成良好学习习惯为抓手。教学管理精细化，制定了细致的教与学的常规，细化到课前准备的学具摆放、书包整理、课前三分钟经典诵读内容、课上倾听要求从眼神等肢体语言到发言的用语、作业书写行款格式、订正要求等都做了具体的要求。9月份作为习惯养成月，着力循序渐进培养好习惯，让学生一生受益。课程设置上，开学第一课、学科学习习惯养成课、游泳、乒乓球、特色课。创"书香墨香"校园，传承中华传统文化，开展"以读养正，书香蕴秀"系列活动，让书法、课外阅读进课程，低年级开展"萤火虫故事家族进课堂"，家长们可以带着绘本进课堂与孩子们分享好书，激发孩子们阅读兴趣，开拓视野，十二期的主题阅读，影响着二附小人，引领着二附小人；每周三开展"双师书法课"，培养书写习惯，提高书写水平。

近年来，学校的书香阅读被教育部评为先进案例推广，荣获首届榕城"书香飘，校园美"最美书香校园，被授予"福州市第一批全民阅读基地和示范点"；学校坚持推进书法教育，为学生搭建更多的平台，培养学生写最美中国字，做最美中国人，感受书法魅力，让墨香浸润校园。2020年被授予"福建省青少年书法篆刻基地"。近两年我校学生参加省市级书法比赛，有近百人获奖。学校育人成效显著，人才辈出。

三、未来展望

总而言之，养正蕴秀教育，就是在党的教育方针引领下，贯彻《国务院关于基础教育改革与发展的决定》精神，秉持素质教育宗旨，着眼培养学生核心素养，进行立德树人、因材施教的有效教育。让文化传承与国际化视野接轨：继续走内涵式发展道路，紧紧抓住办学质量这个学校发展的生命线，切实转变教育教学观念，树立全面发展的质量观，完善学校教育教学管理、评价机制，形成具有学校特点的教育教学模式；及时梳理已有的学校文化内涵，在传承中创新，增强国际教育的合作交流，既培养学生有正志、正德、正行、正格、正心的社会共性，又发展学生秀文雅礼仪、秀言语智慧、秀智读悦享、秀数理逻辑、秀体美才艺、秀科技创新、秀劳动技能的特长个性，为将来成为德智体美劳全面发展的中国特色社会主义事业建设者和接班人奠定坚实基础。

今后，学校将按照"养正气 蕴秀雅"的办学思想继续实施、砥砺前行，让养正蕴秀理念在校园中生根发芽，开出灿烂的花朵，装点学生的人生旅程。从每件小事抓起，锲而不舍，抓紧抓实抓活，让养正蕴秀之芳菲在校园处处绽放！

04

"智善教育"的行与思

◎林 武

【作者简介】

林武，男，福建福州人，正高级教师、特级教师；现为福州市钱塘小学校长，钱塘小学教育集团总校长、书记；福建教育学院兼职教授，福建省"十三五"小学名校长培养人选；倡导"智善教育"办学思想；曾获得"福建省先进工作者"（省劳模）、"福州市劳动模范"、"福建省中小学优秀校长"、"福建省优秀教育工作者"、"福建省基础教育教学成果奖二等奖"等荣誉称号。

百年钱塘，不忘初心。受"智者乐水""上善若水"等先哲传统理念的启迪，基于悠久的办学历史和对教育价值的深刻思考，福州市钱塘小学将优秀传统文化与现代教育思想巧妙融合与升华，提炼出"智善教育"的办学思想，形成"智求博雅 善贵乐行"的办学主张。

一、办学主张

（一）智善教育提出的背景

1.源于先哲传统理念的启迪

"智"源于孔子的"知者不惑""智者乐水"。"善"源于老子的"上善若水"。千百年来，这些先哲的理念闪烁着智慧的光芒，对后人有无穷的思考与启迪。在我国传统教育的发展中，"智"一直占据着不可替代的地位。而关于"善"，《道德经》云："上善若水。""上善若水"中水的"上善"品质内涵，带给我们立德树人的启示，因为"善"是一种高尚美好的自然之道，也是人生向上发展的必然之道。

2. 国家政策的导向

（1）社会主义核心价值观

党的十八大报告强调："倡导富强、民主、文明、和谐，倡导自由、平等、公正、法治，倡导爱国、敬业、诚信、友善，积极培育和践行社会主义核心价值观。"这一论述首次用 24 个字概括了社会主义核心价值观，其中在公民层面提到"友善"。小学阶段是价值观形成的重要时期，而"友善"正是我国社会所倡导的主流价值取向。

（2）全面实施素质教育

党的十八大报告提出，要全面实施素质教育，着力提高教育质量。素质教育就是把所学的知识内化为全面的内在品质，这种内在品质又外化为人格、知识与能力。其中"能力"包含智力因素的思维、学习、创新、实践和非智力因素的情感、意志、信念、道德等。

（3）智慧城市建设的时代趋势

自 2008 年起，国家文件中多次出现建设智慧城市；智慧城市绝不仅仅是信息技术的智能化应用，还包括以人为本、可持续发展等内涵。因而，学校在提升校园智能化应用的同时，还要十分注重加大师生的智慧参与，实现可持续协调发展，为推动智慧城市建设蓄力。

3. 地域文化的熏陶

（1）冶山文化，闽都之根

钱塘小学地处福州市鼓楼区冶山附近。冶山，被誉为"闽都之根"。厚重的冶山文化为学校开展智善教育提供了丰富的教育资源，无论是冶山的历史变迁，还是摩崖石刻的俊秀，无不传递着智慧与善良，为学校开展智善教育提供了思路与方向。

（2）人杰地灵，智仕辈出

福州人杰地灵，贤才辈出，自唐宋以来，福州进士累计达 3600 多人，状元 16人，更创下一榜三鼎甲，七科三状元的科举奇迹。此外，福州在中国近代文明史上也发挥了重要作用，有世纪老人冰心、一代才女林徽因、化工巨子侯德榜、围棋大师吴清源、数学家陈景润等。这些汇聚"智慧与善良"时代基因的福州历史名人成为校园的智善楷模，激励学生全面发展。

（3）以善之举，化润钱塘

在钱塘至今还流传着这样一个美好的传说："在很久以前，一位好心的小吏看见穷人家的孩子只能牧牛割草而心生怜悯，就将铜板置于荷塘边。小孩以为池塘会生钱，乃得钱而入学堂。"这一牧童求学的传说体现了"智善"的行为和艺术：牧童虽穷，仍可一心求学，此乃求智之举，小吏慷慨助学，此为行善之举；而更值得称道的是小吏不直接施舍，而置钱于池塘边让穷人的孩子捡到，此乃巧智也；施人钱财，而又给以尊严，实为行善之智哉。

（二）智善教育的内涵解读

1."智"的概念界定

"智"，最早出自甲骨文，是由"知"分化出来的观念。段玉裁《说文解字注》曰："知、智义同。"智，本义为聪明、见识，现在泛指人的智力。作名词，有智慧、策略、知识等义。作动词，意为知道、认识。具体来说，"智"的意思包含两个方面：一是道德品质与规范之智，二是知识、智力、智慧之智。

2."善"的概念界定

许慎在《说文解字》中曾道："善，吉也。从誩，从羊。"本义为吉祥，后引申为善良、圆满、美好。在古汉语中，善可以作动词和副词之用。作动词，"善"具备"技能上的擅长和高超"的内涵；作副词，善表示"善于、擅长于"；作名词，"善"即能力的完备。

3.内涵解读

"智善"一词引申到教育中，有以下几种含义：①智慧且善良；②满足学生知识、智力的发展需求；③擅长策略、掌握方法；④认识善良、感悟善良；⑤追求智慧圆满、才艺圆满、德行圆满等。"智善"二字并举，既是目的，也是手段，即以智启智，以善育善。

"智善"具体到教育中，指教育者要根据受教育者的身心发展规律及认知水平，有目标有目的地进行引导和培养。具体而言，教育者需要达到以下引导："智"指向"启智、明智、展智"，即启迪智慧、开拓思维、发展潜能；"善"指向"知善、向善、行善"，即心存善意，与人为善，践以善行。

4. 综合解读

智善教育强调教育过程"智""善"相辅相成、和谐发展，大智要求善先行，懂得为善才能成为真正的"智"者；而要领悟、践行"善"，缺少"智"的支撑，难以实现。因此，深刻把握智善的内涵与价值，对指导开展好智善教育的办学思想有着举足轻重的作用。

智善教育的本质是施行五育并举为核心的教育。"智善教育"倡导"智求博雅、善贵乐行"，以期促进学生全面和谐发展，并着力提升学生的核心素养。

（三）智善教育的理论溯源

1. 哲学依据

孔子曰："知者不惑""智者乐水"，孟子认为人性本善。《三字经》也写到"人之初，性本善"。道家老子的《道德经》云："居善地，心善渊，与善仁，言善信，正善治，事善能，动善时。夫唯不争，故无尤。"智与善，一直是古代先贤们推崇的至高境界。

在西方哲学中，善有好、有益、幸福的含义。苏格拉底认为，只要是对任何人有益的东西，于他来说就是善，他认为："美就是善。"苏格拉底还倡导"智慧就是最大的善"，重视"知识即道德、自制，做言传身教的榜样"。

2. 教育学依据

苏联教育家苏霍姆林斯基曾说："任何学科的教学，都要对学生进行道德教育。教师不仅要向抱有求知欲的学生传授自然科学知识，而且要向他们讲解产生这些知识的精神因素。学校开设的各门课程既要用知识充实学生的头脑，也要点燃他们的心。"卢梭自然主义教育的核心是"归于自然"，其理论依据源于他的天性哲学，他认为人的天性是善良的。这为学校的智善教育确立了基调，即学科教学不仅是知识的传授，更是对学生精神的教育。

3. 心理学依据

加德纳的多元智能理论认为，一个人的智能有多个方面，然而传统学校只重视其中几个领域，并且认为人类的认知是一元的，个体的智能是单一的、可量化的。而加德纳的多元智能理论认为人类思维和认识的方式是多元的，每个人身上至少存在八项智能，要积极挖掘学生的智慧潜能。

二、理论体系

（一）学校观

1. 办学理念

学校的办学理念是"以智启智　以善育善"。"以智启智"就是在教育过程中，教师要善于用智慧的教育方法来启发学生的智慧，让学生慧学、慧玩、慧生活。"以善育善"就是在教育的过程中，教师要用自己的善言善行教育学生，立足善育善成的教育理念，教以学生生活之道、待人之道、交友之道、读书之道。

2. 办学主张

学校的办学主张是"智求博雅　善贵乐行"。"智求博雅"即学校在办学过程中，教给学生智慧是根本任务，教育学生掌握智慧学习的方法，追求广博的知识，培养儒雅的气质，培养聪明才智。"善贵乐行"即学校在办学过程中，教给学生如何做人更是重中之重，教育学生要始终养善心，存善念，说善言，行善事，积善德，做善人，这将对学生终生有益。

3. 办学目标

学校的办学目标是"育智善学子　塑智善教师　办智善学校"。

"育智善学子"就是培养学生的"一、二、三"，即一种精神、两个习惯、三项能力。

一种精神：钱塘精神——向善向美　求智求真。

两个习惯：讲文明、爱阅读。讲文明即言语文明、举止文明，爱阅读即好读书、读好书、读书好。

三项能力：学习能力、生活能力、创新能力。学习能力包括乐学、善学、博学。生活能力包括能自理、善交往、会应变。创新能力包括会质疑、会提问、会创造。

"塑智善教师"就是要打造智圆行方、日臻完善的精师团队。

"办智善学校"就是打造一所师生幸福的智慧儒雅的学校，使之成为师生生命成长的幸福家园。

4. 办学宗旨

学校的办学宗旨是"智善润泽生命"。在办学过程中，用智善的核心理念来塑造教师，培育学生，让学校成为每一个人生命成长的精神家园。

5. 三风一训

（1）校风：智圆行方，止于至善

智圆行方，语出《文子·微明》："老子曰：凡人之道，心欲小，志欲大；智欲圆，行欲方。"人的知识要广博周备，行事要方正不苟。只有智的培养，才能让人成为理性的人，才会行事方正。

止于至善，语出《礼记·大学》："大学之道，在明明德，在亲民，在止于至善。"止于至善是一种以卓越为核心要义的至高境界的追求，上升到人性层面就是要以道德完善为追求。

（2）教风：谦恭睿智，厚德崇善

谦恭是一个人内在品德和修养的高度表现，学问愈深愈能虚心谨慎，地位愈高愈能以礼待人。睿智，表示一个人见识卓越，富有远见、聪慧、明智。厚德，语出《易经·坤卦》："地势坤，君子以厚德载物。"君子应增厚美德，容载万物。崇善，即推崇善行。厚德崇善，是教师美德的标准，寄寓教师应增厚美好品德，尊崇善心善意。

（3）学风：勤以培智，仁以立善

勤以培智：勤，即做事尽力，不偷懒。学校提倡学生认认真真、坚持不懈、积极、努力地学习，从而发展智慧聪敏的学力。

仁以立善：仁，中国古代一种含义极广的道德观念，其核心指人与人相互亲爱。学校倡导学生相互帮助友爱，宽仁慈爱，树立善良美好的品格。

（4）校训：个性、负责、勤业、超越

学校结合自身发展历史及特色，将校训定为：个性、负责、勤业、超越，体现学校敢于创新、不忘责任、拼搏奋进、追求卓越的文化追求和精神风貌。个性：多元智能，个性成长。负责：勇于担当，从我做起。勤业：努力进取，自强不息。超越：敢为人先，不断超越。

（二）教师观

钱塘小学在智善教育的办学过程中，紧紧结合"四有好教师"的标准，进一步细化钱塘教师的行为准则与规范，将钱塘教师应具有的素质定位为"坚守理想信念，秉持仁爱之心，提高道德修养，丰富扎实学识，迸发教学智慧"。"坚守理想信念"就是好教师心中要有国家和民族，明确意识到自己肩负的国家使命和社会担当；"秉持仁爱之心"就是好教师应该是仁师，有一颗仁爱之心，爱心能够滋润浇开学生美丽的心灵之花；"提高道德修养"就是好教师要取法乎上、见贤思齐，把正确的道德观传授给学生，培养他们的高尚情操；"丰富扎实学识"就是要做智慧型的好教师，具备学习、处世、生活、育人的智慧；"迸发教学智慧"就是在教学中要迸发出智慧火花，启迪学生的智慧。实施智善教育的教师就更应当积极遵循践行四有教师标准，成为一名能照亮学生未来的好老师。

（三）课程观

围绕"智善"核心理念，以发展学生核心素养为目标对课程加以统整，形成国家课程、地方课程、智善校本课程相互关联的体系。抓好国家课程的主渠道，对国家课程进行校本优化；重视地方课程的渗透，对地方课程进行定向选择；积极探索智善校本课程的建构体系，将学生培养目标与校本课程有机融合，着眼于学生核心素养。作为补充的智善校本课程则主要立足校本进行自主建构。钱塘的"智善"课程在古"六艺"（礼、乐、射、御、书、数六大领域）基础之上，结合现代课程理念和学生成长之需，统筹考虑原有学科课程的空白点，对已有的校本课程、社团进行整合与扩充，形成涵盖立德树人、艺术熏陶、身心健康、劳动技能、人文素养、思维培养等六个领域的"新六艺"课程体系。

（四）教学观

"智善教育"办学主张下的教学观，其意义就在于以学生为教育教学的主体，深入落实"智教慧学"理念，积极探索以学生自主、合作、探究为基本学习方式的高效课堂教学模式，从而全面提高教育教学质量。倡导做一名具有教学智慧的教师，具有从善的人格、创新的思想、智慧的方法和灵动的特色，能因学定教，在不断变化的教育情境中采用灵活的教学方法。"智教慧学"打破了以往传统的教学模式，改变了教师刻板的满堂灌、随堂灌的教学流程。建构智慧课堂要求教师的教更加偏重于"充满教育机智与教学智慧"，学生的学更加偏重于"运用智慧积极主动灵活有效的学"。这一模式的创新能有效提高教学质量，促进教师专业成长和学生综合素质的发展。

（五）学生观

在智善教育的理念下，老师要建立一种积极的、有效的新型师生关系。教师把"一种钱塘精神、两个习惯、三项能力"作为智善学生的培养目标，不仅传授学生知识，更要不失时机地对学生进行积极的道德教育；引导学生植善心、说善言、行善举、做善人。在智善教育过程中促进学生全面发展，培养一批批钱塘之星、智善少年。在教育中必须"发现学生"，用一种全新的学生观来支撑我们的学校教育，全身心地去热爱学生、理解学生、尊重学生。

（六）制度观

学校规章制度是"学校所以立之大本"，是师生"共同的约言"。2015 年 12 月，学校在实践智善教育的探索中，对《钱塘小学制度汇编》进行完善和补充，在原有基础上，与时俱进地进行了增减与修改，并形成了《钱塘小学制度文化典章（修订版）》。2018 年 3 月，随着钱塘小学教育集团的成立，我们又编写了《福州市钱塘小学教育集团制度宝典》，增加了诸如集团章程、集团办学理念等。为更好地体现制度典章的权威性、系统性和实用性，还特别邀请了专业律师对典章进行审阅，以保证制度建设更加规范，从而更好地落实智善教育理念，实现依法办学、依法治教。

三、实践探索

坚持以智引善，以善托智，秉承智善教育的理念，用睿智谦恭的教学启迪学生的智慧，用崇德立善的言行润化学生的心田。

（一）传承创新开放共享，构建智善校园

"一花独放不是春，百花齐放春满园"，学校在教育之路上，求开放求创新，发挥引领辐射作用，让更多的孩子享有更公平更有质量的教育。秉承"开放共享，合作共赢"的集团办学理念，湖前校区、怡山校区、软件园教学点，共享教育资源、教学理念、优质师资，这也是鼓楼区率先试行"一校四区"横向集团化办学模式。福州市钱塘小学教育集团的成立，使老百姓在家门口就能享受更公平、更优质的教育。

与此同时，学校不断派送名优教师前往偏远的农村小学支教帮扶，或远赴外省倾情助教，或纳收省内外的同行观摩借鉴，或接待国际友人的慕名参观……签约协议、跟岗培训、空中课堂，钱塘人用自己的善言善行绘制了一幅和谐共进的理想教育蓝图！

（二）谦恭睿智厚德崇善，成就智慧教师

钱塘智慧教师在个人成长规划上有着既定的目标，实现青年教师—骨干教师—名优教师的成长历程。在智慧教师的培养上，学校采用青年教师的入格培养，骨干教师的升格培养，名优教师的风格培养；并对35周岁以下的青年教师进行阶梯式培养，提升教师的职业素养与教学技艺。科学的培养方法能有效提升青年教师的业务水平，让他们自信地行走在专业成长的道路上。学校不断鼓励老师们要做好规划，做到人人有课题，个个会科研。如今钱塘小学作为福建省教育科研基地，努力凝结教育智慧，缔造一支高素质的科研型教师队伍。

（三）智圆行方止于至善，培育智善少年

钱塘学子应是智慧少年，"教育的真谛源于智慧的成长"，智慧型学生要乐学、

博学、慧学，即在教师的启发引领下，自主学习、敢于质疑、乐于探究、多向互动、勇于创新。钱塘学子在墨韵书法俱乐部、管弦乐队、运动赛场、机器人竞赛、美育活动、三棋社团、智选课程等别具特色的学习与实践中，崭露头角，展现风采，在传承智善的校园文化中砥砺前行，成长为知识广博、行为优雅的智慧少年。

钱塘学子应是智善少年，培养的学生应说善言、行善举、有善心，是大气儒雅的智善少年。在常规的德育活动、少先队活动的设置中，学校崇尚"以善润心田、以智启心扉"的德育工作理念，每年举办"智善少年""钱塘之星"评选，传播"智善"行为与精神。

（四）浸润智慧办学，喜结智善硕果

承载着厚重历史底蕴的钱塘小学，2020 年荣获第二届"全国文明校园"殊荣；连续十二届被评为"省文明学校"、首届"省文明校园"；近年来先后获颁首批"省实施素质教育先进学校""省义务教育管理标准化学校""省义务教育教改示范性建设学校""全国'巾帼文明岗'""省先进基层党组织""省五一劳动奖章""全国书法教育示范学校""省艺术教育先进校""教育部'网络学习空间应用普及活动优秀学校'"等殊荣。涌现出全国宪法演讲比赛一等奖、福建省最美少年、新时代好少年、少年作家、科技小达人等一批优秀学生。

四、未来展望

智善教育的未来，是现代、自主、科技相融合的教育。21 世纪的教育，学习变革的重要特征是走向"情境化"。本着服务课程和学程的自觉，智善教育将着力让校园带上"人的体温"，让校园的每一个空间都拥有自己的性格与故事，让师生在校园里拥有更好的生活方式、学习方式、工作方式。同时，升级学习方式，从单一知识、技能转向综合素养，从学科学习转向跨学科学习，从传授走向探究，积极探索跨学科空间的设计与建设。智善教育理念下的未来学校就是一个复杂的自适应系统，如生命系统一样，拥有会造成综合效应的一系列相关流程，并不断地与周围环境形成一种动态化、生态化的关系。

百年岁月钱塘校，洗尽铅华展素姿。在新征程的路上，钱塘人会坚守智善教育理念，将"智求博雅　善贵乐行"的办学主张永远根植于百年校史的深厚文化土壤之中，回归教育本质的同时，不断超越创新，积极创设"智善+"的集团特色发展路径，促进教育优质均衡发展，缔造彰显百年风华、助力生命绽放的智善品牌校园！

05

教育，是一种成全

—— 福州市宁化小学"成全教育"办学主张及实践

◎ 洪丽玲

【 作者简介 】

洪丽玲，女，福建福州人，正高级教师、特级教师，福建省首届中小学（幼儿园）名师，福建省首届学科带头人，本科学历。现为福州市宁化小学校长、书记，福建闽江师范高等专科学校、福建幼儿师范高等专科学校人文科学系客座教授，福建省教育学院骨干校长培训班实践导师，福建师范大学教育学院硕士生导师；福建省"十三五"小学名校长培养人选。

　　教育属于"人学"范畴，因此，成全人的成长需求是教育的责任和使命。"成全教育"办学主张是以人本主义教育思想为理论依据，以促进"人的成长"为出发点和归宿，将教育的关注指向"成全每一个人成为最好的自己"。

一、办学主张

（一）"成全教育"办学主张提出的背景

1. 基于学校的实际

　　宁化小学曾经是一所区域内的薄弱学校，它师资弱、生源不足、办学质量不佳。一所薄弱学校的崛起，需要一种信念来支撑，需要一种信仰来鼓舞，更需要培厚文化的土壤来成全。"成全教育"成全学生，成全教师，更是成全一所学校的发展。

2. 源于对教育的思考

当代教育家蔡元培说："教育是帮助被教育的人，给他们能发展自己的能力，完成他的人格。"教育的"初心"就是要为每一个孩子提供适切教育，使具有不同禀赋、不同潜质的学生都得到充分的发展。

3. 来自地方名人的启迪

在宁化小学校园所在的宁化新村，侯德榜故居便坐落于此，作为影响世界的化学家，我们在钦佩他杰出贡献的同时，也看到了"成全"的力量，化工先驱范旭东这位伯乐的包容和支持，成全了侯德榜的科学成就，侯德榜的胸襟与博爱成全了中国制碱工业的辉煌。

4. 时代赋予教育的使命

中国教育进入后普及时代，人的主体地位得到了彰显和尊重，人的发展时空得到了拓展和释放。在这样的背景下，"教育成全人"不仅是教育的使命和责任，更是教育拓展自身功能、展现无限魅力的契机。

（二）"成全教育"办学主张的内涵

教育学意义上的"成全"二字，"成"是自然天成，是顺势而成；"全"是人格的完善，个体的健全。"成"是过程，"全"是目标。"成全教育"的起点是尊重个性、以人为本；其核心是为儿童提供适切教育，促进人的成长；其目标是成全每一个人成为最好的自己。"成全教育"办学主张是以人的发展为本，其责任和使命指向学生健康成长、教师终身发展和学校科学发展。

二、理论依据

（一）古代教育思想是"成全教育"办学主张的沃土

教育是对人的成全。不论是整个人类，还是人类中的个体，都有对教育的需要性。教育是一个有目的、有计划、系统地、全面地促进人的发展的过程。孔子在《论语·阳货》中曾言："好仁不好学，其蔽也愚；好知不好学，其蔽也荡；好信不好学，其蔽也贼；好直不好学，其蔽也绞；好勇不好学，其蔽也乱；好刚不好学，其蔽也狂。"教育使一个生而软弱无助的个体逐渐成长为自立、自强、自尊、自重、自信、自助的个体。因此，教育为任何社会中健全的个体所必需，教育为成全每一个个体的健全服务。

（二）人本主义教育观是"成全教育"办学主张的根基

人本主义教育观强调教育的目标是培养"完整的人"，达到人的自我实现，形成完整的人性，以及让人的潜能得到充分发展。在人本主义者看来，学校应该是学生个体的"先天潜能"得到充分、自由发展的所在地。人本主义教育从人的本性出发，把尊重人、关心人、发展人作为追求的最高目标。人本主义从根本上讲就是以人为本，人本主义教育基于对人的"终极意义"的追求，把学生当作一个活生生的、有个性的、有生命价值的主体来看待。人本主义教育者视每一个学生为"独一无二的个体"，认为教育的目的，就是从根本上促进人的"自我实现"，使每一个儿童能够自由地、充分地发展潜能，满怀信心地汲取知识和形成人格。扎根于人本主义理论沃土上的"成全教育"主张，其本质就是以人为本，成全和发展每一个个体成为人格健全并富有个性的人。

（三）生命化教育是"成全教育"办学主张的价值追求

生命化教育是一个正在形成中的教育理念和教育实践模式。如果要用一句话来表达什么是"生命化教育"，那就是把对儿童的理解、关爱、信任、成全，在具体的教育过程中表现出来。生命化教育是对健全的生命的成全，它认为，教育应该为生命的健全服务。它强调"生命化教育是随顺人的生命自然的教育"。所谓随顺人，就是"珍惜生命中潜在的可能性，发掘人独特的禀赋，去培植它、成全它"。

三、实践探索

（一）在教育活动中尊重"儿童的天性"

无论是卢梭的自然教育理论，还是杜威的儿童中心说，都强调要尊重儿童，把儿童当儿童来看，将关注儿童的天性放在主导地位。

苏霍姆林斯基曾经说过："儿童就其天性来讲，是富有探求精神的探索者，是世界的发现者。"儿童天性中的好奇心是儿童成长的原动力，他们喜爱探究、热爱创造，只有释放儿童的天性，才能让教育真正走近儿童。宁化小学每周四下午，会开设各种各样的"创客"社团活动，如虚拟动画创客、少年木工俱乐部、电子百拼、软陶制作等，孩子们大胆自由地创造，尽情释放自己的灵感，实现自己的创意。德育处在组织活动时，也总是以"蹲下来"的姿态，以儿童的视角来设计活动形式，尊重学生爱玩、好动的天性，让学生在"玩"中获得成长。如教师节时，开展"小天使在行动"活动，孩子们从总辅导员手中接过"神秘任务单"，为辛勤的老师送去一份惊喜；开展"游戏大课间"活动，引入孩子们喜欢的游戏项目，如跳跳球、呼啦圈、踢毽子、QQ炫舞球等，让校园在孩子们跳跃的身影中变得灵动而鲜活。

（二）在课程设置上涵养"最好的自己"

"做最好的自己"是学校的校训，其本质是对儿童个性的关注，是对儿童内在潜能的唤醒。学校在课程设计上，坚持以学生的发展作为出发点和归宿，关注学生的多样化、个性化需求。学校从学生成长所需要的综合素养切入，打破国家课程、地方课程及校本课程三级课程的分割，尝试通过学科整合将国家课程校本化，形成"五大课程群"——"成'德'课程群"、"成'智'课程群"、"成'雅'课程群"、"成'能'课程群"以及"成'健'课程群"，包含必修课程和选修课程（见表1）。在选修课程项目上，学生可以根据自己的兴趣爱好，选择自己喜欢的课程，通过走班的形式，在"私人定制"的课程学习中实现"人人有特长""个个有喜好"。"做最好的自己"符合多元智能理论，承认每一个学生都有自己的优势，并且相信每一个孩子都有发展的可能。学校需要为学生创造发展的契机，让每一个学生都能找到适合自己发展的方式和路径，从而不断走向自己的"最好"。

表1　五大课程群简介

课　程	课程目标	课程内容
成"德"课程群	落实立德树人，传承中华传统美德，培养良好品德和行为习惯，为宁小学子"铸魂"	道德与法治课程、队课、"每月一个好习惯"养成教育课程、"快乐宁小娃"新生入学课程、"筑梦未来"毕业教育课程
成"智"课程群	注重思维的发展，培养勤学、好思的习惯，打造学生独立解决问题的平台，促进智慧的形成和素养的提升，为宁小学子"添翼"	语文、数学、英语、经典诵读课程、"超星阅读"课程、"火花思维"心算课程、"多纳思维英语"课程
成"雅"课程群	用文化浸润心灵，学会欣赏美和表达美，陶冶性情，修养身性，为宁小学子"塑骨"	音乐、美术、民乐课程、儿童画课程、国画课程、版画课程、书法课程、软陶课程、扎染课程、拉丁舞课程、民间舞蹈课程、形体操课程
成"能"课程群	努力让学生经历创造的过程，积累创造的经验，树立创造的志向，发展创新的意识和能力，为宁小学子"赋能"	科学、信息技术、综合实践、"少年木工"课程、电子百拼课程、智能机器人课程、诺贝尔科学实验班课程、虚拟动画创客课程
成"健"课程群	热爱运动、康健身体，养成健康的生活方式，塑造阳光向善的心态，为宁小学子"提神"	体育与健康、"体育游戏"课程、啦啦操课程、跆拳道课程、武术课程、击剑课程、田径课程

（三）在文化建构中促进儿童发展

学校文化建设，深刻影响着学校的发展，影响着学校的每一个人、每一件事。学校文化建设必须围绕一个核心，那就是促进儿童的发展。然而，当下的学校文化建设普遍存在一个弊端，那就是缺乏对儿童文化的尊重，总是以成人文化取代儿童文化，以成人的思维替代儿童的思维。这种漠视儿童主体的文化构建，导致对儿童权利的销蚀。没有儿童意识的学校文化，难以真正走进儿童的心灵。学校作为育人的场所，应以尊重儿童的天性和儿童的成长规律为起点，以文化为养料，滋养每一个生命，从而成全每一个生命个体的成长。

1. 场所文化——让环境"目中有人"

学校环境是学生赖以成长的学习和生活的空间，我们需要营造适合儿童的场所文化，让学生置身其中，受到浸润；流连其间，获得快乐。其一，彰显自然和谐。儿童是"自然之子"，他们从自然中来，与万物有着灵魂的契合和天然的相融。学校在场所文化的建设上，努力体现自然和谐之美，致力于打造一所"花园式的校园"。学校绿化面积有 3600 多平方米，花吐香，草葱绿，树木郁郁葱葱，竹林摇曳婆娑。生趣园里，小桥流水，游鱼嬉戏；桃李苑内，春风无言，桃李浪漫。竹林里，布上几张刻着棋盘的石桌石凳，每每引来小棋友在此对弈切磋，别有一番情致。在景观设计上，尽力做到和谐自然、目中有"人"。其二，体现童真童趣。儿童是学校文化关注的主体，追求与儿童身心发展相契合的文化理念是学校文化设计的必然要求。与成人不同，儿童喜欢更形象、更直观的事物，喜欢能与之互动的设备设施。儿童置身于充满童趣的学校环境中，视觉审美受到冲击的同时，还能带来身心的欢快愉悦。为此，学校设计了"梦幻童乐园""盗梦花园"等充满童真、放飞想象的创意园区。在"梦幻童乐园"里，墙面上是一大幅 3D 彩画，绘着大家熟悉的各种卡通形象，孩子们可以与米老鼠、唐老鸭对话，可以与熊大、熊二合影，其乐无穷。走进"盗梦花园"，这里摆满了孩子们设计创作的创意花盆及他们自己栽种的各种植物。在孩子们的巧手中，废弃的物品变成了精致的花盆，在动手制作和培育养护的过程中，他们不仅感受到创造的快乐，也体会到劳动的收获与乐趣。此外，每个楼层的分享书吧，让孩子们尽享读书的幸福；"心语室"的涂鸦墙，让孩子们画出心中所愿；"红领巾气象台"让孩子们探索自然界的奥秘。在场所文化设计中，处处用心，努力创设富有童趣、自由开放的环境空间。其三，渗透人文精神。秉承"成全教育"的理念，学校以"优雅文化"育"文雅少年"。走进校园，"学礼苑"里，传统文化浸润孩子的成长之路；"博雅轩"内，书香弥漫，雅趣盎然。校园环境以"勤奋""自省""悦纳""远瞻"等学校精神为魂，让整个校园形神兼备，充盈着灵动的气息，让校园处处彰显文化美、气质美、活力美。

2. 课堂文化——让学习真正发生

课堂文化是课堂活动体现出来的价值取向，是教学理念与教学行为的总和。课堂文化犹如空气，弥漫于整个教学空间，渗透于课堂教学的各个层面。"成全教育"理念背景下的课堂文化，应是关注每一个学生，让每一个孩子的学习都在课堂上真正发生。为此，学校改变传统的教学模式，聚焦学习方式的变革，在课堂上开展"TBL"学习模式的实验探究，让课堂呈现出充满活力的生命态势。

TBL（Team-Based Learning）是一种以学生为本位的团队合作学习模式。它的课堂形态表现为以学习团队为基础，根据"组内异质、组间同质"的原则，将学生分为若干个小组，在教师引导下，学生基于问题或项目开展协同学习，组员在共同的学习过程中互助互学、交流分享，共同踏上学习的旅程。基于团队合作学习的课堂文化建构包含三个相互交织的文化内涵：其一，温润的时空文化。在《静悄悄的革命》一书中，佐藤学先生用"润泽的教室"来形容共同体学习的课堂。在这样的课堂里，学生能"宽松地、充实地学习"，能"让多种多样的想法产生出来"，能让教师和学生都"沉浸在心情舒畅的气氛中"。在这样的课堂里，"大家安心地、轻松自如地构筑着人与人之间的关系，构筑着一种基本的信赖关系"。在团队合作学习的课堂上，同伴们相互商量、相互倾听、相互启发，课堂上的"讨论之球"自然地在同伴之间传递，同伴之间分享着彼此的思维成果。其二，规范的规则文化。规则文化的建构，是团队合作学习有效的保障。团队合作学习的课堂，有具体的合作学习的规则，比如如何分工、如何完成角色承担的任务、如何倾听同伴的发言、如何发表自己不同的观点等。规则文化的建构，让课堂的学习既有序又有效。其三，共同的价值文化。所谓"价值文化"，是植根于人的思想与行为中的观念、信仰，它影响着人们对行为方式的选择。在团队合作学习中，师与生、生与生之间是一种学习伙伴的关系，大家拥有共同的学习愿景，具有共同的归属感，彼此互相尊重和信任，在相互支持和协作中完成学习目标。

3. 行为文化——好习惯陪伴终生

校园行为文化是师生所表现出来的精神状态、行为操守等，是一种内在素养外化的显现。校园行为文化是对校园精神文化的诠释，是一种"活的文化"。宁化小学注重培养学生的精神气质，尤其关注学生良好习惯的养成教育，因为习惯是一面镜子，折射出的是人的修养。学校德育处紧抓日常行为规范的教育，形成自己的习惯养成教育"四部曲"：第一步，明确养成目标；第二步，强化形成习惯；第三步，检查督促整改；第四步，复查巩固达成。在"四部曲"的带动下，每月都有好习惯，一月一个新台阶，孩子们逐渐形成了"微笑问候、轻声慢步、文明如厕、离座送椅"等习惯，让学校浸润在温馨、清雅的氛围中。

综上所述，学校形成以"成全教育"办学理念为核心的"五维一体、和合共生"的实践体系（见图1）。

图1　以"成全教育"办学理念为核心的"五维一体、和合共生"的实践体系

四、未来展望

学校办学将放眼教育的未来。朱永新先生认为，大数据时代的来临，商业被颠覆了，金融被颠覆了。在高度信息化、智能化、个性化的时代，传统教育也将被彻底颠覆，替代它的是"未来学习中心"。他提出未来学习将具备十个特征，如时间弹性化、形式丰富化、内容定制化、评价过程化等。未来已来，这已是不争的事实，教育如何迎接未来的挑战、如何把握世界教育发展的趋势，是教育工作者必须面对的问题。

学校办学将心系学生的未来。教育要面向未来，这是所有教育工作者要恪守的信条。我们如何培养学生面向未来的能力？这是我们必须思考的问题。只有关注每一个学生，赋予他们终身学习的能力，才能成全每一个孩子未来的发展。

学校办学还需关注未来教师的成长需求。我们需要构建未来教师的能力框架，培养未来教师应具备的关键能力，包括课程与教学设计、教育教学评价、学习环境创设、师生沟通能力、信息技术应用、跨学科知识素养等，并在此基础上开发评价标准体系和培养方案。

"成全教育"从成全出发，让教师获得专业的尊严和职场的幸福，让学生获得赢得美好未来的基础和条件，使宁小成为师生共同的精神家园和成长乐园！

06

生态教育：为"儿童的发展"奠基

◎林兆星

【 作者简介 】

林兆星，男，福建福州人，正高级教师，特级教师，本科学历。现为福州市麦顶小学校长、副书记，福建教育学院兼职教授。福建省小学科学学科带头人，福建省义务教育教学指导委员会委员，福建省"十三五"小学名校长培养人选。

教育即生长，教育的本义是要使每个人的天性和与生俱来的能力得到健康生长，而不是把外在内容灌输进容器。教育的使命就应该是为生长提供最好的环境。教育应该回归常识，回归人性，回归教育应然之生态，使受教育者所固有的人性特质得到健康的生长，成为人性健全的人。黑格尔说过，教育的绝对目的就是为了人的解放。因此，我认为：生态教育是理想的教育，因为它"心中有人，心中有规律"。

一、办学主张

2012 年，中共十八大把生态文明建设纳入中国特色社会主义事业总体布局，正式拓展为经济建设、政治建设、文化建设、社会建设和生态文明建设"五位一体"。把生态文明建设放在突出地位，努力建设美丽中国，实现中华民族永续发展。这体现了我们党与时俱进的理论勇气和政治智慧，展现了我们党以人为本、执政为民的博大胸怀，开辟了坚定不移地走中国特色社会主义道路的广阔前景。生态文明理念关乎人民福祉，关乎民族未来，也充分体现于教育事业的发展要求中。

（一）人类得以延续的根本在于"生态文明"

习近平在中央政治局集体学习时曾说过："生态文明是人类社会进步的重大成果。人类经历了原始文明、农业文明、工业文明，生态文明是工业文明发展到一定阶段的产物，是实现人与自然和谐发展的新要求。历史地看，生态兴则文明兴，生态衰则文明衰。"

原始文明时期，人类依附自然，采集渔猎；农业文明时期，人类利用自然，农耕畜牧；工业文明时期，人类改造自然，征服自然，凌驾于自然之上；现代文明时期，人类修复生态，保护环境，和谐共生成为主旋律。人来自自然，是地球生态中的一分子。马克思、恩格斯曾提到两个重要的"和解"：人类同自然的和解、人类同本身的和解。这是哲人深刻的思考，提醒人类要审视自身的自然属性，要能够认识到自然是人的本质之一。因为，人对自然生态是百分百的依赖，自然界中一切具有价值的生态系统，都是人类生存、发展的基本条件。人类学家说："人类文明是建立在浅浅的一层表土之上。"人类善待自然就是善待自己。人类与自然的关系，还表现为人类实际上对自然知之有限，无知不能无畏，应该心存敬畏。这也意味着人类不能征服自然，而只能利用自然，在保持生态系统平衡及活力的前提下改造自然的一些形态，实现物质能量的良性转换而为人使用。量力而行、量入为出是一种平衡，也是一种智慧。人类固然已处在地球自然进化金字塔的顶端，在地球生态系统的最高处，居高当思危，更需要人类心怀生存危机底线：具人文精神悲天悯人善下，具科学精神维护生态平衡。科学原理告诉我们：底部越强大，重心越向下，顶端越稳定。人要明了自己在自然生态中的位置，学会与自然相处，善待敬畏自然，在共同的地球，与自然共生平衡。人类唯有敬畏自然、顺应自然、保护自然的文明自觉，构建人与自然的和谐、共生、平衡的生态发展模式，才能生存绵延。中华民族生生不息、永续发展的生存哲学就是"天人合一"的人与自然观念。

中华上下五千年的文化传承，为我们沉淀了丰富的历史文化和生态智慧。从哲理思想到经典诗句，从治家格言到寓言故事，无不透露出中华传统文化中所蕴含的生态文明智慧。"人法地，地法天，天法道，道法自然。"在道家经典《道德经》

中，先辈早已参透生态环境对人类的生存有多么重要。道家讲究"道法自然"，儒家强调"天人合一"，主张世间万物和谐生存。古代先贤们质朴睿智的自然生态理念，在现代社会中依然有着十分重要的现实意义。

（二）新时代的教育发展亟须"回归生态"

有研究表明：近现代人类文明的进化有三个重要的阶段"发现"，第一个阶段是发现了人，将人从神的笼罩下解放出来；第二个阶段是发现了女性，将女性从男性的统治下解放出来；第三个阶段是发现了儿童，将儿童从对成人的依附中独立出来。今天的中国，正处在第三个阶段，发现儿童的阶段。我们研究中国的基础教育，必须与发现儿童这个大背景、大课题相适应。我们从事基础教育，也必须坚持以儿童为中心，牢固确立学生在教学中的主体地位。我们在办学过程中想问题干事情，更多考虑的是社会、教师、家长的角度，而不是学生的立场。

当前，推进教育改革发展最需要"回归生态"，我们最应该做的事情，就是发现儿童，把社会的义务还给社会，把教师的职责还给教师，把家长的担当还给家长，最后，让学生显山露水，真正成为教育活动的主角。教育需要"心中有人"，教育的出发点是学生，落脚点还是学生，教师则是教育活动的基础。教育需要"心中有规律"，按教育规律办事，最重要的是按儿童生理心理的成长规律办事，社会、教师、家长都要为儿童服务，而不是为儿童做主。我们的教育，终极目标是让儿童在快乐和幸福中学有所成，获得最适合自己的生长。发现儿童，回归生态，中国的基础教育才能进入新天地，迈向新时代。

（三）破解学校发展的瓶颈需要"生态思维"

福州市麦顶小学位于闽江南岸，烟台山东麓，是福建省首批要办好的十六所重点小学之一。九十余载跋涉耕耘，麦穗两歧，顶天立地。学校在科学管理中求发展，向教改实验要质量，在开拓进取中创效益。全体师生在"以生为本、关注成长，立足六年、影响终身"办学目标指导下，团结奋斗、全面安排、突出中心、讲求实效，在行为习惯养成教育、爱国传统教育、艺术传承教育等活动中形成麦顶小学的办学特色。办学成绩斐然，优秀的办学影响力也给学校发展带来生态问题的困扰。

首先是生源压力与学校办学资源之间的矛盾。因为办学质量高，学生人数逐年增加，但学校占地面积、教学用房有限，学生的活动空间受限，这是人与环境空间的生态失衡问题。其次是教师队伍年龄老化与学校发展潜力之间的矛盾。学校发展的关键在于教师，发展的潜力在于教师的培养与成长，生态良好的教师队伍应该是呈现"梯级年龄结构"的老中青教师组合。麦顶小学的教师队伍年龄老化严重，梯级层次不均衡，这是历史遗留的问题。解决这些问题，关乎学校的未来发展，必须要有"生态思维"，用生态的观念去统筹安排，疏导生源、扩大资源，调整教师队伍、合理安排队伍结构。

（四）生态教育的内涵分析

生态是指生物在一定的自然环境下生存和发展的状态，也指生物的生理特性和生活习性。生态（Eco-）一词源于古希腊字，意思是指家（house）或者我们的环境。简单地说，生态就是指一切生物的生存状态，以及它们之间和它们与环境之间环环相扣的关系。由此可见，生态的原意应该指向"环境和关系"。生态的产生最早也是从研究生物个体而开始的。如今，"生态"一词涉及的范畴越来越广，人们常常用"生态"来定义许多美好的事物，如健康的、美好的、和谐的等事物均可以"生态"修饰，例如：生态教育就是指"健康、良性、美好、和谐的教育"。

生态学是研究住所的学问，关注共生关系，研究适应方式。生态学的基本思想是要求生态系统和生态平衡。生态系统是指一定地域（或空间）内生存的所有生物与环境相互作用的具有能量转换、物质循环代谢和信息传递功能的统一体。它强调了系统内各事物之间的共生、统一关系。生态平衡是指一定时间内生态系统中的生物与环境之间、生物各个种群之间，通过能量流动、物质循环和信息传递，使它们相互之间达到高度适应、协调和统一的状态。它强调的是系统内各事物之间的动态平衡、相互适应、和谐统一、共生发展。生态学的系统与平衡的基本思想对新时代的教育发展具有重要的指导作用。因为，教育也成为生态系统，示意图见图1。

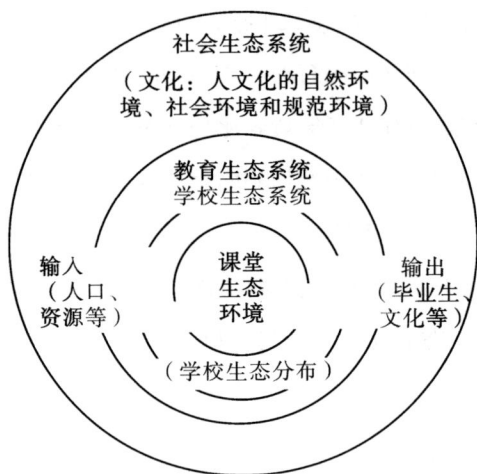

图1 教育生态系统示意图

地法天、天法道、道法自然，自然是最庞大的智慧存在。教育需要向自然学习生态延绵不息的大智慧。生态教育就是要围绕生态的内涵开展教育，并在教育过程和教育结果中充分体现生态价值的一种教育主张。生态教育的内涵是系统、平衡、共生发展，因此实施"生态教育"就需要运用系统论的观点看待构成教育的诸多因素，多维度、多层次、不单一；需要用共生合作、开放互助的方式构建教育学习成长共同体；需要用动态平衡的观点评价教育中的各种快慢不一的成长。生态的教育追求健康的生活方式、安全的生长环境；追求知识与能力的积累，更渴望人文和实践的成长。生态教育以自然为师，以社会为友，每个人都要亲近自然、善待自然，走向社会、融入社会，努力认识自己、成为自己。

南京师范大学特聘教授高兆明在《我们需要什么样的教育》中提出：教育是塑造人性的艺术，教育要培养具有自由、平等、民主、科学精神的合格公民。概括地说，教育能够实现人的自由与真正的解放，教育必须回归人性。人是高等动物，具有两种属性：一是自然属性，每个人都要新陈代谢，都会生老病死；二是社会属性，每个人都需要归属与爱，都期待责任与荣誉。人之所以成为高等动物，就在于人是自然性与社会性的完美统一。人类的进化过程就是作为动物人的自然性的消减和作为社会人的社会性的增强。可是，这个消减的过程被单向地强化、固化，表现为一味地强调社会化的改造，忽视了自然性的顺应。其实，社会化改造和自然性顺应都应该统一于人性的发展需要，是推动人适性发展、顺天应人的两个方面，是辩证的统一。因此，每个人的成长都应该是在服从自然属性的前提下，在规则教化影响之后的社会化，这个过程是自然规律与教育规律共生平衡的教育过程，也就是生态教育的愿景所在（图2）。

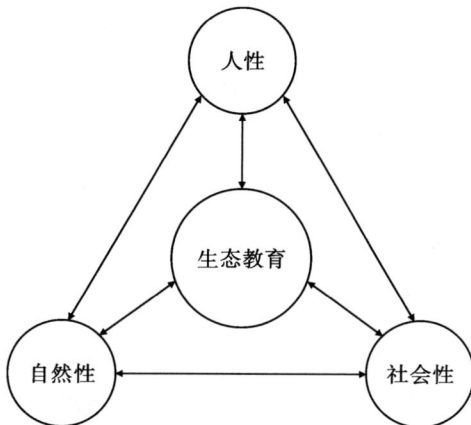

图2　生态教育回归人性也强调自然性与社会性的动态平衡

二、理论体系

　　麦顶小学"生态教育"的办学思路就是用静态的视角了解学校办学过程中的各个要素，用发展的观点研究学校办学过程中各要素的位置，用共生的愿景引领学校办学活动中各要素的行为关系。天地万物，参与其间，参与方得位置，位置影响关系。基于生态的理念，共生的、协作的麦顶办学形态在孕育发展：无论我们的学校今天处于一种什么状态，无论我们的教师与学生今天处于一种什么样的水平，我们都应该在学校发展与师生成长之间谋求一种系统、平衡、共生的关系。

（一）生态教育与教育生态之辨

　　生态教育是人们对教育的价值和功能的一种主体诉求，它的发展和成型必然会受到教育内外部条件，即教育生态的影响。在大力加强生态文明建设的时代背景下，学校应把生态教育的理念建设放在更加突出的位置，积极而有效地开展各种主题鲜明的教育活动，形成良好的教育生态。在创建各项优良教育生态的过程中，达成生态教育的愿景。教育生态，指的是影响教育发展的各种因素及其作用，它包括自然环境生态、社会生态和自生态三个要素。自然环境生态和社会生态构成了教育生态的外在层面，而自生态属于教育生态的内在层面。

在"健康、良性、美好、和谐"的语境下，生态的含义指的不是影响教育发展的因素及其作用，而是教育内容和教育价值的取向。生态教育就是围绕生态的内涵开展教育，并在教育过程和教育结果中能够充分体现生态价值的一种教育主张。生态教育的关注对象是人，在学校教育中，它的核心是师生的成长。校园、教学、教师、课程诸生态要素围绕育人核心，形成系统，达成平衡，共生成长（图3）。因而，生态教育的目的就是要使师生的发展体现生态的意蕴，其内涵由表及里，可逐渐生长为三个层面，即师生的生活形态、生长姿态和生命样态（图4）。生活形态指教师眼中有活的学生，不能只关注成绩，更应关注行为习惯、社会适应力、生活方式、生活品质特征；生长姿态指师生都是在成长发展的，通过教育能形成健康的世界观、人生观、价值观、伦理观、发展观等；生命样态指学生的生命观，即学生对自己、对他人、对社会、对自然的和谐共生观点。

阳光校园 和煦善美 教学相长 吐故纳新 师者如水 润泽生命 丰厚课程 培根植基 育人 校园 教学 教师 课程

生命样态 生长姿态 生活形态

图3　生态教育平面模型　　　　　图4　生态教育立体模型

（二）生态文明理论对生态教育建设的启示

生态文明是一种价值导向，它倡导人与自然应结成一个生命共同体，人类必须尊重自然、顺应自然、保护自然。生态文明是自然环境生态和社会生态的和谐统一。我们只有在生态文明理论指导下，加强生态文明建设，才能重塑教育生态，为生态教育发展创造更加丰富而有利的条件，从根本上促进社会的全面进步。

2007 年，党的十七大首次提出了生态文明的理念，明确把建设生态文明作为实现全面建设小康社会奋斗目标的新要求。2012 年，党的十八大明确提出了"五位一体"的中国特色社会主义事业总体布局，把生态文明建设放在了突出地位，指出"必须树立尊重自然、顺应自然、保护自然的生态文明理念"。2015 年，党中央、国务院先后发布了《关于加快推进生态文明建设的意见》和《生态文明体制改革总体方案》，提出"生态文明建设是中国特色社会主义事业的重要内容，关系人民福祉，关乎民族未来，事关'两个一百年'奋斗目标和中华民族伟大复兴中国梦的实现""生态文明建设不仅影响经济持续健康发展，也关系政治和社会建设，必须放在突出地位，融入经济建设、政治建设、文化建设、社会建设各方面和全过程"。2017 年，党的十九大提出"建设生态文明是中华民族永续发展的千年大计"。可见，生态文明建设已经上升到了国家意志的层面，这不仅显示了其重要性，更突显了其迫切性。

加强生态文明建设是全社会的共同责任，对于学校而言，我们必须把生态教育放在更加突出的位置。而要开展生态教育，我们首先需要解决的问题是秉持什么样的生态观和生态教育观。事实上，生态观和生态教育观并不是唯一的，它是多样化的，不同的人会因对生态和生态教育的理解不同而持有不同的生态观和生态教育观。正所谓，仁者见仁、智者见智。我们所主张的生态教育，是我国生态文明建设的一个内在组成部分，它有着明确的价值指向，即实现生态文明。因此，学校开展生态教育必须将生态文明的价值理念贯彻其中，即教育要以人为本、尊重个性、尊重差异，实现人的个性化发展、终身发展，教育要倡导人与自然、人与人、个体与社会、个体与国家、国家与国家和谐共生、和平共处。

（三）教育生态学对生态教育的学科意义

在理论层面，在教育科学的分类中，以教育活动为研究对象；以不同方式运用其他学科；把被运用学科作为理论分析框架，分析教育中的社会现象，产生了教育边缘学科。教育生态学就是其中的一个分支。在现实层面，现代学校系统建立以来，人类的制度化教育活动固化在学校这一具体的生态系统中进行。科技进步、工业发展、人口增长，推动教育事业快步发展；同时，教育系统的生存与发展也受入学高峰、经费短缺、师资外流等生态失衡问题影响，"教育危机"成为教育研究与实践者共同关注的问题。例如：日益过时的陈旧教学内容与知识增长和学生学习需要之间的不平衡；教育和社会发展需要之间的不适应；教育与就业之间的严重不协调；社会各阶层之间的严重不平等；教育费用的增加与将资金用于教育的能力和愿望之间的差距在扩大。

教育生态学的研究思路也由注意个别儿童及其经历和学校成绩，转向研究构成儿童成长的教育环境的系列因素。

三、实践探索

结合麦顶小学的教育传统、教育思想、区域教育资源特点和学校教育特色定位，对生态教育进行深入解读，即明确阐释本校所秉持的生态观和生态教育观，精准确定本校实施生态教育的内容和方法，清晰界定本校生态教育的学生发展目标，在此基础上，归纳和提炼本校实施生态教育的特定主题。

麦顶小学生态教育的价值取向：

"生态麦园"涵盖教育范畴：家庭教育、学校教育、社区教育。

"生态麦园"指向师生发展：全面发展、个性发展、自主发展。

学生智慧学习、能力提升、健康成长；教师智慧教学、专业发展、生活幸福。

麦园的"生态教育"以"面向未来、着眼成长、课程赋能"为核心，规范教育共性，凸显学校地域特色，致力于教育教学质量的全方位提升，致力于探索形成"大教育、全课程、活课堂、高质量、新生活"的教育体系。

大教育指建立家庭教育、学校教育和社区教育一体化教育生态圈，形成线上线下、课内课外全方位互动的教学生态链。大教育要有温度、有深度，核心是文化育人、科学思维。

全课程是指融合了国家课程、地方课程、校本课程等，呈现多元化、梯级结构的课程特色。课程的开设能够实现学生多层次的学习实践，培养学生核心素养，促进学生健康生长。全课程要实现所有课程之间的融会贯通，便于学生系统学习。

活课堂是指课堂以培养学生的综合能力为目标，以学生个性特点和课程知识体系为教学依据。在教学过程中，有效应用教学技术，创设使学生联系实际生活、激发多元思考的学习环境。学生以自主学习、合作学习为主，教师与学生组成学习共同体，教师通过启发、示范及讲授等形式为学生助学，综合测评教学效果，促进学生健康成长。

高质量是指实现文化育人与智慧教学的深度融合，培养具有责任感，能为社会做贡献的人，进而培养具有"独立、担当、磨砺、敬畏"气质的麦园新人。麦顶小学的校训：天下为公，爱国为民。

新生活遵循陶行知先生的生活即教育的导向，重构教育与生活的内在联系，引导师生追求高品质的生活，实现教育幸福梦想。我们时刻牢记习近平总书记的嘱托：人民对美好生活的向往，就是我们的奋斗目标。

四、未来展望

（一）原点与远点的辩证统一

生态教育既要回归教育的理想"原点"，又要拥抱教育的应然"远点"，两者要辩证统一。教育的"原点"，即教育要回归人性、回归生活、回归生命，让人更健康、更智慧、更善良，是教育的传统精神、保守气质和恒定法则，是教育长期坚守、初心不忘的伦理特质。教育的"远点"是教育在面向未来、面向世界、面向人类历史进程中需保有定力的人道主义精神和人本主义情怀。教育的"远点"是对教育"原点"的否定之否定、涅槃与再生；教育的"原点"是教育"远点"的根基和土壤、内核与养分。教育的"原点"和"远点"在时间上跨越了人类的历史时空，洞察了教育的本真；在形式上超越了功利化的教育碎片，反观了教育的本然，共同构建了当下教育改革与发展的逻辑起点。如此，回观教育的本质，教育的"原点"即"远点"，原点、远点和当下定点三点交融共生、嵌入整合，共同构建了当下教育的生态样式、现代气质和理想范型。

（二）生态学习空间的创意无限

在人工智能、5G、线上教学泛在化的未来，如何打造适宜学生学习的空间？这是摆在麦顶小学眼前的大课题。我们希望生态的学校是没有围墙的，它是师生终身学习的地方；是可以混合式学习的地方，线上线下加之个性化辅导；是重视体验，尊重师生生活、生长和生命的地方；是学会学习的地方，选择适合自己的学习方式；是可以创造和分享的地方；是师生教学相长的地方。

我们向往的校园：有高大的树木，有青绿的小草，也有盛开的鲜花，每一个生命都在其中自由生长，每一个学生都能获得成功。

07

"同异教育"促校园异彩交辉

◎林 彤

【作者简介】

林彤，女，福建福州人，高级教师。现为福州市铜盘中心小学校长、党支部书记，福建省"十三五"小学名校长培养人选，福建省小学美术学科教学带头人。先后被聘为福建省义务教育课程教学指导委员会委员、福建省学校美育工作专家、福州市及鼓楼区小学美术学科林彤名师工作室领衔名师。2019年获评鼓楼区优秀人才。

如果说校长的办学思想是顶层设计，那么将理念付诸实践就是底端行动。校长的理念必须立足学校最底端，"顶层"与"底端"相互滋养，在实践中反复观察、思考、反思、提升，才能不断明晰、坚定、丰富、深刻。

一、办学主张

（一）思想提出的背景

2006年9月，带着上级领导对"名师办学"的期待，我和多位鼓楼区首届名师走上了校长这个管理岗位。鼓楼区首届名教师的奖杯塑以"万世师表"孔子的形象。孔子的"有教无类""因材施教"等教育思想，闪耀着中华优秀文化的光辉，指引着我进行职业生涯的每一次思考与顿悟。

1. 一路成长、且行且思

校长生涯第一站，我走进福州市华侨小学，以"侨"为"桥"，让爱国华侨的报国情、奋斗志跨过近现代历史长河走进孩子们的心中，引入福州本土的省级非物质文化遗产"香店拳",让铿锵有力的民族精神提振华侨师生的精气神。

校长生涯第二站,我到任福州市鼓楼第五中心小学,这是一所传承了四十余年的民乐特色学校,作为一名福建省小学美术学科教学带头人,我带领师生凝练的"鼓之舞之、以美以德"既成为鼓楼第五中心小学的校训,更是作为校长的我所希望引领的办学思想、专业精神。"鼓舞"者,展现的是极具动感的积极向上的精神面貌;"以美"即以美育人,以高雅的艺术熏陶人;"以德"即立德树人,以高尚的道德塑造人。学校美育特色凸显,被确定为福建省第二批美术学科教学研究基地学校。

校长生涯第三站,我来到了福州市铜盘中心小学,并先后被授予鼓楼区、福州市小学美术学科林彤名师工作室领衔名师。职业成长的经历,让我明白作为一名校长要能像水一样包容一切,无论是学校积淀的文化底蕴、办学特色,还是各具特色的教师群体、个性鲜明的学生队伍,都需要校长像水一样,把他们联系起来,而这一脉灵动的"水"就是校长的办学思想,发乎理想、落于实践。从"以'侨'为'桥'",从"鼓之舞之、以美以德"一路走来,我且行且思——要"立什么德、树什么人",要"培养什么人、怎样培养人、为谁培养人",思考着学校管理、人才培养中"全面发展与个性彰显"的问题。

2. 特色立校、思想萌生

福州市铜盘中心小学居于五凤山下、左海之滨,这是一所地理区域、办学历史都非常特殊的学校,是一所从军营里走来的学校。学校创办于1961年,前身为福州军区干部子弟学校,1966年移交地方后改为现名,著名的杨成武将军题写了校名,丰富的部队资源谱写了铜小深厚的军地共建共育历史。建校以来,结合学校"三多"(附近部队多、教师部队家属多、学生部队干部子女多)的特点,逐步提炼出"以军人的气节忠于祖国,以军人的毅力刻苦学习,以军人的作风要求自己,以军人的品质铸造人生"的学校精神,将渗透着"红色基因、军人气质"的军魂教育特色深植于学校办学历程中,2017年3月被教育部认定为全国首批国防教育特色学校。近年来在各级领导的关心和大力支持下,经过三期建设基本完成学校改扩建,一所融文化教育、现代科技、园林建设、人文环境为一体,流淌着军民鱼水情、闪耀着军人风范的学校在鼓楼北部日新月异。

三十一年与教育同行，在专业成长的道路上，在校长管理的站位中，眺望未来社会的发展，我思考着教育前行的方向、思考着学校管理的策略。立足铜盘中心小学的历史渊源、办学特色，确定学校的办学目标、发展规划，寻找"铜盘"特有的思想和色彩，"铜"与"同"谐音，"光"与"军"组合成"辉"，"同学相辅、异彩交辉"的思想在实践与思考中逐渐清晰。校园即花园，千姿百态、各美其美、绚丽绽放是我所追求的理想校园。希望在探寻"同"与"异"的矛盾统一中，促校园异彩交辉！

（二）思想内涵解析

1. 校训释义

"同学相辅　异彩交辉"是铜盘中心小学的校训，更是校长办学思想的阐释。

同学相辅——学之目标。《论语》中，子曰："可与共学，未可与适道。"意即"可与同学者，未必可与同道。"同在《论语》中，曾子曰："君子以文会友，以友辅仁。"同学者，同拜一师、同处一室凡数年者也，本是天然挚友，何以不能成为同道？正因为不能相互辅助以进学修身，而携手同致乎仁德之胜境、光明之坦途。是故，"同学相辅"是莘莘学子同学之道、求学之道。

异彩交辉——教之目标。同者，天理之恒一；异者，万物之缤纷。有同不可以无异，求同必须存异。教育之天职，就是要培养无数各自精彩的、不一样的、独立的人。恰如春天情怀乃是百花齐放，乐章美妙由于百音和鸣。是故，"异彩交辉"是教育者追求之极致、戮力之方向。

可以说，"同学相辅　异彩交辉"既是目标亦是方法，培养的是多元发展、个性彰显，凸显的是因材施教、交流合作，符合"培养什么人、怎样培养人、为谁培养人"的根本问题。

2. 思想阐释

"同异教育"由"同学相辅　异彩交辉"凝练而出。

（1）"同异教育"语义溯源

字义解释，"同"意为相同、共同，"异"意为有分别、不相同。"同异"体现的是个性与共性、普遍与特殊、统一性与多样性的关系，是矛盾统一的哲学问题。从全人类思想发展的历程看，普遍性、确定性、同一性、统一性曾经作为主导，但随着时代思潮的变化与发展，矛盾性、偶然性、差异性、多变性日益为人们所关注，人类呼吁社会和生活方式的多元化，积极看待差异形成的创造性意义。

（2）"同异教育"内涵解读

"同异教育"以求同存异、存同求异思想为核心。所谓求同存异，意思是寻找共同点，保留不同的看法和观念；存同求异，意思是保留共同点，寻求不同的看法和观念，两者是人们处理和看待事物的原则与方法。从学校管理上，我们关注教育目标、学校文化、师资队伍、课程设置、教育手段、校园人际等方面的"大同"与"小异"，追寻全面发展与个性彰显的和谐统一，鼓励求异与创新的意识与行动。外化为志同道合、求同存异、存同求异、同心协力等方面。

（3）"同异教育"学校理念

①办学目标：厚德敏行　求真至善

"厚德"突出了德育为首的教育理念，是求学治学的前提和基础；"敏行"是求学治学的行为；"求真"是求学治学的态度和方法；"至善"是做人治学要达到的完美境界，也是我们教育所要达到的最高理想。

②办学理念：多元发展　相得益彰

与办学思想一脉相承，倡导学校、师生全面发展、多元发展，个性彰显、相得益彰。

③校风：忠诚坚毅　克己进取

由学校军魂教育特色精神提炼而成：以军人的气节忠于祖国（忠诚），以军人的毅力刻苦学习（坚毅），以军人的作风要求自己（克己），以军人的品质铸造人生（进取）。

④教风：教人求真　学做真人

"千教万教，教人求真"是教师的思想情操；"千学万学，学做真人"是教师的培养目标。"教人求真，学做真人"，其精髓在于一个"真"字，"真"是一种境界，更是人类高尚品格之"大同"。

⑤学风：博学笃志　切问近思

出自论语，子夏曰："博学而笃志，切问而近思，仁在其中矣。"意思是：既要广博地学习，又要有一个追求的中心；既要多问问题，又不要不切实际地空想，多想当前的事情，与自己的实际情况密切相关的事情。

二、理论体系

（一）思想提出的理论依据

1. 遵循党的教育方针之"大同"

2018 年，习近平总书记在全国教育大会上强调，要在党的坚强领导下，全面贯彻党的教育方针。党的教育方针即"坚持教育为社会主义现代化建设服务、为人民服务，把立德树人作为教育的根本任务，全面实施素质教育，培养德智体美劳全面发展的社会主义建设者和接班人，努力办好人民满意的教育。"全面贯彻党的教育方针，就是要准确把握立德树人总体目标的新规定，解决"为谁培养人"的教育性质问题、"培养什么人"的人才规格问题及"怎样培养人"的教育方法问题。

2. 基于多元智能理论之"异彩"

多元智能理论认为人类至少存在八大智能，应当针对每个儿童的智力特征去帮助他们建构自己的能力，培养和发展儿童的智力强项，并帮助儿童把智力强项中的特点迁移到其他智力弱项领域中。这一理论所倡导的多元、开放、尊重文化差异和个体差异、重视实践效果的教育观，与本次新课程改革的方向是一致的。著名教学论专家、原浙江大学教育学院张定璋教授归纳了 90 字教育观："人皆有智能，智能本多元。异在潜、显、强，扬长须补短。补短利扬长，优构促成才。人皆有个性，个性多彩谱。亮点闪素质，教育个性化。优化促发展，健全长人格。教育是科学，施教亦艺术。科学讲理智，艺术重情感。科艺融人文，育才兼育德。"

我深信，通过和学生一起工作，激励学生使用八大智能，我们事实上是在引导学生作为一个人，走向全面发掘自己所有潜力的道路，而这也是一个人能给另一个人的最大的礼物。这是教育送给孩子、送给社会最好的礼物。

（二）思想的理论支撑

"同异教育"下的学校观、教师观、学生观、课程观、教学观关注教育现象中的共性与个性、普遍与特殊、同一与差异、统一性与多样性、一元化与多元化的问题，关注优秀传统文化的传承和时代的发展创新，关注面向社会、面向世界、面向未来的人才需求，努力发挥基础教育的价值。

1. 学校观

教育是为未来奠基，今天的教育将极大影响今后的社会。学校承担着传承人类文化、传播社会核心价值、传授知识技能、教化育人的作用。而我所主张的学校是春天，百花齐放；是乐章，百音和鸣，是培育未来的智慧花园。

"同"：即学校的根本任务是立德树人，"为谁培养人"就是要坚定社会主义办学方向，为党培养人，为人民培养人；"培养什么样的人"就是要培养德智体美劳全面发展的社会主义建设者和接班人，培养担当民族复兴大任的时代新人；"怎样培养人"就是要坚持以人为本、坚持立德为先、坚持能力为重、坚持全面发展。

"异"：结合学校办学历史、文化传统、地域特色、发展规划，走特色办学道路，创学校品牌。铜小的"异"即构建立德树人目标下军魂教育为体系的学校文化。

2. 教师观

教师的职业使命是传道、授业、解惑。习近平同北京师范大学师生代表座谈时指出："'三寸粉笔，三尺讲台系国运；一颗丹心，一生秉烛铸民魂。'今天的学生就是未来实现中华民族伟大复兴中国梦的主力军，广大教师就是打造这支中华民族'梦之队'的筑梦人。"

"同"：以新时代"四有教师"为标准，做有理想信念、有道德情操、有扎实知识、有仁爱之心的教师。

"异"：引导教师进行自我诊断，认识自身优势、劣势，积极开展职业规划，做到个性彰显、术业专攻、多元发展、各美其美，通过个性化培养搭建教师快速成长的通道，以教师发展促学生成长。

3. 学生观

学生是独立存在的具有主体性的人，有独立的人格尊严、思想情感、独特个性，有着巨大的潜能和主观能动性，承载着人类社会与民族的未来和希望，是积极主动、有进取精神和创造性的学习者。我国历代党和国家领导人都对少年儿童给予殷切希望，习近平寄语少年儿童："从小学习做人、从小学习立志、从小学习创造。"

"同"：以科学性、时代性和民族性为基本原则，以培养"全面发展的人"为核心，依据学生身心发展的规律和特点开展教育教学活动，促进学生全面健康发展，达到中国学生发展核心素养的要求。

"异"：以多元智力理论为指导，充分认识学生的个性差异，了解每个学生由于遗传素质、社会环境、家庭条件和生活经历的不同，而形成个人独特的"心理世界"，结合在兴趣、爱好、动机、需要、气质、性格、智能和特长等方面的异同，因势利导，使我们的教育真正成为发现学生差异、实现因材施教、促进全面发展的教育。

4. 课程观

课程管理是学校管理工作的核心和主要内容，涵盖课程的概念、课程的编制、课程的实施、课程的评价等各方面。我校根据党的教育方针，国家义务教育课程管理的有关精神，立足学校特色，发挥主体活力，树立以立德树人为目标、核心素养为导向、学生发展为根本、军魂教育为特色、"吴孟超班"为示范、创新精神和实践能力为重点，促进学生素质多元发展、个性彰显的学校课程管理理念，夯实与创新国家、地方、学校三级课程管理，逐步形成规范有效、富有特色、可持续发展的学校课程体系。

"同"：严格执行国家课程计划，确保课程计划与课程标准的严肃性，夯实国家规定的学科类课程、活动课程、综合实践课程、地方课程，保证教育教学质量的有效落实，保证全体学生素质的全面发展。

"异"：秉承"同学相辅　异彩交辉"的思想，围绕课程开发、教材编写、课程管理和课程实施，开展以"军魂教育"为核心的校本课程——"同异课程"系列研究，落实与开发地方及校本课程，通过走教、混龄、社团等形式，采用参观、访问、研学、实践活动等模式，引导学生个性发展、自我发展。

5. 教学观

传统的教学观认为课程内容是教学的方向、目标和计划，教学的过程是忠实而有效地传递知识，教师是传递者，学生是接受者。新课程所倡导的教学观认为教师和学生是课程的有机组成部分，是课程实施的创造者和主体，师生共同参与课程的开发、实施和收获，教学不仅要传承知识，还要创新知识。

"同"："同异教育"下的教学观应顺应教学的规律，通过教学活动，传授知识、启迪智慧、润泽生命，各学科教学既要关注学科素养，又要面向社会生活，关注学生核心素养的达成。

"异"：引导教师积极开展教学研究，提升教师职业素养和能力。教学中关注学生个性差异，采取富有创造性的教学形式和手段，注重学生个体学习思维、习惯、方法的培养。熟练运用信息技术，整合和应用数字教育资源，支持学生开展个性化、开放性的学习，发展学生高阶思维能力和真实情境下的问题解决能力。

三、实践探索

为更好地开展"同异教育"思想的实践研究，2017 年以来，我校先后申报了四项省级课题"立德树人目标下构建军魂教育为体系的学校文化建设实践研究""数据支持下的自本课堂教学案例研究""深度学习视角下小学生数据分析观念培养的实践研究""基于绘画软件的创意美育课程开发与应用研究"，以及市级课题"立足统编语文教材融合军魂教育的教学实践研究""数字媒体背景下小学生劳动教育实践活动创新的实践探究"等研究，从学生发展、课程改革、办学特色和文化建设等方面践行"同异教育"思想，围绕教育目标，立足学校特色，让"同异教育"融入师生的校园生活，融入学校工作的各个方面。

（一）校园文化之"同异"——让军魂形象在校园熠熠生辉

校园文化是一所学校历史、精神、特色、成果和理想追求的综合体现。而"同异教育"理念下校园文化之"异彩"，在于力求创设充满浓郁学军氛围的校园视觉文化，使人一入校门，就能感受到铜盘中心小学独特辨识度的"军魂教育"审美意蕴。

进入校园，随处可见的学校"logo"。鲜明的盾牌形象和绿色，无不显示这是一所与军队血脉相连的学校。校标由盾牌、红领巾、铅笔、TP 英文字母构成；从军旅形象中提炼出五星造型、军衔肩章、绿色迷彩等视觉表现元素；以军人刚硬的线条造型构成学校标志性图案；设计"铜小兵"卡通形象等，通过个性化、系统化的视觉方案使学校的办学理念得以规范呈现，塑造学校鲜明的学军特色视觉形象。通过校史室、军魂主题浮雕墙、将星长廊、红色教育主题宣传等空间设计，让铜小的校园视觉文化成为一部讲述中国军队、军人的故事书，通过一个个精彩、富有教育意义的视觉空间，让军魂形象在校园熠熠生辉！

（二）师资建设之"同异"——让各美其美促教师专业发展

在师资队伍建设中，我校秉承"同异教育"的办学主张，让各美其美、美美与共成为教师的共同追求：

志同：共同的信念、共同的操守、共同的追求、共同的形象。

异彩：个性彰显、术业专攻、多元发展、各美其美。

同伴：同心同德、齐心协力、守望相助、共同发展。

鼓励教师以新时代"四有教师"为标准，做有理想信念、有道德情操、有扎实知识、有仁爱之心的教师。通过"四有"讲坛、"逸心讲堂"、"师父小妙招"分享、师德先进事迹报告、教师"悦"读、"同异教师"评选等师德建设活动引导教师凝聚教育情怀和铜盘精神。

开展"创新名优教师培养工程，建设教师专业成长链"活动，建构教师培养"双线管理"网络，通过上好入职第一课、"十种常态教研课"、以评促学以赛促研、专家引领、集中培训、名师效应、课题研究、教育协作等形式开展校本研训活动，通过个性化培养搭建教师快速成长通道。引导教师进行自我诊断，开展职业规划，从合格走向优秀，从优秀走向卓越。从"我"走向"我们"，形成对学校的认同感，形成"我们感"，将自己归属于学校。"同异教育"让各美其美、美美与共成为每一位铜小教师共同奉献的温暖之源。

（三）课程设置之"同异"——让军魂精神在校园薪火相继

学校围绕课程开发、教材编写、课程管理和课程实施，开展"同异课程"系列研究。通过走教、混龄、社团等形式，采用参观、访问、研学、实践活动、项目式学习、网络学习空间等模式，创生自本课堂，引导学生个性发展、自我发展。

"同异课程"，目前共创设五大模块共三十一项课程，涵盖"铜小兵"课程、悦读课程、健体课程、科创课程、美育课程五大模块。提炼"军魂教育"特色课程核心培养目标，编撰《小军迷——国防教育系列课程读本》，创设"铜小兵成长营"活动等，构建以立德树人为目标、核心素养为导向、学生发展为根本，军魂教育为特色、"吴孟超班"为示范、创新精神和实践能力为重点，促进学生素质多元发展、个性彰显的"同异课程"体系。

教育的根本，在于儿童生命的成长。"同异教育"的追求，是让异彩交辉润泽学生生命光辉。在"同异课程"的评价体系构建中，我们更关注学生个体差异，着力构建立体化评价体系，通过"铜小兵争章"——忠诚章、坚毅章、克己章、进取章，形成"关注差异、分层评价、立足过程、多元互动"的评价体系。

"同异教育"为课程优化与创新提供了切实可行的新方向，也引发我校在教育教学改革方面的深入思考。我校先后被授予全国首批国防教育特色学校、中央电教馆疫情防控期间"网络学习空间"主题应用案例、福建省义务教育教改示范性建设学校、福建省第二批百个中小学劳动教育实践特色项目、福州市中小学美育示范校基地校等。即将走过一甲子春秋的铜小，正迈着矫健的步伐，不断超越，奋勇前行。

四、未来展望

"同异教育"思想引领师生读懂自己、关注他人，求同存异、存同求异。在教与学的过程中，关注普遍规律和现象，寻求差异化、个性化的思考和表现；在学校发展的进程中，树立共同的信念、坚持共同的操守、展现共同的形象，同心同德、齐心协力、守望相助、共同发展。未来将在以下模块展开思考与实践：

（1）深入开展"立军魂，育全人——同异课程"的实践研究，以军魂精神为根，融入思政教育、学科素养、科技创客、综合实践等内涵，从地方和学校教育资源中提炼具有丰厚底蕴的特色文化，进一步完善校本课程体系。

（2）以"走向未来的学校"为发展理念，积极探索以新一代信息技术和智慧应用为支撑，建立智能开放的教育教学环境。通过网络化、数字化、智能化、个性化、虚拟化的新型教育教学和管理平台，为"同异教育"插上人工智能的翅膀。

（3）通过"山海联动、融合创新"八校教育协作平台，积极宣传、辐射我校"同异教育"办学思想、教育实践及成果，引领协作校在现代学校管理、教育教学理念、教育资源共享、课堂教学研讨、办学特色交流等方面开展沟通交流，促进区域教育均衡发展，不断提升办学效益和学校影响力。

锦绣芳华在路上，唯有一路前行，才能遇见更美的风景。让教育回归初心，带着生命的温度，缓缓落地；让教育充满智慧，化作润物无声的春雨，共享成长的幸福。同学相辅，定能异彩交辉！

08

"天籁教育" 的探索与实践

◎李　斌

【作者简介】

李斌，男，福建福清人，高级教师、福建省优秀教师，华东师范大学教育管理专业研究生。现任福清市滨江小学教育集团总校长、党总支书记、福清市政协委员。福建省"十三五"小学名校长培养人选。

"天籁"一词出自《庄子·齐物论》，与地籁、人籁相比较，指自然界的风声、水声、鸟声等声响。"天籁"是自然界天成之音，天地间生生不息的力量，而在我们心里，天籁是儿童的书声，是天使的歌声，是孩子们的笑声。教育是听觉的盛宴，教育理应是纯粹、自然、灵性的，这是教育的至上境界。

一、办学主张

（一）"天籁教育"的提出背景

"天籁教育"是根据当代宏观历史背景和学校微观情境做出的选择。

当今世界正面临百年未有之大变局，国际力量对比发生新的变化，我国在日益走近世界舞台中心的同时也面临更多严峻挑战。世界多极化、经济全球化深入发展，科技进步日新月异，人才竞争日趋激烈。时代和社会发展需要进一步提高国民的综合素质，培养创新人才，这些变化和需求对教育改革提出了新的要求。文化是一个国家、一个民族的灵魂，文化育人是时代的呼唤，是民族复兴的需要。教育的至高境界应该是以文化人，学校的文化可以说是一所学校先进、成功的标尺。

福清市滨江小学创建于 2008 年，位于福清繁华的西区，虽属于"少年派"校园，却迅速发展成为当地最大规模的学校，并率先启动集团化办学模式，创造了业内的奇迹，被誉为"滨江速度"。当前，学校处于高速发展的关键时期，如何迎接新的机遇与挑战，确保可持续发展，是学校面临的重要课题。根据学校地域文化、历史背景与发展导向，滨小团队决定以"声"作为学校文化切入点，以"天籁"作为学校核心价值追求，打造全新概念的"天籁校园"，使学校成为师生知识的殿堂、艺术的乐园、快乐的家园。

"天籁教育"的提出，顺应了国家一系列教育改革与发展政策，呼应教育改革的总体趋势，体现了立德树人的总体要求，是时代发展对教育改革的呼唤，是全面实施素质教育促进立德树人的需要，是学生身心健康成长的必然选项。

（二）"天籁教育"的内涵分析

"天籁教育"的表征是"三声文化"，"天籁教育"是"三声文化"的本质和抽象。

1. 创意"三声文化"

美丽的滨江小学位于五马山之麓，毗邻滨江公园绿化带，坐落于福清市中心的滨江大道旁，紧挨穿城而过的福清母亲河——龙江。龙江哺育了世世代代的福清人，孕育了被誉为"海滨邹鲁，文献名邦"的玉融文化，见证了福清历史文化发展的变迁，留下了唐陂、宋桥、元佛、明塔、清寨等文化遗迹。自古有"马山雷鸣宰相出，龙江桥拢状元来"之传说，修建于唐天宝年间的防洪工程"天宝陂"在学校对岸屹立千年，已成功入选2020年世界灌溉工程遗产名录，迄今还在滋养着玉融大地。因此，学校不仅有"书声、笑声、歌声"，而且天天听闻海潮涛声、龙江水声、林木风声，人文景观与自然景观融为一体，孕育了滨江小学特有的校园文化和精神特质。

我常常漫步在"天宝陂"前，聆听那穿越千年的涛声，不由得心潮澎湃，思接千载，遥想大唐盛世的恢宏气度，一种自豪感和使命感油然而生。望着对岸的滨江小学，我不断地叩问自己：要把滨江小学办成一所什么样的学校？要培养什么样的"滨江美少年"？我们可以拿什么来奉献给孩子们？立足于山水文化背景，参照中国学生发展核心素养，结合本校实际情况及学生的年龄特点，我们凝练出育人目标——拥山之德，怀水之志，成就阳光、聪慧、博雅、多艺的"滨江美少年"，并以此作为逻辑起点展开，构建"三声"校园文化体系。

2. "三声文化"之价值维度

"三声"首先突出"三"，"三"是玄妙之数；"声"为切入点，"声"中有学与识、有喜与乐、有雅与趣。"三声文化"既是教育功能又是教育手段，立足于读书成人、快乐成长、艺趣成才的教育价值指向，将具体生动的"有声教育"转化为潜移默化的"无声滋润"，培养出博学广识、快乐阳光、情趣高雅的滨江美少年，使学校成为知识的殿堂、艺术的乐园、快乐的家园。"三声文化"具有鲜明的外延维度和广泛的教育功能，基本概括了学校教育的各种架构维度，注重闻声见人，辨声识器，从而体会书以载道、乐以开怀、歌以咏志的教育境界。

3."天籁教育"与"三声文化"的关系

"天籁教育"是"三声文化"的教育发端，二者互为表里，归于一元。如果说"三声文化"是具象的，那么"天籁教育"就是抽象的；如果说"三声文化"是表征，那么"天籁教育"就是本质；如果说"三声文化"是载体，那么"天籁教育"就是精神和价值追求。

"天籁教育"植根于我校的"三声文化"，叩问教育的内涵本质和价值追求，体现思辨的趣旨，具有丰富的生命力和想象力，是一种理想中的真善美的教育境界。

二、理论体系

"天籁教育"办学思想主张回归自然、纯粹、灵性，遵循天性，守护天真，维护天成，倾听生命的天籁之声，追寻教育的天籁境界。它具有以下六个方面特质：①自然：秉于自然，顺乎天性；②纯粹：儿童立场，育人本色；③质朴：天然无饰，回归本真；④纯情：大爱深深，情之濛濛；⑤倾听：美妙动听，直抵内心；⑥灵性：陶冶性灵，启迪智慧。

（一）"天籁教育"的理论依据

任何教育思想都不可能在真空中产生，必然是基于一定的文化架构，扎根本地土壤，立足教育实践孕育而生的。"天籁教育"具有厚实的理据。

1. 天人合一思想昭示着教育必须尊重规律

《道德经》说："人法地，地法天，天法道，道法自然。"这个"道"，即"自然"，是万物本来的样子。"道法自然"就是要顺应时令和万物生长规则，让他们恢复到他们本来的样子。

滨江小学位于福清五马山之麓，龙江之畔。五马山横亘绵延，状如笔架，龙江水清净柔和，奔腾不息。"天籁教育"融合山水文化之精髓，浸润师生，启智开悟，明德知礼，孕育出俊贤之师，德才兼备之子。根据山水文化特征和办学优势，构建校园文化体系，此乃天人合一之道，也是"天籁教育"提出的理据。

2. 自然主义教育思想预示教育要遵循天性

"自然主义"教育核心思想是"归于自然"。卢梭认为遵从天性，归于自然是教育的目标和根本原则，强调教育要顺应儿童天性发展的自然历程，即遵循儿童身心发展的特点，同时还要尊重儿童的个性特点。

"自然主义"教育学说以儿童为出发点，强调人类内在本性发展，旨在培养儿童的身心及本性，让儿童过着儿童应有的生活。"天籁教育"旨在遵循天性，回归本然即自然、纯粹、灵性，强调原生态的生长，与卢梭的"自然主义"思想契合。

3. 民主主义教育思想启示教育要维护天成

民主主义教育家杜威提出儿童应当成为太阳，教育的各种措施要围绕着这个中心旋转。他强调我们必须站在儿童的立场上，并以儿童为自己的出发点，认为"教育即经验的改造"，学校教育的目的就在于通过组织保证儿童继续生长的各种力量，使教育得以继续进行。

"天籁教育"倡导遵循儿童天性，守护天成，主张让儿童站在学校中央，认为学校的一切教育活动，都应该从儿童的视角出发，服从于儿童成长的需要，一切必要的教育措施应该为了促进儿童的生长，这种观点与杜威的民主主义教育思想具有内在本质相通之处。

4. 生态教育理念提示教育要守护天真

"生态"的概念是德国科学家海克尔在《生物体普通形态学》中首次提出的。生态教育理念认为：生命是大自然最为神奇的创造，每一个生命都是奇迹般的存在。如果问生命有什么颜色，我认为应该是绿色的，因为绿色是生机盎然、自然内在、茁健清新的，也是可持续发展的。好的教育，一定是让孩子找到生命的生长点与生成感，找到自我生命的尊严与作为儿童存在的幸福感。生态发展理念让教育立足于生命的原点，意味着让学生成长为最好的自己，让学校成为生命的域场，这种理念与"天籁教育"的尊重生命，遵循本性，追寻教育的至真至善，有异曲同工之妙。

总之，"天籁教育"呼应了各类先进教育思想，吸纳、融合与创新了古今中外优秀的思想精华，扎根丰厚的文化土壤，具有重大的实践意义和价值追求，是一种具备时代性和科学性的教育理念。

（二）"天籁教育"的美学意义

1."天籁教育"是教育工作者的诗与远方

教育生活中，除了分数、升学率之外，还要有充满诗意的学校文化，还要有教育者的梦想和追求，这是教育工作者的浪漫情怀。

2."天籁教育"是教育的返璞归真

"天籁"追求纯粹、灵性、美好，这是教育的本原，教育之初心，是一种本然状态。

3."天籁教育"是学校办学价值链的重要一环

"天籁教育"源自"三声文化"，落地于"好声音课程"，三者之间形成一个互相关联的整体，是一个有机环、价值链，体现了哲学视角和逻辑思维（图1）。

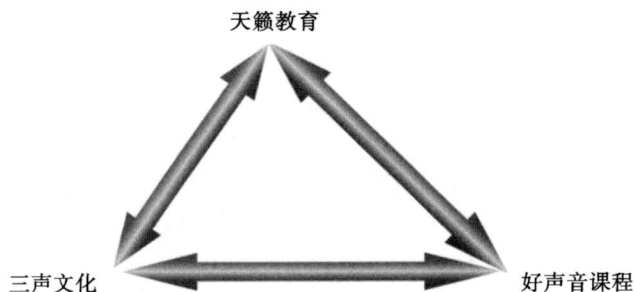

图1　滨江小学学校文化整体结构图

4."天籁教育"是特色办学的需要，是学校发展的个性化战略

滨江小学以"天籁教育"为办学理念，积极推进集团化办学，努力扩大优质教育资源，满足了当地百姓"上好学"的美好愿望。

5."天籁教育"对课程建设具有重要指导意义

没有学校文化，课程将是无源之水，但如果没有课程，学校文化将成为空中楼阁。我校以"天籁教育"为指导，建设"好声音"课程，让课堂产生"静悄悄的革命"，推动学校的高质量发展。

三、实践探索

（一）学校课程哲学

基于"天籁教育"哲学思维，我们把办学理念确定为：爱到深处，生命尽是天籁，把课程理念确定为：让每一个孩子感受生命的天籁，将学校课程模式命名为"好声音"课程。其具体内涵如下：

1. 课程即生命美学

童年是人生最美好的一段生命历程，童年生活应当是曼妙的诗篇。"好声音"课程尊重孩子的个性需求，设计丰富多彩的课程，让孩子们找到属于自己的世界，让童言无忌，让童心飞扬，让童年难忘。

2. 课程即美好期待

学校应该成为汇聚美好事物的中心，让不同个性的儿童拥有同样美好的期待。在这里，遇见成长中的关键人物、关键事件、关键书籍和关键知识。课程是带着生命期待的知识，是与自然、与世界的美好邂逅。一句话，"好声音"课程是我们给予儿童最好的成长礼物！

3. 课程即自然生长

课程要让儿童变得放松，让孩子们感到静悄悄地生长，让他们回想起看似遥远而又近在咫尺的梦。当你摔倒时，一种力量在鼓舞你，让你回忆起在蓝天下放飞纸鸢，放飞一个个让你期待的梦。这就是成长——自然的生长！

4. 课程即文化追寻

童年是人生最珍贵的东西，它是你一生的开始，拥有它你就拥有一生。我们竭力为孩子的成长提供人生最宝贵的东西，要让孩子们展现自己最为精彩的瞬间，让校园处处展现孩子们的生命活力与成长过程，让每一个孩子都能在校园里找到"自己"，要让儿童在这里追寻成长的文化印迹。

（二）学校课程体系

学校课程是为育人目标服务的，我校的育人目标是：培养"阳光、聪慧、博雅、多艺"的"天籁少年"。为了实现课程目标的要求，我校着力构建"好声音"课程体系，努力让每一个孩子感受生命的天籁。

1. 学校课程逻辑

学校课程建构是有逻辑的架构体系，我们从教育哲学出发，建构课程理念、课程结构、课程实施及课程评价的整体过程。以下是我校的课程逻辑图。

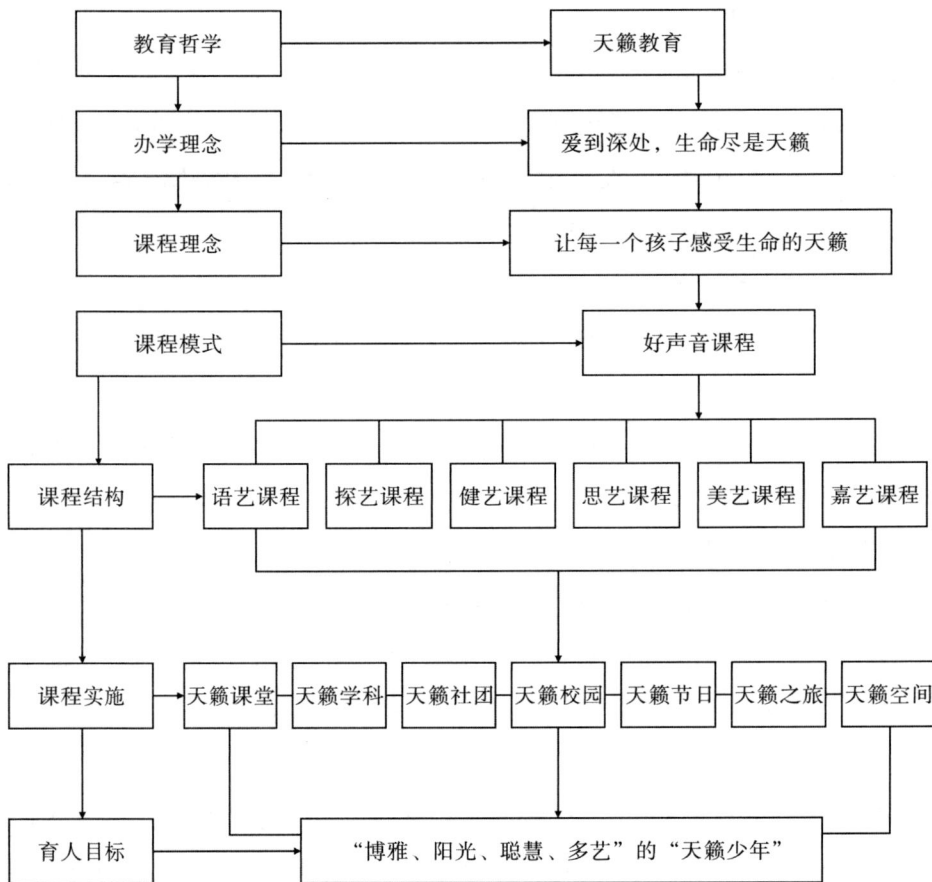

图2　福清市滨江小学"好声音"课程逻辑图

2. 学校课程结构

根据学校教育哲学及多元智能理论，我们将学校课程分成"嘉艺课程、语艺课程、探艺课程、思艺课程、健艺课程、美艺课程"等六大类（图3）。

图3 福清市滨江小学"好声音"课程结构图

（1）嘉艺课程：自我与社会课程

本课程把学生的劳动能力、社会实践和创新能力培养等有机整合，让学生通过劳动实践和亲身体验培养动手能力、合作精神、责任意识。

（2）语艺课程：语言与表达课程

本课程结合不同年龄段学生的身心特点，引导学生广泛接触各类文学作品，提高学生的文学素养，培养学生的阅读欣赏能力，增强学生的交流能力，实现情感熏陶、形象感染，最终使学生成为精神丰富、人格高尚的人。

（3）探艺课程：科学与探索课程

本课程引导学生发现问题、提出质疑、探索反思，激发学生对科学研究的兴趣，掌握基本的科学研究方法，让学生在实践中解决问题、增长智慧。

（4）思艺课程：逻辑与思维课程

本课程对教材进行局部调整、优化组合、扩充资源，以学生为主，寻找身边的数学，把握生活中的数学，增强学生数学意识，使数学与生活、学校与社会互补共进。

（5）健艺课程：运动与健康课程

本课程根据不同学生的需要开发多种形式的课程，推动学生身心素养的提升，为学生的健康发展服务。

（6）美艺课程：艺术与审美课程

本课程扎实推进基础型课程中的音乐、美术课程，创新开发艺术类中的拓展性和探究性课程，激发学生对艺术的热爱，提高学生的艺术教养与审美素质。

3. 学校课程图谱

依据上述六大类课程，设计六个年级的课程体系见表1。

表 1　课程图谱

类别 / 年级	嘉艺课程	语艺课程	探艺课程	思艺课程	健艺课程	美艺课程
一年级	走近中国近代伟人	趣味识字·幸福成长	妙趣计算	玩转·七巧板	追风少年	翰墨学堂
	舌尖上的福清菜	绿意悦读	趣味拼法	口算小达人	羽坛小健将	走近画家
	打开中国传统节日的大门	小小朗读者	趣味科技节	脑筋急转弯	拉丁（恰恰）	染布欣赏
	绿色低碳伴我行	读书节，享乐于书	方块世界	园林植树	趣味体育	走近童话剧
	知书达"礼"	我型我show	玩转七巧板	奇幻五子棋	足球文化节	我的舞台
	童趣外语节	小小英语口语之星	百变魔尺	乐高世界	宗鹤健身操	合唱之趣
		Foreign teacher 日常口语	纸牌游戏			妙笔生花

续表

类别 / 年级	嘉艺课程	语艺课程	探艺课程	思艺课程	健艺课程	美艺课程
二年级	走近中国近代伟人	对话智者，与经典同行	明七暗七	玩转·七巧板	追风少年	翰墨飘香
	舌尖上的福清菜	精·品·悦·读	五连方	心算小能人	羽坛小健将	走近音乐家
	打开中国传统节日的大门	小小朗读者	信用卡的奥秘	九宫格的传说	拉丁（恰恰）	青铜鉴赏
	绿色低碳伴我行	读书节，享乐于书	水缸里的数学问题	弈趣围棋社	趣味体育文化节	走近童话剧
	知书达"礼"	我型我show	台湾力瀚科学	绘声绘色	足球文化节之始于足下	我的舞台
	童趣外语节	小小英语口语之星	曹冲称象	乐高世界	威风锣鼓	合唱之趣
		Foreign teacher 日常口语	变幻莫测		宗鹤健身操	妙笔生花
三年级	走近中国当代伟人	轻叩诗歌大门	巧算数式	玩转·纸牌	足球小将	翰墨飘香
	光饼飘香	精·品·悦·读	我形我塑	乘法小达人	篮球小王子	走近民艺大师
	畅游传统佳节	小记者团	周长之趣	巧解孔明锁	拉丁（伦巴）	当青铜器遇上染布坊
	绿色低碳伴我行	读书节，书香远飘	面积之趣	分数挑战赛	活力体育文化节	金话筒小唱将
	快乐外语节	"I can read beautifully"	科幻未来	畅所欲言	足球文化节之神气十足	天籁合唱
	游学之旅	Foreign teacher 绘本阅读	小鬼当家	象棋争霸赛	南少林宗鹤拳	巧手剪纸
				魔方小站		竹韵画社

续表

类别 年级	嘉艺课程	语艺课程	探艺课程	思艺课程	健艺课程	美艺课程
四年级	走近中国当代伟人	青篱古趣	格子乘法	玩转·纸牌	足球小将	翰墨风骨
	福清小吃，香飘海外	精·品·悦·读	天文数字	我是计算超人	草原上的golf绅士	走近舞蹈家
	畅游传统佳节	新闻发布会	数字新闻	纸上谈兵	拉丁（伦巴）	歌剧欣赏
	绿色低碳伴我行	读书节，书香远飘	科幻未来	小数挑战赛	体育文化节	金话筒小唱将
	快乐外语节	"I can read beautifully"	走进大自然	急中生智	足球文化节之神气十足	天籁合唱
	游学之旅	Foreign teacher诗歌朗诵	数字编码	象棋争霸赛	威风锣鼓	快乐剪纸
			韩信分油	魔方小站	南少林宗鹤拳	竹韵画社
			势均力敌		扬帆起航	鼓乐铿锵
五年级	走近世界近代伟人	墨海泛舟	埃及分数	玩转·数独	足球王者	翰墨风韵
	烹调福清菜	精·品·悦·读	相亲数	简便计算能手	高原上的golf绅士	走近古典三杰
	佳节拍案惊奇	邂逅汉字王国	成算于心	三维透视	拉丁（斗牛）	闽剧欣赏
	我是小小升旗手	读书节，畅游书海	科幻梦工厂	制图设计师	魅力体育文化节	滨江好声音
	绿色低碳伴我行	畅读英语绘本	机器人与编程	能言善辩	足球文化节之捷足先登	天籁之声合唱
	魅力外语节	"I can act funny"	魅力数据	韩信点兵	武舞对弈	灵魂画手
	游学之旅	Foreign teacher短篇阅读	打电话中的数学	唇枪舌战	宗鹤高手	彩陶轩
	走近龙江				扬帆起航	妙手剪纸
						威风锣鼓

续表

类别 年级	嘉艺课程	语艺课程	探艺课程	思艺课程	健艺课程	美艺课程
六年级	走近世界当代伟人	对话智者，与经典同行	兔子系列	玩转·数独	足球王者	翰墨流长
	烹调福清菜	精·品·悦·读	稳操胜算	简便计算专家	高原上的golf绅士	走近古典三杰
	佳节拍案惊奇	小演说家	巧解24点	车轮一定是圆的吗	拉丁（斗牛）	京剧欣赏
	小小升旗手	读书节，畅游书海	科幻梦工厂	柏拉图的立体	魅力体育文化节	滨小好声音
	走进博物馆	趣读英语著作	机器人与编程	方程大战	足球文化节之捷足先登	天籁合唱
	绿色低碳伴我行	英语趣配音	笛卡尔坐标系	百家争鸣	武舞对弈	灵魂画手
	魅力英语节	Foreign teacher日常写作	钟表上的数学	博弈少年	宗鹤高手	彩陶轩
	游学之旅			指尖智慧折数学		随心剪欲

（三）学校课程实施

践行"天籁教育"理念，要将课程的意识形态转化为老师和学生的行动，实现课程内在的意义。

1."天籁课堂"的建设路径

"天籁为魂，课堂为根"，唯有课堂，方能让"天籁教育"落地生根。"天籁课堂"要求学科教师首先要善于利用学科特点激发孩子的天籁童趣，保护孩子的天籁童心；其次要善于引导学生自主探究，提升学生的思维品质；最后要善于引导学生建立一个学习的场，通过各种互动让学习真正发生。

（1）"天籁课堂"的声音样态

我们认为，"天籁课堂"应该具备这三种声音，第一声：畅读畅言声——自由吸纳和表达。仰观宇宙之大，俯察品类之盛，在书香中愉悦身心，识文觅趣；第二声：下笔沙沙声——实践操作。智慧缘于指端，让学生动手动脑，使智慧与心灵交融，实现成长与跨越，奋笔书写自己的精彩人生；第三声：花开拔节声——启蒙升华。启迪心智，拔节思维，倾听位于最近发展区的思维成长的声音，可谓是无声胜有声。通过开发"天籁"课堂文化，创设充满生命力的开放性课堂，让学校文化接地气，显得更为厚实，更具饱满的力度。

（2）"天籁课堂"的实践样态

"天籁课堂"应该是灵动的、生成的、生本的课堂。"天籁课堂"课前有期待，课中有乐趣，课后有回味。"自主"、"互动"和"生成"是"天籁课堂"的三大主要特征。我们要求教师的课堂教学方法、课堂教学手段、教学的思维与预设要灵活；学生学习的过程要主动互动、轻松快乐，从而达到提升学生学科素养的目的。师生从课堂中能得到愉悦、幸福和满足，得到自我的充分发展与自由。

2. 学科课程群建设

我校一方面通过挖掘学科内部或学科之间的逻辑来构建专业的学科课程群；另一方面充分利用地域特色来渗透多门学科。各学科教师基于特色追求，根据对学科的独特理解、独特优势、独特资源，开发、打造学科拓展课程群。学科课程群包括多彩语文课程群、玩转数学课程群、天趣英语课程群、创意美术课程群、灵动音乐课程群、魅力体育课程群、阳光心理课程群七大类。

以"玩转数学"课程群建设为例，我们对现行教材进行优化组合、扩充资源，依据新课标"数与代数、图形与几何、统计与概率、综合与实践"的课程框架，充分考虑儿童心理特点、认知特点、年段特点，把课程内容分成五大类，构建了"玩转数学"课程结构（图4），使学生在思维的深度与广度上得到长足的发展，提高学习数学的兴趣。

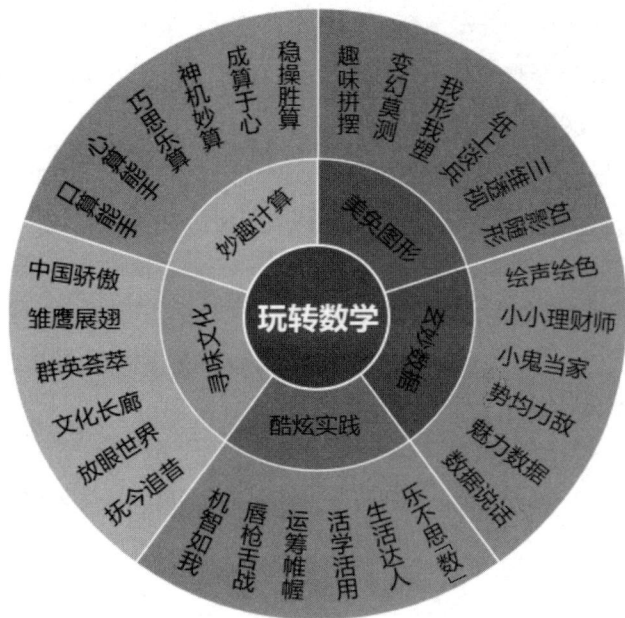

图4　玩转数学课程结构图

四、未来展望

教育，是一种信仰，一种情怀，一种坚守。追溯教育本原，叩问教育之初心，我认为"天籁"是土壤，能孕育生命、滋养精神；"天籁"是根，是组织的基因和共同的精神家园；"天籁"是心，是理念、信仰和价值取向；"天籁"是道，是道路、方向、愿景和使命。"天籁"是力，是磁力、凝聚力、向心力、感染力；"天籁"是"我"，是特立独行、个性张扬、卓尔不凡。朝气蓬勃的滨江小学，行走在"天籁教育"的大道上，向着生命的天籁之境，且行且歌。

【参考文献】

[1] 苏霍姆林斯基.给教师的 100 条建议 [M].武汉：长江文艺出版社，2019.

[2] 余秋雨.何谓文化 [M].武汉：长江文艺出版社，2019.

[3] 钟启泉 . 课程论 [M]. 北京：教育科学出版社，2007.

[4] 杨四耕 . 核心素养导向的课程设计 [M]. 上海：华东师范大学出版社，2019.

[5] 窦桂梅 . 成志教育 [M]. 北京：北京师范大学出版社，2015.

[6] 沈曙虹 . 中国当代学校文化研究的内容维度分析 [J]. 教育评论，2019（12）：53-60.

[7] 杜威 . 学校与社会 [M]. 北京：人民教育出版社，2005.

09

多彩教育

——让每一个孩子拥有绚烂多彩的童年

◎何宝群

【作者简介】

何宝群，男，福建武平人，正高级教师，特级教师，福建省杰出人民教师。现为福建省厦门实验小学校长、书记，厦门市政协委员，集美大学硕士研究生实践导师，教育部师范类专业认证专家，福建省首批名师，福建省"十三五"小学名校长培养人选，厦门市本土领军人才，厦门市拔尖人才，厦门市首批专家型教师。

一、办学主张

（一）提出的背景

面对日趋激烈的国际竞争，我国要深入实施人才强国战略，提升教育国际竞争力，也必须解决这一关键问题。学校作为落实立德树人根本任务的最基层，必须跟上不断变化的教育形势，认真执行好党的教育方针，落实好《关于深化教育改革全面提高义务教育质量的意见》的要求，切实完成好新时代赋予我们的教育任务。

我们要将教育的方向从培养精英转为培养合格公民，不要指望将所有人都培养成全才，而是应该根据学生的不同情况来确定每个学生最适合的发展道路。通俗来讲，不是让学生千军万马过独木桥，也不是简单地要求给学生多架几座桥，而是主张给每个学生都铺一座桥，让"各得其所"成为现实。这也就是我们所提倡的"让每个学生都来有所学，学有所得，得有所长"。人是手段，更是目的。我们教师教学不能再像以往那样仅仅为了完成课程标准的要求，而是更多地从关注学生、开发学生潜能、促进学生全面发展方面去考虑问题。学生的学习不再单纯局限在学校、教室，教学资源也不再是只有教科书。要善于挖掘各种有用的资源，将之综合开发利用，培养学生的多种智能。

厦门实验小学一直担负着实验性、示范性的使命，它的发展一直与教育教学改革探索同步，学校已植入了改革创新基因，随着时代的进步、教育的发展，学校也必将不会停歇探索的步伐。

（二）办学思想主张及其内涵解析

"多彩教育"的"多"，是指全面、多元。人的能力培养是多向的，综合发展的，培养手段是多样的，这里指向的是全体、全方位和个性化；"彩"是指出彩、精彩，所培养的人是优秀的、出色的，这里指向的是优质、特色和平等。"多彩"意味着手段之多、内容之广、受益之大、收获之丰。"多彩教育"是以多元之手段培养出彩之儿童的教育，是学校推进素质教育、落实特色办学的方法论。

"多彩教育"是开放的教育。"多彩教育"是基于"三个面向"（面向现代化、面向世界、面向未来）的理念，以全球化、国际化的视野，不断拓宽交流合作渠道的教育。以未来发展的需要，不断发展学生核心素养的教育。

"多彩教育"是特色的教育。"多彩教育"在彰显学校传统特色的同时倡导教育的各元素、各主体结合自身实际，扬长避短、取长补短、原生原创。在学习借鉴的同时，充分结合实际，为自己量身定制一套适合自己的发展方案，具有自己的特色，富有生命力。

"多彩教育"是公平的教育。"多彩教育"倡导每一个人都能受到适当的教育，而且这种教育的进度和方法是适合每个人的特点的，这也就意味着教育公平是使学生最大限度地获取知识，并突出学生作为个体所具有的个性。

"多彩教育"是多元的教育。"多彩教育"是多空间、多维度的。它从多元智能理论角度致力于通过学校教育教学理念、模式、制度的革新，积极倡导教学资源的多维度、教学方式的多样性、评价方式的多元化。

"多彩教育"是优质的教育。"多彩教育"是为学生的幸福人生奠基，为社会培养好的公民的教育，倡导学校资源与社会资源得到综合配置与合理运用，学校生活中充满了对所有学生的深切关注，学生以最愉悦的姿态去生长，促进学生自主发展、和谐发展、有个性的发展和可持续发展，使学生形成阳光般的心态和健康人格。

（三）理论依据

1. 马克思关于人的全面发展

促进和实现人的全面发展，是马克思主义关于建设社会主义新社会的本质要求，也是社会主义全面发展和进步的一个基本特征。实现人的自由全面发展，是为了区别于其他一切社会的显著特征和根本标志，是人类社会发展的最高目标，是文明进步的一个重要尺度。实现了人的自由全面发展，也就是实现了人的彻底解放。

2. 陶行知的教育民主化思想

一是教育机会均等，这是教育民主化的核心。二是对教育平等的参与权力。他认为普及教育的目标是教一切穷人都得到教育，得到丰富的教育，得到民主的教育。为了更好地实现教育民主化，陶行知在教学上和教育管理上也力主实现民主化，主张给学生更大的空间。

3. 多元智能理论

加德纳认为，智力不是一种能力而是一组能力，智力不是以整合的方式存在而是以相互独立的方式存在的。人的八种智能中的每一种智能在人类认识和改造世界的过程中都发挥着巨大的作用，具有同等的重要性。倡导弹性的、多因素组合的智力观，全面的、多样化的人才观，积极的、平等的学生观，多种多样的、以评价促发展的评价观。

二、理论体系

（一）"多彩教育"之信条

"多彩教育"是心教育，直抵儿童心灵。是心灵的对话，可直抵儿童心灵的最深处，而不是咄咄逼人的教育，不是训导式教育，最大限度上保留了儿童的"童真"，关切了儿童的心灵，传递了爱的气息，让他们拥有童年的无忧无虑，这是他们创造性自主性发芽的种子，是他们博爱意识的萌芽，让他们学会更多的爱心、分享、秩序、谦让和规则意识。

"多彩教育"是暖教育，温暖整个人生。不是冷冰冰、硬邦邦的教育，而更多的是对坚毅的赞赏，对"弱小"的关爱，对"异见"的鼓励，对"对抗"的宽容，让儿童的天空阳光明媚，豁然开朗。

"多彩教育"是广教育，博雅胸怀与视野。是海纳百川、宽容接纳的教育，是站位高远、立足未来的教育，目的是使儿童的胸怀越来越宽广，大大方方做人，坦坦荡荡做事，不拘泥于眼前，而着眼于长远。按德智体美劳全面发展的要求，多彩教育给孩子创造了广阔的发展空间，提供了众多的发展平台。

"多彩教育"是众教育，多元主体参与。秉持在校园里的每一个人都是最重要的，每一个人都是主人，学校的所有活动都是面向全体学生的观念。摒弃单向灌输式教育，更注重倾听儿童的主动参与要求，切合儿童的成长需要，充分体现儿童学习的主体地位，培养学生的自主参与和主动发展意识，增强自我教育的能力。

"多彩教育"是魅教育，张扬学生个性。每个人都有自己独特的个性，张扬个性才能演绎出不同的人生；张扬个性才能得到无尽的快乐；张扬个性才能获得巨大的成功。教育不是"一刀切"、齐步走，统一要求，不加区别。而是尊重差异，因材施教，实现儿童个体充分发展，最大限度地培养其良好的个性品质。

基于此，"多彩教育"提出如下教育信条：

我们坚信，童年是多彩的记忆；

我们坚信，每一个孩子都是能出彩的种子；

我们坚信，有一个童心飞扬的地方叫学校；

我们坚信，人人出彩、个个精彩是教育最美的诗篇；

我们坚信，唤醒内心深处久违的童心是教师的高贵品质；

我们坚信，让美好童年绚丽多彩是学校教育最舒展的姿态。

（二）理念系统

核心价值观：多彩即出彩——多种的学习资源，多样的教学方式，丰富的教学活动，多元的评价方式，使得学生不断展现自己最好的一面。

办学理念：人人出彩，个个精彩——在"多彩教育"下的师生人人都享受公平而有质量的教育，人人有机会获得最好的发展，人人都有机会展示自己的才干。

办学宗旨：让每一个孩子拥有绚烂多彩的童年——"多彩教育"根据儿童心智发展的自然顺序和学生自身的差异性来实施与之相适应的最优质的教育。

办学目标：

多姿多彩，让学生成长；

流光溢彩，让教师发展；

精彩纷呈，让学校提升；

光彩夺目，让社会满意。

（三）"多彩教育"的实践个性

学校观：学校，让生命出彩的地方。学校就是要让每一个孩子的各种能力优势得到最大化的彰显，以最好最优的机制保障，尽量为孩子提供充分的成长支持。

儿童观：每一个孩子都是一颗能出彩的种子。每一个孩子都是独特的，都是一颗种子，都会有绽放的那一刻。但各自的花期不同，有的花一开始就绚烂绽放，有的则需要漫长的等待，应当尊重每一个生命成长的过程，细心呵护每一粒种子，让它们都能释放属于自己的精彩。

课堂观：课堂是一出精彩的儿童剧。课堂是学生学习的主渠道，把每节课都当作学生演出，定能有磁力般，牢牢抓住孩子们的注意力，吸引着他们看着、听着、想着、演着、回味着，这样就更能让他们提高兴趣、专心学习，发挥想象力和创造力，激发内在的潜能。

办学愿景：建溢彩校园，享多彩教育，绘精彩人生。

三、实践探索

（一）多彩文化陶冶学生，营造"三色"校园文化

以"红、黄、蓝"为三原色，红色象征校园朝气蓬勃、向上的活力，黄色象征

丰收和希望，蓝色象征校园的纯净和理智，三种颜色交织又可产生各种不同的色彩，彰显五彩缤纷的校园生活。

1. 健全制度文化

学校所有规章制度的制定、修改都必须经过教代会讨论通过后才能实施，每一次的教代会都是教师参与学校建设、做主人翁的体现，同时也是一次很好的自我教育机会，他们对自己参与讨论制定的规章制度认同度高，更能自觉地遵守执行。涉及学生的相关制度，必须考虑学生的心理特点、年龄特点，符合教育规律，要通过学校制度文化，培养学生的契约精神、规则意识和法律意识。学校规章的制定要把有利于学校发展、激发教师工作积极性、促进儿童身心发展的需要作为着眼点，彻底改变以惩治为目的的制度文化。

2. 精心设计校园环境

我校校园环境设计基于学校的教育理念，确立了"沐阳生辉　多彩溢乐"的主题。

沐阳生辉，意在打造"阳光校园"，力图发挥"普惠、温暖、活力"的文化教育作用，让学生在文化浸润中快乐成长。

多彩溢乐，意在打造"多彩校园"，营造多姿多彩的校园文化氛围，塑造多彩智慧乐园。

（二）多彩教师引领学生，塑造"四气"教师队伍

构建教师梯级成长模式，通过"二级导师制师徒工作小组"这一具有我校特色的教师成长平台和名师工作室，锻造一支"正气、底气、灵气、雅气"的"四气"教师队伍。

1. 提出了多彩教师队伍"四个特别"的要求

多彩教师队伍"四个特别"的要求：特别爱学生、特别守纪律、特别能奉献、特别会教书育人。塑造多彩教师的四种优良形象：爱生、严谨、敬业的师德形象；朴素、端庄、得体的外表形象；扎实、活泼、精博的教学形象；文明、有礼、大方的社会形象。

2.打造多彩教师团队

修炼师德，让自己成为爱心帮手。我们让教师充分了解学校文化，让教师参与学校文化建设，让他们更好地融入学校文化之中。评选表彰师德模范，发现身边的榜样。设立专门的师德宣传栏，激励教师学习身边榜样。

修炼课程，让自己成为课程高手。把课程编制权力部分下放到教师，让一部分优秀、有特长的教师参与部分课程的开发任务，开发更多有特色的课程，有效地补充了学校现有的学科课程，丰富选修课程类别，改变兴趣课选修课过度依赖外聘教师的现状，形成了学校的特色课程。开展"一师一课程"资源的开发和实践，既与教师的兴趣、专长紧密关联，又符合学生身心发展的特点，能够吸引学生。

修炼课堂，让自己成为教学能手。学校组织教师实验新课堂，每个学科都开展以"核心素养"为教学指导思想的课堂教学研究，突显学科核心素养，向每节课的课堂要质量。推行"1+X"课堂，"1+X"中的"1"是各学科落实"学科核心素养"的部分，突出学科本质教学；"X"是指学科教师的个性化实施，实验跨学科整合教学。

修炼管理，让自己成为育德巧手。学校要求人人都是德育工作者，每一个教师要坚守一块德育阵地，用爱用智慧诠释着德育教育的本真。每个月我校会组织一场以爱育爱、寓德于行的"德育微论坛"。每一次的德育经验交流，一个个真实的德育案例等，旨在对听者有所启迪。

修炼研究，让自己成为科研推手。搭建多种研究平台，如分享展示、参与互动、同伴互助、网上交流、交流切磋、观摩研究，为教师提供展示才华的舞台，也为教师的脱颖而出创造机会。现在教师们参与课题研究的积极性已被点燃，教科研水平也进一步提高。学校被确定为"省教科研基地"，近几年有三项国家级课题、十五项省级课题、十六项市级课题得到立项并顺利开题。

一批批教师在逐步成长，学校现有特级教师5人，正高级教师3人，省名师2人（含在培），省学科带头人9人，厦门市拔尖人才2人，厦门市专家型教师11人（含在培）。在厦门市已举办的五届教学技能大赛中，我校共获十四个一等奖，十八个二等奖，十四个三等奖，在已举办的四届省教学技能大赛中，我校有九人代表厦门参赛，共获特等奖一人，一等奖四人，二等奖四人。

（三）多彩德育感染学生，搭建"五有"成长平台

以养成教育和社会主义核心价值观培育为抓手，以培养"有梦想、有才气、有特长、有活力、有灵气"的少年儿童为目标开展德育活动。

1. 我的校园我做主

把校园文化建设的权利下放给学生，把校园文化的传承接力棒交给学生，根据年段学生的年龄特点，精心设计更具有道德教育时代感、与时俱进的德育活动，让德育活动焕发出无穷的生命力，使学生主体在生动的活动中受教育、快成长。

2. 我的活动我参与

让学生主动参与到班级、年段和学校的管理工作中，从而唤醒学生的自我意识，让学生成为德育教育的主体，使他们在德育教育的过程中获得一种愉快的精神体验，不断锻炼成长，从而创设一种昂扬向上的、文明有趣的活动氛围。

3. 我的活动我策划

学校积极搭建各种活动载体，遵循自主原则，在选定主题、活动策划、活动呈现等环节都让学生参与进来，让学生自己设计、自己策划、自己实施。学生通过亲身体会，主动性得到了最大限度的发挥，他们的创新精神也让德育活动焕发出无穷的魅力和无限的生机。

（四）多彩课程浸润学生，构建"六小"课程体系

采取国家课程、地方课程、校本课程"三位一体"的课程架构，围绕"让美好童年绚烂多彩"的课程理念，构建以下六类课程：

1. **小文人课程——语言与交流课程**

小文人课程主要涉及语文、英语等学科及其综合呈现的领域，包含语文课程群、英语课程群、第二外语课程群等，既涵盖语文、英语等基础型课程，也包括小作家、小读者、小记者、小编辑、小主持、小翻译等拓展型课程，结合不同年龄段学生的身心特点，引导学生广泛接触各类文学作品，提高学生的文学素养，培养学

生的阅读欣赏能力，增强学生的交流能力，实现情感熏陶、形象感染，最终使学生成为精神丰富、人格高尚的人。

2. 小博士课程——科学与探索课程

小博士课程包含自然课程群、科技教育课程群等，主要涉及自然、信息科技等综合科学学科领域。学校积极落实基础型课程中的自然、科技信息等相关课程，开设小实验、小探究、小常识、小百科、小制作、小环保、小种植等课程，重点创设创新实验室，开发"乐高机器人"课程和 3D 打印课程，通过让学生亲历科学探究活动，引导学生发现问题、提出质疑、探索反思，激发学生对科学研究的兴趣，掌握基本的科学研究方法，让学生在实践中解决问题、增长智慧，为学生提供广阔的科技实践研究平台，促进学生创新精神与实践能力的发展。

3. 小能手课程——逻辑与思维课程

小能手课程包含数学课程群、思维课程群等。教材只是信息资源与媒介，在学习活动内容中要让这有限的资源投入到学生头脑资源的广阔天空中去。基于这样的目的，我们尝试运用现代课程理念重新审视、分析、研究、思考现行的教材合理性，进一步贯彻新课标的相关精神，对教材进行局部调整、优化组合、扩充资源：低年级应倡导"快乐数学"，使学生在愉悦中学习；中年级应倡导"生活数学"，使学生在体验中感悟数学；高年级应倡导"思维数学"，使学生在思维的深度与广度上得到长足的发展。通过每日一题、每日一问、数学跑道、数学园地等活动，以学生为主，寻找身边的数学，把握生活的数学，增强学生数学意识，使数学与生活、学校与社会、课内与课外互补共进。

4. 小天使课程——自我与社会课程

小天使课程主要涉及品社等基础型课程和文明礼仪教育、性别教育、生命教育以及职业体验、劳动技术、社会实践和服务等领域，如小茶艺师、"我的房间，我做主"、小厨师、小点心师、菜园小管家、小园艺师、小理财师、爸妈"跟屁虫"等课程，把学生的社会实践、个性发展、职业启蒙和创新能力培养等有机整合，让学生通过实践活动和亲身体验培养合作精神、公民意识和社会责任感，孕育学生的职业理想。"小天使课程"也包括小绅士、小淑女等课程，满足男孩女孩发展的需求，使男生和女生都能得到完善而良好的发展，让学生掌握基本的谈吐、举止、服饰等个人礼仪，以及在家庭、校园、公共场所等社会生活领域的礼仪，养成文明礼貌的行为习惯。

5. 小达人课程——艺术与审美课程

小达人课程包含音乐课程群、美术课程群、综合艺术课程群，主要涉及美术、音乐等艺术领域。学校扎实推进基础型课程中的音乐、美术课程，创新开发拓展型和探究型课程中的艺术类课程，基于学生发展的需求，开设少儿舞蹈、声乐、绘画、书法、陶笛、非洲鼓、打击乐等多项艺术课程，为学生提供艺术课程菜单，学生自主选择感兴趣的艺术课程，以基础型课堂教学和拓展型社团活动相结合，激发学生对艺术的热爱，提高学生的艺术教养与审美素质。

6. 小健将课程——运动与健康课程

小健将课程包含体育课程群、心理辅导课程群等，主要涉及体育、心理辅导等学科领域。学校对国家规定课程进行补充、拓展和整合，关注每一个孩子的个体差异与不同需求，关注每一位学生的身心健康发展，根据不同学生的需要开发多种形式的课程，包括各种球类、棋类、跆拳道、花样跳绳等各类体育课程以及"多彩屋"等心理辅导课程，以社团活动为主要途径分年级、分步骤有效落实"小健将"课程，推动学生身心素养的提升，为学生的健康发展服务，为学生终身体育意识的形成奠定基础。

六类课程采取必修课程（基础性课程）和选修课程（拓展性课程）相结合的模式实施，确保国家课程的有效实施和学生能力、个性的有效发展。

（五）多彩课堂活跃学生，打造"六维"精彩课堂

1. 教学目标：饱满

多维教学目标，立足于"立德树人"，不仅有知识、能力的目标，重视学习过程及方法的引领，更注重引导学生培育和践行社会主义核心价值观，踏踏实实修好品德，成为有大爱大德大情怀的人。

2. 教学内容：丰富

既使学生学好国家规定的核心知识，形成核心能力，又能在这个基础上使知识

得到拓展或深化，使运用知识的能力、探究问题的能力、动手实践的能力等得到提升，满足学生个性需要，促进学生全面发展。

3. 教学过程：立体

不限于平面化的纸质学习，过程立体活跃。学校按年段分类，每个年段签约一家校外场馆，通过"走进去、请过来"的方式开展课程。"走进去"，是以场馆的教育资源为工具，营造校内课堂所没有的主题情境，让孩子沉浸其中，借助场馆所提供的资源进行项目式学习，学校与专业园馆间的合作愈协调也愈深入。"请过来"，是将场馆工作人员、专家等专业人士邀请进校园，通过讲座、表演、授课、实践等形式开展的项目式学习。

4. 教学方法：灵动

在多彩课堂中，学生是一个积极的探究者，教师的作用是促成一种学生能够探究的情境，教给学生探究的方法，让学生通过"动手操作"来激发探究意识，而不是提供现成的知识。在教学过程中，除了讲授法的运用，教师根据教学实际，采取多样生动的教学方法。

5. 教学评价：缤纷

"多彩课堂"教学评价包括教与学两个方面，主要包括：教学目标是否饱满、教学内容是否丰富、教学过程是否立体、教学方法是否灵动、教学评价是否缤纷、教学文化是否具有激励性。

6. 教学文化：激励

学校提出了"目标激励教育"育人手段，并制定了相应的实施方案，培养学生成长型思维品质。目标激励教育将以班级求真向善尚美文化建设为导向，以班级小组捆绑发展考核评价为方式，以个人素质能力主动转变为依据，主要通过班级文化、小组建设、个人成长目标三个维度来打造积极向上的奋进校园文化氛围。

（六）多彩评价鼓励学生，实施"多维"评价改革

实施学生发展性评价，进行无纸化考试改革，将"六节一会"（科技节、艺术节、读书节、数学节、英语节、体育节和运动会）纳入学生的发展性评价之中。每

学期评选校园"十大之星"，每年评选感动校园人物等，从各个维度，采取各种手段对学生进行评价。

四、未来展望

（一）校园呈色彩

学校的校园文化建设呈现多姿多彩，管理规范人文，学校教育教学秩序井然有序。教师在校园里保留一份童真，拥有一颗童心，学生在校园里体验童趣，感受童味，享受童乐。

（二）师生显素养

师生积极向上，教师的师德、教育教学能力进一步提升，学生兴趣广泛，自由呼吸，彰显活性，素质得到全面发展。

（三）社会有影响

家长满意度更高，社会影响力更大，学校辐射带动力更强。

10

依"和"而长　因"和"而美

◎刘玉斌

【作者简介】

刘玉斌，女，江西南昌人，高级教师。厦门外国语学校附属小学书记、校长，福建省骨干校长，福建省"十三五"小学名校长培养人选，厦门市专家型教师，厦门市学科带头人，思明区首届杰出校长。曾倡导"快乐教育"，办学成果《追寻快乐中发展的教育》正式出版，并获福建省教学成果奖二等奖。现致力于打造"和文化"，努力实现"不忘本来，吸收外来，面向未来，共筑中国力量"的价值追求。

一、办学主张

（一）背景分析

厦门外国语学校附属小学创办于 1984 年 4 月，位于厦门美丽的筼筜湖畔。2002 年前为厦门师范第一附属小学，是厦门市直属小学之一。2002 年更名为厦门外国语学校附属小学，2003 年三区合并后下放归思明区教育局管理。

多年来，我校坚持贯彻党的教育方针，实施素质教育，在"和谐教育，面向全体，全面发展，张扬个性"办学理念的指引下，以"民族情怀　国际视野　现代品格　未来人才"为育人目标，长期坚持进行"和谐教育"整体改革实验，积极探索培养德、智、体、美、劳全面发展的一代新人的育人途径。学校以教育科研为动力，进行"和谐施教"，提高教学质量，以创学校品牌为举措，凸显"和谐教育"的办学特色，以"全面发展、张扬个性"的办学理念，提高学生的综合素质，受到社会广泛高度赞誉。

（二）问题梳理

（1）理念决定实践，思路决定出路。在办学的过程中，学校的创新意识不强，如何进一步转变观念，探索新的办学模式，进一步提升教育教学质量，引领全体师生共同打造特色鲜明的品牌学校，是我们首先要解决的问题。

（2）几年后，师德高尚，教学经验丰富的老教师将陆续退休，35 岁以下的青年教师已成为教师的主力军，如何尽快培养出一支师德高尚、教育教学科研能力强的教师队伍，确保学校教师队伍的整体优化，是学校发展的当务之急。

（3）学校的教育科研工作虽然起步较早，并取得一定的成果，但如何使科研工作做得更深、更实，确实为教育教学服务，并为教师的终身发展服务，进一步实现学校的办学特色，是我们要重点探索的课题。

（4）学校的办学效益虽然得到了社会的肯定，已成为家长向往的品牌学校，但随着家长对优质学校的要求越来越高，如何进一步提高全体老师服务大局、服务家长、服务学生的意识，办人民满意的教育，是我们要面对的新课题。

（5）随着教育改革的深入发展，教育局实施了工资、办公经费包干制，加上管理的进一步规范，各种设施的投入使用，学校的经费越发紧张，如何发扬艰苦奋斗、以俭持校的精神，切实落实精细化管理，充分发挥有限的教育经费和教学资源的作用，是学校要继续解决的问题。

（三）办学主张的提出

厦外附小在 1989 年作为全国首批和谐教育实践研究学校参与"和谐教育"研究，近三十年，研究成果较为凸显。十九大报告中提道：世界每时每刻都在变化，我们要跟上时代，不断认识规律，推进理念创新、实践创新、制度创新、文化创新及其他各方面创新。所以，根植于学校自身改革与发展的实际需要，把握学校现行或潜在的办学资源，着眼于今天的挑战和未来的发展的迫切性，我们做出符合厦外附小发展的战略性选择——"和文化"的办学思想。

（四）"和文化"的追根溯源

2008 年 8 月 8 日，第 29 届奥运会的开幕式上激情宏大的表演，让世界各国人民感受了中华五千年博大精深的历史文化，也呈现出中国从古至今历史的文化盛典。开幕式中，以"和"字为主题的精彩画卷，生动地将一个"和"字从篆体转换到宋体，给人们留下了十分深刻的印象，引发了人们许多的思考。

我们从观察"和"字的字体结构来进行分析，它是由"禾"和"口"组成，根据中国文字的象征意义来讲，"禾"字所象征的是禾苗，也就是粮食的意思，而粮食恰恰是满足人类生存的基本物质条件。"口"则表示人体器官的一部分，人需要用"口"来吃饭，这象征着人的需求。物质与需求二者统一就形成了"和"字。

中国哲学三大派别儒、道、释也从不同侧面对"和文化"进行了丰富和发展。以孔子、孟子为代表的儒家提出了实现人际社会和谐的道德原则和大同社会的理想，把"和"从自然法则进一步推展成社会法则，使之达到教化人心和治理邦国的目的。道家则更重视追求人与自然的和谐相处。老子提出了"万物负阴而抱阳，冲气以为和"的观点，庄子则欲达到"天地与我并生，而万物与我为一"的和谐境界。禅宗倡导内外无著、修行解脱，追求人的内心世界的谐和与平衡。至宋明理学，儒、道、释三大和谐论实现了辩证综合，以物我和谐为目标，人我和谐为手段，自我和谐为基础，儒、道、释三大和谐论整合为一个体用结合、紧密联系的有机整体，从而实现了对"和文化"思想理论体系的建构。

（五）"和文化"内涵解读

"和文化"是包容性文化、内聚性文化。"和"是一种品格，一种精神，一种文化。

1."和"的四大内涵

（1）"和"包含肯定差异的思想

"和"不同于无差别的"同"，"和"是不同事物的互补，是不同事物的相辅相成。只有阴阳相合，才有万物衍生；只有万物和谐，才有大千世界的生生不息。

（2）"和"包含和谐有序的思想

虽然只有差别才能使大千世界生生不息，但这一差别必须是保持在"和"这一

"度"内的，只有不同事物相济相成，达到"和"的境界，才能使万物兴盛，没有"和"，就会相互干扰，造成纷争。

（3）"和"包含均衡的思想

"和"是"济其不及，以泄其过"，是损有余而补不足，只有社会和谐稳定，教育才能均衡发展。

（4）"和"包含遵循规律发展的思想

"和"不仅是万物生长发展的"度"，体现万物生长发展的规律，更基于人的禀赋和性情，是一种高尚的精神境界。

2."和"的四大认识

（1）全面认识"和"，谨防片面。和是万事万物的关系，可分为五个层面：宇宙之和；自然界之和；天人之和；人际之和；个人品德、性格、行为之和等。

（2）正确认识"和"，谨防有误。和，不否定博弈，但强调的是按规则的博弈。

（3）客观认识"和"，不否定变革、创新，反对的是不讲条件、方法和过程，盲目、猛烈、突然的变革与创新。

（4）理性认识"和"，十分反对无原则的人和事。和文化非常鄙视、厌恶不坚持原则立场的人和事。

（六）"和文化"基本内容

万物的发展变化是千姿百态的，依"和"而生，依"和"而长，依"和"而荣，蕴涵着天人合一的宇宙观、协和万邦的国际观、和而不同的社会观、人心和善的道德观，反映了中国传统文化开放的心态和宽阔的胸怀。

（七）"和文化"基本特征

1. 和合：异质之和

"和合"，实质上是"异质之和"，是把彼此不同的事物统一于一个相互依存的和合体中，并在不同事物和合的过程中，吸取各个事物的优长并克其短，使之达到最佳组合，由此促进新事物的产生，推动事物的发展。

2. 和异：和而不同

"和异"包容了冲突和融合，是"和合"的另一种表现形式，是"和合"的提升，使原来的冲突融合进入一个新的境界，使冲突在新的"和合"中获得肯定，得以继续发展，使融合在新的"和合"中获得确认，得以继续"和合"，无限循环往复，以至无穷。

3. 和一：天人合一

"和一"实质上是"和合"与"和异"的综合，是"和文化"的最高境界，对事物不同方面，乃至根本性质不同事物的"合一"。

二、理论体系

校长要有办学主张，办学主张是学校发展的灵魂，先进的办学主张对内提升凝聚力、向心力，对外就是展示核心竞争力和品牌。它决定着学校管理思想和处事原则，决定着学校发展方向，决定着学校办学成效，决定着学校发展的水平。办学主张是校长办学的追求、目标。它是一种哲学层面的办学思考，是办学的一些根本的想法。办学主张要有两个追问：你想办一所什么样的学校？你想培养什么样的学生？这是办学的定位思考，是每一位校长应该做出的使命性回答。

办学主张应该从学校的传统中挖掘，从学校的优势中去发掘，实现从点到面的扩展历程。扩展渗透到学校制度管理、课堂、课程、环境建设等各方面各层面，成为牵引学校各种教育力量和整合学校各种教育因素的火车头，形成一种整体优化的个性文化和独特风格。

"和文化"是中国传统文化的核心文化。"和文化"也是和谐文化，是以和谐的内涵为理论基础的文化体系。"和文化"的达成目标——推开天地大和之门，根植传统，拥抱世界。实现和文化的五条路径——和合管理　和美环境　和礼德育　和悦课堂　大和课程。和文化的品格特质——心灵之和静；交往之和畅；身体之和顺；品行之和德；文化之融和。

我们面向教职工、学生、家长、社区、教育专家进行了四次征求意见，提炼出富有时代气息、科学合理的文化体系。只有在思想的支撑下，学校才有生命力，全体外附人才有共同的价值追求。

表1　厦门外国语学校附属小学精神文化体系解读

项目	内容	解读
办学理念	和文化	"和"是一种品格，一种姿态，一种精神，更是一种共生文化 "和文化"蕴涵着和美人生的未来观、和谐天下的世界观、和而不同的社会观、和善人格的道德观，反映了中国传统文化开放的心态和宽阔的胸怀
学校核心价值目标	不忘本来，吸收外来，面向未来，共筑中国力量！	不忘本来，体现的是一种尊重。吸收外来，展示的是一种胸怀。面向未来，激荡的是一种视野 不忘本来，就是不忘源头，继承和发扬优秀传统文化 吸收外来，就是广泛学习，吸收和借鉴外来优秀文化 面向未来，就是树立具有未来价值的文化精神 我们根植中国文化，融合世界元素，培养具有中国精神、中国价值、中国力量的未来人才
教师价值追求	遇见美好　成就未来	美好是一种心态，未来是一种目标 每位教师都应该把遇见的学生看作美好的对象，以美好纯粹的心灵去感化每一位学生，带着积极、乐观的心态引导学生对未来充满美好的期待，让美的意识、素养和能力伴随学生一生，成就美好未来
学生价值追求	放眼世界　赢得未来	世界是一种格局，未来是一种憧憬 每位学生从现在开始把握当下，有"会当凌绝顶，一览众山小"之志，学习本领，扎扎实实打好终身学习的基础。同时每位学生应时刻保持一颗中国心，怀揣一个中国梦，坚持奋斗，一起开创祖国的美好未来
校训	崇和向上　与世界相连	"崇和"即追求人与人、人与社会、人与自然的和谐。"向上"即积极进取，学生在学习过程中始终保持一颗向上之心，不畏困难，乘风破浪 在崇和向上的精神指引下，学生面向世界，走向未来，充满了期待和憧憬
校歌	《奔向世界》	一曲《奔向世界》，用音韵道出学生们在学校里的精神面貌、学习状态和成长的心声，从字里行间体现了外附小校园文化和成就未来的办学目标
教风	为未知而教	"教"是为了让学生能拥有美好的未来。在教育中，教师既要关注已知，更要关注未知。教师要有世界观和未来观

续表

项目	内容	解读
学风	为未来而学	"学"是一种使个体得到持续性成长的方式。知识是有助于辨别事物的思维积累。每位学生应该为了未来的发展而学，不断地探索未知领域、习得未来技能、培养未来学科思维、怀揣未来职业理想
校园主色调	自然　阳光　地球	绿色：象征着自然、和谐、健康，蕴含自然成长的力量 橙色：象征着活力、阳光、希望，蕴含积极向上的精神 蓝色：象征着智慧、探索、未来，蕴含面向世界的眼界
校徽		校徽的主体部分是由"WFX"组成的火炬，表达外附学子在大手的托举下薪火相传、星光璀璨，站在世界的舞台上展现中国精神
未来使者		男孩是小未，女孩是小来，寓意外附学生探索未来、奔向未来。人物采用校园"绿橙蓝"主色调构成，连线地球，奔向未来。未来使者象征着健康阳光、好学向上的外附人

三、实践探索

"六力"造就"和文化"，关注教育的终极目标——学生发展。

（一）引力——和衷管理

"和衷"是凝聚、促成人们内心的共识，共同承担责任，共同面对挑战，共同抓住机遇。

1.追求过程管理

任何事物都不能忘了根本，提升教育质量的根本就在于常规。每所学校都在抓常规，可是常规也有普通性和优质性。我们持之以恒地把常规做好，把过程抓实，也能创造奇迹。

2.追求精致管理

贯穿于教师教育教学工作中每一个具体环节，重细节，小事做细，小事做实，彰显领导力和执行力。

依"和"而长　因"和"而美

和衷管理不是简单地用制度约束人，而是以人对制度的理解与认同为前提，以人的自觉自愿为基础，以人与制度的相互建构为目标共同推进学校教师的文化自觉。

（二）透力——和美环境

学校占地面积不大，而且是 T 字形，给整体规划设计带来了很大困难。

1. 动线研究

首先，释放空间，把更多的空间还给学生。拆除各楼梯的储物间，给予学生上下楼梯更大的安全性。利用围墙种植果树。

其次，调整学校场所功能。在离学生最近的区域新建图书馆，将原本设置在学生流动性大的心理咨询室调整到隐蔽性强的六号楼，将办公室分散在各年级楼层，行政办公室放在同一层，等等。

最后，打通楼与楼之间的流动。经过建筑专家论证，我们将校园各建筑打通，为学生提供更安全、更便捷的流动。尤其是将"孤楼"与教学楼连通，盘活了有限空间，极大地发挥了教学功能用房效用。

2. 空间美学

美学经纬再织校园空间。我们把握住了校园的"绿蓝橙"主色调，不追求校园某一块的经典，而是追求整体的设计美、色调美、内涵美。近两年的设计和实施，形成了与办学理念相契合的物态环境。

（三）活力——和礼德育

"三格"德育目标：以"温、良、恭、俭、让"培育学生的性格，以"仁、义、礼、智、信"培育学生的品格，以"忠、孝、善、爱、谦"培育学生的人格。

坚持抓好养成教育，做到制度化、系列化、规范化。少先队大队应以"五有五无"和"十禁止"为准则，以"学生日常行为规范评估"为着眼点，以《扬帆手册》为抓手，开展行之有效的教育活动，并加大考核力度，使学校的养成教育再上一个台阶。注意更新观念，拓展规范的内容，改进评价的方式和途径，音乐、美术组结合课堂教学培养学生正确的审美观，提高学生端庄高雅的气质，体育组针对学校早操队列的薄弱环节加强训练，力求在出操的气氛、动作标准及精神面貌上有新的突破。

开展主题教育活动。以"礼仪教育"为先导，结合"弘扬和培育民族精神月""我为学校添光彩""保护生态环境，共建和谐家园""倡导低碳生活，唤起绿色希望"等主题活动，让每位学生学会求知，学会审美，学会创新，学会做人。

（四）推力——和合课程

建立并完善能满足学生全面发展的综合性强、特色鲜明的和合课程体系，为学生"为未来而学"的发展搭建平台，为教师"为未来而教"的专业成长提供契机，为学校"和文化"办学特色品牌奠定基础。

以学校特色文化为生长点。校本课程的建设充分汲取学校在以往办学中形成的宝贵经验和文化，发挥自身优势，挖掘自身潜能，利用自身资源，使其具有鲜明的、独特的校本特色。学校现有"英语教学特色""闽南文化特色""三棋特色"等校本课程。

（五）张力——和乐课堂

学校实施"和乐课程"，我们设计 360 度和乐课堂评价图谱，以评价为抓手，促进教师更新教学观念，改变教学行为方式，促进学生积极主动发展。

1. 师生关系的和谐之乐

倡导教师在课堂上体现"四种情绪"、使用"四个一"。"四种情绪"是：以满意的情绪对待学生每一点微小的进步；以宽容的情绪对待学生点滴的差错；以兴奋的情绪激发学生的学习兴趣；以好奇的情绪激励学生探究学习。"四个一"是：一句鼓励的话语、一个信任的眼神、一次理解的微笑、一回亲切的抚摸。

2. 教师的善教之乐

在课堂教学实践中，每位教师都要树立起以发展学生的主体性，为乐学、会学、主动学、创造学而善教的思想，研究施教策略，促进学生发展。

3. 学生的学习之乐

按年级分层要求，先让学生乐于学习，逐渐再培养他们刻苦学习，进而体验由不知到知、由不会到会、由失败转向成功的喜悦。并提出课堂上每个学生要做到"五个一"：提出一个不懂的问题；发表一个不同的见解；参加一个讨论；做好一次试验；获得一次成功的体验。

（六）合力——和进队伍

人的根本动力来源于价值体现，人是在组织中实现自我价值，同时又为组织创造价值。五种再造能力提升教师的价值。

1. 目标引领，形成向上的牵引力

"4阶成长能量站"尊重差异，变频发展。个体之间存在不同程度甚至显著差异，这是客观事实。因此，学校设置了4阶成长能量站。

2. 雁阵效应，追求群体的战斗力

雁阵是自然界配合最密切、最高效的群体。雁阵很讲究领头雁的带头作用、雁阵的合理分布、雁行的速度调节、雁群的随机补台等，通过这样的"雁阵效应"，使教师团队保持充分的工作热情与创新思维，不断提高教育教学水平。

3. 创新机制，点燃生命的变革力

一直以来，学校秉承教师的专业成长，创新管理机制，带领教师超越自我体验，感受生命的再一次蜕变。

厦外附小开展"智见：教育微主张"已有三个年头，共有28个共同体、153人次上台展示，分享独到的教育理解和鲜明的实践风格，"给自己树立一面旗帜""自己定义自己的教育"，我们的教育微主张倡导理论研究和实践研究。在名师的引领下，大家自愿自发组建学习共同体，将教师跨界组合，分享冲撞彼此的思考、见解和经验，互补提升彼此的情感、观念和理想。

4. 个体自为，提升自我的内需力

个体自为是教师由"外烁"到"内生"的理想轨迹，具有三个特征：从外控式发展转向内生式发展；从单一性发展转向综合式发展；从眼前发展转向持续发展。

"叶晓龙"只是团队的代号，源自三位成员的姓名拼组而成，队伍慢慢发展到十余人。博客是他们交流的平台，也是他们成长的平台。他们将百篇优秀博文集成，出版了《做有智慧的教师》一书，被《中国教育报》列为当年向全国教师推荐的书目之一，后又出版《教师的情感世界》一书。

5. 改革评价，推动成长的前行力

教师发展性评价领域指向师德、师能两大核心维度，师德方面，由月绩效、教师满意度测评、领导小组考评三部分组成；师能方面，以专业常能、专业赋能、专业增能三大板块构建。专业常能是指教师教学常规方面的能力，专业赋能是指教师专业发展方面的能力，专业增能是指教师团队辐射方面的能力。整份方案指向德育修行、常规工作、专业发展三者同步并行、和谐发展，是对执行了二十多年的教师职务考评登记表的再度思考和适切调整。

四、未来展望

（一）以"和文化"环境文化感染师生，熏陶师生

优化校园环境布置，通过"绿色植物造景，标语画廊点缀"的办法，优化育人环境，丰富校园文化内涵，让橱窗会"说话"，让墙壁会"育人"，形成浓厚的"和文化"氛围，提升校园文化建设质量。

（二）以"和文化"管理文化规范师生，引导师生

1. 制定充满人文的制度文化

制度文化能促进校园物质文化、精神文化的发展，是校园文化的框架。学校制定符合国家法律、法规，体现人文关怀，遵循教育发展规律的规章制度。学校管理制度充分发扬民主，集思广益，真正使管理制度体现"从群众中来"的精神。让学校管理制度处处体现出尊重人、关心人、爱护人的脉脉温情。

2. 经营和谐的学校精神文化

树立清晰的学校文化观。从人的生命世界和精神生活出发，把人文陶冶看作精神文化建设的根本途径。向师生们提供丰富的文化生活，通过丰富教师的人文素养，提高教师对学生的心理历程的引导能力，通过开展各种教学、道德实践活动，切实地帮助学生进行精神体验，引导学生经历精神体验。学校以继承和发展

中国传统文化，突出"民族情怀"为基础，以体现中华民族精神特征为德育核心，坚持面向世界面向未来的德育文化，展现"国际视野"，培养"现代品格"，形成学校"和文化"精神文化。

（三）以"和文化"课堂文化唤醒师生，成就师生

新课程理念下的课堂提倡的是一种以进取向上、和谐融洽等主流价值观为主的文化，教师要努力挖掘学科内涵，营造适于学科特点的课堂氛围文化，用优美的课堂语言，以课堂为中心建立学习共同体，在教师之间、师生之间、生生之间形成和谐的人际关系，营造高雅的课堂氛围文化，以教师的魅力，带动课堂氛围文化，通过构建"团队文化"提高学生的综合素养。

（四）以"和文化"评价文化激励师生，影响师生

科学的评价，能促成教师、家长、学生对教育质量观念的转变，使教师、家长、学生认同教育目标。达到教育者切实将"发展学生的主体性"当作教育目标，学习者切实将"主体性"作为自己的发展目标。形成良好的、和谐的评价文化，让师生都得到更好的发展。

11

生命因成长而美丽

——"儿童生命成长的教育生态"办学思想论述

◎林华强

【 作者简介 】

林华强，厦门市金安小学校长、书记，福建省"十三五"小学名校长培养人选，福建省骨干校长、厦门市一级校长，厦门市陶行知研究会副会长，高级教师。26岁担任正职校长，提倡让教育看见生命、尊重生命、发展生命的儿童生命成长教育生态理念，先后荣获"湖里区优秀校长""厦门市优秀教育工作者""厦门市五一劳动奖章"等荣誉。

一、办学主张

"生命教育"是当今教育的一个热点话题，不少学校将之作为办学特色。而"生命成长教育生态"则是一个新的课题。

金安小学校长和教师们始终遵循儿童的天性，呵护并促进儿童的生命成长。虽然这是一所办学只有短短六年历史的学校，可是他们从未放弃学区里任何一个孩子，无论他们贫穷还是富贵，无论他们聪慧还是呆板，无论他们乖巧还是顽劣……金安人都热情拥抱着他们。六年的努力，学校从 1.0 版本"真美教育"到 2.0 版本"真教育、美生活"的教育实践探索中不断迭代更新，于 2018 年 9 月正式提出 3.0 版本的"儿童生命成长的教育生态办学思想"。我们认为，这是一种登高远望的视角和谋划，是一种教育价值的追求和引领，是一种理念融入的落实和运行，是一种教育规律的体现和构建，是一种教育良知的坚持和守望，是一种教育本真的遵循和践行，让教育看见生命、尊重生命、发展生命。学校是一个具有生命成长力量的场所，是生命成长的生态园，传递教育生命成长的无限气息。

从"生态""真教育""生命"这些看似不相关联的概念去研究与探索的这一教育理念。教育生态不仅要使学校的每一个肌体都能健全地发挥着其功能与实效，为儿童生命成长创造出良好的教育生态环境，也要让每一个学生个体都能活出本真的自己，让生命成长走向精彩。

我们认为：人是以生命的方式存在的，教育作为一种人生事业，必须关注人的成长与发展。学校教育应当让孩子们自主地学会生活，在生活中学习人生之道。完整生活就是完整学习的过程，是生命成长的过程，从"生命成长"到"教育生态"，可以说是学生个人与教育大环境的相互适应、相互融合的关系。学校是学生生命成长中一个极其重要的生态环境。学校的校园应该成为学生生命成长的生态园，富含生命成长的生态营养，通过管理、课堂、课程、活动等的组织变革，培植儿童生命成长的基本土壤，营造良好的教育生态氛围。

著名教育家陶行知曾说："教育是将小鸟放到大自然中""生活即教育，社会即学校"。其实强调的就是一种良好的教育生态。我们认识到：真善美——感受生活（学习）之美、探究生活（学习）之善、创造生活（学习）之真，是儿童生命成长的灵魂，也是学校教育的三重奏，我们教育的目的就是让我们的孩子成为一个诚实、善良的人，有一颗美丽的心灵，获得生活的真谛。

二、理论体系

（一）让美的文化滋养儿童生命成长

在教育生态面前，儿童宛若一粒种子，它不但要发芽，长出叶片，开花结果，而且在任何阶段都需要充足的养分。为了给儿童生命成长提供滋养，金安小学以"红、黄、橙"作为学校教育理想的三原色，红色，表示追求至善；黄色，表示求真；橙色，寓意尚美。作为政治思想教育阵地的学校，无论是校长还是老师，都不该忘记红色的革命传统，应时刻保持红色的本色，这样方能为儿童生命成长铺垫至善的基石。而从源头上打造一支保持红色至善的教师队伍，将对学生产生长远的影响，并在他们幼小的心里默默树立远大的理想，思想的种子在他们心中生根发芽、茁壮成长。

"教人求真""学做真人"是儿童生命成长的源头活水。"尚美"是学校开办以来一直坚持的做法，融入每一个学科中。《基于小学的生活美学创客校本课程开发与研究》的省级研究课题，以基于生活之美的创客校本课程，研发一个以生活美学和创客相融合的校本课程体系，让传统经典、现代礼仪、创客教育、生活体验有机融合，让学生在认知与实践中，得到美的品格熏陶、美的文化滋养、美的生活体验，培养学生具有创客精神和生活情趣，提升美学美感和审美能力。从而达到"真教育唤醒美生活，美生活滋养真童年"的美好愿景。

（二）以管理变革重塑校长生命成长观

在教育改革的浪潮中，不忘初心、砥砺前行，离不开学校领头人——校长。顾明远说过："一所学校因为有一位好的校长而迅速崛起，也因为一位庸庸之辈而日落千丈，校长之于学校，犹如灵魂之于躯体。"教育变革，办学从校长、从学校顶层设计的变革开始。"变革校长生命成长观"应从"基于生命成长的变革性领导力"和"基于文化管理的校长执行力"这两个方面入手，变革学校领导层对生命成长与文化管理的感悟与观点，从理念到实践。在关注孩子生命成长的同时，集结学校的各方力量，让孩子生命成长的实施落到实处。校长执行力，最重要的是课程领导力，其内涵办学包括"核心素养领悟力、课程价值理解力、课程体系整合力、课程研发引领力、课程实施组织力、课程评价指引力、课程文化构建力"。著名教育家雅斯贝尔斯说："教育的本质意味着：一棵树摇动另一棵树，一朵云摇动另一朵云，一个灵魂唤醒另一个灵魂。"由此可见，校长的"生命成长的变革性领导力""文化管理的执行力""课程领导力"等，如同一棵一棵大树，必将繁衍出学校蓬勃发展的一片生命成长森林。

（三）行立德树人之要，立生命成长景观

德育工作是学校工作的灵魂，它致力于对学生思想品德和人格素质的培养，体现着学校教育的基本目的，贯穿德、智、体、美教育实践的各个方面，统领着整个学校教育。青少年德育教育的好坏，不仅关系到个体的未来成长，更间接影响到整个民族素质的高低，乃至国家整体文明的优劣和续断。金安小学以"立德树人""立生命景观"为抓手，全方面、多层次地开展德育工作，党建、工会、德育科，甚至每一个学科都将思想道德融入其中，"内化于心　外化于行""育人先育己，以生命影响生命"。因为"教之道，德为先"，是中国人的一贯主张，也是新时期社会主义文明建设的一种导向。德育工作既要仰望天空，又要脚踏实地，不能一味地空喊口号。有一位教育专家曾这样说："一个学校的校长，如果把学生品德教育放在第一位，才是一个真正做教育的人。"

（四）筑生命成长课程，释放生命成长能量

教育是一个润物无声、集腋成裘的过程，也是一种心灵的对话、浸润和感染。学校编写了一套（五种）生活美学创客校本课程系列丛书，让学生在《品茶》中感受茶文化的博大精深；在《染布》中感受扎染工艺的源远流长；在《赏花》中感受最美年华的色彩斑斓；在《玩纸》中感受传统剪纸的精湛技艺；在《黏土》中感受陶艺世界的精彩纷呈。华东师范大学博士生导师刘莉莉在这套丛书的"总序"中赞誉道："金安小学基于生活之美的创客校本课程让孩子们在真实生活场域中，体验生活的乐趣无疑是一种'真教育'，让孩子们感知生命的真实，创造生命的精彩！"

说到底，学生与学校的生命成长，她的基本营养素就是课程，课程是学生学习的支点，更是学生生命成长的跑道，课程就是学生与学校的三餐美食。金安小学从"新课程价值定位""新课程架构设置""新课程内容选择""新课程评价策略"四个方面着重阐明了新课程在生命成长中所释放的能量，课程是学校教育质量的生命线。而课程与生命成长之间关系，则是一个站位更为深远的课题，也是"现实＋未来"的思考。我们提出："课程构建，不仅要遵循国家课程设置，也要结合地方校本课程，这样才能相互兼容，适合地方特色，适应各级人才培养的需要。丰富多彩的课程，不仅可以从感官上激发学生的兴趣，还可以使孩童从更多的途径，接收更为广阔的间接知识，在实践中积淀对周围事物的认识。"

"四真课程"：儿童生命成长的小学生成长体验课程

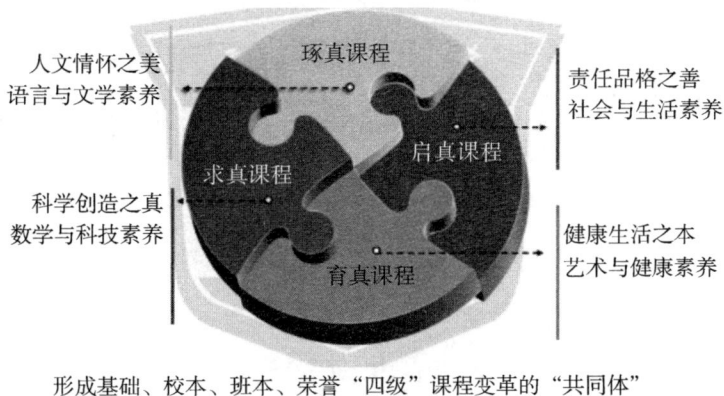

人文情怀之美
语言与文学素养

琢真课程

责任品格之善
社会与生活素养

求真课程　启真课程

科学创造之真
数学与科技素养

健康生活之本
艺术与健康素养

育真课程

形成基础、校本、班本、荣誉"四级"课程变革的"共同体"

图1　四真课程

（五）以课堂生命为载体，唤醒生命成长快乐

真正地让孩子们感受到生命成长真快乐，这是金安小学的教育宗旨。亚里士多德说："生命的本质在于追求快乐。"诚然，校园是学生学习活动的乐园，应该成为学生喜欢来的场所，找到一种归属感，而到毕业后多年，依然成为他们最为眷恋的地方。学校以课堂生命为载体，建构"六真学习场"，以"唤醒学生的课堂生命状态""催生学生的课堂生命旺盛""丰盈学生的课堂生命美感""彰显学生的课堂生命自信"为课堂教与学变革愿景。众所周知，课堂生命状态，最体现学生的生命力，因为它是学生最重要的人生活动，而且学生在学校的大多数时间是在课堂中，它既是知识授受的地方，又是知识生成的"绿地"；既是文化传承的环境，又是文化创造的天地；既是生理生命和感性生命的家园，又是人的精神生命和人格生命养成的天堂；既是个人满足和社会适应的过程，又是实现自我和超越社会的过程。所以课堂的快乐与否，关系到孩子生命成长与否。同时，还要追求学生个性和谐全面发展，这就需要老师精准把握，倾听孩子的心声，让孩子们找到属于他们自己的童趣，给予孩子每一个角落的自信，这才是彰显儿童的生命自信课堂的真谛。

"六真"学习场：享受生命快乐的灵动课堂

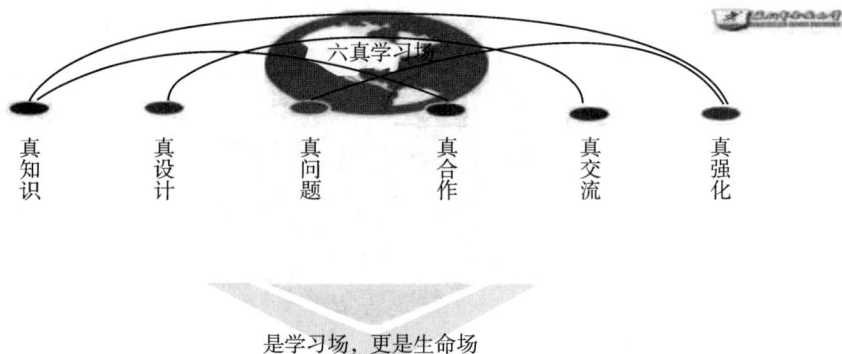

图2 "六真"学习场

（六）激发教师发展内驱力，成就团队生命成长

学校是一个具有生命力的场所，只有教师和学生一起成长，校长和学校一起成长，这所学校才能充满旺盛的活力，尤其是教师的成长与发展更为重要。金安小学特别强调："生命成长教育的对象首先应该是教师，只有教师通过不断的学习、再学习，树立积极向上的教育理念，才能真正关爱生命，呵护正在绽放的生命之花。"教师队伍专业发展，是学校教育的核心，也是学校改革和发展的原动力，又是学校办学质量和效益的竞争力所在。良好的师德师风是体现一个学校办学实力和办学水平的重要标志，决定一个校园的精神风貌和人文风格。所以，教师的自我提升与专业发展显得尤为重要。金安小学着力解决教师发展的瓶颈问题，激发教师自主发展的内驱力，转变教师"要我发展"为"我要发展"，从而奋发有为、走向卓越、成就个体与团队的生命成长。

（七）构建家校共育新样态，推动家庭教育理念革新

习近平总书记多次谈到"注重家庭、注重家教、注重家风"，强调"家庭的前途命运同国家和民族的前途命运紧密相连"。金安小学从开办起，一直走在引领家庭教育的最前沿，提出了"家校共同体"的家校共育新样态。

学校家庭教育的特点与成就，使别具一格的家庭教育成为学校的一张特色名片，特别是"家长爱心志工护校队""金安家校教育成长共同体"和"创建温暖金安家校生态圈"等系列行动样态，均成为校园内外一道亮丽别致的风景线。学校家庭教育，作为现代教育不可或缺的三大支柱之一，它的地位和作用更加凸显。当然，家庭教育并不能只停留在纯理论的说教中，而应处于卓有成效的付诸实践中，让家教的内涵在某种程度上得到升华。在创建金安家校教育成长共同体品牌中，为了培养具有成长陪伴能力的家长团队，学校还组织了"家长阅读沙龙""家长网络沙龙""家长心理成长互助小组"和"金安小学终身教育家长素质提升项目'家长成长课程'"。通过家长素质的提高，达成"生命的高度在于生长，生命的意义在于修行"的家庭教育新理念，让家长带动孩子一同成长，促进儿童生命成长。

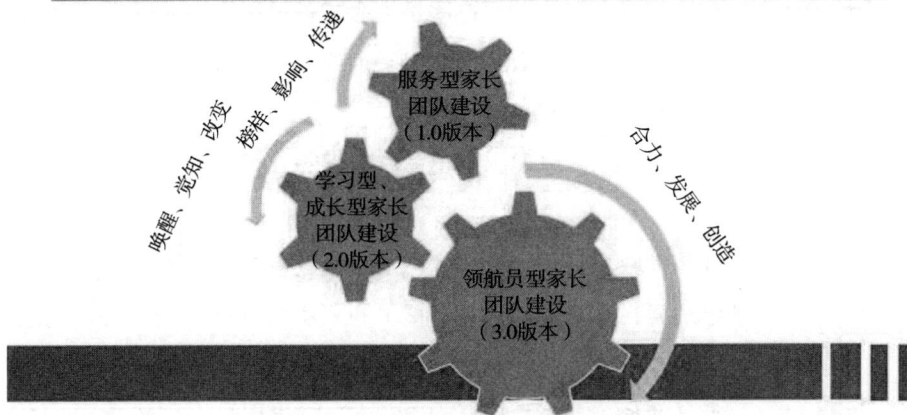

图3　家校共治

三、实践探索

教育至真，生活至美。在办学理想落地过程中，我们做到"两个坚守"——坚守儿童立场，坚守生态发展，以孩子为中心，打造教育生态的闭环。金安小学从铺展孩子生命成长空间入手，为他们绘制出学校文化地图和未来理想蓝图。金安小学的孩子们是幸福的，因为他们每天都能在美丽的校园里感受教育生活和生命成长的温馨与芬芳。金安小学的老师们也是幸福的，因为他们每天都能与孩子们共同快乐成长，与学校共同发展。他们就如习近平总书记所说的那样："一个人遇到好的老师是人生的幸运，一个学校拥有好老师是学校的光荣，一个民族源源不断涌现出一批又一批好老师则是民族的希望。"

学校以生活美学创客研究为载体，形成课程特色。首创全国第一所基于小学的"生活美学研究中心"，开展生活美学创客校本课程建设，培植学生生命成长的"树之根、花之心、人之本"，贴近学生身心发展。"苟得于道，无自而不可；失焉者，无自而可。"大道在心，无论走到哪里，都会畅通，倘若失去生命成长这条康庄大道，无论走到哪里都行不通。但愿每一个金安儿童的生命将会因为成长而变得更加美丽，也但愿美丽的金安将因为儿童生命成长而变得更加精彩。

尽管困难与挑战并存，但学校在探索新条件下，新优质学校建设上从不松懈，秉持"志远行近"校训，确立"教育至真，生活至美"的办学目标，积极建构儿童生命成长的教育生态。倡导完整的学习过程是生命成长过程的基本理论，让校园成为学生生命成长的生态园，富含生命成长的生态营养，通过管理、课堂、课程、活动等的组织变革，营造儿童生命成长的教育生态。

自此，学校工作扎实落地，呈现出景更美、人更美、活动更美、品质更高的教育新格局。

金安小学以提高教育教学质量为主旋律，全面推进教育治理体系与治理能力建设，用心出发，创新发展，守望成长，书写孩子的成功与精彩。开办六年以来，学校工作扎实落地，呈现出景更美、人更美、活动更美的教育新品质；六年来，学校成长，学生成长，教师成长，家长成长，构建美丽温暖家校园，感受生命成长真快乐，厚植生活美学新绿地，呈现教育生长新样态。金安小学特色的办学模式已然成为湖里教育界的一张名片。学校先后获得"全国家长学校建设实验学校""全国艺术教育先进单位""全国青少年校园足球特色学校""全国青少年校园冰雪运动特色学校""全国青少年校园篮球特色学校""福建省义务教育教改示范性建设学校""福建省义务教育管理标准化校园"等诸多殊荣。学校还加强对外宣传，展现学校优质形象，培育学校软实力，六年来，纸媒报道 35 次，电视报道 10 次。并接受全国各地教育界人士参访、跟岗、对标，发挥了辐射作用。

四、未来展望

"假如生命是花，花开时是美好的，花落时也是美好的，我要把生命的花瓣，一瓣一瓣撒在人生的旅途上……假如生命是草，决不因此自卑。要毫不吝惜地向世界奉献出属于自己的一星浅绿，大地将因此而充满青春的活力。假如生命是树，要一心一意把根扎向大地深处。哪怕脚下是一片坚硬的岩石，也要锲而不舍地将根钻进石缝，汲取生活和荒泉……"散文家赵丽宏以诗一样的语言表达了他对生命意义与价值的思索。著名作家冰心在《谈生命》中这样写道："假如生命是无趣的，我怕有来生；假如生命是有趣的，今生已是满足的了。"所以，我们何不在有限的生命时光里，去做自己想做的事情，去实现自己想实现的愿望，去助力孩子们的生命成长，引领孩子们对生命真谛和生命价值的思考，这样，我们的生命才会绚丽多姿。

"苟得于道，无自而不可；失焉者，无自而可。"大道在心，无论走到哪里，都会畅通，倘若失去生命成长这条康庄大道，无论走到哪里都行不通。但愿每一个金安儿童的生命都会因为成长而变得更加美丽，也但愿美丽的金安将因为儿童生命成长研究而变得更加精彩。

六年时间不算短，但是挥手之间，时光却从指尖悄然划过。教育的每一项工作都只能算是一个"播放键"，或者说是一个新起点，因为脚下的路还很长。从"静待花开"到"花开了"，我们看到了金安小学的平地崛起，走向未来的金安小学还要让"花更美"。"花之美"在于色，教育理想三原色奠定了学校发展的坚实基础；"花之美"在于香，书香墨香茶香咖啡香……香飘四溢，涵养气质；"花之美"在于形，体现在校园建筑之境、校园物语之情、校园师生之貌；"花之美"更在于韵，"韵"是内涵，"韵"是品质，"韵"是文化……

在追求"花更美"的路上，金安小学的师生们会积极奔跑，奔向未来的路上，会有更多的生命成长的新风景。

未来，金安小学将行稳致远，突破创新，更加关注师生生存与发展，办一所"童年美好，未来更好"的新优质生态学校，让校园环境更优美、让教育资源更优良、让文化内涵更优秀、让教学质量更优异、让办学成果更丰硕……真正办成一所学生眷念、家长称道、社会赞誉的新优质生态学校。

12

儒雅教育办学理念及实践

◎许昱钒

【 作者简介 】

许昱钒，高级教师，担任校长22年。现为厦门市天安小学校长、书记，福建省骨干校长，福建省"十三五"小学名校长培养人选。厦门市首届语文学科带头人。担任校长20年，曾获厦门市第二届中小学优秀校长，厦门市三八红旗手，福建省"巾帼建功标兵"等荣誉。

在庆祝中国共产党成立95周年大会上，习近平总书记强调指出："文化自信，是更基础、更广泛、更深厚的自信。"中华优秀传统文化是中华民族的"根"和"魂"。自古以来中国的教育文化讲究的是"读书做人"。这和新时代教育提出的立德树人的培养目标是一致的。中国的教育培养的是中华民族的后代，炎黄子孙的后代，中国的学校应该有中国文化特质，一所优质的学校更应该有鲜明的中国文化烙印。因此我选择植根于中华优秀传统文化，以传承中华优秀传统文化为载体，梳理构建儒雅教育育人体系。

一、办学主张

（一）"儒雅教育"提出的背景

1.基础：基于学校十年办学实践

厦门市天安小学于2007年秋季开办，坐落在天安工业区。如何让生活在经济特区发祥地的孩子们拥有共同成长的精神家园和知识乐园？这是学校立校的哲思与担当。

几番探索，学校寻找到答案——以"优秀传统文化"作为凝聚不同地区儿童、家庭等主体的文化共核，进而培养情感共通力，以培养文化认同感。办学十年，学校通过营造传统文化氛围，实施诵读经典校本课程，开展"国学文化节"凸显鲜明的国学特色，培养了一批批"天安君子少年"。

2017年，我调任至天安小学，在导师的指导下梳理凝练出"儒雅教育"办学理念，构建具有儒雅特色的育人体系，将中华优秀的传统礼仪规范、现代公民素养与学生的生活结合起来，将儒雅的内涵潜移默化于学生的行为规范中，培养讲文明、有担当的天安儒雅少年。

2. 视角：基于弘扬优秀传统文化的现实要求

习近平指出："牢固的核心价值观，都有其固有的根本。抛弃传统、丢掉根本，就等于割断了自己的精神命脉。博大精深的中华优秀传统文化是我们在世界文化激荡中站稳脚跟的根基。"

不了解传统文化的精髓，不仅会在知识结构方面存在缺陷，也难以在现代社会中取得更长远发展。因此实施"儒雅教育"是弘扬优秀传统文化的现实要求。

（二）理念内涵

儒雅教育以传承优秀传统文化为底色，以创新为核心，旨在开创优秀传统文化教育与科技教育等融为一体的融合通道，培养具备传统文化自信力和未来科学创造力的新时代儒雅学子。

1. 文化诠释

"儒雅"指博学的儒士（文人雅士），或形容学问渊博、风度温文尔雅。学校践行儒雅教育，需要对儒雅的核心要素和特征进行深入挖掘与推敲，进而构建培育儒雅少年的理论与实践模型。

"儒"：其本意是博学多才的读书人。就其内涵实质来说。它包括知识之儒与道德之儒。知识之儒，要求的是掌握儒士之才。道德之儒，要求的是养君子之德。因此"儒"是师生的立身之本，是把深厚的文化底蕴和学养作为人生追求的目标。

"雅"："君子安雅""正而有美德者谓之雅"。自古以来，博学多才、温文尔雅是文人雅士追求的人生目标。雅，是一种处世之道，就其内涵而言，有雅言和雅行之分，雅言即说文明之言，雅行即做规范之事，因此以"雅"作为言行举止之矩，养优雅文明之质。

"儒雅"一词指"学识博学多才，气度温文尔雅"。

综上，从多元视角看"儒雅"的意涵与价值，挖掘"儒雅"核心，拓展"儒雅"范围。可以说，"儒"体现了以人为本的生命关怀观，以及自我实现与社会发展相结合的生命价值观，更多指向内在思维、价值体系等建设目标。"雅"则体现言行规范、胸怀志向及兴趣培养等方面的高雅追求。

2. 教育诠释

学校视角：传文明，续薪火，鸣世界。

教育是社会的子系统，承担着为社会系统的持续健康运转培育人才的职能。教育与社会其他子系统之间是相互联系、共同发展的关系。从学校作为教育的主要场域出发，儒雅教育内涵可诠释为：传文明，续薪火，鸣世界。三阶递进表达学校的社会责任担当和创造弘扬优秀传统文化沃土的心志抱负。

学生视角：思有道，言有范，行有规。

为了帮助儿童理解和认可学校的办学理念，进而内化为自我发展要求，学校站在儿童视角，寻求儿童口语化的表达，将其诠释为：思有道，言有范，行有规。即期望每一位儿童都能够在传统文化的浸染之下，感受到儒雅教育之魅力，成为会学习、爱思考、言行雅、志高远的天安儒雅少年。

教师视角：明师德，树师表，立师范。

站在教师视角，将儒雅教育的内涵诠释为：明师德，树师表，立师范。一方面阐释对教师职业的认知和发展的期望，希望教师在教书育人的过程中，能够理解并坚持儒雅教育理念的本质追求，做到有梦、有德、有识、有爱，以榜样示范引领进行自我要求与鞭策。另一方面阐释教师作为教育教学的主导者，应始终坚持以儿童为中心，成为儿童成长路上的真诚协助者，成就儒雅少年，达到生命充盈之状态。

（三）理论基础

从理论上探源，天安小学的新范式"儒雅教育"理论基础应包括知识建构理论、具身认知理论、积极心理学、多向度公民教育理论等。此外，现阶段习近平总书记关于文化自信及传统文化传承与创新的讲话也为天安小学践行"儒雅教育"提供了坚实的基础。

1. 知识建构理论

儒雅教育强调"关注成长，关怀生命"，希望天安学子能够成为主动学习和相互协助的终身学习者。知识建构理论推崇"深层"建构，它以发展学习社区内的公共知识为目标。学生是积极的认知者，须共同承担认知责任。知识建构的基本观点被概括为 12 条基本原则，用作设计教学法和开发技术工具的基础。

2. 具身认知理论

具身认知的思想家主张思维和认知在很大程度上是依赖和发端于身体的，身体的构造、神经的结构、感官和运动系统的活动方式决定了我们怎样认识世界，决定了我们的思维风格，塑造了我们看世界的方式。这与儒雅教育所提倡的"关注人的需求"相通。

3. 积极心理学

儒雅教育主张学习儒家积极入世、主动作为之精神，与积极心理学所倡导的关注和发展人的积极力量有相通之处。作为心理学新思潮，积极心理学的主要观点有三：（1）关注人的优势，致力于给人力量。（2）关注积极力量，挖掘个体潜能并使其充分发挥。（3）提倡对问题做出积极的解释。

4. 多向度公民教育理论

在不同情境中，个人所承担和扮演的身份角色是不同的，文化具有提升身份认同感之作用。多向度公民教育理论作为一个全新的公民教育理论，它把公民身份划分成多个向度，并以此为框架开展公民教育，为现代公民教育提供了崭新的视角和思想资源。包括：

个体维度：个体身份。

社会维度：群体身份。

时间维度：历史身份。

空间维度：地理身份。

5. 习近平总书记相关讲话

习近平提到"中华传统文化是我们最深厚的软实力"，运用传统文化治国理政，以精神文化力量推动社会健康发展。

他认为，中国传统文化博大精深，学习和掌握其中的各种思想精华，对树立正确的世界观、人生观、价值观益处良多。学史可以看成败、鉴得失、知兴替；学诗可以情飞扬、志高昂、人灵秀；学伦理可以知廉耻、懂荣辱、辨是非。

二、理念体系

（一）核心表达：吟诵人生，唱响未来

依托学校现有"吟诵"特色，进一步拓展"吟诵"的内涵和外延，构建传统文化与未来对话的链接通道。

吟诵人生——以吟诵的情怀，感知和体悟，从传统文化迁移、拓展到整个人生阶段，为今后的人生发展奠基。一是吟诵讲究依腔行调，孩子的发展讲究依循儿童发展脉络和个性化需要，二者异曲同工。二是吟诵讲究当下对文化、对情境的感知，对世界的体悟，这种感知和体悟的能力可以迁移到整个人生长河，铺垫童年的情感底色。

唱响未来——拓展吟诵的外延，提炼其相关要素，建设连接未来的高效通道。一是延续"吟诵"基调和底色，做好文化的传承。二是跳脱传统文化的桎梏，向着明天、向着未来发展，培育适宜未来社会需要的人才。三是生命价值的实现。

（二）育人目标：培育智圆行方、自强担当、创领未来的天安儒雅少年

在儒雅教育理念指引下，多维度建构天安学子的能力目标模型，具体如下：

智圆行方——学识与德行层面，出自《文子·微明》："文子曰：凡人之道，心欲小，志欲大；智欲圆，行欲方。"形容知识广博而周备，行事方正而不苟。与"儒雅"之才识及道德要求的核心相通。

自强担当——意志与精神层面，"自强"即自我勉励，奋发图强，修身自立，不断提升和完善自己；"担当"即有魄力、敢于承担责任。自强与担当是中国传统文化中的独特且关键的元素，也是天安学校多年以来所坚持的培养方向。

创领未来——眼界与格局层面，希望每一位天安儒雅学子都能够不拘泥于当下，成为有未来眼光的创领者，找到适合自己的发展道路，自信从容地创造美好生活。

（三）办学目标：办一所具有文化底蕴、未来气息与和雅韵味的高品质学校

目前，学校已经具备优质学校特质，在此情境下提出学校发展的新目标定位——高品质学校。同时，提炼学校在多年实践中所积淀的独特气质和特有身份凭证，作为学校形象与精神的永恒闪光底色，成为学校构建持续健康发展之生态的动力要素。

高品质学校——天安小学之高品质要求主要体现在三个方面，即高思想、高人文、高文化。其中，高思想，即要求学校始终站在教育本质视角，不断学习先进科学理论，指导学校决策与发展；高人文，即要求学校要有全方位的人文关怀气息，从物质建设、制度建设和精神建设等方面皆体现高度人文关怀；高文化，即要求学校要有从实践中进行文化积累与提炼的意识，坚持探索"文化立校，文化养人"的创新路径。

文化底蕴——"文化底蕴"是学校多年实践形成的独特气质，也是学校未来发展所要持续打造的目标之一。学校践行儒雅教育，以传承传统文化基础上的创新为核心，以期打造更加浓厚的具备文化底蕴的学校。

未来气息——链接未来，培养适应未来社会发展的儒雅学子，建设富有未来气息的学校。

和雅韵味——"和雅韵味"是学校多年践行"儒雅教育"形成的独特气质沉淀，是学校的一张身份凭证。

（四）一训三风

1. 校训：天下为任，闻道而安

学校的校训"天下为任，闻道而安"，蕴含校名"天安"二字。具体释义：

"天下为任"——《南史·孔休源传》中说："休源风范强正，明练政体，常以天下为己任。"21世纪的少年同样肩负着社会主义祖国伟大复兴的重任，因此，以"天下为任"为校训，希望每一个天安人都能够胸怀天下，以天下为己任。

"闻道而安"——有两层含义：第一层面，从正确的、有价值的所学所思中得到真理和智慧，进而成为对社会有用的人。第二层面，做一个有志向、全面发展的人。孔子自述学术宗旨说："志于道，据于德，依于仁，游于艺。"提出以六艺为手段，以仁、德为纲领，追求人生之道的学习模式，最终成为完善的人生。与现代教育培养全面和谐均衡发展的人才培养目标相一致。

2. 校风：儒达识，雅行远

儒达识——以人之心性发展需求为本，以推动自我实现与社会发展相结合为目的，以儒家积极有为、参与奉献等经典精神为导向，最终实现"见自我、见他人、见自然、见世界"的见识通达境界。达识并非一蹴而就之过程，而是终身追求的境界，需学习儒士柔韧有方、积极有为之精神，建设具备柔劲与耐性的心智长跑轨道。

雅行远——"行远"，即行长途，走远路。"雅行远"，即谈吐雅致、行为雅正、心怀高雅、意趣风雅，心有远志之人更有追梦行远的能力与意志。

因此，以"儒达识，雅行远"为校风，契合内外兼修、知行合一的儒雅教育逻辑，希望学校全体师生都能够做到：

将个人价值与社会价值相结合。

树立"达识"之终身学习意识，建设心智长跑轨道。

学习儒士柔韧有方、积极有为之精神。

3. 教风：儒爱人，雅修己

儒爱人——育人是一项需要极度耐心和爱心的复杂性工程。在教书育人的过程中，教师能够始终投入真诚与爱心，坚持以儿童为中心，成为在儿童成长路上的真诚协助者，成就儒雅少年，同时成就自己，达到生命充盈之状态。

雅修己——要求教师要能够理解并坚持儒雅教育理念的本质追求，做到有梦、有德、有识、有爱，以榜样示范之角色进行自我要求与鞭策。

因此，以"儒爱人，雅修己"为教风，是基于教育本质、教师专业发展等要求，希望全体教师都能够做到：

有心，教育事业的赤子之心，关怀生命的爱心。

自律，自觉践行儒雅教育理念，主动成长为"四有"教师。

4. 学风：儒求真，雅向善

儒求真——"求真"即追求事物发展真理所在及客观规律，"儒求真"是对儿童的学习价值、学习动机等的具体要求。

雅向善——"向善"说明人的价值尺度，孟子提出人性向善论既是对儒学的重大贡献，也是对中华文明的重大贡献，是历代儒客尊崇的永恒价值观念。"雅向善"是对儿童学习态度、学习行为、学习方法等的具体要求。

因此，以"儒求真，雅向善"为学风，是基于"求真向善"之成长正道的要求，希望天安学子能够做到：

树立"求真"的学习价值追求，保持强烈的好奇心和求知欲。

塑造"向善"的学习行动尺度，积极探索学习"善法"，主动营造学习"善区"。

三、实践探索

（一）儒雅管理：民主、共赢

在学校原有"民主和谐"管理理念的基础上，因循办学理念体系的升级改造，进一步提炼其个性化表达，以"民主、共赢"的文化理念，构建和孕育学校儒雅管理文化机制。主要体现在三个方面：

1. 着眼于校本化制度建设

制度建设要依据有关要求，具备一定的理论依据，同时更要切合学校实际。因此，天安小学的"儒雅管理"机制的制定，是一个自下而上的过程，是在与教师队伍及学生群体对话中生成的。

2. 全面落实民主集中制

做到民主管理与制度管理有机结合，"大政共议，制度共定，困难共担，权益共享；大家的事大家办、敏感的事透明办、棘手的事大胆办"，最终实现全体师生与学校共赢的目标。

3. 建立合作、共赢、分享的机制

学校全体师生在"民主、共赢"的管理文化理念下，相互补台、好戏连台，人人出彩，互相分享，相互配合，实现合作、共赢、分享的良性循环管理机制。

（二）儒雅课程：融合、精准

学校在前期课程探索的道路上，生成了"3+X课程"，涵盖"博学课程""文雅课程""担当课程""多元课程"四部分。在下一个发展阶段，学校在现有探索成果基础上，更为凝练聚焦，紧跟国家教育政策，打造学校"特色课程"，生成"1+2+X"课程体系。

1. 课程设计路径

在课程设计上，按照国家课程校本化最新要求，在学校特色课程的构建上，以"融合"文化为具体构建和实施路径，通过跨学科、多元课程形态，博采众长；以"精准"文化聚焦特色发展。在中国传统文化传承和创新的道路上，一方面融合美育，聚力发展"吟诵"课程群，助推学校的吟诵课程更上一个台阶；一方面融合劳动教育，将学校"本草生态园"打造成新时代的"新劳动教育"课程名片。

2. 课程群生成形态：1+2+X课程体系

（1）1是国家基础课程

小学阶段的教学任务，更多是奠基。因此，上好国家基础课程，在现有"精准教学"成果上进一步深化学习，是天安小学下一阶段的主要教学坚守。

（2）2是两大特色课程

两大特色课程，一是吟诵课程，彰显"吟诵人生"这张文化理念名片，将吟诵从传统范围上进一步深化和拓展；二是"本草生态园"劳动教育课程，在吟诵和劳动中唱响未来。

（3）X是国家课程校本化实施

在国家课程校本化实施的探索基础上，统整学校现阶段多元化社团及活动开展，进一步体系化梳理学校上一阶段的"3+X"课程探索成果。

（三）儒雅课堂：设计、达成

课堂是师生共同创设的情境，课堂文化直接决定了学校的教育理念是否能够落地实践，通过教师主体传递给每一位学生。相对于其他教学情境，课堂中的探索和对话，能够最大限度影响学生的思维方式和言行举止，引导学生达成"求真"探索，"向善"生长。

结合学校现有精准教学环节：精设情境、精探生成、精评导向、精炼达成，每一堂课都是学校从上而下、从下而上精心设计的，最终通过情境创设、探索生成、评价导向而精炼达成。因此，"设计、达成"已然是天安小学的课堂文化内核，在下个阶段进一步落实贯彻，助力天安小学课堂成效在高原上再造高峰。

（四）儒雅教师：赏识、精进

教师群体是学校儒雅教育的核心践行主体，教师文化直接决定了教师呈现给学生的精神面貌。因此，为了培育"儒爱人，雅修己"的教师队伍，学校在前期要求教师"内外兼修"的基础上，从"三维五阶"维度引领教师成长。对教师提出"赏识、精进"的文化要求。儒家提倡"仁者爱人"，教师对学生有赏识态度，以赏识眼光积极看待每一个孩子的成长，就会发自内心地爱学生，真正做到"儒爱人"。同时，教师要教好学生必须修炼好基本功，力求每日精进，才能在"雅修己"的道路上走得长远。

（五）儒雅少年：探索、利他

求真的孩子，要有探索的精神；向善的少年，要有利他的意识。因此，站在"博雅担当"少年肩膀上，天安儒雅少年面对未来发展，呈现出"儒求真，雅向善"的样态，要更加主动探索，求真知，明真理。在待人处世上，力求"日行一善"以"利他"。从利他的角度出发，才是真正的"善"，也才能在个人层面真正践行"天下为任，闻道而安"的校训，以及"儒达识，雅行远"的校风，体现学校"民主、共赢"的管理文化理念。

（六）儒雅环境：淡雅、悠远

美国教育家布莱森曾说："任何一所学校的环境都是默默地对孩子们发表演说，

孩子们会注意它，并在不知不觉中接受熏陶影响。"天安小学的环境文化，重在打造校园儒雅地标，以鲜明的传统文化元素，形成天安独特的文化广场，让学生在耳濡目染中坚守优秀传统文化。

1. 一花一树皆含情

学校环境围绕"儒雅"而创设，种植丹桂作为学校文化树，更打造"梅兰竹菊四君子"廊道文化，无处不以其蕴藏的文化寓意滋养和启迪着学校全体师生。

丹桂飘香预示学校"吉祥、美好、崇高"，"蟾宫折桂"蕴含孩子的美好前途，"桂花时节约重还"更隐藏着对天安学子学成归来的期盼。

"四君子"廊道文化以竹子向学生吐露"千磨万击还坚劲"的气概，"幽兰之雅"；梅菊写意国画用"梅花香自苦寒来"的精神鼓励天安学子自强不息，以菊花"宁可枝头抱香死，何曾吹落北风中"的素雅坚贞陶冶情操。

2. 一墙一园透雅致

（1）精心设计天安少年主题墙，彰显学校核心文化。学校中庭广场墙面书写"天下为任，闻道而安"，画面以时间为轴，述说中华上下五千年的历史和辉煌，展示"修身""齐家""治国""平天下"的人生目标，成为学生心中的"天安少年墙"。墙中央的颜体《少年中国说》刚劲有力，寄予肩负重任的天安少年无限希望。综合楼二楼设书法长廊及艺术长廊，更添儒雅气息。

（2）开发"本草园"劳动实践基地，渗透中医文化教育。中华民族是勤于劳动、善于创造的民族。为了更好地推动劳动融入学生学习生活，我校设立了"本草园"劳动实践基地，种植紫苏、薄荷等三十多种草药。依托综合实践课程对中医典籍开展专题研究，在劳动实践中激发学生对中国医药学的兴趣。

3. 一室一亭话雅怀

古香古色的国学教室、别具情怀的朗读亭，在这里我们引导孩子亲近儒雅文化，走进儒雅内核，倾诉儒雅情感。

四、未来展望

"遵道而行，但到半途需努力；会心不远，欲登绝顶莫辞劳。"在今后工作中，学校将不断开拓创新，积极推进儒雅教育，不断提升内涵式发展水平，倾力打造天安小学具有丰富内涵的儒雅教育品牌。让"儒雅"文化成为校园的主旋律，让"儒雅"气质成为师生的名片。"吟诵"将成为学校的办学特色，每个天安学子都在吟诵中感悟人生，唱响未来。

13

差异教育促进最优发展

◎叶秀萍

【作者简介】

叶秀萍，女，福建厦门人，正高级教师。现为厦门市集美区实验小学校长、书记，2012年3月至2020年8月为厦门市集美区曾营小学校长、书记。福建省"十三五"小学名校长培养人选。福建省首批教学名师、福建省学科带头人、福建省小学语文叶秀萍名师工作室领衔名师、厦门市首批专家型教师、厦门市一级校长、集美大学硕士研究生导师。

一、办学主张

（一）差异教育的渊源

差异教育源于两千多年前的孔子"因材施教"思想。因材施教的教育思想在我国源远流长，从春秋战国时期的孔子、孟子，至唐代韩愈，至宋代程颢、程颐、朱熹，至明代王守仁，再到近现代的陶行知等，不断地丰富和发展。差异教育在国外著名的教育理论中也能找到依据。苏联心理学家维果茨基的儿童发展观提出最近发展区的理论，说明与学生的个体差异有关，最近发展区是因人而异各不相同而且也会不断变化。苏联心理学家及教育家列·符·赞科夫是发展性教学理论代表人物之一，他通过长达 20 年的实验，探明了教学结构是影响学生一般发展的外在因素，它通过激发和推动学生对学习的内部诱因的发生和发展，加速学生的发展进程。这些理论都关注了学生的个体差异。直到 1983 年，美国学者加德纳提出多元智能理论，为有效实施差异教育提供了心理学基础。1994 年 6 月 10 日在西班牙萨拉曼卡召开的"世界特殊需要教育大会"上通过的《萨拉曼卡宣言》提出的"全纳教育",同样为差异教育的研究提供了有力的理论支撑。

（二）差异教育的缘起

曾营小学所在区域是片改革开放的热土，一直以来是"新厦门人"的汇集地。面对来自不同国家、不同地区、不同文化背景、不同天资禀赋的孩子，1995 年，学校在厦门市教育学会力荐下，成为差异教育实验基地之一，和杭州市天长小学及山东烟台、济南地区的实验校结盟，一起在著名教育家吕型伟先生的指导下开展差异教育研究。近十年来，基于当下国家"要加快建成适合每个人的教育，努力使不同性格禀赋、不同兴趣特长、不同素质潜力的学生都能接受符合自己成长需要的教育"的政策导向；基于未来学校"运用人工智能使教学内容定制化，实现基于人机协同的精准教学，实现小班小校、混龄学习，使教育评价数据可采集、可分析，从而为每个学生构建数字画像，实现大规模的因材施教"的改革，曾营小学的差异教育由初创期到发展期，再延展到现在的深化期，研究工作从未间断。

（三）差异教育的内涵

差异教学是 20 世纪 90 年代以来备受中国基础教育界关注的一种教学理念，在许多教育教学理论和教育教学改革实践中都不同程度地体现了这一理念。"差异教学"就是指在班集体教学中立足于学生个性的差异，满足学生个别学习的需要，以促进每个学生在原有基础上得到充分发展的教学。"差异教育"与"差异教学"一脉相承，但范畴大许多，涵盖了课程、教学、教育、评价、学制、管理等方面内容，带来教育的全方位变革。根据中外学者对差异教学、差异教育的阐释，我们结合学校实际，做出了自己的解释：差异教育即以立德树人为根本任务，关注学生不同特点和个性差异，尊重教育规律和学生身心发展规律，为每个学生提供适合的教育，发展每个学生的优势潜能，从而促进每个学生主动、生动、活泼地发展。差异教育内涵有五个要点：

1. 尊重差异

差异教育认为，应将学生之间丰富的个体差异看成一种巨大的可供利用的教育资源，而不是必须克服的消极因素和教学负担，一切有效的教育都必须充分尊重学生原有的个体差异。

2. 照顾差异

教育需要等待、照顾差异，要靠管理制度来保障，广泛地促进大多数的弱势学生得到照顾和补偿。

3. 发展差异

教育者要了解差异、理解差异，针对教学内容以及学生智能结构、学习兴趣与学习能力的特点，选择和创造出多种多样适宜的、能够满足每个学生健康发展的教育方法和手段，因材施教。

4. 反馈差异

差异教育呼唤开放性、过程性和表现性的"差异评价"，充分关注个体的处境和需要，尊重和体现个体的差异，激发个体的主体精神，以促进每个个体最大可能地实现自身价值，体验成功的快乐。

5. 实现差异

差异发展是实现全体学生个性和谐发展的有效途径，也是学生全面发展的基础。

此外，差异教育具有个性化、多元化、公平性、发展性等基本特征。差异教育努力让每个孩子都能享有公平而有质量的教育，把立德树人作为教育的根本任务，全面实施素质教育，培养德智体美劳全面发展的社会主义建设者和接班人。

二、理论体系

（一）差异教育的文化观

差异教育学校文化观是指在差异教育的办学理念下，学校文化体现了基于差异教育理念的文化倾向。具体表现在学校文化打上尊重差异、照顾差异、发展差异、反馈差异、实现差异的烙印。全体师生认同差异教育的共同价值观，在精神追求上认同培养公共性与个性协调统一发展的至善人，在行为准则上遵循差异教育的制度，等等。差异教育的五个特征与学校文化之间的关系，形成了差异教育学校文化观。一是个性化的物质文化观，学校的物质文化建设应始终围绕差异教育的理念进行，尽量表达出差异教育的鲜明特色，以区别于其他特色学校文化。二是多元性的精神文化观，差异教育的精神文化应呈现多元包容的价值取向，塑造尊重差异、照顾差异、发展差异的学校精神文化，引导师生创建文明和谐的协作与竞争环境，在合作与分享的文化下促进师生共同发展。三是公平性的制度文化观，学校的各项规章制度应该都有着合理化、程序化、明确化的内容，制度不应只是约束学校内部成员的框架，各项制度必须以明确的育人工作为目标，并且制度内容应经过学校全体人员的认可，这样运用制度管理才具有权威性。四是自主性的活动文化观，差异教育的学校活动文化建设应以赏识的目光关注、尊重和照顾学生的不同起点，全力开发、策划、组织适合学生差异发展的活动，给学生营造展示个性的舞台，吸引学生自主参加不断创新的教育活动，自觉地体验精神生命自主成长的尊严感、成就感。

（二）差异教育的课程观

差异教育倡导全面、和谐发展的教育，其课程目标就是要促进学生的差异发展，促进全体学生全面发展基础上的个性化发展，培养全面发展的人、主体性和个性充分发展的人。差异教育的课程观包含如下含义：一是差异教育的课程设置应坚持教育公平理念；二是差异教育的课程结构应指向人的有效发展。差异教育的课程实施原则主要包括：一是学校差异形成国家课程校本化；二是主体差异形成学校课程多样化；三是兴趣差异形成课程多元化。

（三）差异教育的教学观

差异教育的学校行动，就是以教育目标为逻辑起点，以学生差异为现实起点，遵循学生心理特点和发展规律，顺应学生个性，通过适切、灵动地教，创造性地将课程化为真实存在的学生素养的过程。因此，因材施教是差异教育的学校行动图式。

1. 从学生角度来说

"差异教学"是个人化的、个性化的、依照每个学生具体要求而制定的、量体裁衣的、针对具体学生修改的、调整的、协调的、适应的、适合每个学生学习风格的、巧妙处理的、气氛和谐的。

2. 从教师角度来说

为了满足学生的不同需要，教师在教学中要给每个学生均等的学习机会，将学生的差异作为资源来开发，全方位地构建面向全体、照顾差异的教学策略体系。

3. 从教学组织的角度来说

差异教学是"从教学的整体上来构建教学策略体系"，是"多元化弹性组织管理的教学"，可以有多样化的组织形式，可以根据具体情况运用各种教学形式，可以根据学生的差异对教学内容进行分层，对学生进行分组，对课进行分段，对人进行分组教学。

（四）差异教育的管理观

从学校管理的角度来看，差异管理就是让每个教师在充分发挥才能的过程中，实现个体的最大化发展和最大化价值贡献，进而推动学生和学校优化发展，这既是对学校管理者管理才能的锤炼，也是提高学校管理效能和组织运行绩效的有效方法。差异管理能够让每个教师在充分发挥才能的过程中，实现个体的最大化发展和最大化价值贡献，进而推动学生和学校优化发展。我们认为，教师在发展需求、个人能力上是有差异的，差异教育的管理，就是要理解需求，了解能力、接纳差异。主要做法：一是基于需求开展管理；二是基于能力运用管理；三是基于接纳调整管理。

（五）差异教育的教研观

每个教师都是鲜活的个体，自身的条件与潜力及所处的环境和影响，都决定了个体之间存在着差异性。这种差异性是不以人的意志为转移的一种客观存在，它不仅反映在发展需求、发展方向、发展速度等方面的个体差异，还反映在年龄分布、任教学段、职称等方面的群体差异。为了正视现实存在的差异，尊重教师个体成长的需求，改变千人一面的传统教研理念与方式，让每个教师都能找到适合自己发展的最佳路径，就需要我们"从差异出发，为了差异发展而开展有差异的教研"。差异教育的教研观特性为多样性、主动性、发展性。尊重差异、发展差异、共享差异，是实施差异化的教研的重要原则。

（六）差异教育的评价观

教师评价改革是当前中小学教育评价改革的重要组成部分。有效的教师评价对广大中小学教师的教育教学工作有导向、监督、激励、诊断和发展的多重功能。差异教育的教师评价是在充分考虑教师的年龄、性别、学科的差异，所教学生、班级的差异，考虑教师的发展阶段、教师的客观困难下的一种教师评价。学校在发展差异教育评价理念的指导下，进行了积极的研究和探索，取得了一些有益的经验。教师差异化评价的主要特点包括：一是教师评价目标指向发展；二是教师评价内容体现综合；三是教师评价主体注重多元。

在差异教育理念下，对学生的评价要改变传统学生评价过分强调甄别与选拔功能，突出评价的发展性功能，强调对发展过程的记录和应用。具体做法是让评价者与学生建立相互信任的关系，共同制定双方认可的发展目标，运用素养银行平台，对学生的发展进行跟踪记录和评价，使学生不断认识自我、发展自我、完善自我，实现预定发展目标。学生差异化评价的主要特点如下：一是学生评价指向发展；二是学生评价注重过程；三是学生评价体现多元。

三、实践探索

曾营小学自 1995 年提出了"尊重差异、照顾差异、发展差异"的办学理念以来，就积极构建尊重差异的校园文化，实践发展差异的课程与教学，实施照顾差异的教研与管理，开展反馈差异的师生评价，用行动绘制了差异教育实践图景，并促进学生主动发展。

（一）构建尊重差异的校园文化

校园文化作为促进学生差异发展的隐性课程，其意义不言而喻。学校确定"海纳百川，勇立潮头"为多元文化理念，充分利用校舍、环境等方面的有利因素，以及彰显差异教育理念的三风一训、学校制度、校园活动等多方面，通过优化、整合、转化为学校文化的具体表现形式，形成学校尊重差异教育的多元文化特色，具体表现在以下几个方面：

一是学校物质文化个性化。因学校在厦门西海域的马銮湾畔，可谓是"面朝大海，春暖花开"。学校就将差异教育理念与学校建筑和环境有机融为一体，处处彰显海洋文化特色，将三艘教学楼建成乘风破浪、勇往直前的巨轮形状，将体育馆建成雪白的圆形扇贝形状……这些都寓示我们用大海一样的胸襟悦纳每个充满个性的孩子。

二是学校精神文化多元化。学校围绕差异教育办学思想，确立了"德育为首、全面育人、关注差异、发展个性"的教育理念，确立了"心灵美好、基础扎实、身心健康、个性张扬"的培养目标，确立了"兼容并蓄，盛德日新"的校风，"敬业乐群，因材施教"的教风，"博学审问，慎思明辨"的学风，以及"弘毅、至善"的校训等，使每个学生在和谐、融洽的人际关系中，最大限度地挖掘内在潜力，提高人文道德素养。

三是学校制度文化公平性。学校按照教育公平的价值标准建设现代学校制度，为每位师生创造自由平等、公平正义的人文环境，促进每位师生全面而自由地发展。

四是学校活动文化自主性。按照"个个参与，人人收获"的理念，学校全力开发、策划、组织适合学生差异发展的活动；给予学生充分的信任，设计以"体验"为中心的活动项目；关注学生差异的不同目标，设计差异化的活动内容、过程与结果，促进学生最大限度地得到发展。

（二）实践发展差异的课程与教学

课程是指学校为实现培养目标而选择的教育内容及其进程的总和，它包括学校教师所教授的各门学科和有目的、有计划的教育活动。教学是教师有目的、有计划、有组织地引导学生学习和掌握文化科学知识和技能，促进学生素质提高，使他们成为社会所需要的人。课程与教学是"立足全面，发展个性"，实现差异教育目标的重要途径和手段。

1."至善课程"建设

"立足全面，发展个性"是曾营小学围绕差异教育办学理念，整体架构学校课程，全面系统推进课程建设的指导思想。基于此，曾营小学将学校课程称之为"至善课程"。"至善"指达到最完美的境界;"至善课程"指为每位学生提供有挑战性的、吸引人人参与的差异化课程,意在帮助每位学生得到最佳发展。"立足全面,发展个性"是曾营小学围绕差异教育办学理念,整体架构学校课程,全面系统推进"至善课程"建设的指导思想。"至善课程",意在为每个学生提供有挑战性的、吸引人人参与的课程,帮助每个学生获得相对自己的最好发展。我们从人的发展出发,尊重学生的差异,以生为本建立富有特色的三阶梯"至善课程"体系:一是基础课程,即根据课程标准,注重国家课程的多元化开发,构建国家课程校本化实施的"微课程"。二是拓展课程,即根据曾营小学学生发展四大核心素养目标"健康生活""乐学善学""责任担当""实践创新",开发基于学校差异教育特色的校本课程。三是活动课程,即基于学生不同的天赋、兴趣、爱好,在综合素养培育和社团等各类活动中提供给学生不同的选择机会和发展空间,为其一生的发展奠定更好的基础。活动课程包含社团课程、研究课程、节日课程、家长课程、实践课程等。

2. 差异教学模式

教师在教学能力、教学偏好等方面存在差异,学生在学习风格、学习偏好方面也存在差异。教师的差异出现了"重点不突出、问题不明确、方法不适当"等问题,以上问题与学生的学习偏好不匹配。经过反复实践,学校推行以"三核"为导向的差异教学模式,即根据教材提炼出反映课程标准的"核心知识",根据"核心知识"设计每堂课的"核心问题",围绕"核心问题"采用讨论、评论、视听、观察、实验、操作、演示等"核心方法",让已有一定基础的学生巩固并扩充知识,同时为那些初学者或学习困难的学生提供基础性教学和练习,帮助每位孩子在原有基础上有所提高。一是提炼"核心知识",明确教学内容;二是推行"翻转课堂",培养关键能力;三是设计"作业超市",促进最优发展。

(三)实施照顾差异的教研与管理

学校要发展,质量要提高,关键在于教师的素质和专业化水平。而教师的素质和专业化水平又存在一定的差异性,学校要促进教师发展,就应满足其不同的学习需求,按需施训,逐步构建差异化的教师发展体系。曾营小学遵循以人为本、评价客观、差异性与统一性有机结合的差异教育管理实施原则，按照"承认差异，个性化规划""体现差异，菜单式教研""发展差异，学分制评价"差异教育的教研实施原则，建立适合每个教师成长的培训制度和教研交流机制、加强教师的团队协作机制、建立教师多元评估机制、形成教师自我反思评估机制等。从每个教师的实际出发，立足教师专业成长，搭建平台，最大限度地促进每个教师的成长。具体做法如下：

1.以"乐群"为目标，实施差异教育理念下的教师管理

乐群是指乐于与人相处，现代的教育，学科专业性越来越强，但是学生发展要求越来越全面，这就需要教师之间亲密无间地合作，这样才能共同发展，共同进步，达成现代教育教学的目标。差异管理的核心理念是：教师成长要融入学校发展中；管理的最终目的是为教师终身发展服务；学生成长必将受惠于教师发展。在差异教育理念指导下，我们在教师管理方面形成了一些曾营经验：一是教学管理分工照顾行政学科属性；二是常规事务流程化让老师快速上手；三是学生管理工作定量化、信息化。

2.以"敬业"为目标，开展差异教育理念下的教师梯度培养

敬业是指对事业尽心尽职，尽心是态度，尽职是能力，加强教师专业技能成长，可以帮助教师应对工作中的挑战，促进教师创造性地完成本职工作，进而增强教师的成就感，加深对教育事业的热爱。一是推行"成熟期教师—成长期教师—适应期教师"的三级师徒带教模式，挖掘、盘活教师间的差异资源，让徒弟利用师傅的优势，快速地汲取自己所需要的营养，师傅也因为发现自己的不足而加倍努力，这样就形成了一个自由发展、相互影响、相互激励、相互补充的生态体系，并不断促使他们朝着最优的方向发展。二是推行"读思达"教师计划，通过阅读、思考、实践三个步骤，激发教师成长愿望、团队意识，找到自己的教学特色发展方向，成为本区域骨干教师、名优教师。

（四）开展反馈差异的师生评价

学校充分认识到反馈差异的师生评价的意义：一是人本价值，即实现每个师生最大限度发展；二是教育价值，即实现高水平、高质量教育；三是文化价值，即促

进多元文化发展。我们坚持发展性、尊重性、情境性、层次性等评价原则，处理评价内容的独特性与全面性，评价标准的个性化与社会化，评价过程的差异性与公平性等关系，构建了差异化的评价体系。

1. 教师评价

教师评价不仅是对教师过去工作业绩的评定，更应为教师个人未来的专业发展指明方向。学校应运用差异教育评价理念，建立符合素质教育思想的，有利于发挥教师主动性和创造性的多元的发展性教师评价体系，充分发挥评价的导向、激励、反思等促进评价主客体发展的功能，激励教师自我发展、自我提高，实现其自身价值。教师差异化评价的主要措施包括：一是分类评价，学校在差异教育理念下，分职业道德、专业发展两个类项对教师进行评价，并分类制定了详细的考核办法，具有照顾差异、照顾公平、操作性强的特点。二是分层评价，学校根据教师专业发展的不同阶段对教师实施有针对性的分层评价：一种是根据工作年限分为适应期（0~5年）、成长期（6~10年）、成熟期（11~20年）、成才期（20年以上）四个层次进行评价，如针对不同层次的教师，同样的评价内容具有不同的评价标准；另一种是根据名师称号体系，分新秀教师、骨干教师、学科带头人、专家教师、教学名师五个层次进行评价，不同层次的教师评价指标也有所不同。三是分岗评价，学校根据岗位职责设置评价办法，如《学校行政管理人员考评细则》《教研组长、备课组长工作考评细则》《年段长学年度工作考评细则》《班主任学年度工作考评细则》等，极大地照顾了教师差异，保证了学校差异教育理念的实施。

2. 学生评价

学生因受先天条件、智力水平、后天学习、接受能力等各种因素影响，个体之间发展不均衡，而且个体本身的某些方面发展也不均衡。我校坚持"以人为本"的教育理念，尊重学生差异，对不同的学生，从不同的视角、层面、领域实施差异化评价，进而促进学生将其优势智能领域的品质向其他智能领域迁移，激励每个学生奋发向上，促进学生的整体发展。具体做法如下：一是道德品质评价，即"独善与兼济之人"评价。该评价项目根据学生年龄段特点，分低、中、高三个年段，每个年段从"对自己负责""对他人负责""对家庭负责""对集体负责""对社会负责""对国家负责"六个维度，分设 18 个评价指标与评价细则，按 1 ★、2 ★、3 ★ 的等级，采用自评、小组评、家长评和学校综合评价的方式进行评价，最后再定出等级；每月每班评选出一名"独善兼济之星"，将其事迹在校园网、宣传栏宣传，并在每月第一周学校的总早会表彰。二是学习水平评价，即"三三四"学业成绩评价法。每个学科的学业成绩评定，平时课堂表现、作业各占 30%，平时小测与期末考试占 40%，以期科学、全面地考查学生的学习水平。三是个性特长评价，即"体育、艺术 2+2 项目"评价。采用成长记录袋评价法促进每位学生较好地掌握两项运动技能和一项音乐技能、一项美术技能。四是综合素养评价，即"素养银行"评价。借助数字校园技术应用，开发网上"素养银行"平台，收集学生在学科以外参与的活动情况，包括兴趣小组、假日小分队、主题活动、校外社团、赛事荣誉等信息，全方位了解学生的兴趣爱好和专业特长；通过对学生参加各类活动和课程的过程进行管理，从考勤、表现、作业、成果等方面对学生进行评价，获取在素养培养过程中的总体评分，转化为相应的素养积分；通过对平台数据进行统计分析，合理地分配教学资源和差异化教学，实现个性素养培养的目的。

四、未来展望

差异教育校本行动的改革愿景，就是通过差异教育实施路径的研究和探索，建立和完善旨在落实"德育为首、全面育人、关注差异、发展个性"教育理念的配套制度和保障机制，形成适应学生发展的差异教育育人模式，形成差异教育品牌和办学特色，将曾营小学打造成老百姓家门口的优质学校，打造成享誉省内外的新时代好学校。

14

唯美教育　向美生长
——"唯美教育"办学思想的建构与实践

◎易增加

【 作者简介 】

易增加，男，福建厦门人，正高级教师、特级教师，现为厦门海沧延奎实验小学校长、书记，厦门市本土领军人才、厦门市拔尖人才，厦门市优秀校长，福建师范大学、集美大学教育硕士研究生导师。福建省"十三五"小学名校长培养人选。曾获福建省基础教育教学成果奖一等奖。

向着美的方向生长是学校教育最好的发展态势，唯美育人，向美而生，也必将成就学校师生的美好未来。

一、办学主张

为了让唯美教育办学思想研究更加深入有效，笔者在主持省规划办课题"唯美教育办学特色的探索与实践"的研究中理清办学思想、明确育人目标、总结办学成果，2019 年 8 月课题圆满结题并被评为优秀课题。

（一）唯美教育思想背景

办学思想反映教育本质的要求，影响和决定学校整体发展，来源于办学实践又作用于办学实践的理性认识和价值追求，是学校所有成员对教育工作及其学校发展的理性思考和总结。学校的办学思想要符合国家方针政策、符合国家教育法规、符合教育发展规律，也应富有时代特点，与时代同频共振。学校站在时代变化、社会进步的高度来确定教育改革的方向与学校发展的目标，践行美丽中国、中国梦、教育梦等理念，融入美丽厦门教育发展战略规划，以追求真、善、美的教育本质，传承学校艺术美的传统文化，思索、实践、提升、凝练"唯美教育"办学思想，落实立德树人的根本任务，培养做事求真、做人求善、人生求美、全面发展的社会主义建设者和接班人，实现美好的教育梦想！

1. 与时代同频共振

办学思想应与时代同频共振，应响应国家方针政策，体现党和国家的意志。学校在思考酝酿办学思想时，恰好在 2012 年 11 月 8 日中国共产党第十八次全国代表大会召开之后，学校核心价值追求充分体现了时代精神。美丽中国概念、中国梦道路、教育梦追求、美丽厦门建设等概念和理念成为唯美教育中"美"的思想背景，指导"唯美教育"的办学方向。

2. 追求真善美理想

教育是使学生成长和成人的事业，学校应成为教育的芳草地和百乐园，学校教育应该回归教育的最本质的要义——真、善、美。人类基于自身的实践和对客观世界知、情、意的心灵感知能力，滋生了"真、善、美"三大价值观念。做到"真"，使科学理想实现；做到"善"，使道德理想实现；做到"美"，使艺术理想实现。做人求真、做事求善、人生求美就实现了人与自然的和谐、人与他人的和谐、人与社会的和谐、人与自我的和谐，真、善、美是一个和谐的统一体。

3. 学校艺术美传承

学校"唯美教育"办学思想的来源，还有一个重要的因素，那就是学校的民族乐团，到 2012 年时已取得了可喜的成绩。唯美教育办学思想包含着各种美，而艺术之美、民族器乐之美就是唯美教育的一项内容。从无到有的民乐情缘、师生齐力的内驱发展、内外联动的艺术熏陶，让孩子在美的艺术、美的学习中享受美好的生活。

（二）唯美教育思想内涵

唯：独特的，特别的，世上仅有的。美：本义指漂亮、好看，也指令人满意。包含外在美和内在美。唯美：以美为尺度，追求绝对的美，西方唯美主义提倡"为艺术而艺术"。

"唯美教育"办学思想指学生、教师在学习、教育教学中所能取得的最大、最优、最美的教育效果，是追求做人求真、做事求善、人生求美的真、善、美教育，让师生向着美的方向生长，实现"各美其美　美美与共"的教育梦想！"唯美教育"体系见图1。

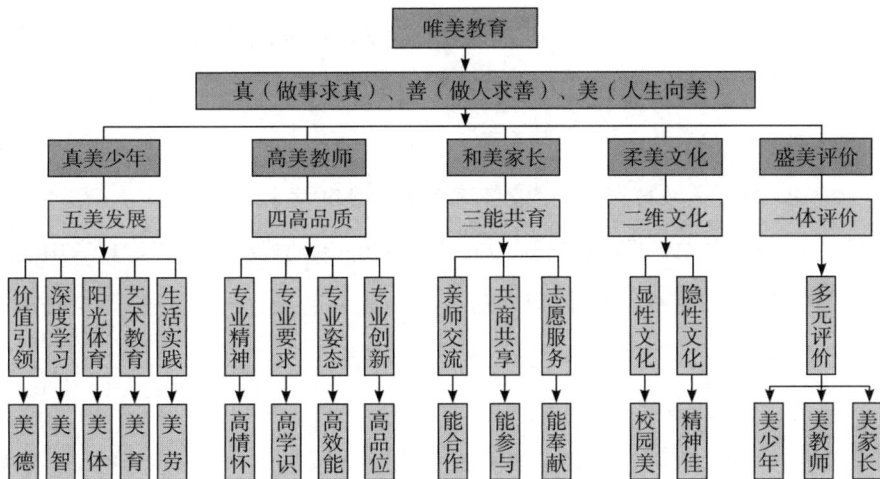

图1　"唯美教育"体系

（三）唯美教育思想依据

教育思想是一定社会政治、经济和社会文化的产物。"唯美教育"办学思想是建立在相关哲学、心理学、教育学相关理论和观点的基础上的。"唯美教育"是坚持以习近平新时代中国特色社会主义思想为指导，全面贯彻党和国家的路线、方针、政策，实现对美好生活的向往，培养德智体美劳全面发展的社会主义建设者和接班人。

1.哲学依据

美的哲学是人的本质最完美的展现，美的哲学为现实服务就是通过审美教育来实现的，从而为美育及艺术教育在教育活动中的地位勾画出哲学的依据，并丰富提高和不断改造人们的精神世界。唯美教育的哲学依据有：康德美学思想——美是道德的象征；黑格尔对美的本质定义——美是理念的感性显现；马克思美学思想——美是人的本质力量对象化。

2. 心理学依据

用真正的美教育人们、引导人们，是人重获自由和谐的必然途径。美育的目的就是要使疏离的美回到我们的生活之中。美育的心理学价值包含滋养性情、激活生命、发现需要、调适情绪、完善人格；美育的直接心理效应包含审美认知结构的完善、审美情感的丰富、审美价值观的形成；美育的间接心理效应包含以美育德、以美启智、以美健身、以美促劳、以美乐群。

3. 教育学依据

古今中外的无数教育家对美的教育都有深入的思考和论述，产生了很多经典的教育观念，对指导学校"唯美教育"办学思想的理论建构和实践操作具有重要的指导意义。唯美教育的教育学依据有：孔子——美善合一；蔡元培——五育并举；陶行知——培养真人；苏霍姆林斯基——要相信孩子。

4. 党的方针依据

学校的办学思想要坚持以习近平新时代中国特色社会主义思想为指导，坚持社会主义办学方向，全面贯彻党和国家的路线、方针、政策，全面贯彻落实党的教育方针，落实立德树人根本任务，培养德智体美劳全面发展的社会主义建设者和接班人。对美好生活的向往、培养全面发展的人是唯美教育的重要指导思想。

二、理论体系

"唯美教育"是追求做人求真、做事求善、人生求美的真、善、美教育。真的最高境界是"天人合一"，做到"真"，使科学理想实现，就获得人与自然关系的和谐自由。善的最高境界是"知行合一"，做到"善"，使道德理想实现，就获得人与他人关系、人与社会关系的和谐自由。美的最高境界是"情景合一"，做到"美"，使艺术理想实现，就获得人与自我关系的和谐自由。

（一）唯美教育各美其美

唯美教育之美美在各美其美。教育之美——美在生命成长、各美其美；课程之美——美在维度精、层次清、素养深；课堂之美——美在善对话、勤思辨、真学习；教学之美——美在问题导教、互动导学、量表导评；学生之美——美在美德、美智、美体、美育、美劳全面发展；教师之美——美在高情怀、高学识、高效能、高品位；家长之美——美在能合作、能参与、能奉献；学校之美——美在大气、特色、文化。

（二）唯美教育育人之美

"唯美教育"的育人目标是培养全面发展的美少年。在全面发展质量观下的学生全面发展，"德"定方向、"智"长才干、"体"健身躯、"美"塑心灵、"劳"助梦想，这五个方面是促进人的全面发展的主要元素。"唯美教育"办学思想的"真美少年"，是追求"真""善""美"的教育，就是要通过价值引领树美德、课程建设促美智、阳光体育健美体、艺术教育扬美育、生活实践创美劳，培养"五个三"发展目标的美少年（图2）。

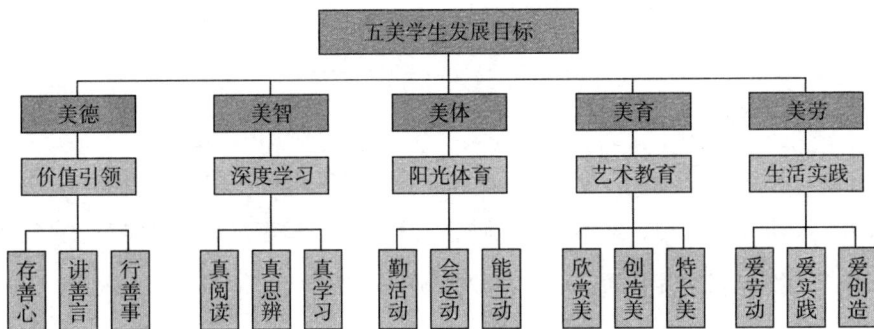

图2 "五个三"发展目标

（三）唯美教育理念之美

学校在"求真、求善、向美"的引领下，构建了"唯美教育"办学思想的理念体系。

办学思想：唯美教育。

办学目标：办一所美丽魅力的学校。

育人目标：培养全面发展的美少年。

校训：各美其美　美美与共。

校风：求真、乐善、崇美。

教风：求智、乐群、和美。

学风：求知、乐思、尚美。

校徽：如图3所示。

图3　校徽

三、实践探索

学校从唯美课程先行、品美德育护航、真美课堂推进、审美美育扬长、高美教师服务、和美家校助力、盛美评价激励、柔美文化浸润等方面阐述唯美教育实践途径，从打造四张名片等方面总结唯美教育办学成果，全面展现学生、教师、家长各美其美、美美与共的美好教育。

（一）唯美课程先行

学校通过对课程结构的思考，以国家课程为主渠道，重新建构唯美教育课程体系，体现了五维度（品德发展、人文科学、身心健康、艺术审美和劳动创造）、三层次（基础课程——普及层次、夯实基础，拓展课程——拓展层次、发展素养，研究课程——提高层次、丰富个性）。通过唯美课程的引领，有效发展学生的核心素养和关键能力，促进学生德、智、体、美、劳的全面发展。

基于唯美课程目标，建构系统的唯美教育课程体系（图4）。

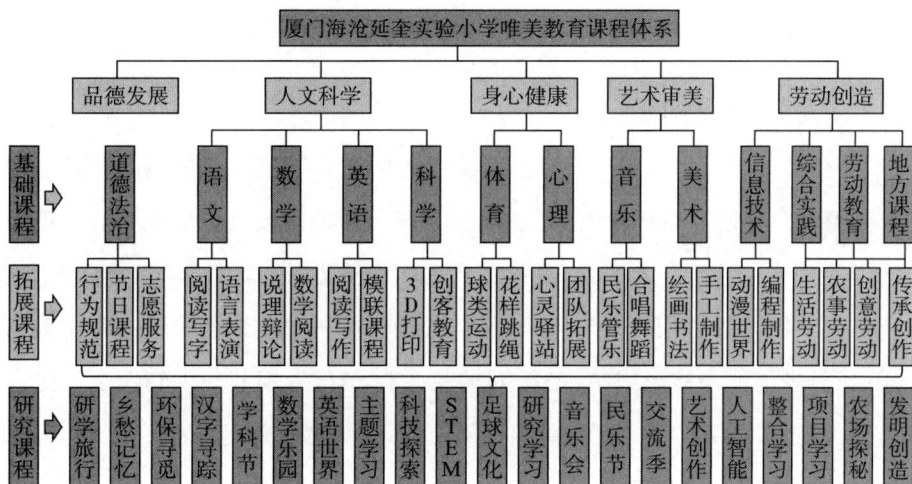

图4　唯美教育课程体系

1. 基础课程

基础课程主要是以国家课程为基础，贯彻"以学生发展为本"的课程理念，着重培养学生的基础性学力，同时为学生发展性学力和创造性学力的培养奠定基础的课程。为发挥基础课程的主渠道作用，设置了基础课程科目的学科素养和课程目标定位。

2. 拓展课程

拓展课程是培养学生核心素养的重要渠道，通过课程拓展、课堂内外的拓展，拓宽学生的视野，提升学生分析问题、解决问题的能力，培养学生学科素养和关键能力，促进学生能力生成。拓展类课程包含：课堂拓展——《民乐时光》、课程拓展——社团课程、学科拓展——《花鸟文化》、课外拓展——阅读课程等。

3. 研究课程

研究课程是在教师的指导下，学生自主地运用研究性学习方法，获得应用知识，发现和提出问题，探究和解决问题的学习活动。包括单独设置的研究课程和在基础课程、拓展课程中，运用研究性学习方式所开展的学习活动。研究课程是以问题为起点，以研究为中心，面向整个生活世界，强调直接经验，重视实践体验的经验课程，是将自然、社会和自我及学科知识、学习经历和经验有机融合的综合课程。研究课程有学科类研究课程、跨学科研究课程、跨领域研究课程等。

（二）品美德育护航

学校在唯美课程体系下，通过德育课程化护航品美德育，以"存善心""讲善言""行善事"为德育目标，培养"善"的品质。学校以社会主义核心价值观为指导，以《中小学生守则》为内容，制定出《厦门海沧延奎实验小学学生行为规范72条》。依据学生年龄心理、教育特点，将24条准则再细化为低年级、中年级、高年级的3条规范，最终形成72条行为规范。72条行为规范安排到六个年级，落实在班队课和道法课，使德育教育课程化、系列化，变德育"说教"为"引导"和"体验"，提升德育工作有效性。

表1　厦门海沧延奎实验小学学生行为规范72条

3种善	4个和谐	24条准则	72条行为规范
存善心	人与自我和谐	爱劳动、明事理、会赏识 保安全、健身心、能自律	—
讲善言	人与他人和谐	讲诚信、尊师长、善待人 懂礼节、会感恩、享合作	—
行善事	人与社会和谐	爱祖国、爱集体、乐奉献 护公物、守法规、有担当	—
	人与自然和谐	爱自然、倡环保、美环境 拒野味、节资源、护生态	—

（三）真美课堂推进

课堂是培养学生关键能力的主阵地，是保护学生好奇心、想象力、求知欲的主渠道。教学中，教师要深入理解学科特点、知识结构、思想方法，科学把握学生认知规律，上好每堂课。在唯美课程体系下，以小学数学学科为例，研究"基于问题导向的对话教学策略"，通过问题激发课前导教、对话激活课中导学、量表激励课后导评的教学流程，构建师本、师生、生生、生本、人机的互动对话，形成善思、敢问、勇辩、乐动的学习方式，以及倾听、分享的学习方法，形成民主、自由、平等、对话的课堂文化。其他学科的教学研究参考数学学科的"问题导向"教学特点，立足学科性质和学科素养，实现真美课堂"真阅读""真思辨""真学习"的目标，让课堂更加有趣、有效、有味。

如何实现课前、课中、课后的对话教学流程，促进教师、学生和文本三者之间的交互发展？学校经过对前面阶段成功教学案例的分析，发现有问题导向的课堂效果好，有对话、有争辩的课堂学生学习积极性高。通过多年的研究实践，发现可以选择以问题为核心，以对话为形式，以知识建构为目的的教学流程。

如何改变数学课堂以教师教学为主的单一评价方式，检验对话教学模式成效。评价是一种导向，可从课堂全景观课、全程观课、全数据诊断的评价体系来检验对话教学的有效性和示范性，让"对话教学"落实在每堂课，让每位数学教师都能深入地实施，促进师生共同成长。研讨课时，老师们分成三组，每人手持一份观察表，带着任务坐在孩子们身边一起上课、听课、观课。课后针对观察内容先分组交流，然后在教研组内用数据说话汇报，共同研讨出更加有效的对话教学。这样的课堂观察量表改变了单一以教师为主体的课堂评价方式，评价为对话课堂服务，提高了教研实效，促进了课堂教学质量的提升。

（四）审美美育扬长

美育不只是艺术教育，也不只是开设社团活动培养特长生。美育是培养人们认识美、体验美、感受美、欣赏美和创造美的能力，使学生具有美的理想、情操、品格和素养。简单来说，就是让人生"美美的"。美育教育对很多学校来说都是短板，而对延奎实验小学来说是长处和特色，学校追求"真、善、美"，以"人生向美"为美育目标，通过推进全科美育、打造器乐乐团、多元艺术创作等途径，把艺术美育、道德美育、社会美育、自然美育、科学美育等内容整合起来，搭建系统的美育课程，真正提高"学生审美与人文素质"。美育是一种素质，素质之美各美其美美在发展；美育是一种教育，教育之美美美与共美在和谐。学校以全国获奖的"民族乐团"为美育品牌，不断实现新时代的美育梦想。

（五）高美教师服务

学校以"1+2+3+X"教师发展路径培养高美教师。

"1"指一个思想把方向：以"唯美教育"思想引领教师专业发展。

"2"指两项规划树目标：第一项目标是每年评选"最美教师"，全员参与，定性评价和定量评价相结合，引领教师专业成长；第二项目标是教师三年发展规划，侧重师德师能发展。

"3"指三美发展促成长："三美"是师能求"真"、师德求"善"、师表求"美"。师能求"真"即通过"一项教改"引领，提升教学质量；"二级导师"带教，抓好青蓝工程；"三个梯度"发展，夯实专业素养；"四种意识"引领，共谋发展合力。师德求"善"即通过"仁爱"初心，提升教育情怀；通过"责任"担当，落实立德树人。师表求"美"即要求"仪容仪表"美，"团结合作"美，"气质品位"美。

"X"指打造 X 个教研团队：目前打造出"数学天团"——省教学研究基地校，数学研究成果在省普教室组织的教学研究基地校大会上作典型经验发言；音乐组"民族乐团"——全国获奖，艺术教育在省教育厅组织大会上作典型经验介绍。

（六）和美家校助力

学校秉承学校、家庭、社会共育的理念，先后成立"海沧区中小学民乐协会"和"家长委员会"。"家长委员会"通过家长课程——专家教家长，提升家教水平；家长讲坛——家长教家长，促进亲子沟通；家长社团——能手教家长，提高生活情趣等途径发挥家校共育功能。海沧区中小学民乐协会成立常规管理组、宣传报道组、演出协助组、活动策划组、财务管理组 5 个组别，成立"家长合唱团"，会员开展自愿服务，为民乐团孩子持续发展奠定了坚实的基础，促进了家校社的合力教育。

（七）盛美评价激励

通过全面发展美少年、各美其美美教师、美美与共美家长的多元评价体系，展现"各美其美 美美与共"的校训精神。

1.“美学生”评价促进学生全面发展

美学生（也称“延奎之星”），由美德星、智慧星、艺术星、体育星、劳动星组成，学生获得所有的五颗星则晋级为“延奎之星”。每年6月份表彰，获得“延奎之星”同学的照片在一楼“笑脸墙”展示。没有获得“延奎之星”的同学，还可以根据获得的单项星，奖励相应的单项星项目，体现学生各美其美的一面。

2.“美教师”评价引领学生全面发展

最美教师的评选内容包含师德美、敬业美、合作美、质量美、学习美、技能美、科研美、贡献美、和谐美、人和美共10项内容，全员参评，每年教师节表彰。

3.“美家长”评价助力学生全面发展

最美家长评选内容包含关心学校发展、配合教师工作、参加自愿服务、处理家校关系、发挥带头作用、做好言传身教、和谐亲子关系、配合劳动教育、参加选修课程、育子效果明显共10项内容，全员参评，每学年闭学式时进行表彰。

（八）柔美文化浸润

学校文化作为人类文化体系中重要的有机组成部分，在人类知识传播、知识创新、人才培养和科学研究的实践中起到重要的作用。学校文化是学校本身形成和发展的物质文化和精神文化的总和，是学校所具有的特定的精神环境和文化气氛，它包括校园景观等物化形态的环境文化，也包括制度、行为和精神文化等内显内容。健康的学校文化，可以陶冶师生情操、启迪学生心智，促进学生全面发展。学校“唯美教育”办学思想下的学校文化，从显性文化和隐性文化两方面同时深入建设，显性文化突出校园的物质环境、校园面貌、学校制度规范，打造出一处处育人功能的校园美景；隐性文化突出价值引领，强调师生文化的人文性和精神文化的可视性，凸显学校的精气神，引领学校可持续发展。

（九）丰美成果绽放

延奎实验小学追求特色学校向品牌学校发展，着力打造四张响当当的名片。唯美教育面向学生全面发展，通过唯美育人课程体系实施与评价，追求真、善、美的教育。办学特色是历经多年不断打磨、完善、总结的过程，成为有特色、可借鉴、可推广的闪亮成果。

1. 打造四张响亮名片

延奎实验小学打造出四张响当当的名片：民族乐团——全国获奖（2019年4月参加教育部举办的全国第六届艺术展演活动获器乐类一等奖）、环保教育——全国品牌（2016年4月被"中央宣传部、中央组织部、中央文明办"评为全国100个最佳志愿服务项目）、闽南文化——央广授牌（中央人民广播电台授予学校闽南文化教研推广点）、台港交流——全面互动（开展学生互访、教师赴台驻校交流，举办校长论坛，举办两岸青少年民乐节等活动）。

2. 办学质量区域前茅

2017年9月，《唯美教育办学特色的探索与实践》获省级教学成果一等奖。学生的素质得到全面发展，《厦门日报》以"能当'网红'她有三个不一般"作专题报道。毕业班学生在全区教学质量监测中稳居海沧区前茅，在全市质量检测中成绩位于前列，其中2017年厦门市品德与社会质量监控成绩不仅位列全市第一，而且优秀率特别显著。学生毕业升学到各中学的可持续学习力得到高度的赞赏，充分展现"唯美教育"下的全面发展质量观。

3. 办学成果广泛辐射

2019年10月25日，中央电视台12套《一线》栏目报道我校"小手拉大手垃圾分类环保行动"；2015年、2016年、2017年"新华网"三次报道学校"垃圾分类"典型经验；2017年11月28日中央人民广播电台"神州之声"频道专访"闽南文化进校园"；2019年11月5日《中国教育报》报道"唯美教育"办学特色；2020年12月2日，《中国教育报》校长周刊·人物报道《美的名片彰显"唯美"特色办学》；另外，被《福建日报》、福建教育台、《厦门日报》等媒体报道共计65次。

2019年12月15日，中国教育学会第三十二次学术年会作经验交流；2017年11月30日，全国垃圾分类现场会样板校展示；2014年、2017年民族乐团两次赴上海参加"长三角"地区国际民族乐团展演；2018年4月9日，省第三批教学研究基地校经验介绍；2019年7月10日，全省垃圾分类现场会展示；2018年、

2019 年两次参加省教育厅新年音乐会；2018 年厦门市美育工作推进及总结会上做典型经验交流。

中央文明办、教育部、文化部等 4 位司级领导到校调研，三年来到校参观达 1 万多人次。帮扶学校有重庆万州龙沙中心小学、云霄英济学校、海沧洪塘小学等，跟岗校长 5 批。与台湾新北市大丰小学、香港浸会大学附属学校王锦辉中小学小学部建立长期合作交流关系。

四、未来展望

延师雅慧唯美教育成于实、奎星聪敏各美其美重在验，这是学校对新时代教育全面发展的思考与实践。在新时代教育思想的引领下，"唯美教育"将在课程设计及实施上更加重视探究式、项目式学习，通过课程培养学生的综合素养和关键能力，将借助信息化手段促进教育现代化，发挥家校社的功能构建现代学校治理体系。唯美教育、向美生长，一定能培养出更多优秀的社会主义建设者和接班人。

15

心本教育：让学校"立"起来

◎邵永红

【作者简介】

邵永红，男，福建厦门人，高级教师。现为厦门市同安区祥平中心小学校长、书记，福建省教育厅学校心理健康教育指导中心专家组成员，福建省中小学校心理健康教育名师工作室领衔名师，福建省"十三五"小学名校长培养人选。

苏霍姆林斯基说过："学校的领导首先是思想的领导。"教育思想对于校长来说何等重要！国内知名的中小学校长都有着自己的教育理想、办学理解和教育价值观，同时作为他们所在学校的办学发展思路，引领着学校走向优秀、走向成功。笔者经过三十年理论与实践工作的思考总结，特别是在教育实践中的不断探索和研究，在吸收和借鉴生本教育、心本管理和心理教育理念的基础上，逐步形成有别于他人的"心本教育"思想，并建立起一套基本的理念体系和实践体系。

一、办学主张

心本教育思想是在实践中发展起来的。2006 年 8 月，组织上把我从同安区教师进修学校附属小学校长任上调到新民中心小学担任校长，面对这样一所外来员工子弟占 90% 以上的农村中心小学，该如何来办学？学校的现状和师生的特点决定着我对学校发展的定位，经过一番思考和调研论证，我们提出了"发展为本，心理致胜"的办学理念，提出了从"心"开始的路径选择，即以心理健康教育特色立校，以心理课程建设为突破口，逐步构建起小学心理健康教育的新体系，并延伸成为一种新的德育模式，发展成一种育人模式。在新民中心小学，

"教育之道，从'心'开始"成了我第一层次的心本教育理念。2014 年 7 月，一纸调令把我调到祥平中心小学这所新办校担任校长，我想心本教育不应该只是一种育人模式，应该成为一种教育理念，为什么不尝试着把心理学的原理、技术、方法拓展应用到学校的方方面面呢？"大胆假设，小心求证"是胡适先生的做学问之道，它给了我很大的启发。短短的五年时间，祥平中心小学实现了跨越式发展，本施教区生源从原来 95% 的外流到 95% 的回流。在祥平中心小学，"教育之道，以'心'为本"成了我第二层次的教育理念，它包括"让孩子健康成长，为未来幸福奠基"的办学理念、"学生是富有潜能的成长中的人"的学生观、"教师是健康幸福的育人者"的教师观、"从'心'开始、融合共生"的德育观、"激发潜能"的教学观、"适合每一个学生发展"的课程观等，心本教育正是由这些教育观念构成的。

在十余年的小学教育管理实践中，理念上的进步带动了现实的突破，实践经验的丰富又带动了理论的生成和理性思考的深刻，在理论与实践的双向建构中，教育理念不断凝练，心本教育思想得以丰盈和完善（图 1），并凸显出其重要的价值。

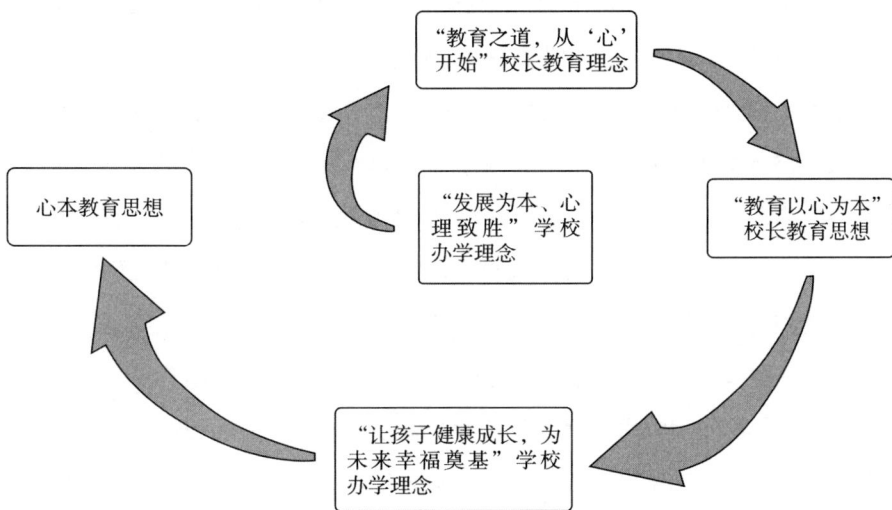

图1　心本教育思想形成过程

心本教育，即教育以心为本。这里的"心"指的是"心理""生长"，其中"生长"的引义源于《诗经·邶风·凯风》中的"吹彼棘心"之说，这里的"心"是指棘木的尖端，即生长之处[1]；"本"是指"根本""出发点"，也就是说教育要以学生心理发展为出发点，以学生的个性成长和全面发展为根本。同样的"心本教育"，不同的人由于不同的经历、个性、环境等对它的理解和诠释也是不一样的：华南师范大学吴发科教授认为它是一种"心品教育"，一种育人先育心、心育乃教育之母的教育理念。作为一名长期守望在教育最基层的小学校长，我在教育实践中形成的心本教育思想显然带有一定的草根性：从育人的角度看，心本教育主张以学生心理发展为出发点并贯穿教育全过程，帮助他们积累积极的心理资源，促进他们的个性成长和全面发展，为未来幸福奠基，它是一种教育理念；从办学角度看，心本教育倡导"心理致胜"，提出应用"心理学＋"，以心理学的视角改进学校管理、队伍、德育、教学等，实现学校增值，从这个意义上说，它又可以作为一种办学理念。

为什么倡导心本教育？基于以下四个方面的考量：

（一）学生健康成长的需要

首先，小学生处于身心成长期和关键期，教育要能直抵学生心灵，使其受到触动，教育之力、教育之美方能呈现出来，国内知名教育心理学家、中国科学院心理研究所张梅玲教授就在儿童数学学习中提出"心理致胜"的观点。其次，心理素质在一个人的整体素质结构中占据十分重要的位置，发挥着重要的作用，因为"心理素质是核心素质；心理素质是基础素质；心理素质是第一素质"。[2] 心本教育所主张的以学生的心理发展为出发点，通过心理的发展达到个性成长和全面发展，顺应了素质教育的要求，符合学生全面发展的需要。再次，核心素养如何落地？心本教育将学生心理发展作为切入点，为学生核心素养的形成和培育找到了一个合适的突破口。最后，《国家中长期教育改革和发展规划纲要（2010—2020）》指出：要把促进学生成长成才作为学校一切工作的出发点和落脚点。心本教育思想所倡导的办学理念是"让孩子健康成长，为未来幸福奠基"，就是把学生成长成才作为办学的出发点和落脚点，把学生现在和将来的精神幸福作为办学的永恒追求。

（二）教师幸福和发展的需要

当今社会，人类的一切活动不再是为了生存，而是为了生活得更加幸福，因此，包括教师在内的每个人都有获得幸福的需要，朱永新教授就积极倡导"过一种幸福完整的教育生活"。心本教育提出"教师是健康幸福的育人者"的教师观，倡导学校管理以心为本，强调从心理关怀、精神建设和专业引领来建立理念共同体、发展共同体，让教师感受到职业发展的幸福。前几年，正是在心本教育思想的指导下，我所任职的新民中心小学的教师团队从普通到优秀，一度成为全区高级教师最多的小学，其中不乏全国、省、市优秀教师，市级学科带头人从 0 人扩充到 7 人，这对一所农村中心小学来说是不可思议的。

（三）社会发展的需要

时代问题和社会需要是校长教育思想产生的基点。回顾历史，为了解决美国当时教育的刻板与脱离生活实际的问题，在美国就产生了杜威的实用主义教育；为了解决中国当时的平民教育问题，陶行知的平民教育思想应运而生。党的十八大提出"立德树人"是学校的根本任务，我认为"立德"指向了道德养成，"树人"指向了能力培养，"立德树人"关注以德为先及学生的健康成长成才。但如何立德？如何树人？心本教育在实践探索中发现，小学生的心理素质、心理状况影响着他的道德养成和成长成才，所以立德树人要从学生内心出发，激发其心理潜能，引导其形成积极品质，才能建立起正确的思想观念和行为模式。

（四）学校增值的需要

在心本教育思想的引领下，新民中心小学这样一所地处农村的百年老校在经历长时间沉寂之后，成为教育部认定的全国首批心理健康教育特色学校，并成功地从关注心理健康教育方面的改进转向学校整体层面的变革，成为有一定知名度和美誉度的小学。教育部基础二司副司长于长学带领一批专家学者深入课堂观摩、现场考察之后，在接受媒体采访时这样称赞道："这所学校不只是福建省的办学经验典型，完全可以成为全国的教育典型。在我所见到的小学当中，能扎扎实实坚持心理健康教育实践，并上升到办学理念、理论层面的学校，就只有新民中心小学。校长是个很有办学思想、有办学坚持的带头人。"同样是在心本教育思想的指导下，祥平中心小学这样一所成立不到七年的新学校得以驶上发展的快车道，教育教学质量迅速提升，成为全国象棋特色学校、全国青少年足球文化特色学校、福建省心理健康教育特色学校、福建省第二批教改示范性建设学校、教育部"校长国培计划"实践基地学校……教学研究成果《小学生心理潜能开发的实践研究》获得了福建省基础教育教学成果奖二等奖，福建电视台等多家媒体进行了办学经验成果推介。心本教育让学校"立"起来了。

二、心本教育的理论建构

（一）心本教育是生本教育的继承和发展

华南师范大学郭思乐教授在《教育走向生本》一书中提出了一套比较完整的生本教育理念："一切为了学生"的价值观、"高度尊重学生"的伦理观、"全面依靠学生"的行为观、"小立课程，大作功夫"的课程观等 [3]。对比后发现，其实心本教育与生本教育是一脉相承的，双方都主张教育的目的是让学生在他原有的基础上得到发展，主张学生是教育过程的中心，要尊重学生，相信他们潜能无限，要注重学生的全面评价、发展性评价和过程性评价等。生本教育主张以学生发展为本，但进一步深究，学生发展又以什么为本？心本教育认为应该是以"心"为本。素质教育强调全面发展，但原点在哪里？心本教育提出从"心"开始，认为心理素质是学生整体素质的基础，是学生未来幸福的奠基石，"心"是全面发展的原点。所以说，心本教育是生本教育的具体化实践，是生本教育的继承和发展。

（二）心本教育是心本管理的拓展和延伸

所谓心本管理，就是把心作为根本来管理，不仅要尊重人的内心感受，而且要善于影响人的心灵，从而由心灵的外在感动转化为管理者与员工心灵内在的交流与行为的自觉 [4]。心本管理强调管理自我，管理内心和心灵，给教育带来不小的启示。教师是学生心智发展的引路人，校长是教师专业成长的引领者，因此教育应该是"心灵与心灵的沟通，灵魂与灵魂的交融，人格与人格的对话" [5]。心本教育思想下的心本管理有着独特的内涵，它指的是在领导和管理实践中着眼于学校发展的共同愿景，尊重师生的心理需要，管理过程中努力满足师生、家长和社会的心理期待和心理预期，在互悦机制中产生理解认同和内在自觉，让师生走向自主管理，形成积极而有温度的管理文化，它强调的是精神引领和心理沟通。

（三）心本教育是心理教育的深化和升华

心理教育是有目的地培养受教育者良好的心理素质，提高心理机能，充分发挥心理潜能，从而促进整体素质提高和个性发展的教育[6]。在教育这个大系统中，从教育思想到教育制度，从教育目标到教育内容，从教育进程到教育评价，无不带有心理教育的痕迹[7]。心本教育倡导心理教育为先，并积极借鉴心理教育原理方法，主张从心理学视角看教育，遵循心理学原理，应用心理技术方法改进学校各方面工作，实现学校增值发展。可以说，心理教育是心本教育的重要组成部分，它在心本教育中归属于心本德育范畴；心本教育本身又是从心理教育中发展起来的，它经历了从心理教育到心本德育，再到心本课程、心本教学、心本文化的发展过程，从原先的心理教育的改进转向，上升到学校整体层面的变革（图2）。由此可见，心本教育离不开心理教育，它是心理教育的深化和升华，使之从学校教育系统的一部分、一个要素，提升到一种用于指导教育实践的教育理念。

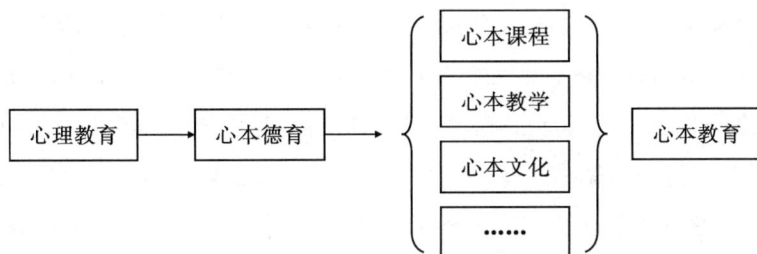

图2　从心理教育到心本教育的发展演变

（四）心本教育的遵循

心本教育是从遵循教育发展理论、心理学理论、学生身心发展规律、新时代国家和社会的育人要求基础上发展起来的。主要表现在以下几个方面：

1. 心本教育遵循心理学理论

心理学是描述心理现象和人的行为的规律、促进人的整体发展的科学。心本教育要求不论是在学校文化的建设上，还是在心本德育、心本课程、心本教学等方面的研究、实践和建构上，都要遵循心理学的规律、效应、法则，遵循小学生的年龄特征、心理特点和成长规律，通过借鉴演绎、实践应用，生成自己的教育理解，在此基础上形成的教育思想才是科学的。由此提出的心本德育是一种积极的德育，包括积极的心理健康教育、积极的德育体验、积极的教育方式；所倡导的教学观是一种激发潜能的教学，从师生固有的积极潜能出发，注重师生积极情感体验，倡导情感、认知的共同发展；提出的课程建构除了基于育人目标的定位和教育理念的顶层设计，还基于小学生自身的积极心理因素——每个人都有巨大的潜能、每个人都有合理正当的基本需要、每个人都有自我发展的愿望和能力；在文化建设上则提出创建积极、和谐的学校环境，以促进师生的美德、善端和优势的发挥，营造阳光而充满人文精神的校园氛围，即"向上"文化。此外，由于心理技术在小学教育教学实践中具有很强的实用价值，所以心本教育还特别强调心理技术的教育应用。

2. 心本教育遵循学生身心发展规律

《国家中长期教育改革和发展规划纲要（2010—2020）》指出："尊重教育规律和学生身心发展规律，为每个学生提供适合的教育。"心本教育主张教育以心为本，特别关注学生的心理世界，认为教育是"心灵与心灵的沟通、灵魂与灵魂的交融、人格与人格的对话"[5]，可见它遵循儿童本身的心理特点和需要，遵循儿童身心发展规律，把他们的健康成长和未来幸福作为教育的目的和归宿；心本教育为每个学生提供了合适的教育，致力于为每个学生储存下一生需要的积极的内在资源，这样的小学教育是有生命力和可迁移性的。

3. 心本教育遵循新时代国家和社会的育人要求

心本教育与时代潮流合拍，它以人的心理发展为起点并贯穿教育全过程，有助于改变现行的重智轻德、重学业成绩轻心理发展等教育弊端，促进学生个性成长和全面发展，推进学校素质教育的深入实施，为社会培养多元化合格人才，办人民满意的教育。发展学生核心素养是全面贯彻党的教育方针、落实立德树人根本任务的重要举措，同时是适应世界教育改革发展趋势和提升我国教育国际竞争力的迫切需要，但学生核心素养的培育和形成需要教育实践来落实和推行。心本教育是一种积极教育，它以学生的心理发展为根本和出发点，通过课程体系开发、教学改进、教师专业发展、文化建构等来培育学生适应终身发展必备品格和关键能力，完全可以成为让核心素养落地的力量。

三、实践探索

教育实践是校长形成教育思想的基础和源泉，脱离了教育实践，校长的教育思想就成了无源之水、无本之木；教育思想是教育实践的灵魂，黑格尔说："人是靠思想站立起来的。"换而言之，学校是靠校长的教育思想站立起来的，因为一个校长的教育思想将深刻影响到这所学校的办学品位、办学水平和办学效益。心本教育思想需要在自己的办学实践中求证，通过把理念内容与日常教育生活统一起来，检验其是否现实可行，是否符合本校办学实际，是否反映了教育的本质规律，是否具有价值意义。在祥平中心小学，我们建构了这样一个心本教育思想的践行图（图3）。

心本教育主要是从以下四大方面进行探索建构的。

（一）构建一种积极向上的学校文化

心本教育要求学校基于积极心理学理论基础来构建一种积极向上的文化，旨在让学校内部秩序呈现和谐美，让学校外部特征呈现形象美，让学校内外都充满着教育的力量，简称为心本文化。心本文化有四个不同层次，按照由浅入深、由表及里排列，它包括心本环境文化、心本行为文化、心本制度文化和心本精神文化，不同层次的文化不是割裂的，环境、制度影响着学校成员的心理、观念、行为，学校成员的心理、观念、行为又导致环境的改变，各个文化层次之间紧密联系、交互作用，构成一个完整的学校生态系统。

（二）构建一种德育与心育相融合的教育模式

心本教育主张构建一种德育与心育相融合的教育模式，这是一种"从'心'开始，融合共生"的德育观。"从'心'开始"是指立足于师生的心理发展，激发他们的心理潜能，帮助他们积累积极的心理资源；"融合共生"包括心育与德育在理念的融合、内容的融合、方法的融合等，它不是两者的简单相加，而是一种有机整合和互动的双向教育过程。这种德育与心育融为一体的教育即"心本德育"，也就是以心育德、以德育心。

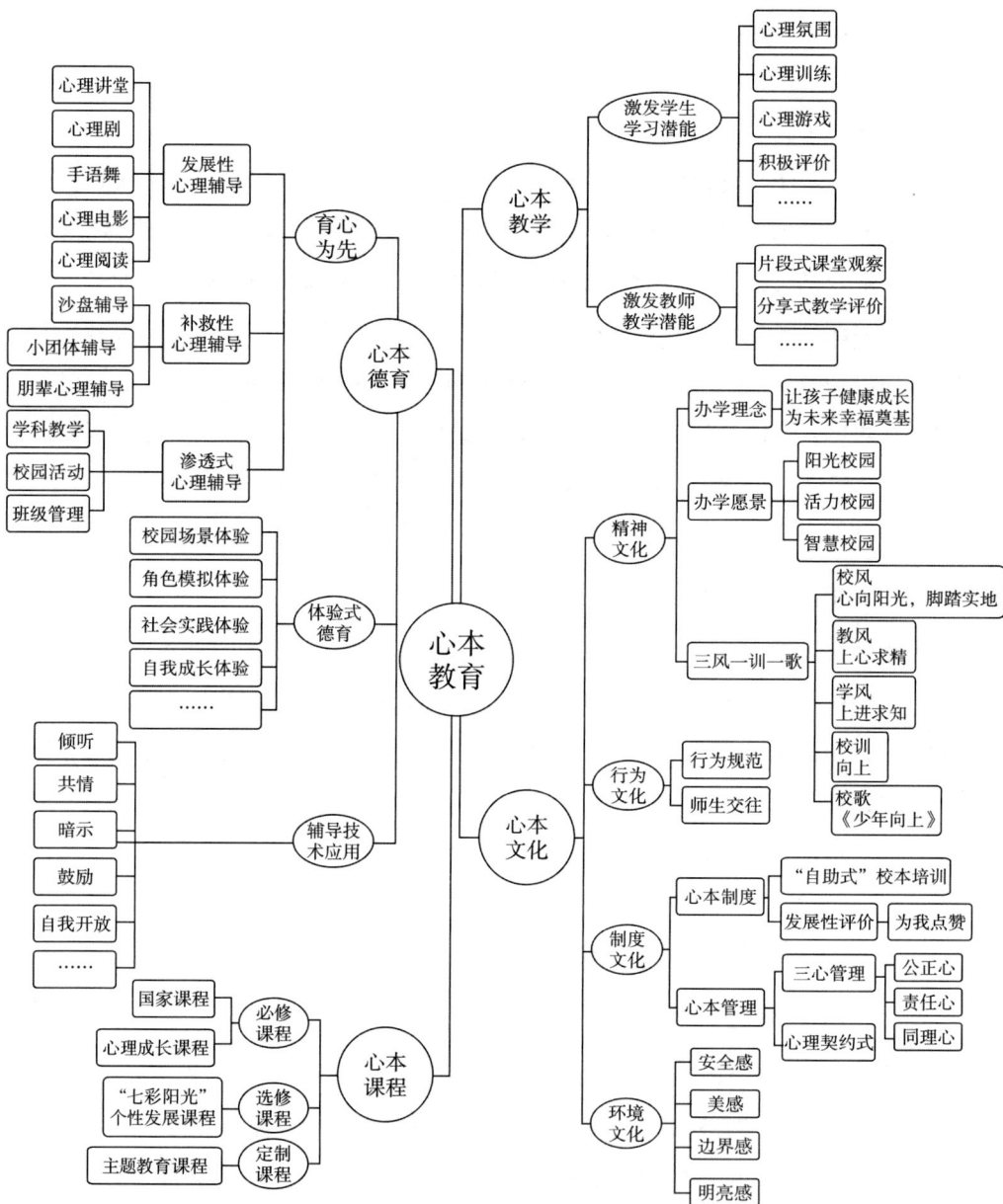

图3　心本教育思想践行图

（三）构建一种适合每一个学生发展的课程体系

加德纳揭示了多元智能的存在，每个小学生都有自己的优势潜能，这就要求学校的课程建设保证学生达到共同基础，还要满足学生的不同发展需求，为他们提供个性化的学习选择。心本教育的课程观就是为每一个学生构建一种适合其发展的课程体系，据此，祥平中心小学从学生学习方式的角度设置了必修课程、选修课程和定制课程，其中必修课程是国家课程和心理成长课程，选修课程是"七彩阳光"个性发展课程，定制课程是主题教育系列课程，由此构成了富有特色的心本课程体系。通过开齐开足开好国家课程和国家课程的校本化实施，满足学生全面发展的需要；通过选修课程以"多样化满足儿童不同的需求，追求有差异的平等"[8]，让学生有更多的课程选择的机会，为他们的个性发展、自主发展和多样化发展提供可能；通过定制课程让学生在各种主题教育活动中健康成长。特别值得一提的是，基于学生心理成长的特色课程，充分关注学生积极心理资源的积累和心理潜能的开发，关注学生的未来幸福。

（四）构建一种基于潜能激发的教学改进范式

心本教育提出"教学在于激发潜能"的心本教学主张。心本教学是一种教学理念，一种基于潜能激发的教学改进范式，不是教学模式，这里的"范式"指的是某一科学共同体采用基本一致的思考方法来研究同一领域的特定问题[9]。心本教育不提倡在一所学校建构一种固定的、可套用的教学模式并统一推广，因为不同的地域、文化、学校、学科特点决定着教学模式都有其特殊的生成条件和环境。心本教育倡导每位教师形成适合自己及学生的教学模式，允许心本教学理念下多种课堂教学模式的存在，允许教师、学生的多元化发展。罗杰斯认为，人生来就对世界充满了好奇心，具有学习的自然倾向和内在潜能。因此，教学的任务就是将学生的学习潜能激发出来，包括在训练中激发学习潜能、在教学中激发情感性潜能、在教学中激发智慧性潜能和多渠道激发潜能等。另外，教学在于激发教师教学潜能。教师的教学潜能包括学习潜能、实践潜能、研究潜能等，目前心本教学初步形成的激发教师教学潜能的有效策略有两种：片段式课堂观察和分享式教学评价。

四、未来展望

　　未来教育势必会与科学技术发生越来越密切和复杂的关系，通过与互联网、人工智能、区块链、大数据及未知的新科学技术等方面的融合，未来能更精确地掌握学习者的年龄特征和心理发展规律，实施深度的心本教育。比如说，目前班级授课形式下教师一人要同时面对几十位个性有差异的学生，根本无法完成一对一的学生情况分析，靠的还是经验推断，实施的教育教学活动往往不够精准，难以真正实现个性化教学，而教育大数据聚集于每一个学生的微观表现，记录学习过程中产生的各种数据。通过海量的学习过程数据，可以精准分析每个学习者的知识能力结构、个性倾向、思维特征、学习路径和学科素养发展状况；可以针对学生的实际需求实施"精确供给"[10]。大数据等各种新兴技术让心本教育不断"改良"，更为"智能"和"精准"，心本教育势必随着社会科学技术发展而向前迈进，发展成为适应所处时代的一种"深度的心本教育"（图4）。

教育心理化→心本教育→深度心本教育（智能化、精准化、个性化）

图4　心本教育的继承与发展趋势

　　未来学校因为有了新技术的支持，让心本教育更具个性化。新技术可以更精准地分析每个学生的个性特征，可以更精准地发现学生的变化成长，发现他们的学习路径、能力发展轨迹，让育人更精准地直抵其内心，让心本德育更具个性化；新技术可以精确地揭示学生的知识结构、能力结构、情感结构、体质健康结构及学习风格等，让心本教学更准确而有效地激发学生的学习潜能，实施更高效、更多快乐学习体验也更具个性化的教学活动，同时新技术代替了教师大量繁杂的工作任务，让教师的教学潜能得到更大限度的发挥；新技术让心本教育更有条件尊重学生的个性差异，满足他们的差异化需求，为他们提供个性化、定制化的丰富的课程选择，以适应学生个人的知识结构和潜能发展。

　　可以预见，未来的心本教育在新技术的支持下更智能化、更精准化、更个性化。

【参考文献】

[1] 蒙培元. 心灵的开放与开放的心灵 [J]. 哲学研究，1995（10）：57-63.

[2] 王希永，瑞博. 心理教育概论 [M]. 北京：开明出版社，1999.

[3] 高广方. 生本教育的理论意义和实践价值 [J]. 课程·教材·教法，2003(4)：22-24.

[4] 张家强，曹超. 心本管理理念下对适度管理实现方式的思考 [J]. 领导科学，2012(16)：51-53.

[5]《教育规划纲要》工作小组办公室. 全国教育工作会议文件汇编 [C]. 北京：教育科学出版社，2010：47.

[6] 沈贵鹏. 什么是心理教育 [J]. 教育理论与实践，2001（7）：51-55.

[7] 沈贵鹏. 心理教育课程论 [M]. 徐州：中国矿业大学出版社，2001：13.

[8] 倪小敏，张源源. 特色学校：英国中等学校的转型 [J]. 教育研究，2012（10）：152-156.

[9] 崔允漷. 范式与教学研究 [J]. 课程·教材·教法，1996（8）：52-54.

[10] 余胜泉. 大数据时代的未来教育 [J]. 中国民族教育，2017（7）：8-11.

16

适性教育办学思想与实践探索

◎ 黄锦英

【作者简介】

黄锦英，女，福建建瓯人，正高级教师，特级教师。翔安第一实验小学原校长，现为福建教育学院附属翔安第一小学校长。福建省"十三五"小学名校长培养人选。福建省骨干校长，福建省教学名师，福建省三八红旗手，厦门市黄锦英名师工作室领衔人。曾主持8项省级课题研究，获福建省基础教育教学成果奖二等奖，在《人民教育》等刊物发表文章40多篇。

学校是学生播种理想、追逐梦想的实验田，学校将本着"成全人"到"发展人"的大教育观，帮助每一个生命都焕发出自己的价值。这是我作为一名教师，也是我作为一名校长不懈的教育追求！

一、办学主张

（一）办学思想的缘起

1. 一个学校办学思想的提出，总是跟校长在教育战线上所走过的历程、怀揣的教育梦想分不开的

2003 年，国家全面推行课程改革，通过大量的阅读、实践、反思，我逐渐学会了从"儿童是否得到成长"的角度来评判教学行为。在 2011 年省名师培养时，我提出了"建构儿童立场的德育课堂"的教学主张，此后的十年，我和我的团队成员们多次组织研讨、推广，同行者越来越多。

2005 年，我担任建瓯市第一小学校长。我常常思考学校教育的使命是什么？对儿童生命独特性的思考，使我逐渐形成清晰的"儿童观"。我非常认同教育是"对人的成全"的观点，充分认识到，每个生命都是一座等待开垦的宝藏，教育的过程就是让每个生命焕发潜在价值的过程；教育的使命便是敬畏生命、尊重儿童、成全差异，尽可能为每一个儿童营造自由、宽松的成长环境，成就每一个生命独一无二的未来。我提出了第一小学的办学理念："开启智慧，润泽生命，缔造名校，成就未来"。在建瓯第一小学八年的实践，"关注人本，和谐发展"的管理理念，让建瓯第一小学这所老校办学成效显著，办学成果得到社会的赞誉，也让我树立了管理的信心。

2. 一所学校办学思想的提出，又总是离不开对这所学校办学历史和学校当前发展机遇的思考

翔安一实小的前身是一所农村中心小学的校本部，2014 年从学区中剥离出来成为区直属学校，基础相对薄弱。厦门作为经济特区，对多元人才的需求非常迫切，厦门市作为全国首批教改试验区，在素质教育方面的探索走在全国的前列。翔安作为厦门最年轻、最有活力的行政区，经济发展开始进入快车道，但教育发展却相对滞后。要让翔安保持发展的良好态势，办好教育，留住人才是关键。了解学校的办学历史之后，我们发现，这所学校此前曾推行过生命化教育，教师团队对"在成全中成就人"的教育观具有一定程度的认同。于是，我们在充分酝酿和广泛征求教师意见的基础上，于 2015 年提出了"适性教育"的办学理念，努力创办适合儿童发展的教育。2015 年《人民教育》刊载了我们的理念，同时刊登了我的文章《教育除了成长，别无目的》。

（二）适性教育的内涵解析

1."适性"的语义学解读

（1）"适"的本义是顺从、适合、节制、调节；引申义有恰当、悦乐、舒适、美好、正好。

（2）"性"的本义是人的本性、本质、性情，脾气；引申义有生命、生机、姿态，事物的性质。

（3）"适性"可以是过程的"顺从""适合""恰当""节制"；也可以是结果的

"悦乐""舒适""美好"。

2. 适性教育的内涵

"适性教育"顾名思义就是遵循学生天性，发展学生个性，促进其社会性发展的教育。适性教育的逻辑起点是敬畏生命、尊重儿童，核心是采用多元教育形式，促进每个有差异的个体都得到发展，归宿是让每一个学生成为最好的自己！因而，我们认为学校的使命是"涵泳童心、激扬灵性"，学校的办学目标就是"助每一颗金子都闪光"。我们提炼出学校的校训"勇于超越，做最好的自己"！我们倡导"乐于奉献、和谐共赢"的校风，推崇"春风化雨、润物无声"的教风，希望形成"崇美、善行、超越、创新"的学风，努力营造如水一般，充溢着智慧的管理环境，期望在这样的环境里，师生生命都得到润泽，不断获得成长。

适性教育把每一个学生都看作可造之才，把学校看作磨炼儿童成长的"练兵场""跑马场"，期望在悦纳、包容、成全中，帮助每一个孩子都追寻到生命的价值和社会的价值。因而适性教育具有个人价值取向，也包含社会价值取向，更蕴含国家价值取向，也很好地回答了为谁培养人、怎么培养人的问题。

二、理论体系

（一）适性教育的价值重构

要实现适性教育的价值认同，要求全体教师完成"四个重构"：一是教育的发展观重构。教育不仅要提高儿童的四种能力，更要帮助他们建构体验幸福的智慧。二是教师的自我意识重构。教师是学生成长的引领者，要用对生命充满敬畏的"有道德的教育方式"来成全生命成长。三是师生关系重构。师生关系必须从单纯满足某种社会功能性目的转向生命之间真诚的、平等的对话。四是价值观的重构。教育最终的目的是发展人。唤醒成长自觉，是教育最为重要的使命。

2020 年 10 月，中共中央、国务院印发《深化新时代教育评价改革总体方案》。方案强调破除"五唯"顽瘴痼疾、引导全社会树立科学的教育发展观、人才成长观、选人用人观。适性教育所呈现的教育追求，契合了《深化新时代教育评价改革总体方案》所倡导的办学方向，坚定了我们沿着这条路继续探索的信心！

（二）适性教育的理论依据

1. 时代需求

历史的车轮驶入了创新驱动发展的时代，面对新的时代需求，教育如何为培养多元的人才、创新的新型人才服务？《国家中长期教育改革和发展规划纲要（2010—2020 年）》明确指出"要为每个学生提供适合的教育"，使适性教育成为国家意志的新表达。

2. 文化基因

回溯中国教育发展史，孔子的"有教无类""歪材正教""学思并重"；孟子的"教亦多术"；《学记》的"教学相长""长善救失"；朱熹的"循序渐进"，王阳明的"知行合一"以及柳宗元的"顺木之天，以致其性"都阐述了教育应遵循人本身的属性与规律。

3. 国际思想渊源

从西方的教育思想发展来看，加德纳在认知心理学领域提出的多元智能理论，重新定义了人的智能结构，成为适性教育最重要的理论依据。苏格拉底的"合作对话"，皮亚杰的"发生认识论"，维果茨基的"认知发展理论"等，都在不同程度上对适性教育办学思想的形成提供了理论支持！

4. 实践支撑

众所周知的北京十一学校，李希贵校长和他的团队历时多年进行了一场震撼人心的改革，带来了学校生态的全面转型，让每一位学生的个性充分发展成为可能。北京十一学校创造的奇迹，为适性教育提供了有力的实践依据。

三、实践探索

厦门市翔安区第一实验小学确立了"适性教育"办学思想之后，本着整体规划，同步推进的策略，开展了全方位的实践探索。

（一）打造解放天性的适性环境

适性教育要求学校的教育空间设计要尊重儿童天性，从激发儿童潜能的角度精心设计，使教育空间蕴含教育力量，帮助儿童在潜移默化中获得知识，形成走向社会的技能和健全的人格。翔安一实小近五年来投入六千多万元，校园风貌可以说是有了翻天覆地的变化，成为孩子们心中的花园、学习的乐园。在教育空间设计上主要关注了三个维度：

1. 注重释放儿童的天性

第一，解放儿童的身体。从儿童成长立场出发，让设施设备从小细节上都考虑到儿童的需要。比如：选择的学生桌椅可以根据身高进行调整，教室的黑板和电子班牌悬挂的高度最符合学生的视觉要求，操场上的篮球架高矮不同，以便不同的学生选择使用，每个人的桌子设计了书包篮、学习工具挂钩，水杯有专门的地方放置，从细节上把儿童的身心尽可能解放出来。

第二，提供展示的舞台。为学生提供各种不同的展示平台，如每周国旗下讲话和班级展示的小舞台，廊道转角的口语交际区，开放的手工制作场所和自主更新的作品展示栏，"我有一双慧眼"的安全提示语展示区等，这些教育空间的设置使儿童获得了许多参与的机会，每一次参与都使儿童获得不可替代的学习经验，激发儿童努力去实现自我。

2. 关注儿童发展的阶段性

学校的教育空间规划和设计体现着教育者对教育的理解和追求，蕴含着对儿童的理解和关怀。根据不同学段的儿童的年龄特点来规划与之相匹配的空间文化，才能更好地服务于儿童的成长需求。比如：在低年段活动区设置了海趣园，富有探索意蕴的海底迷宫，可爱的海洋动物踏脚石，沿路色彩斑斓的海底世界，丰富多彩的海底植物、触手可及的海洋生物，让刚入学的孩子喜欢上自己的学校，同时激发他们探索海洋文化的兴趣。为了帮助低年级的孩子迅速掌握小学生活的各项规则，可设置好习惯养成长廊，用孩子们自己创编的童谣展示校园生活规则，用"遵守规则小达人"评选，树立身边的榜样，处处突出"趣味""自理""唤醒"。中年级活动区的神话故事墙、经典文化园，关注在优秀中华传统文化涵养下成长，强调了"大爱""自律""润泽"，高年段活动区的梦想墙、科技文化园、开心农场、五德文化广场等突出梦想、立志、创新，契合了学校引导孩子学做人，做中国人，做现代人的价值取向。

3. 关注儿童的发展性

儿童自主能力和心灵的成长是未来儿童发展的重要内容，学校教育空间的设计，要为儿童锻炼走向未来的能力以及积蓄成长的动力服务。

第一，蕴含成长的动力。让教育空间促进儿童的心理成长，蕴含美好的品格教育，是教育追寻的另一向度。让每一处空间都传递匠心之美、人文精神和儿童情怀是教育者的教育理想。 学校教育空间的设计除了用柔和的色彩、生动的造型传递美学情趣之外，处处可见自己和同伴参加各种活动时神采飞扬的照片、师生的作品，甚至校园温馨提示语也出自学生的创作，学生认领绿地维护的"个人名牌"等，处处洋溢着快乐的分享、成功的体验、责任的担当，这种"你在楼上看风景，你却成为别人的风景"的环境带给学生心灵的温暖和愉悦，是对生命的润泽，这种积极的情感体验，将会是学生成长中不竭的动力。

第二，锻炼未来儿童发展的能力。我们特别注重让教育空间成为一种空间与人的交互场所，创设儿童可以自主建构的氛围和平台。如"巧手益智"空间，温馨的座椅兼具收纳器材功能，有可动手操作的工作台、有作品展示栏、有连通网络的智能设备，学生既可独立参与，也可集体参与，可根据教师的任务单完成任务，亦可根据智能设备自主选择自己感兴趣的任务。如"棋乐无穷"空间，既有残局棋盘供学生研究，也有坐下来供对弈的区域，随时可与同学对上一局。智能设备还能帮助你进入更丰富的棋艺世界。每一个楼层都可以开发一门"微型课程"，每一处空间都蕴含"微型博物馆"功能，形成系统的"微博课程"。开放共享的空间不只传达了教育者的期待，还成为自主建构、提升能力、人际交往的交互式场所，成为孩子们的最爱。

（二）构建尊重天性的适性课程

中国教育科学研究院基础教育研究所所长陈如平教授说过："抓住了课程建设，就抓住了学校内涵发展的关键环节。"适性教育紧紧把握课程建设这一关键要素，构建了促进学生多元发展的课程体系，给予儿童多元化的选择，助力每一个学生都得到发展。

1. 全面构建课程体系

学校通过建构"全面＋个性发展"的"适性发展"三级课程体系。基础型课程主要指国家课程的校本化开足开齐开好；拓展型课程主要针对个性培养的需要进行设置；探究型课程重在推进学生问题解决合作的能力培育。

2. 基础型课程抓实求活，夯实基础

教学常规管理是学校的生命线。学校通过落实课程计划，精细管理教学常规工作，力争使常规工作获得最优化效果，引导教师艺术地解决好掌握知识与发展各种能力的关系。学校坚持向好习惯要质量，向教科研要质量。推行"卷入式教研"，鼓励教师开展课题研究，以研促教，不断提高学校教学质量。2019年学校教学质量全区排名第三，师生获奖全区排名第一。各级质量监测均在翔安区前列。

3. 拓展型课程，为个性培养搭建平台

学校在保证开齐开足国家课程之外，开设了答嘴鼓、情景剧、航模等50多个社团，挑选出有特长的老师，外聘了一些校外的老师和志愿者来担任辅导老师。每周三下午实行走课制，让每个孩子都参加自己喜欢的社团活动，使社团成为学生培养兴趣、挖掘潜能的实验田。

丰富多彩的社团活动，助力学生焕发鲜活的生命光彩。2018年8月，少儿答嘴鼓《阿嬷啰唆》作为代表福建省的唯一节目参加了在江苏张家港举行的第八届全国少儿曲艺展演，荣获全国金奖；2018年9月，福建省第十六届运动会青少年击剑比赛中，4名"小剑客"发挥出色，一举拿下1金2银。福建省体育科技创新大赛、厦门市青少年建筑模型竞赛等各级比赛中学生捷报频传、福建省青少年轮滑锦标赛获得团体总分第一名……中央电视台、《福建日报》、《厦门日报》、《海西晨报》、厦门电视台等众多媒体先后多次报道我校社团特色活动情况。

4. 探究型课程形成体系，促进社会性发展

活动是激发儿童生命活力的最好形式，我校将丰富多彩的探究型活动开发成十个系列的探究型课程，引领儿童不断走向社会性发展，努力唤醒儿童成长自觉，在孩子们心里建一座不断激励成长的"发电站"。适性教育课程使不同的学生在共同基础上各具特长，为学生成长提供思想引领、文化引领、实践引领，为其成为负责

任的未来公民奠定坚实的基础。

（三）重建协同学习的适性课堂

课堂是学生学习的主渠道。适性教育的实践探索选择了课堂教学这个深水区，依托省十三五规划课题"学习共同体模式下小学生自主学习能力研究"，重建以协同学习为主的"适性发展课堂"，促进教师从研究怎么教走向研究怎么学。我们依托"三单"的开发，对学生的自主学习进行"诊学"，课中利用《导学单》搭建支架，实现跳跃性学习，课末或课后，利用《拓学单》，促进深度学习。

"三单"开发下的学习共同体课堂，尊重儿童获得知识的不同途径，让儿童的学习真正发生，便于教师"诊断"学情，精准发力，有效高效地解决学生学习的困惑。协同学习，教师串联，凸显了学生学习的主体地位，促进深度学习的发生，课末或者课后的拓学，促进实践应用与学习反思，大大提升了学生的自主学习能力。比如：数学组教师们常年坚持开展的"越说越明白"，引导学生在群里拍小视频讲解自己的预习理解或者拓展作业题解，把思维呈现出来，其他同学进行点评。长此以往，学生的思维能力、表达能力、自主学习能力等都得到很大的提升。"适性课堂构建"在厦台学习共同体与课堂改革研讨会上进行了分享，得到了专家和同行们的认可。

（四）培育适合教师成长的环境

我们认为：没有教师的发展，一切美好的教育蓝图都是空谈。我们常以正确的价值观引导教师；以规章制度规范教师；以具体目标引领教师，努力通过师德引领、制度保障、名师陪伴、科研引路、实践提升等方式来营造教师成长的环境。具体措施有：

1.师资调配有力度

引进3名高层次人才，配备校医和心理健康教师各1名；高校引进5名具有研究生学历的新教师，师资水平有了质的飞跃。

2.教师培养有亮度

十大举措推动教师发展。

第一，成立市区级以上名师工作室3个，凝聚成长力量。

第二，引进特级教师 1 名，柔性引进教育指导专家 2 名，驻校指导教研组和备课组建设。

第三，课题研究，促进教师转型。省级课题结题 5 个，新增 2 个，新增区级课题 7 个，教研氛围深厚。

第四，专家引领，点亮生命。福建省的陈曦、张茹华、郑伙亮名师工作室送培送教到校。台湾、上海、浙江等各地专家多次传经送宝。学校有十几位教师成为全国领航名师杨邦清工作室，福建省叶秀萍、张茹华等名师工作室研修成员，增长了教师们前进的动力，激发了学习的激情。

第五，师徒带教，效益显著。关注新教师成长，人人制定三年成长规划，成立"做最好的自己"奖学奖教基金，专设新教师带教奖，促进新教师迅速成长为学科骨干。

第六，开展"卷入式"校本教研，充分发挥学科教研组长作用，形成小研究团队，激活教师成长内驱力。

第七，学习足迹走遍祖国各地。近两年来，老师外出到上海、重庆、嘉兴、成都、哈尔滨等地培训一百多人次。

第八，交流支教，互学共进。选派 3 名骨干教师赴甘肃支教，1 名教师进行校际交流。和多所学校签订结对帮扶协议，定期开展交流活动。

第九，辐射推广，示范引领。作为教育部校长国培基地学校、福建师大实践基地学校，多次承办国培校长影子培训，接收临夏永靖县教师、福建省道德与法治学科带头人、福建师范大学实习生到我校跟岗学习，达到点上经验、面上推广的效果。

第十，高位架接，引领发展。成为福建省教科研基地学校，福建教育学院和省教科所专家定期到校指导发展。长期与上海浦东教科院、福州四附小、浙江温州教科院合作，多次邀请全国深度学习研究团队到校指导，推进重建以协同学习为主的"适性发展课堂"研究。此项研究成为福建省教改示范性建设项目。

3. 激励评价有热度

多方论证，征求意见，形成学校章程，根据章程不断完善各种管理制度与职责，汇编成《学校管理工作手册》，重点制定了岗位竞聘方案和切实可行的教师绩效工资分配办法，真正体现多劳多酬，将制度的实施与人性化管理更好地结合起来，努力完善管理体制。

强化师德建设，提高师德修养，广泛开展"树师德、练师能、铸师魂""爱岗敬业、廉洁从教"为主题的师德教育系列活动，征集教育故事，并汇编成《我的初心故事》。开展师徒结对活动，指导教师制定三年规划。

在市区级评选优秀教师、优秀教育工作者、教学业绩突出教师的基础上，每年开展"做最好的自己"奖教评选活动，每两年评选一次"最美教师"，真正起到激励、带动和提高的作用。

4. 教师成长有速度

近三年，我校教师参加各项比赛获奖无数，市级 35 人次，省级 1 人次，国家级 2 人次；发表 CN 级论文 48 篇，承担区级市级以上公开课 50 节，市级以上讲座 22 次，立项课题 8 个，结题 5 个；区级表彰 17 人，市级表彰 5 人，省级表彰 2 人。

（五）搭建多维一体的家校社适应平台

1. 组建家委会，助力学校发展建设

创办"家长学校"，成立家委会，把教育的触角引向家庭、社会，融入社区。学校各项活动都凝聚着家委会的智慧，每个场面都有家委会的身影，家委会拉近了家校的距离，拓宽了德育渠道，处处可见付出和感动。

2. 德育活动融合社会，形成教育合力

挖掘社会资源，借助各种活动，搭建共同关心共同陪伴儿童成长的平台，在家庭、学校、社会之间架起沟通的桥梁，形成整合向上的教育合力。每年的"趴趴走亲子夏令营"已成为厦门市的品牌活动，"感恩励志讲座""作家进校园讲座"和"关爱女童，保护自己"讲座、"未成年人心理健康教育校园宣讲活动"等系列活动，将翔安区妇联、厦门市网上家长学校、新店镇鳌头村委会、新店消防中队等社会资源，还有社会上的爱心志工、学生家长都融合到学校的教育体系中来。每学年4 次的"访民情，促和谐"家访活动密切了家校联系、传播了一实小声音、讲述了

一实小故事、展示了一实小形象。

3. 校际交流，互学共进

我校作为福建教育学院"校长国培计划"实践基地，多次承担教育部边远贫困地区农村校长助力工程影子培训，我校分别与甘肃临夏州移民小学、甘肃永靖县刘家峡镇大庄中心小学签订结对帮扶协议。培训团队规划了校长领导力、学校规划、办学理念、文化建设、办学特色构建等方面的课程，带领学员参与"帮扶学校"督查，观摩学校重要议事、管理、教学和教研等活动，并向学员提供培训活动相关的影像和文字材料；与学员针对教育教学管理方面相关问题进行互动交流，不仅促进学校的教育教学管理，更新了教师们的教育观念，还加强了兄弟学校间的友谊，促进了共同进步和发展，不断提高学校的管理和育人水平，有力地推动了兄弟校的发展。

四、未来展望

朱永新先生曾说，没有思想的教育一定是站不住、走不远的。但是我们知道，实践与思想是相互依存的关系。教育不仅仅要有思想，同时还要遵循做的哲学。适性教育经过六年的实践，构建了"助每一颗金子闪光"的"适性教育"体系，在上级领导的关心和支持下，在全体教师的努力下，今后将坚守追寻在成全中成就每一个学生的教育信念，做好立德树人工作，力求全员育人、全程育人、体系育人，努力创办适合儿童发展的教育。

17

为儿童办学校

◎赵　璟

【 作者简介 】

赵璟，女，福建漳州人，本科学历。现为福建省龙溪师范
学校附属小学校长，闽南师范大学硕士生导师。正高级教
师、特级教师、全国优秀教师、福建省优秀教育工作者、
福建省小学教学新秀、福建省首批小学语文学科教学带头
人、漳州市首届优秀名师。2018年获得福建省教学成果奖
特等奖。福建省赵璟名师工作室领衔人，福建省第十届、
第十一届人大代表。福建省"十三五"小学名校长培养人选。

一、办学主张

创办于 1907 年的福建省龙溪师范学校附属小学坐落在风光旖旎、钟灵毓秀的
九龙江畔，是一所经风雨洗礼，历人间沧桑，依然桃李葱茏的百年名校。中国现代
著名小说家、散文家，五四时期新文学运动先驱者之一许地山先生，1916—1917
年出任主理（即校长）。他的散文《落花生》，由于"质朴淳厚、意境深远"被誉为
现代散文的经典，落花生般"多做贡献、不计报酬"成了龙师附小全体老师的职业
写照，他提出的"向上望，向前行"是全体附小人的精神追求。

龙师附小一百多年的教育实践是在传承与创新中谋求发展的过程。早在中华
民国时期，《福建教育》就以"龙溪师范附小的生产劳作教育"为题刊登我校劳动
教育经验。1960 年，学校被评为全国教育先进单位，时任校长卢国章同志出席全
国文教群英会，受到周恩来总理的亲切接见。1962 年，龙师附小被确定为福建省首
批办好的十六所重点小学之一。20 世纪 80 年代，《福建教育》先后发表了我校老校

长卢国章校长和郑良国校长撰写的《在教改中探究，在教改中进取》，郑良国校长的《"三部一体"教学体系改革总体规划》，"三部一体"的教学改革火遍福建并向全国蔓延。

2010 年 2 月以来，我们在开展福建省教育改革试点项目"多元立校，特色育人"研究中，以"七彩嘉年华"、"缤纷小社团"和"弹性课时制"诠释着"全体学生全面发展，个体学生个性发展"的办学理念，以及"让学生快乐学习，幸福成长"的办学宗旨。随着工作的推进，在纷繁复杂的现实中不断地反思、不断地学习，我们认为，做教育应该是内心的坚守，更应该是初心的回归，"去功利，致良知"，立德树人，着眼于学校的服务对象——儿童一生发展的教育才是真正的、高品质的教育，因此，"为儿童办学校"的思想喷薄而出。

（一）新时代儿童研究面临的挑战

作为新时代背景下的教育者，当下儿童研究、教育的两种现象是必须关注的：儿童教育焦虑和童年成长危机。

儿童教育焦虑：学习焦虑——立竿见影的教育"需求"带来"速成式"学习，学习负担过重与身心健康发展之间造成矛盾和冲突；规划焦虑——孩子成长要不要规划设计，能不能跳出规划设计，现实性与可能性之间产生了矛盾和冲突；比拼焦虑——别人家的孩子读的书、上的培训班多，参加的比赛多，成绩好，名气高，自家孩子与别人家孩子在比赛中造成矛盾、冲突。家长、教师的焦虑，逐步扩大为社会焦虑，进而影响学生，形成儿童焦虑。儿童成长的焦虑进而影响儿童成长。

童年成长危机：童年危机成长问题的提出主要基于信息技术、互联网时代的到来冲击了传统的儿童概念。

儿童成长焦虑与童年危机，是文化焦虑，也是理论焦虑，是对儿童研究、儿童教育的挑战。这些挑战需要我们理清思路，直面问题。

（二）儿童研究理论视角的启示

《论语》中孔子与学生的对话有着中国文化源远流长的教育智慧，从"知之者不如好之者，好之者不如乐之者"中可以看见孔子对于教育的启示。教育的智慧在于将学生放在何处，抓住儿童的天性，坚守儿童本位的信念，才是做好教育的根基。

明代王阳明在《训蒙大意示教读刘伯颂等》一文中揭露批判传统儿童教育中不顾儿童身心特点："近世之训蒙稚者，日惟督以句读课仿，责其检束，而不知导之以礼，求其聪明，而不知养之以善；鞭挞绳缚，若持拘囚。"强调教育要注重儿童的身心特点，要顺应儿童的发展天性。儿童的尊严来自他们作为人的权利与幸福，来自发展的内发性和主动性。

近代著名教育家陶行知先生从"儿童本位"价值取向的儿童观与"社会本位"价值取向的儿童观统一视角构建了一个完整的儿童观。陶行知继承和发展了卢梭的儿童观，丰富了"儿童本位"的教育思想：儿童自己能创造儿童世界；儿童有巨大潜能和伟大创造力；要把儿童当成"活"的人，体现"活"的精神；倡导儿童做现在的主人。

教育家杜威是儿童中心主义的倡导者。他强烈反对向儿童灌输盲目服从的意识，认为如果给儿童提供他们感兴趣的并和他们的生活经验相关的情境，儿童就能独立地进行探索、实验和思考。

二、理论研究

我们在新时代应该如何坚守儿童本位的教育呢？

首先，坚守儿童立场与国家核心价值观培育、践行的统一。儿童是祖国的人，祖国的土壤、文化哺育了他们，孕育了他们的中华文化核心价值观，使其拥有能够适应终身发展和社会发展需要的必备品格和关键能力。其次，坚守与儿童一起研究的教育观。教育者的首要任务是研究儿童，但并不是站在高处或者旁观处，而是与儿童共同参与，形成一个研究共同体。教育者对儿童的态度、方法、能力进行协助并反思、改进；更多地对儿童提醒、点拨、建议、暗示等，从而构建一个良好的教育生态关系。最后，坚守教学研究走向"教学即儿童研究"。教学的过程是儿童研究的过程。只有基于儿童研究的改革，在实践中形成的策略、方法、途径，才是正确的教学改革方向。

坚守为儿童办学的思想，建立完整的儿童本位教育观，培养"完整的儿童"就是为未来培养"健全的社会人"。为儿童办学校，更加关注育人的使命，坚持社会主义办学方向，坚持正确的价值导向；更加关注育人方式，聚焦建立健全立德树人的落实机制，持续探索全面育人、整体育人、科学育人的新路径新方式；更加关注教育教学改革方式的变革，探索新时代教育教学方法，将"有教无类"与"因材施教"体现到办学育人的过程中……基于以上认识，我们确立了"为儿童办学校"总体框架下的办学追求：培育幸福有为之"龙娃"。

立德树人、提升学生发展核心素养，育人目标定位是关键。"为儿童办学校"，在新样态课程体系构建过程中，我们首先要思考的是"培养什么人""为谁培养人"。2014年教育部印发《关于全面深化课程改革落实立德树人根本任务的意见》，明确了我国学生应具备的适应终身发展和社会发展需要的必备品格和关键能力，即中国学生发展的核心素养为"学会学习、健康发展、人文底蕴、科学精神、责任担当、实践创新"。据此，我们把学校课程建设的目标明确定位为"立德树人、全面提升学生发展的核心素养"。

幸福童年、幸福学生，在小学阶段应该表现为怎样的样态呢？通过对学生、家长的广泛调研，通过与课程专家进行深入的研讨，我们明确了"传承百年老校之经典，培育幸福有为之龙娃"的"龙师附小模式"即"为儿童幸福人生奠基"，立足当下、着眼未来，制定了符合我校实际的"龙娃321N"课程体系的课程目标。"龙娃"包含以下五层意义：

学校层面，每一个学生都是"龙师附小之娃"，饱含浓浓母校情结的"龙溪"，源于母亲河九龙江；学校独特的丹霞文化、（许）地山情怀等都应是百年名校的文化传承。

家庭层面，培养健康阳光、积极向上的孩子，寄托家长们"望子成龙"的殷切希望。

国家层面，塑造有理想、有追求、有责任、有担当的"龙的传人"，培养实现中华民族伟大复兴"中国梦"的建设者和接班人。

此外，"龙娃"还是世界之龙、未来之龙。

我们将培育"龙娃"的目标具体化为"321N"（图1）。

"3"——三大追求：善良的灵魂，阳光的生活，独立的思想。

"2"——两类习惯：健体，阅读。

"1"——每个学生拥有能拿得出手，能陪伴终身的（至少）一项特长。

"N"——学生的发展具有无限可能，未来发展无限美好。

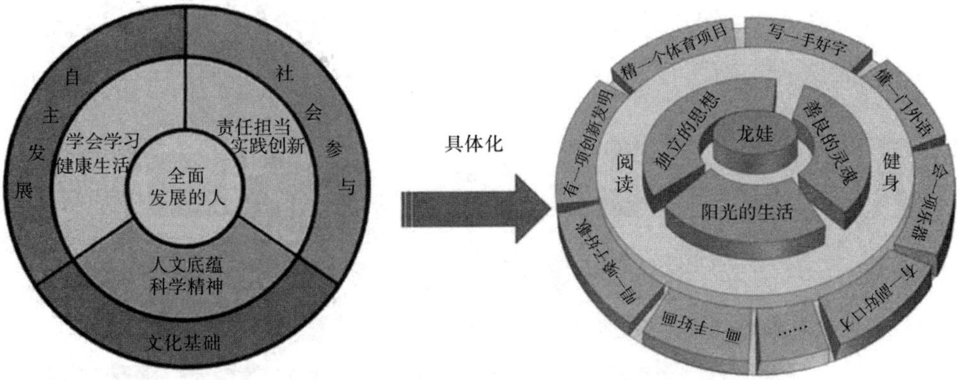

图1　龙娃含义

三、实践探索

在"为儿童办学校"的追梦路上，如何更好地回答习总书记的"培养什么人？怎样培养人？为谁培养人？"这一系列关于教育的根本问题，著名教育家张伯苓先生的"须造哪类人？当用何种法？"每天在拷问我的灵魂。立足百年老校之经典，结合我校实际情况，自2010年起，我校全面实施新的课程改革，经过十年的实践，逐步建立起以"润玉教育"为引领的"龙娃课程"。

（一）课程设置

基于"龙娃321N"的课程培养目标，我们从"品德与健康""语言与阅读""数学与科技"和"艺术与审美"四大领域，进行了学校新样态课程的重构。"品德与健康"旨在培养学生强健的体魄和阳光、向上的心态，诚实、善良、坚强、勇敢的品质，追求身心健康。"语言与阅读"旨在培养学生的文化意识、人际交往能力和美的生活情操。"数学与科技"旨在培养学生独立而良好的思维品质和勇于探索的创新意识。"艺术与审美"旨在培养学生展现自我，感受生活之美，提高审美意识，提升生活情趣与品质。再根据课程功能从纵向上将课程分为"基础性课程"、"拓展性课程"、"选择性课程"和"综合性课程"。基础性课程是指每个学生都要掌握的课程，即国家规定的课程。拓展性课程是指我们学校根据学生培养目标，增设的全员必修课。选择性课程是指每个学生根据自己的兴趣爱好、特长选择的课程。综合性课程是在基础性课程、拓展性课程、选择性课程基础上的活动性课程，是前三类课程的成果展示性课程，实践化、全员化、常态化是其主要特征。

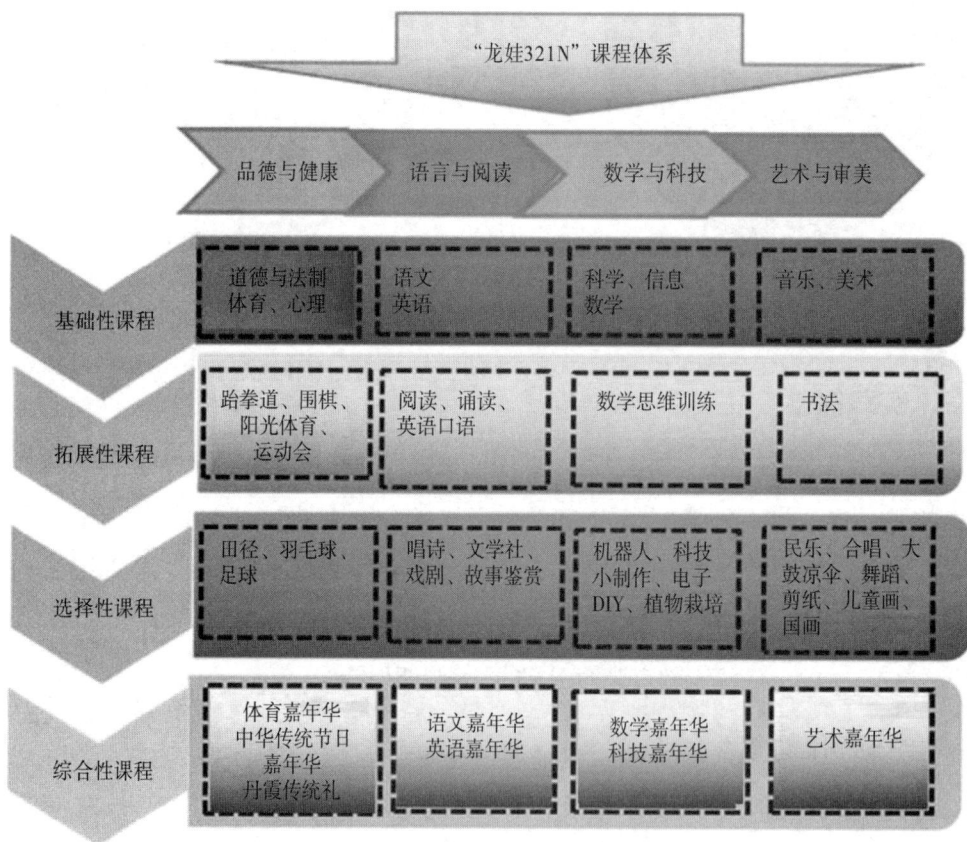

图2 "龙娃321N"课程体系

（二）课程实施

为了更好地推行课程改革，构建符合我校实际的课程结构，在课程实施方面，我们主要做了三方面的尝试，即"弹性课时制""七彩嘉年华""缤纷小社团"。

1."弹性课时制"——整合课程实施资源

学校的生产线是课程，学校的责任是建设和发展课程，如何在每天有限的单位时间内实现三级课程的最优化？怎样实现课程资源的最大、最优利用？我们把课程的时间管理作为切入点，通过"弹性课时制"的设置进行课程的重组建构，实施资源的整合。

（1）整合课时安排

经过广泛调研，认真研究，我们决定对学校课程进行大胆的剪裁重构，根据课程实际及学生学习方式的需要，分别开设40分钟、30分钟、20分钟等不同时间长度的长、短课。我们对"弹性课时制"给出的定义是：在确保教学质量的前提下，总授课时间不变，根据学科特征和教学需求压缩长课，增加短课。例如，数学的学习，要求学生经历较长时间的探究和感悟，以及练习运用过程，因此数学课以40分钟的长课为主；语文学科原本课时较多，保留一部分长课，并辅以一些20分钟的短课专项强化阅读、朗读、朗诵和写字等内容。为了将英语口语训练落到实处，将40分钟的长课裁剪为30分钟，再辅以每周一节20分钟的短课，用于口语专项训练。音乐、美术、劳动、思品与生活（社会）、科学、心理健康、综合实践活动等课程，内容较为轻松，形式比较活泼，以每节课30分钟为主，为了解决科学实验课、美术课绘画需要较长时间的问题，对这两个学科采用两节30分钟课连排的形式，教师可以根据教学的实际需要灵活处理。体育课在裁剪为30分钟后，增加了每天的阳光体育活动，确保学生每天在校运动1小时。课程的设置与重组充分考虑了各年级、各学科的特点，对原有课程安排形式进行调整、细化，以满足学生体验、探究、实践等需要。

（2）整合师资队伍

"弹性课时制"的设置给教师的教学带来一些新的变化，教学设计、教学内容必须根据新的课程安排做出调整，最为突出的问题是师资的匮乏。课程改革之前，我校也和大多数学校一样，语文、数学教师占了全校教师人数的80%，而其他学科专任教师紧缺。为此，我们精心统计了全校各科专职教师需求量，重新调整语文、数学教师的教学工作：3~6年级语文及1~6年级数学教师分别任两个班的语、数教学；富余的部分语文、数学教师转岗，充实到薄弱学科。

2."七彩嘉年华"——打造综合性活动课程

将传统意义上的学科文化课程与新型的活动性课程和实践性课程紧密结合，让学生在"多元"的学习过程中收获"多彩"的成长，培养具有学科素养的学生，以适应当前社会对多样化人才的需求。"七彩嘉年华"应运而生。

（1）滋养文化底蕴的"语文嘉年华"

"语文嘉年华"将阅读、诵读、朗读、书写落实于课程，并在展示中培养学生语文综合实践能力，为学生语文综合素养的展示搭建广阔的舞台，真正实现"小语文、大社会"的理念。以形式多样、吸引力强的征文、朗诵活动为载体，以"我给好书配插图"等实际行动践行"多读书，读好书，读整本书"的新课程理念，通过经典诵读、好书博览会、楹联妙对、书法作品展、"书山印记"读书心得卡设计与展示等活动，进一步强化师生的阅读意识，提高学生的语文素养，提升学校的文化品位，营造浓厚的校园文化氛围。

（2）激发创新意识的"数学嘉年华"

"数学嘉年华"以数学知识为基础，让学生在独立思考、自主学习、合作交流的过程中，通过活动、实践、体验、感悟，寻找数学规律、探究数学与生活的关系，进一步构建数学概念，培养学生创新实践能力，使学生成为具有数学素养的人。通过开展"走进数学家""玩转数学学具""公交车上的数学""菜篮子里的数学"等一系列的小课题研究活动，让学生从学校走向社会，从接受知识走向探究学习，较好地培养了学生的创新实践能力。

（3）开启世界之窗的"英语嘉年华"

通过组织学生参加英语书写群英会、英语小作文PK和英语课本剧会演，以及举行别开生面的"欢乐圣诞"和"Halloween Party"等一系列活动构成的"英语嘉年华"，利用英语特有的课程资源引导学生对西方文化进行关注、了解，学会理解包容多样文化；学会放眼世界，关注整个人类的命运；乃至进一步提升自身文化意识，由此提高自己的人文素养。

（4）以美育美的"艺术嘉年华"

艺术嘉年华结合学生实际，全面启动"体育、艺术2＋1项目"工程，以课堂教学、课外活动及环境创设为手段，实施艺术教育，奠定学生初步的艺术基础，通过"班班有歌声""周周有画展""艺术汇演专场""乐团专场汇报会"等艺术活动的开展，打破"文艺是特长生专场"的局面，让每个学生平等参与校园文化活动，在活动中受到艺术熏陶，勇于展现自我，提高艺术修养，体验成功的喜悦。

（5）引领健康生活的"体育嘉年华"

大力倡导、积极推行阳光体育运动，使"每天锻炼一小时、健康生活一辈子"的理念真正深入人心。每天上午、下午各30分钟的"阳光体育课程"，是全校师生的共同课程活动，通过精心组织，将广播体操、跳绳、韵律操、跆拳道、绳操、跑操等项目贯穿于活动中，把体育课堂教学和课外体育活动相结合，强调培养学生终身锻炼的意识，激发学生对体育的兴趣、爱好，养成体育锻炼的习惯，努力提高学生的体质健康水平，营造"以人为本，健康第一"的校园体育文化氛围。

（6）点燃创造激情的"科技嘉年华"

"科技嘉年华"为学生搭建参观、学习、探究、实践的舞台，突出"自主性"和"体验性"，引领学生走近科学、认识科学、感悟科学，营造了"科学并不神秘，要从小爱科学、爱动手、爱动脑、爱创新"的氛围；花样繁多的自制科技玩具、异彩纷呈的环保服装设计、眼花缭乱的四驱车环保障碍赛、富有地方特色的水仙花雕刻、文化内涵丰厚的书法拓片……一系列科学知识的普及和推广，丰富了学生的课内外生活，提高了科学素养，激发了创新精神，锻炼了实践能力。

（7）传承文化的"中华传统节日嘉年华"

"中华传统节日嘉年华"主要通过举行节日主题班队会、制作节日手抄报、动手烹饪家乡美食、依据闽南习俗布置教室等一系列体验家乡民风民俗活动，用祖国优秀文化的智慧和力量，开拓教师的课程视野，丰富学生的文化素养，促进学校的特色发展，为师生创建共同成长的精神家园。

3．"缤纷小社团"——建立选择性校本课程体系

在"面向全体、全面发展"的基础上，重视发展学生的个性特长，努力实现"每一个"学生个体的"个性发展"。"缤纷小社团"活动作为深化学校课程改革、打造学校办学特色、提升学校办学品位的重要抓手，旨在以"缤纷小社团"为载体建立基于探究学习和综合实践活动的校本课程体系。

（1）建立健全社团活动制度。以综合实践活动课程纲要的精神和理念来指导社团活动，并调整活动的内容设置与人员安排，实施大课时、走班制、常态制的管理，有效确保社团活动的时间和质量。迄今为止已拥有 64 个项目 116 个团队，各类学生社团如雨后春笋蓬勃发展。

（2）探索促进师生共同发展的社团活动评价制度。社团评价体系建构以"重过程""导反思""促发展"为原则，以"档案袋评价""期末评议""学期总评"为具体操作形式，实现了综合实践课程领域与社团活动内容的有效结合。

（三）课程评价

1．建立"等级制"基础性课程评价制度

扎实开展基础性课程的组内监控和校级监控，建立"等级制"基础性课程评价制度。一方面，落实组内监控。教研组做好单元检测把关工作。要求随教学进度认真做好单元检测，结合单元检测情况，及时调整教学策略，弥补教学不足。另一方面，加强校级监控。采取随机与定期、单元监测与期中期末监测相结合的形式继续对教学质量进行调研，加强对常态教学质量的监控。做好每次检测后的反馈落实工作，帮助教师规范教学行为，从而促进学校教育质量的不断提高。

2．建立"积分制"拓展性课程评价制度

对于拓展性课程主要采用"积分制"进行评价，比如：根据学生的阅读量评选"地山号"船长；根据运动量进行"健康好龙娃"金银铜奖的评选等。

3．形成"分级评价、分层管理"的选择性课程评价制度

各社团活动内容、活动性质有较大的区别，原有的评价制度还不能很好地体现社团活动重过程、促发展的特点，还不能很好兼顾到一线老师的实际情况。为了

使评价制度更好地促进学生和教师的共同发展，通过几年的实践与反思，逐步构建起"分级评价、分层管理"的社团评价制度。

4. 以育人为导向，建立综合性课程的评价、检查制度

站在"培养幸福一生的人"的高度，通过嘉年华活动的导向作用，实现了各学科教学目标从关注知识向关注学生的核心素养转变，建立起一套完整的"七彩嘉年华"活动制度，做到活动有方案，过程有记录，结束有反思，以课程的形式确保一年一度的"七彩嘉年华"有序、有效地开展和实施。

四、未来展望

忆往昔峥嵘岁月稠，看今朝莘莘学子喜。如今的学校办学规模大，师资队伍雄厚，有 2 名特级教师，2 名正高级教师，13 名高级教师，省级学科教学带头人 9 人，市级研究型名师 8 人，研究生学历的教师 1 名。近年来，有 5 位教师先后获得全国模范教师、全国优秀教师的光荣称号。学校先后被授予"全国文明校园""全国学校艺术教育先进单位""全国读书育人特色学校""全国少先队红旗大队""国家级语言文字规范化示范校""全国心理健康教育特色学校""福建省文明学校""福建省示范小学""福建省实施素质教育工作先进学校""福建省科技教育先进校""福建省科技教育突出贡献奖"等荣誉称号，成为省教育厅挂牌的"课程改革实验基地"，并入选福建省名校。2018 年，《"龙娃 321N"新样态课程体系的构建与实施》荣获福建省基础教育教学成果奖特等奖。

2019 年，国务院召开全国基础教育工作会议，部署深入贯彻全国教育大会精神，全面提高基础教育质量，标志着基础教育进入全面提高育人质量的新阶段。随着 2020 年小康社会的全面建成，从 2021 年起，我国将开启全面建设社会主义现代化国家的新征程，基础教育高质量发展也将进入实质性推进阶段。"十四五"时期，教育进入新发展阶段，高质量发展要求、体系化发展机制、内生力发展手段成为教育发展的三大关键要素，为此我们应着力做好以下工作：一是对标高质量发展总体要求，以高质量的育人实践为重点，建立健全立德树人落实机制；二是构建和完善教育体系和学校育人体系，以全域性、现代化、科学性为重点，推

进教育体系的构建和完善，通过课程体系、教学体系、管理体系、评价体系的运作，理念系统、行动系统、评估系统的勾勒，实现学校育人体系的整体建构；三是激发高水平的办学活力，建立科学的、符合时代要求的教育评价制度和机制，以培养教育情怀、提升能力素养、抢抓改革机遇为路径，不断激发学校内生的发展活力。

18

创新育人模式，谱写"生命成长"教育新篇章

◎张宏伟

【 作者简介 】

张宏伟，男，福建漳州人，高级教师，现为漳州市南靖县实验小学校长、书记，南靖县进修校兼职教研员，漳州市教育科学院小学语文学科组指导成员。福建省"十三五"小学名校长培养人选，福建省优秀教师，漳州市十佳优秀青年教师，南靖县优秀人才，南靖县优秀党务工作者，参加各级小学语文教学比武获省级二等奖2次，市级一等奖4次，主持课题研究国家级1个，省级5个，市级6个，发表CN级论文十余篇。

一、办学主张

（一）思想提出的背景

办什么样的教育？育什么样的人？怎样培养人？这是中小学每个校长必须要思考的三个问题。当下的信息社会、5G时代，科技高度发展，给学校教育带来了发展的新机遇，也带来了巨大的挑战。纷繁复杂的内外部环境，给教育人带来了更多的思考。只有把握教育的本质，才不会让教育迷失方向。平日里老师会听到不少家长抱怨如今的孩子不懂得感恩，不懂得珍惜，没有追求和目标，生命意识教育的缺失是当下学校教育的普遍现象。

高考指挥棒下的教育评价制度，严重束缚了教师教书育人的积极性和创造性。社会各界用考试成绩及升学率作为评价学校办学的唯一标尺，让学校和老师以此作为教学的终极目标。于是乎，学生成了装知识的容器，老师成了传授知识的教书

匠，课堂成了孩子们接受知识的车间。教师教学活动中生命不在场的现状成为制约新课程改革的重要因素。

小学六年的学习生活，孩子们内心对学习的态度是如何的呢？作为一校之长必须深入了解与研究。我们针对六年级的学生做过调查，被随机调查的50位学生中对学习表现出强烈兴趣的仅占23%，表现出兴趣一般的占57%，表现出不感兴趣的有14%，有6%的学生不喜欢学习。是什么原因让孩子的学习兴趣有如此差异？被逼着学习是眼下学校学生普遍的学习状态，如何破解现状，变被动学习为主动学习，是学校教育必须解决的课题。

南靖县实验小学是一所百年老校，建校迄今已有105年的历史。百年的风雨，学校几易校址，近年因县城布局的调整，学校整体搬迁新校址。社会前进的步伐，改变了学校的校容校貌，但始终改变不了实小人对母校的情感。一棵与学校同龄的白玉兰树牵动着所有实小人的心。旧校址改为商品房用地，这棵硕大的玉兰树该何去何从？"百年老校不能没有传承。"实小人发出共同的心声！玉兰树被开发商迁走后，几经周折又被实小人搬回学校新址。树是搬回来了，可是这么一棵老树，在新的环境能存活吗？于是，实小人无论春夏秋冬，加倍呵护。一年过去，玉兰树又发新枝，全校人为之欢呼振奋。老玉兰用她那顽强的生命力，昭示生命成长力量的伟大；无论生命的贫贱高贵，无论生命的伟大渺小，实小人用汗水和心血表明了对生命的热爱和成全，对"生命的关切"成为所有实小人的共同的理念。

（二）思想的内涵解析

"生命成长教育"办学思想的核心理念"让每一个生命都健康成长，让每一个生命成长都精彩"的关键词在于"生命"和"成长"。"生命"就是强调教师面对的是活生生的"生命"，学校不是工厂的生产车间，不是生产统一标准的固定产品；教师在教育教学活动中要用自我的生命意识去唤醒孩子的生命意识，以人为本，去创造生命在场的教育，这是学校一切教育教学活动的出发点；"成长"则强调的是学校教育教学活动的落脚点。"成"字在《说文解字》中被认为是盖子的构形，仿佛是以人斧劈斩一木以表示"决心""发誓"，表示"已毕其功"之意。"成长"一词在《现代汉语词典》的意思为"向成熟的阶段发展；生长"。学校的教育就是促进一切生命的成长，每个生命个体，无论是老师还是学生，无论是身高体重还是学识品德，无论是知识积累还是技能技巧，不跟别人比，和过去的自己比，哪怕有一丁点儿的进步，都是好样的，都是精彩的。因此，学校的办学目标是"把南靖实小办成——孩子生命成长的摇篮，教师专业成长的舞台，引领区域教育发展的名校，社会群众满意的优质校"。

首都师范大学儿童生命与道德教育研究中心主任、博士生导师刘慧教授在《生命教育内涵解析》一文中，从"生命教育的内涵、生命教育诞生与发展脉络、个体生命、生命特性、真善美的角度"分析了生命教育的多层次的内涵。针对学校的特性，我们所倡导的生命教育指的是关注生命、回归生命本真的教育；主要体现教育要以生命为本，遵循生命之道，开发生命潜能，以生命影响生命，促进个体生命的健康成长；构建生命课堂，让课堂成为师生生命成长的场域。[①]

（三）思想提出的理论依据

古人关于"生命"的论述：珍爱生命是孝敬父母的开端。"身体发肤，受之父母，不敢毁伤，是孝之始也。"（《孝经》）珍惜时光，建功立业是对生命意义的探求，"人生天地间，若白驹过隙，忽然而已。"（庄子）"少年易老学难成，一寸光阴不可轻。"（朱熹）"生于安乐，死于忧患。"（范仲淹）"建功立业当盛日。"（欧阳修）自古至今，人们历来重视生命的价值，"臣闻人之所宝，莫宝于生命。"（《北史·卷十八·源贺传》）学校教育，无论古今，都应该为人们对生命意义的探求和对生命价值的追求服务。

著名哲学家黄克剑教授曾说："所谓教育，就是受教者在施教者的指导下，自主地对自我生命和个性的'成全'。"教育，说到底它的使命只在于对人的整体发展的一种成全。而人的整体发展提契起来也可以说是人在自己的对象世界和内在世界中赢得自由。在自由的内外两个向度上，人对人生的终极意义有两个方面的争取，一是身心的幸福，一是境界的高尚。我们教育孩子要把每个孩子都当作有待成全的

---

① 刘慧. 生命教育内涵解析 [J]. 课程·教材·教法，2013（9）：93-95.

"艺术品"，而不是把孩子视为需要统一加工的"标准件"；"标准件"是划一的、模式化的，"艺术品"是个性化的，在个性化中追求精神相通的那种高品位。（《回归生命化教育》）

人力资源和社会保障部中国就业培训技术指导中心于2012年5月推出的职业培训课程"生命教育导师"中指出：生命教育的目标在于使人们学会尊重生命，理解生命的意义以及生命与天人物我之间的关系，学会积极地生存，健康地生活与独立地发展，并通过彼此间对生命的呵护、记录、感恩和分享，由此获得身心的和谐，事业的成功，生活的幸福，从而实现自我生命的最大价值。

《中国教育现代化2035》提出教育现代化八大基本理念：更加注重以德为先，更加注重全面发展，更加注重面向人人，更加注重终身学习，更加注重因材施教，更加注重知行合一，更加注重融合发展，更加注重共建共享。"全面发展、注重人人、因材施教"为生命成长教育的办学思想提供了方向性的理论依据。

德国教育家斯普朗格说过：教育的最终目的不是传授已有的东西，而是要把人的创造力量诱导出来，将生命感、价值感唤醒。"生命感""价值感"的唤醒应该作为学校教育的重要指标。

联合国教科文组织的报告《反思教育：向"全球共同利益"的理念转变？》一文强调，学校教育以人文主义为基础，培养学生尊重生命、尊重人类、尊重和平，能够为社会持续发展承担责任。

（四）思想提出的实践依据

1993年著名哲学家黄克剑和教育学者张文质对话时，提出教育的三个价值向度：授受知识、开启智慧、润泽生命。从此一种以生命治学问，以生命统摄教育，以生命成全每一个具体、健全的生命为旨归的新的教育理念开始进入中国教育研究与实践的领域。2001年，一项命名为"生命化教育"的课题实验在各级各类学校渐次展开。"民间立场、草根情怀、田野作业、逐步推进"和"开启智慧、润泽生命、缔造名校、成就未来"等鲜活、虚灵与真挚的教育信念闪耀着思想光芒与实践魅力。该项课题实验取得的研究成效为"生命成长"办学思想提供了强有力的实践依据。

二、理论体系

（一）"生命成长教育"办学思想的学校观

学校是教师与学生，乃至一切生命成长的摇篮。既然是摇篮，那么学校的外部环境的建设应该让人赏心悦目。无论从建设的设计还是外形结构都应该体现对生命的人文关怀。另外，学校在管理上应该遵循服务至上的理念，把关注师生生命作为学校一切工作的出发点，把促进师生成长作为落脚点，服务一切生命成长的需要。学校应该建成全校师生幸福的家园。

（二）"生命成长教育"办学思想的教师观

树立"教师第一"的理念，只有教师成长了，才能带领学生更好地成长，首先，每个教师要有强烈的生命的意识，改变已有的从教心态，重新审视职业定位，教师不仅是孩子们的引路人，更是生命成长道路上的小伙伴；改变原有的"师道尊严"传统的权威思想，蹲下身子看孩子，用理解、包容、关爱、等待的态度，在整个教育教学过程中保持师生平等良好心态；改变用"一桶水"进行教学的观念，确立为孩子的生命成长拥有"长流水"的思想，以生命不止、学无止境的追求，去唤醒孩子们的生命意识，让大手牵着小手一起成长。

（三）"生命成长教育"办学思想的学生观

树立"一切为了学生"的管理理念，时刻把学生摆在舞台的中央，学生不仅是教学的服务对象，更应该成为学校的小主人。充分挖掘创建帮助孩子生命成长的活动平台，创设孩子当家做主的活动空间。倡导所有孩子，无论智商高低，家庭背景贫富，都是平等的生命个体，从小培养"生命平等"的朴素思想。每个孩子从小树立良好的学习观，把学习看作自身生命成长的必经之路，改变原有的老师"要我学"为"我要学"，变被动学习为主动学习；确立"成长"目标，以自身的成长作为参照，哪怕每天进步一点点，都是让自己及别人高兴的事。

（四）"生命成长教育"办学思想的课程观

树立"课程是实现办学思想的重要载体"的课程观。学校注重国家课程、地方课程、校本课程的有机结合，充分调动全体教师研发校本课程的积极性，结合本校实际，研发服务于办学思想，适合孩子阅读和使用的《经典诵读读本》《感恩行动本》《阅读存折本》等文本，在省颁课程计划的指导下，完善学校课程的顶层设计，提供促进师生生命成长的基础课程和选择性课程，显性课程和隐性课程，以及评价课程。同时，要加强全体教师的课程意识的全员培训，转变教学观念，形成"人人都是课程实践者，人人都是课程研发者"的良好氛围。

（五）"生命成长教育"办学思想的教学观

树立"智慧共生、教学相长"的教学观。"生命成长教育"办学思想的课堂教学，应该体现师生生命的平等，教师要摒弃传统师道尊严的观念，把全体学生视同己出，一视同仁，真心呵护、关爱每一个学生，做到不让任何一个学生受到忽视和歧视，不让任何一个学生失去信心；淡化教育的功利主义思想，帮助全体学生确立学期成长目标、月成长目标、日成长目标、每节课的成长目标，指导学生记录自己的成长足迹，引导学生感受成长所带来的快乐，并由此体悟生命的意义，确定生命价值的追求目标。在课程教学落实的层面上，教师要带着学习者的心态，认真研究文本，向书本学；真心对待学生，向学生学；组建学习共同体，向同伴学。课前充分预设，课上注重生成，引领师生智慧的碰撞，开展有效的讨论、争论、辩论，唤醒每个生命体的自我生命意识，确立课堂成长目标，变被动学习为主动学习，组织交流分享，达到课堂教学"教学相长"的最高境界。

三、实践探索

（一）"生命成长教育"办学思想的课程体系

"阳光、土壤、空气、水分"是生命存在和生长的四要素。人作为自然界的高级动物当然也离不开它们。作为学校就应该为师生的生命成长提供良好的阳光、土壤、空气、水分。"播洒生命成长的阳光，肥沃生命成长的土壤，芬芳生命成长的空气，滋润生命成长的水分"是"生命成长教育"办学思想课程体系的总体思路。

（二）"生命成长教育"办学思想的四大篇章

1. 阳光篇——感恩教育

感恩是中华民族的传统美德。"要让孩子们在生命成长的过程中，学会感恩。"因为现在的孩子都是家庭的中心，他们心中只有自己，没有别人，所以学会感恩对现在的孩子们尤为重要。于是，学校围绕"知行合一，生活育人"的办学理念，着手制定了"心中有他人，尊老孝亲，我能行"的感恩教育系列活动方案，创建了"心灵阳光坊"感恩主题教室，让队员们分学段、递进式地在主题教室开展各种感恩活动，比如：一、二年段学会生活学习自理，三、四年段学会感恩亲人，五、六年段学会感恩社会自然……队员们通过识恩、知恩、感恩、报恩，环环相扣、循序推进。通过调查问卷、观看感恩视频、感动中队活动或大队活动、请德育专家进行感恩讲座、感恩行动本记录、各种节假日的家庭社区感恩实践活动、寒假的六个一感恩特殊作业、评选百名感恩之星等活动，让队员在欢声笑语中接受教育，懂得感恩。通过"重走红军路，走进科岭土楼"采风活动，"忆初心，话初心，党旗下我成长"爱国主题大队活动，让爱国主义思想在孩子们心中悄然扎根。我们通过开展一系列的感恩教育，让孩子们把"感恩"内化于心，外化于行，引导孩子在学习生活过程当中把感恩教育紧紧落实在学习中的每一个细节，生活中的每一个举动，让家长也配合学校共同抓好感恩教育。

2. 土壤篇——经典诵读模式改革的实践

我校尝试着通过经典诵读模式的改革实践，让孩子们从单纯的诵读与经典诵读及语文、音乐、体育、美术等课程结合起来，通过自己喜欢的方式把自己对经典的理解形象地表达出来，让经典真正地入脑、入心，让经典文化根植孩子心田，让中华优秀传统渗入孩子的血液，让中华民族的文化基因为师生的生命成长提供肥沃的土壤。

我校根据新课标要求中小学必背古诗词及经典书目，结合校本教材《三字经》《弟子规》《唐诗宋词》，确定基础的诵读量，再熟读成诵，让孩子们从课外读物中获取有关中华美文的知识、典故等的基础上，以多种形式表达经典，激发其兴趣，开阔其视野，净化其心灵。"五个一"工程包括：一人一书；一日一读；一日一诵；一周一首；一年一节。

经典诵读模式的改革需要学校课程的顶层设计。我校采用"经典诵读+"模式开展相应实践，并取得了一定的成效："经典诵读+语文"；"经典诵读+音乐"；"经典诵读+美术"；"经典诵读+体育"等，全面推进诵读模式的改革。

3. 空气篇——开展"1+X"全科阅读活动

苏州大学教授、博士生导师朱永新说："孩子早期的经验对成长非常重要。当他们成人以后，他们是以孩提时代所获得的东西为根基，继续去构建内心的成人世界。"学校搭建内容充实、新颖活泼、形式多样的阅读活动载体，激发师生阅读兴趣，培养阅读习惯、提高阅读能力，让师生与伟人做伴，与大师对话，通过阅读增长知识，提高修养，塑造美好心灵，打好人生底色。活动主题有：广泛阅读、滋养生命、陶冶情操、促进成长。活动四"心"目标：静心，入室则坐，让我们静下心来读书；用心，入座则学，让我们潜下心来学习；醉心，与书相融，让书籍陪伴我们的七彩童年；抒心，与梦齐翔，让书籍为我们插上腾飞的翅膀。通过营造氛围，构建多元读书网络，纳入常规，深入实施"六个一策略"（"一节阅读课""一次读书交流会""一本存折""一场考核""一次评选""一期专刊"）等措施，每学年各年段学生至少完成阅读量：一年级55万字，最多可达85万字；二年级62万字，最多可达90万字；三年级70万字，最多可达100万字；四年级88万字，最多可达110万字；五年级98万字，最多可达125万字；六年级98万字，最多可达150万字。在学校有序有效的阅读活动开展过程中，每位实小学子在六个学年后均能完成471万字的阅读任务，酷爱阅读的孩子阅读量能达到六七百万字甚至上千万字。

4. 水分篇——创建"走班制"的社团活动

不同的生命，需要的水分是不同的。为满足学生的多样性个性化成长的需求，遵循我校"生命成长"的办学理念，我们开设了"你陪伴，我成长"走班制社团活动。社团活动以培养学生的兴趣为纽带，拓宽孩子的视野，增长孩子的见识，更好地为学生成长提供优质高效的教育资源。一方面，学校利用现有的师资，让有特长的教师担任学校精品社团活动任课老师；另一方面，为了弥补学校教育教学资源不足，学校立足南靖县城区域特点，结合本校实际情况，挖掘发动具有一定专业或技能的家长作为学校社团活动的志愿者，社会诚邀热心教育事业的家长朋友们走进课堂，发挥自身职业优势资源，为孩子们讲述社会大百科，完善学校、家庭、社会三位一体的教育体系，促进学生全面发展。

（1）"家长走班"

一、二年段实行"家长走班"，考虑到学生年龄小，学校由各班级对年段汇总的社团资源进行选择，构建家长社团志愿者团队，确定社团主题，由各班进行"菜单式"的选择，实行家长走班，每月进行一次活动。走班方式，各班的家长志愿者互相交流，比如：到1班授课的家长志愿者，在第二次活动中到2班授课等。

（2）"学生走班"

三至六年段实行"学生走班"，由学生进行菜单式选择，学生根据自己的特长和爱好，自主选择学习活动和指导老师，打造一种培养学生综合实践能力与兴趣特长相结合的教学模式。

（三）完善"生命成长教育"办学思想的评价体系

传统的评价模式过于单一，注重终结性评价，而且都是以教师为评价主体。学校根据少先队经典的雏鹰争章活动，围绕学校的办学特点和学生的实际，创新地开展了具有南靖实小特色的"'非常6+1'金玉兰少年五步成长法"争章活动。校园里高大挺拔的那棵老玉兰树给"生命成长教育"办学思想的评价体系的创建带来了丰富的灵感。老玉兰虽几经移栽，却能坚韧不拔，花香扑鼻，枝繁叶茂。她用顽强的生命力彰显生命成长力量之伟大，成为实小人心目中敬仰的高大形象，故活动命名为"'非常6+1'金玉兰少年五步成长法"。通过争章活动，把优秀的榜样立体化，创新对学生的评价，做到三个改变：改变以学习为主单一的评价模式为综合性评价方式；改变终结性评价为过程性评价；引进家庭评价模式，改变以教师为主的评价方式。由1本争章手册、1张争章路线图和7个课堂奖励的小印章、7种基础奖章组成。学生们通过争取学习章、纪律章、卫生章、诵读章、礼仪章、感恩章和特长章这7种基础奖章,达到不同的小目标,再由小目标累积成大目标,换取银玉兰章、金玉兰章,最后成长为"金玉兰少年"。我们希望通过努力,让每个孩子在成长过程中,插上理想的翅膀。因为只有当孩子的成长有了目标和方向,才能够变被动成长为主动成长。

三年多的探索,我们欣喜地发现,在"生命成长教育"办学思想的引领下,全体老师逐步树立生命在场的教育观,教师的师德表现受到当地社会的一致好评,孩子们围绕"金玉兰好少年"的标准奋勇争先,积极主动地投入到学习生活中,学校的办学影响越来越得到区域老百姓的认可。共青团中央领导亲临实小调研"金玉兰少年"争章活动,西藏昌都市党务工作者,广东河源市少工委领导及三批福建省乡村正职校长培训学员到学校参观指导时都对学校办学给予高度评价,《福建日报》、《闽南日报》、学习强国福建学习平台、市县电视台也对学校办学做出报道。

四、未来展望

今后,在"生命成长教育"办学思想的指引下,我校一方面将借鉴他校实践经验,始终站在生命立场的角度看教育、办教育,继续加大校本教材的研发力度,开发适合儿童阅读的"生命起源"主题的绘本、读本,让孩子站在生命科学的角度,真正认识生命的宝贵,让孩子从认识自我去理解、敬畏生命;另一方面,学校将修订"金玉兰好少年、金玉兰好老师"标准,完善"生命成长教育"评价体系,继续加强"生命成长教育"学科课堂教学的实践研究,以课堂教学改革为主阵地,带领全体教师行进在生命在场的课堂教学改革的路上,让老师们把教育教学工作看作生命个体探求生命意义和追求生命价值的重要载体,让孩子们把学习活动看作主动成长的必经之路,让师生能把学校当成共有的精神家园。

19

启明教育　启航未来

◎吴顺国

【作者简介】

吴顺国，男，福建云霄人，特级教师、高级教师，本科学历，现为云霄县实验小学校长。福建省骨干校长，福建省"十三五"小学名校长培养人选，福建省小学张锦毅名校长工作室成员，福建省小学语文赵璟名师工作室成员。曾获福建省中小学优秀校长、福建省优秀教育工作者、福建省星星火炬奖章等荣誉称号。

一、办学主张

（一）启明教育提出的背景

要凝练办学思想，首先要了解学校所在地缘文化情况，了解学校的现状和办学历史，了解当下教育的问题，了解时代教育的发展趋势，了解学校发展需要。这样的办学思想才是有源之水，源源不断滋养着学校成长。

1. 基于学校所处区域特殊的地缘文化

东厦镇位于云霄县东部，因全镇位于云霄东边，中华人民共和国成立后设东霞公社，喻为东方朝霞的地方。"东"本意是东方，东厦即太阳升起的地方，播洒阳光的地方，开启明亮的地方，充满希望的地方。

2. 基于学校现状和发展的历史

东厦中心小学校本部为船场小学，1922年筹建，1927年正式取名为启明小学，后更名为船场小学。2012年异地新建整体搬迁到村后山脚下，小学教学楼取名启明楼，寓意启智明德。并列的另一栋楼是幼儿教学楼，取名启萌楼，寓意启德启智，萌动童年。

3. 基于学生的发展和时代的要求

学校办学逻辑起点在哪？乡村学生如何培养？乡村教育该走向何方？当一个懵懂无知的六岁孩子进入我们的学校，在此后的六年中他会发生什么样的积极变化，毕业时会成为什么样的人，我们学校的教育、教学和管理又是如何保证孩子成为理想中的人？

子曰：不愤不启，不悱不发。启发式教育是符合教育基本规律的，应该融合在办学理念之中。家庭教育专家张文质提出的"教育是慢的艺术"是基于生命的尊重和理解，呵护孩子个性，耐心细心启发引导孩子发展。确实，教育是对未来的一种定义，一切的教育活动和行为最终都指向生活。因此我们认为，学校教育在关注儿童当下的校园生活状态的同时，更应该关注儿童未来的幸福生活。

4. 基于个人成长的经历

一是我生于农村，长于农村，学习在农村，工作也在农村，对农村教育有着更深的了解。农村的学生和家长更朴素，教师和学校对他们影响更大，更需要师者的循循善诱，更需要办学思想的丰厚和滋养。

二是办学治校经历，助力我思考凝练启明教育办学思想。2004年8月任中心校长至今，组织的信任和厚爱，自己对教育的钟爱，我心无旁骛，全心全意做校长。去研究，去探索，去实践办学之道。乡村这片土地滋养我不断成长，从一名普通教师到小学校长，再到中心校校长；从一个普通校长到福建省骨干校长、名校长培养人选，成为福建省小学张锦毅名校长工作室成员，一步一个脚印。守护乡村教育二十九载的从教经历，十六年的办学实践，福建省骨干校长、福建省名校长培养人选高端培养经历，使我对教育有更深的理解，教育是成全，是成就，是唤醒，是点燃，是心与心的交流，是灵魂与灵魂的碰撞，这一切因启迪而发生，启迪生成智慧，智慧点燃幸福未来。

（二）启明教育主张及其内涵解析

1. 启明基本释义

在我国古代，启明指日出以前，出现在东方天空的金星（启明星）。详细释义：①开明：通达事理。②星名：《诗小雅·大东》"东有启明，西有长庚"。

启，从户从口。甲骨文字形，左边是手，右边是户（单扇门），用手开门，即开启的意思。明，会意字，甲骨文以"日、月"发光表示明亮、照亮、点燃、点亮的意思。

2. 启明教育的内涵解析

启明即启迪心智，明亮人生。启迪出处："《书·太甲上》：旁求俊彦，启迪后人。"释义：开导，启发。心智一指头脑聪明；二指才智；三指脑力，神志。心智是人们的心理与智能的表现，这里泛指德、智、体、美、劳全面发展的因素。明亮：使明亮，又指发亮、闪光或发光。明亮人生指今天比昨天闪光、明天比今天闪光或发光的人生、闪光的人生、有价值的人生。充分尊重孩子身心发展特点，立足儿童本位，遵循教育规律，以培养适应未来社会的小公民为着眼点，培养特别有礼貌、特别好习惯、特别爱健体、特别会合作、特别能吃苦的必备品格，为学生一生成长奠基，成就明亮海娃。

二、理论体系

（一）启明教育的理论依据

1. 启发式教学

第斯多惠说："一个坏的教师奉送真理，一个好的教师发现真理。"启发式教学指在教育教学中教师要承认学生是学习的主体，注意调动他们的学习主动性，采用启发诱导办法传授知识、培养能力，引导他们独立思考，积极探索，生动活泼地学习，自觉地掌握科学知识和提高分析问题与解决问题的能力，以促进身心发展。启发式教学和启明教育一脉相承，启发诱导德智体美劳全面发展。

2. 陶行知的"生活教育"

陶行知立足于乡村，滋养成就"生活教育"教育思想。"生活即教育""社会即学校""教学做合一""行是知之始，知是行之成"。行以求知，以知更行。重视实践体验，重视涵泳体悟，参与实践体验的学习能更好地内化生成，更好地启迪心智。农村地域宽广，处处青山绿水，人与自然更加亲密和谐相处。

3. 以儿童中心为观点

教育应该以塑造人为目标，"他既不是文官，又不是武将，也不是僧侣；他首先是人。"从儿童的喜怒哀乐一言一行出发，遵循儿童成长规律，立足儿童一生的发展和幸福，引导剔除糟粕，向往明亮，促进全面发展。

4. 动机、思维、兴趣发生的基本规律

启明教育的提出遵循了心理学原理，符合人的认知规律及个性心理特征。学生从事学习时的心理活动可分为两类：一是学习动机，二是认识过程本身，即人的认知因素。子曰："知之者不如好之者，好之者不如乐之者。"这里的乐即兴趣，大凡有卓越成就的学者，其兴趣伴随他们一生的成长。兴趣的产生除了学习本身的意向及愿望之外，主要是通过教师启发诱导来实现的。

（二）启明教育的体系建构

1. 形成共同的办学愿景

育明亮海娃，成幸福明师，办家门口优质特色乡村学校。

2. 培养目标

校名为东厦，指东边日出的地方，办学思想凝练为启明教育，提炼为阳光；因学校地处海边又是码头，航行需要合作、健体、劳动能力等，学校的办学目标是培养特别有礼貌、特别好习惯、特别能合作、特别会健体、特别会劳动的明亮海娃。

3. 三风一训

（1）校训：读书厚德，知行向上。

（2）校风：阳光、励志、包容、进取。

（3）教风：怀爱乐教、博学善导。

（4）学风：好学静思、合作乐学。

4. 校徽

校本部校徽释义：校徽整体造型呈圆形，由内外圆组成，简洁大方，象征和谐、完美、圆满。

（1）校徽外圆内容上方为学校中文名称，下方为学校校训，文字运用楷体，端庄大方。内圆图案由旭日、船帆（船帆图案又似一个人在迎风远航）、书海（海浪和书籍）组成，寓意船场学子在书海里乘风破浪，扬帆起航，与"船场小学"的校训、校名和地域特点相符合。书海左下方的英文字母"YDCX"是云霄县东厦船场小学四个词语的字母缩写。

图1 校徽

（2）内外圆线条颜色为天蓝色，寓意船场小学师生在同一片蓝天下共同成长。船帆为红色，体现朝气与活力；书海为深蓝色，代表梦想和力量。外圆右侧三条曲线，红色代表学生的生命与激情；黄色代表阳光与明亮；蓝色代表智慧与理想。

5. 海娃吉祥物

创意说明：以一男一女卡通造型作为主要形象，表现孩子阳光活泼可爱的童真，小男童吉祥物"明明"头饰以海螺的形象变形处理，小女童吉祥物"萌萌"头饰以海浪的形象变形处理，代表着学校所处的位置，让人联想到海洋，张开的双手寓意拥抱未来，也代表着迎接的意思。象征着学校里的学生就像海螺和海浪在阳光下海洋中自由快乐，萌动童年，萌茁成长，拥有明亮的人生，也预示着学校欣欣向荣的景象。

三、实践探索

（一）构建启明教育共同体，为办学思想落地提供组织保证

从"集体"到"共同体"，为启明教育护航。要实现享受公平而有质量的教育，唯有与社区、家长共管共享共治，打造教育共同体。所有的努力都是基于学生一生

的成长，我们就是要把心静下来，把脚步慢下来，一起做"麦田的守望者"。

（二）创新启明教育治理机制，提升乡村学校治理水平

1. 学校实行中心校长领导下的集体决策制

学校实行中心校长领导下的集体决策制，分为决策、执行、评估三个管理系统。决策层由校长、书记、副校长、教导主任、校办主任组成。执行层为一校一团队，一园一团队。评估系统由片区督学、教师、家长代表、中心校分管领导组成，定时、及时开展评估反馈活动。

2. 形成 1+2+4 管理运行模式，提高治理效率

每周一次决策层总结部署例会；每两周一次行动反思例会，优化和提升行动效率；每四周一次评估反馈活动，对工作决策科学性和执行的有效性进行评估反馈，促进增效提质。

3. 落实"五到四行动"

管理要五到：到教师心中；到学生生活中；到课堂中；到学生家中；到学生嬉戏的活动中。落实四项行动：开展立德立行培育行动；推进课堂提质增效行动；落实课程引领行动；提升"我的幸福教育生涯"职业行动。

（三）成就明亮之师，呵护启明教育落地开花

1. 养正明师之德，植学校发展之根

（1）做有理想信念、有道德情操、有扎实学识、有仁爱之心的四有好老师。

（2）寻找身边感动的普通好老师——坚持不懈做自己该做的事。

2. 成就明师特质，真正让学校花团锦簇

（1）成就农夫精神特质之明师：明师就要像农夫一样及时处理在教育教学中出现的问题，不把责任推给学生。

（2）成就渔夫精神特质之明师：明师能深谙教学做合一之道，重视实践体验教育过程，让学生涵泳其中快乐学习，培养核心素养。

（3）成就童心精神特质之明师：明师以学生学习为中心，从儿童本位出发，预设符合儿童身心规律的方式方法，培养品质能力，为学生一生奠基。

（四）扎实做好启明德育，为孩子明亮人生筑基

1. 办好习惯学校，育好习惯之人

以中华传统美德为根，社会主义核心价值观为魂，以一个月养成一个好习惯为目标。从三个层面促进习惯养成：学校有一日行为规范；班级有行为规范公约；个人有培养好习惯目标。

以专项主题促进习惯养成培育，比如，以 12 个"习惯养成"主题给学生留下鲜明印象，引领学生形成好习惯。以一日行为规范和班级行为规范公约常态化培育好习惯。

2. 小公民教育

明亮人生在于学会学习、学会生活、学会做人，在于更多关注孩子成长中的体验和感悟，在于给予学生更多的人文关怀和生活引导，学做一个小社会人。

（五）启明课程——五色课程（红色课程、蓝色课程、绿色课程、紫色课程、橙色课程）

1. 红色课程

①升国旗活动课程；②少先队活动课程；③小习惯养成课程；④入学入队毕业仪式课程；⑤小公民教育课程。

2. 蓝色课程

①"诗意人生"晨诵课程；②"书香人生"阅读课程；③小作家课程；④趣味数学；⑤红树林里的奥秘。

3. 绿色课程

①羽毛球课程；②乒乓球课程；③炫酷篮球课程；④花样跳绳课程；⑤跑操课程。

4. 紫色课程

①写字课程；②巧手课程；③手抄报课程；④小天使合唱课程；⑤潮剧课程。

5. 橙色课程

①家务课程（扫地、洗地板、洗衣服、煮饭、炒菜）；②校园环境责任区保洁

课程；③养花课程；④种植课程；⑤小动物养殖课程。

（六）启明课堂，课堂改变，学校就会改变

启明课堂具有的特质：一定是践行启发式教学的要求，和风细雨般的，循循善诱爱心浸润的教学，不是填鸭式满堂灌的教学；一定是以学生学习为中心的，不是传统的以教为中心，在学习中教学相长；一定是师生融合共生多向联系的课堂，是对话的课堂，不是师生单一单向的课堂；一定是重实践体验教学做合一的课堂，不是知识传输的课堂。

（七）启明评价，撬动学校发展

推进教育管理创新，教育评价举足轻重，牵一发而动全身，是撬动学校发展的中坚力量。

推进对下辖各小学幼儿园学校评价，着重从六个方面进行评价，落实好共同体建设，和谐发展：好习惯学校；书香校园；小学目标管理先进校；文明礼仪学校；清新整洁学校。

推进明亮海娃评价体系创建：文明礼仪之星、好习惯之星、阅读之星、助人之星、爱劳动之星。

小水滴积分银行评价：

东厦中心小学"背靠梁峰、门临漳水、面向大海"，与海洋结下不解之缘，基于"心如大海宽广，勇于扬帆起航"启明教育理念，提出"水滴5（5即德智体美劳）＋汇聚成大海"的学生评价体系，构建《成长手册》记录足迹，"虚拟货币"累计积分——"水滴银行"兑换奖励的评价流程。

1. 规范养成板块（《成长手册》）

表1　规范养成板块（《成长手册》）

项目	评价过程	单项合计
"我能坚持"红水滴		
"我肯动脑"蓝水滴		
"我想运动"绿水滴		

项目	评价过程	单项合计
"我要展现"紫水滴		
"我爱劳动"橙水滴		
综合评定	本月我一共获得了（　）个小水滴	

根据不同项目评选明亮海娃文明礼仪之星、好习惯之星、阅读之星、作文之星、助人之星、艺术之星、爱劳动之星、尊老爱幼之星八个评选项目，从德、智、体、美、劳等方面进行考核，重在促进学生良好规范的养成。

2. 素养提升板块

学生每学期都要完成"学会一门体育运动、学会一项艺术技能、参加一次劳动、记好一篇周记、诵读一首诗词、参加一次竞选活动、进行一次演讲、参与一次校园守护活动、唱好一首歌曲、精读一本书、学会做一道菜"十项素养提升内容。此板块重在促进学生综合素养的提升。

水滴累加规则：

校内：参与"校园守护者"项目，每完成一个项目，获得1个"小水滴"。

参与"读一本好书"活动。阅读时长每达到1小时，奖"小水滴"1个。

运动（羽毛球、足球、篮球、踢毽子等）累计时长每达到1小时，奖"小水滴"1个。

校外：为家长做一件力所能及的事，如扫地、洗地板、洗衣服、煮饭、炒菜……完成一项，获得1个小水滴。

坚持练字、练琴、画画、手工、唱歌等累计时长每达到半小时，奖"小水滴"1个。积极参与各项比赛并获得奖项获得2个小水滴。

评价流程：

（1）《评价手册》记录足迹：学生的总分值为《成长手册》分数+《附加板块》分数。每学年为一个启明教育评价计分周期，下个学年度重新赋分评价。

（2）"虚拟货币"累计积分：根据级别不同，还可获得"红水滴币""蓝水滴币""绿水滴币""橙水滴币""紫水滴币"。

（3）"水滴银行"兑换奖励：持虚拟货币可以到学校的"水滴超市"进行兑换。兑换内容有学习用品、玩具及心愿卡等。

四、未来展望

乡村教育兴则国家教育兴，国家教育发达则国家发达。寻找撬动乡村教育发展的支点，提升乡村学校办学的高度。

1. 办好一所没有功利性的学校

用和风细雨般的爱去润泽，去循循善诱，一起牵着蜗牛做慢的教育。

2. 办好一所小公民教育的学校

学校就是一个小社会，就是一个公民自治组织，在学校中处处可以实践，处处都能体验，学生在涵泳体悟中成长成人。

3. 办好一所不唯成绩唯成长的学校

成长积分银行评价重过程评价，杜绝以学习成绩论英雄，关注的是学生学习与生活的点点滴滴。

4. 办好一所学生拥有明亮人生和教师享受职业幸福的学校

在这里，学生快乐学习着，教师幸福工作着，每一个人都可以得到成全成长，是中国式的巴学园。

总而言之，云霄县东厦中心小学以启明教育办学思想为航灯，以信念为船，以明师为帆，迎风破浪，驶向明亮的未来！

20

阳光教育办学思想的实践与探索

◎曾旭晴

【作者简介】

曾旭晴，女，泉州市实验小学校长、书记，正高级教师、福建省特级教师，福建省杰出人民教师，福建省中青年学科带头人、福建省骨干教师、福建省"十三五"小学名校长培养人选、泉州市特级教师协会副理事长、泉州师范学院兼职教授、中共泉州市委第十二次党代会代表，曾获评全国先进工作者（全国劳模）、全国五一劳动奖章、福建省优秀教师等荣誉称号。《福建日报》《泉州晚报》《泉州工人》等报刊、媒体多次专题报道其办学思想和管理经验。

一、办学主张

（一）阳光教育办学思想的提出背景

在改革与发展中，基础教育面临着不少现实挑战。一是多元社会发展的现实冲击。经济全球化与网络便捷化的发展促进了多元思潮与多元文化发展，复杂的信息传播对单一化教育模式的权威产生挑战。二是时代发展对高质量基础教育提出高要求。质量是教育的生命，提高教育质量是教育现代化的必然要求，也成为基础教育改革的重难点。三是新时代人才培养的要求。党的十八大以来，习近平对教育工作做出一系列重要部署，阐释了"培育什么样的人，如何培育人，为谁培育人"等重大问题，丰富了中国特色社会主义教育理论。习近平要求"坚持德育为先，德育、智育、体育、美育、劳育五育并举，全面发展，重视学生综合素质培养"，为学校办"什么样的教育，怎样办教育"指明了方向。四是学校发展的传承与创新。2011

年，面对学校办学历史长，发展活力不足的情况，我们积极探索促进学校持续发展的新路径。怀揣对高质量教育的追求，学校梳理并提出阳光教育办学理念，不断以阳光孕育校园文化，打造阳光教育特色。

阳光教育的提出，对于学校发展具有较强的现实意义。作为一种办学思想，阳光教育与学校长期提倡的"以人为本、以师生发展为本"的教育理念，"卓然先行，实验进取"的办学精神，培养"阳光少年"的育人目标具有一致性。阳光教育办学思想是对学校传统发展模式的传承和创新发展，促使学校进一步明确办学目标，梳理办学思路，实现更好发展。

（二）阳光教育的基本内涵

阳光教育是从"以师生为本"的教育观念出发，以人的全面、健康、和谐、终身发展为目的，通过教育者积极而有智慧的关爱、引领和激励，促进儿童自主、健康、幸福生长的一种教育。以爱呵护，以智育人，是阳光教育的本质和追求。实施阳光教育，要赋予学生生命成长以阳光，赋予教师主体价值以阳光，赋予学校管理全过程以阳光。阳光教育办学理念可概括为 11 个字："阳光教育，让教育充满光明"。

就本质而言，阳光教育是一种爱智共育的教育，以爱心呵护学生、以智慧引导学生成为阳光教育的基本途径。在爱智共育中，在爱的温暖与智慧的洗礼下，阳光教育追求学生的自由全面和谐发展，帮助学生成就阳光人生。在阳光教育实践中，"爱""智慧""成长"有机结合，构成阳光教育的三大要素。

（三）阳光教育办学思想的理论渊源

阳光教育办学思想的理论依据是马克思人学思想，及中国化视域下的人学思想和人的自由全面发展理论。习近平总书记指出，马克思主义是我们立党立国的根本指导思想。作为党的指导思想，马克思主义在治国理政的方方面面均体现出关键作用。在教育学领域，马克思主义理论同样扮演着重要角色。教育学是关于人类教育活动及其发展规律的科学，而马克思主义理论是科学认识人类教育活动及其规律的思想基础。基于马克思主义人学理论，人的本质在于追求自由而全面的发展，而阳光教育的本质也在于促进阳光学生的自由、全面、多样化发展。

二、理论体系

在长期的管理实践中，学校初步形成了体系化、创新化的阳光教育体系，具体从"一个总体引领""两个关系维度""三个实施层面""四个对象特征""五个实践原则""六个实施维度"进行现实构建：

阳光教育的"一个总体引领"：党的育人观是阳光教育的总体引领。在阳光教育中，党组织发挥着思想引领、政治引领、组织引领作用，为加快教育现代化提供了强有力的思想、政治与组织保障。

阳光教育的"两个关系维度"：师生关系、生生关系。

阳光教育的"三个实施层面"：构建阳光校园——赋予学校管理全过程以阳光；打造阳光教师团队——赋予教师主体价值以阳光；培育阳光学生——赋予学生生命成长以阳光。

阳光教育的"四个对象特征"：在长期的阳光教育实践中，凸显阳光校长、阳光教师、阳光学生、阳光校园"四个对象特征"。阳光校长——"勤廉兼优、教有所长、实验创新、富有朝气"。阳光教师——"师德高尚、业务精湛、乐业合作、充满活力"。阳光学生——"品行规范、身心健康、全面发展、卓然而立"。阳光学校——以追求"全、实、新、活"的办学特色为主要特征，其中，"全"指代"全面发展、面向全体"；"实"指代"遵循教育发展规律、依法施教办学"；"新"指代"实验进取、改革创新"；"活"指代"管理机制活、师生成长快、学校发展好"。

阳光教育的"五个实践原则"：平等性原则、人本性原则、整体性原则、互动性原则、关爱性原则。

阳光教育的"六个实施维度"：阳光环境与精神文化、阳光管理与均衡教育、阳光课程与智慧教育、阳光研修与专业成长、阳光德育与协同育人、阳光评价与多元发展。

三、实践探索

实施阳光教育，我们从阳光环境、阳光管理、阳光课程、阳光研修、阳光评价等方面，以阳光孕育学校文化，打造阳光教育办学特色。

（一）环境建设，营造阳光教育的浓厚氛围

规划并构建富有阳光特性的校园环境文化，是阳光教育的基础性工程。

一是规划校园景观，融入"阳光"色彩。校园景观是阳光校园环境建设的首要工程。在校园建筑色彩的打造上，选择红、黄、绿、蓝等活泼明亮的色调进行校园建筑的色彩加工，彰显阳光校园的活力。就具体景观而言，校园雕塑既是校园精神文化的寄托，也是校园景观文化中必不可少的建筑代表。因此，在校园显眼位置摆放校园雕塑，在学校主要建筑上镌刻"阳光教育"办学理念，是校园景观建设的重中之重。在校园里，红色地砖铺设的"阳光大道"、种植鲜花的"阳光植物园"、充满生机的"阳光池"及阳光体育墙等景观，都彰显了阳光特色。在教学楼的命名上，学校选用与"阳光"密切相关的元素色彩。

二是创建主题阵地，彰显阳光特色。学校注重传承创新，精心打造富有阳光特性的"五大"主题环境文化阵地，包括生态文明教育阵地、阳光体育活动阵地、科技教育阵地、心理健康教育阵地与书香教育阵地等，充分发挥校园环境的育人作用。

三是丰富墙壁文化，展现童真童趣。校园环境文化的建设是学生对于环境文化的创造与汲取，是开展爱校教育、文明教育的学习过程。学校在教学楼楼道中摆放由学生自主设计的吉祥物与卡通形象，既装点环境，又拉近学校与学生的情感距离。此外，学校通过"悄悄话"形式在走廊中张贴提醒标语、名人名言与人生哲理，并设置不同展示主题，张贴学生作品及特色活动照片，展现学生的阳光成长足迹，增强学生的自信心与上进心。

四是营造班级文化，体现独特内涵。从班级建设理念、班风、班级成长誓言或班训、班级形象系统（包括班徽、吉祥物）等方面构建班级文化体系，鼓励各班级进行文化创建。此外，班级还发挥信息技术优势，在学校网站创建班级主页，如设立"我爱我家""作品欣赏""家教心得"等栏目，既展示各班的班风理念与教学成

果，起到良好的文化沟通效果。

（二）阳光校务，构建民主科学的管理模式

阳光学校坚持依法管理，努力构建依法办学、自主管理、民主监督、社会参与的现代学校管理制度，完善以学校章程为核心的学校规章制度体系，推进依法办校、依法治学。学校将阳光教育理念注入学校管理全过程，积极打造阳光校园。

1. 强化责任意识，完善阳光制度建设

学校倡导"生命因欣赏而美丽、氛围因宽容而和谐、责任因自主而生成"的理念，将活化学校的人、财、物作为阳光工程的内容，树立"管理就是服务"的管理意识，不断加强与改进管理行为文化，建立"领导为教师服务、教师为学生服务、后勤为教育教学服务"的管理服务体系，提升校园的管理效能。

2. 抓住公开重点，推进阳光校务管理

在推行校务公开的过程中，学校将与教育改革密切相关、具有较强舆论关切度、容易滋生校园腐败的事务作为校务公开重点。具体而言，学校建立明晰化的校务公开体系，抓住学校重大事项决策、重要干部任免、重要项目安排、大额资金使用事项（简称"三重一大"事项）决策，给予校内外人员更广泛的知情权与监督权，激发广大群体参与学校建设的积极性。

3. 创新监督模式，构建立体化监督网络

学校创新公开监督机制，构建立体化的党风廉政监督网络和校务公开网络。通过"一箱（校长信箱）、两栏（对内、对外校务公开栏）、三网（广播、通讯网、校园网）、四会（教代会、党政工联席会、教师会、家长会）"等渠道，促进校务公开的制度化、规范化与网络化。学校成立家长委员会，通过家长会、意见箱、电子邮件等形式，与行评代表、社区部门、家长建立长效沟通机制，促使重大校务工作从群众中来，到群众中去。

（三）阳光研修，构建阳光教师团队

"要想往学生心里播洒阳光，首先教师自己心里要有阳光"。学校着力培养阳光教师，促进教师专业成长，培育阳光教师精神。阳光教师应该拥有高尚的师德、豁达的个性、阳光的心态、乐业合作的习惯。为此，学校提出"以爱心温暖他人，以恒心完善自己，以微笑灿烂教育，以行动昭示社会"的阳光教师精神，让"学校因我而精彩"成为教师的行动口号，努力打造一支"师德高尚、业务精湛、乐业合作、充满活力"的阳光教师团队。

1."八大"研修阵地，人人参与有成效

学校不断完善校本研修体系，坚持以课堂为基地，打造学科教研、网络论坛、读书沙龙、学科工作室、课题研究、教师论坛、联动教研、"相约星期五短频"学习等八大研修阵地，并结合开展技能竞赛、教学评比、教育交流分享会等形式，鼓励教师人人参与，取得显著成效。

2."四个一"引领，明确目标促成长

教师的专业发展，是一个学习和创新的过程。学校充分利用"四个一"引领教师专业成长，即"一项教师个人专业成长规划""一本业务成长登记册""一个教师专业成长档案袋""一份互帮协议"。通过引导教师制订、实施个人专业成长规划，填写教师专业成长册，整理教师业务成长档案袋，不断朝着"专家型""科研型""能手型""合格型"等不同层次教师专业发展目标而努力。

3."学习共同体"，互动协商乐合作

在学校建立各类学习共同体，如以学科、年级备课组之间的互动协商学习团队、以课题组成员组成的课题研究团队、签订互帮协议的老师组成的伙伴学习团队、以不同目标老师构成的"学科（名师）工作室"学习团队。充分发挥教研组作用，构建"有想法（问题）、有方法（策略）、乐分享（合作）"的教研组文化，实现教学研究的"前移后续"。

4.教师发展性评价，多元动态会反思

学校探索以质量和成长为导向的教师发展性评价机制，把教师的师德师风、教学研究、课题实验、课程开发等内容引入教师考评。围绕"强师德、铸师魂，做四有教师"主题，开展师德教育活动。在考评组织形式上，充分调动教师参与评价的

积极性，力求做到评价主体互动化，评价内容多元化，评价过程动态化。把定期考核与平时考核相结合，自评、互评和问卷调查相结合，个人考评与组室集体考评相挂钩，使考核过程成为引导教师自我总结的过程。在考评结果上，从教师专业成长的全过程来看待每项考评的成果，以促进教师发展。

（四）阳光课程，培养全面发展的阳光少年

课程是实施素质教育的载体。学校以课程文化建设为突破口，建设富有特色的阳光课程文化。课程建设的思维原点指向阳光教育的办学理念和培育阳光少年的育人目标。具体目标为"一个指向，五个特质"：一个指向即为每位孩子的终身健康发展奠基，促进学生全面又有个性的发展。"阳光特质"即学生的意识形态、行为表现应达到五种品质——"健""雅""美""和""卓"。"健"即灵动康健，心态阳光；"雅"即高雅谦恭，彬彬有礼；"美"即艺术修为，陶冶情操；"和"即"我与人和，共同生长"；"卓"即主动发展，卓然而立。因此，我们主要从以下方面加强阳光课程文化建设：

1. 完善课程体系，凸显"八千"校本特色

学校加强课程研究，在规范课程设置的基础上，探索有效实施国家、地方、校本三级课程管理，形成富有校本特色的课程管理体系，在课程实施中，采用长、短课形式安排学科课程、活动课程、校本特色课程。"千笛百器""千人千绳""千人齐舞""千人拳操""千人千笔""千人千球""千人诵读""千人兴趣特长（技能）培养活动"等校本特色课程坚持开展，与国家课程互补、与体育艺术"2+1"项目相结合，凸显校本特色。

2."四度"阳光课堂，促进学生主动发展

课堂是学生成长的主阵地。陶行知先生说："与其把学生当作天津鸭儿填入一些零碎的知识，不如给他们几把钥匙，使他们可以自动地去开发文化的宝库和宇宙的宝藏。"阳光课堂应该是"凸自主、活思维、重过程、激情趣"的课堂。"活"不仅是表象的活，更重要的是思维、情感的"活"。因此，阳光课堂也是师生情感交流、思维碰撞的本真课堂，是关注学生核心素养的有效课堂。阳光课堂可从自主

度、参与度、有效度和情趣度等方面充分体现。

（1）激发自主意识，提高课堂自主度

成长不能代替，发展需要亲历。阳光课堂让学生去体验、解决、思考、探索，在观察分析、动手操作、寻找发现、比较感悟中，提高课堂的自主度。

（2）激发参与意识，提高全程参与度

提高课堂有效性与学生的课堂参与意识，包括学生参与人数、参与时间、参与态度、参与效果等，努力提高学生全程参与的广度、长度和深度。

（3）激发思维活力，提高思维有效度

阳光课堂是激发学生思维活力的课堂，体现在教师善于激发学生主动参与学习全过程，做到"全程学习、全程思维"，让学生在全程参与中唤醒智慧、启迪思维。

（4）激发情趣活力，提高教学情趣度

情趣，让阳光课堂充满生命的活力。课堂上教师巧妙创设学习环境，合理设计学习活动，运用有效的评价激励语言，提高教学的情趣度，从而让学生愿学、乐学、学好、学活。

3. 实施阳光体育，构建开放的大体育格局

作为"国家级青少年阳光体育俱乐部"，学校开展阳光体育活动，形成"四课一体"，包括体育课、大课间活动课、年段体育趣味轮值活动课和阳光体育俱乐部训练课。开展阳光球类、阳光跳绳、阳光长跑等特色活动，切实落实学生在校"每天锻炼一小时"的要求。创新育人模式，在抓好与泉州体育运动学校联办"体育实验班"的同时，多渠道合作办训练基地，加强体育特长生培养力度。此外，学校积极探索"学校主导、社区参与、互利双赢"的学校体育场馆社区开放模式。有组织地开放运动场地，共同管理，共育人才。

（五）阳光德育，无痕渗透课堂内外

德育是学校全面贯彻执行党的教育方针，实现素质教育的重要工作。长期以来，学校坚持德育为先，能力为重，实施阳光德育，让无痕德育渗透课堂内外，提高德育成效，增强学生的创新精神和实践能力。

1.阳光德育融入学科教学

课堂是落实德育教育的主阵地，我校充分利用课堂主渠道，多形式渗透德育理念，做到"课时、内容、活动"三落实，构建阳光德育课程体系。学校将阳光德育与学科内容有机整合，一是上好《道德与法治》；二是加强学科整合渗透；三是关注德育过程。狠抓学生一日常规教育与管理，上好校本德育"三课"（早会课、班会课和队会课），用好学生行为表现"三册"（班级荣誉册、班级点名册、班级日常管理日志），培养学生良好行为习惯和道德品质。同时，开发心理团队拓展、向日葵心理辅导、美德少年讲堂、安全宣讲台等校本德育课程，抓好落实工作。

2.德育活动丰富多彩

在教育中始终坚持以活动为重要载体，设计形式多样的德育实践活动。每年举行"校园六节"（闽南文化节、读书节、科技节、艺术节、体育节、英语节），丰富学生的校园生活，提升学生综合素质。

3.创设阳光德育阵地

建立学生红领巾志愿服务岗位，包括红领巾小导游队、红领巾文明礼仪劝导队、红领巾环保队、红领巾电视台、红领巾广播员、红领巾图书管理员、红领巾苗圃队等，培养学生服务他人、服务集体及自我管理的能力。

4.探索校内外相结合的德育模式

充分挖掘社会教育资源，建立校外德育公益阵地，定期带领孩子走出学校，拓展劳动体验空间。如组织学生参加社会实践基地活动、红领巾假日农庄活动等，引导学生走出家庭，体验集体生活的艰辛与快乐。

（六）阳光评价，促进学生全面发展

评价是实施素质教育的突破口。学校积极探索构建符合素质教育要求，提升"立足个体，关注群体，多元互动，体验成长"的阳光评价理念。评价的主要项目有"等级＋操行评估＋素质教育袋（学生每年每人一个素质教育袋，内装德、智、体、美、劳等各方面材料）＋各项评优表彰（八大星、八大章）"，旨在关注过程，激励学生养成良好的品德和行为习惯，优教减负，全面考查学生综合素养，促进学生快乐成长。"阳光之星（八大星）"即"文明之星""岗位之星""学习之星""艺术之星""阅读之星""体育之星""科技之星""书法之星"；"雏鹰争章（八大章）"即美德章、接力章、五星红旗章、向日葵章、民族团结章、健康章、创造章、成长章。在"面向全体，参与就有进步，提高就要表彰"的理念下，学校创新评价奖励形式，首创"红领巾奖励超市"。各类活动中获奖的学生，可定期拿着奖状兑换积分，凭积分到红领巾超市自选奖品。《泉州晚报》、《东南早报》、"辅导员在线"、"福建德育网"等报纸（网站）均对这一阵地进行了报道，得到社会各界好评。

凸显阳光教育办学特色，建构阳光校园，既是一种办学追求，也是一个办学历程。学校的各项工作全面推进，协调发展，取得了新成绩。2017 年以来，学生参加市级以上乐器、体育、科技创新等比赛，共有 2000 多人次获奖；教师参加全国、省、市级各项业务竞赛，评优课获奖 114 节。在市级以上各类刊物发表或获奖的文章有 200 多篇，其中，发表在 CN 类刊物的有 82 篇。近三年，《福建日报》、《泉州晚报》、泉州电视台等媒体（报纸）专题报道学校典型工作经验的有 58 篇。学校获评全国第一届文明校园、全国教育系统先进集体、全国巾帼文明岗等 30 多项国家级、省级荣誉，办学成效显著。

四、未来展望

未来，仍需拓宽阳光教育的理论视野，并增强阳光教育的实践效能，在改革中推动阳光教育更可持续、更富活力地发展。阳光教育的相关理论研究需重视如下方面：第一，细化体系构建，深化研究内容。第二，积极转换研究视角，从关注阳光教育的基本概念、价值追求，转变为关注阳光教育与时代、社会、家庭的多维关系；从关注阳光教育"是什么"，转变为更好地利用好教育体系内的各要素，即进一步思考阳光教育的作用机制，洞悉阳光教育的内涵。第三，整合研究方法。在经验总结的基础上增添理论思辨与体系探讨，综合运用多种方法开展研究。在实践角度，需拓宽阳光教育的具体行为。第一，加强阳光教育理念的推广与运用，树立阳光教育的品牌意识与品牌认同。第二，构建更有效率的阳光管理体制，提高学校管理的民主精神与创新精神。第三，重视对于阳光教师的能力培养，在共性管理下追求阳光教师的个性发展，全面提升教师的专业发展效能。第四，深化"以学生发展为中心"的教育改革路径，使学生从被动学习转向主动探索，增强学生的自主发展能力。

21

人格教育：培育健全人格，发展多元智能

◎何君虹

【作者简介】

何君虹，女，福建泉州人，高级教师，大学本科毕业，现为泉州市第二实验小学校长、书记。教育部"校长国培计划"实践导师、泉州师范学院教育科学学院兼职副教授，福建省学科带头人、福建省"十三五"小学名校长培养人选。曾获评福建省先进工作者、福建省三八红旗手等十几项荣誉，研究成果获2017年福建省基础教育教学成果奖一等奖。

教育的目的是什么？教育家陶行知先生说："千教万教教人求真，千学万学学做真人！"做人是最根本的教育。教育的本原就是要回归到人，回归到培养真正的人、自由发展的人、全面发展的人、和谐发展的人。伟大诗人歌德曾说过：人们最大的幸福乃是人格之欢乐。从这个意义讲，在新的时代背景下，健康人格教育的基础应当是人类普遍的价值观。教育的本质是人格的塑造，教育的根本职能是开发人的潜能，塑造具有健康人格的人。因此，无论社会如何变化，教育如何发展，以人为本，培养健全人格的思想始终都具有先进性和前瞻性。

一、办学主张

从词源来讲，"人格"最早来源拉丁文，意指面具、伪装；扩展之，则具有角色及其特征。由此出发，人格的内在特征首先是指个人性或个人的独特性，其次，人格还意味着个体所体现出的性格气质、容貌风度等个性特征。近代以来，随着学科分类的日趋精细，人格具有的特征更多地成为心理学、社会学、法学、教育学等学科研究的对象。

在汉语语境中，"格"意味着标准、格调等含义，"人格"顾名思义，就是讲"人之为人"的格调。人格作为一个人内在特质的总和，包括知、情、意、行几个方面，通过教育让学生学习掌握丰富的科学文化知识，培养学生具有高尚的道德情操，高雅的审美情趣和坚毅的意志品格。

学校把"健全人格教育"作为素质教育的突破口，开设多元课程、开展多彩活动、搭建多样展示平台，发展学生多元智能，努力把人格教育渗透到学生成长的每一个空间。

（一）培育健全人格，发展多元智能办学思想的提出背景

1. 古代教育家的人格教育思想

我国是一个有着悠久的文化传统的文明古国，重视人格的教育是我国优秀历史文化的积淀，有着绵长人格教育传统。伟大的思想家、教育家孔子重视对受教育者进行社会价值选择的教育和律己修身的人格教育，孔子的"修身、齐家、治国、平天下"，把个人、家庭、社会、国家和世界人民的利益统一起来，培养完美的人格。其人格教育思想是对我国人格教育影响最深、最长远的。传世最久，影响最大的启蒙教育《三字经》中写道："玉不琢，不成器；人不学，不知义。"其中的"义"正是封建时代人格的核心内容。"义"怎么获得？就是通过"学"，通过教育来促使"成器"。

2. 近代教育家的人格教育思想

我国近代的许多教育家也十分重视人格在教育中的地位和作用。教育家蔡元培先生指出："教育者，养成人格之事业也。""学校教育注重学生健全人格"的教育指导思想，他主张教育者应该注重学生的身心协调发展，不仅在文化知识、情感熏陶、意志品行等方面协调发展，还要追求个性与群性的一致，努力使受教育者在德、智、体、美和世界观等方面和谐发展。著名的爱国教育家张伯苓先生主张：教育的第一要旨就是加强德育，培养学生人格。他说"教育一事，非独使学生读书习字而已，尤要在造成人格，三育并进而不偏废。"人民教育家陶行知所倡导的生活教育，处处体现出他对我国传统人格教育的重视。他说："生活即教育。"他明确地将"人生"作为教育内容，也作为教育活动，将人格要求具体化为生活活动、生活

要求，通过学生的自律来逐步培养学生的人格素质。

3. 现代社会对人格教育的要求

20 世纪 80 年代以来，我国提出培养"四有"新人的目标，"四有"就是对国民思想道德素质和科学文化素质的综合要求，在"四有"中，将"有理想""有道德"作为基础放在首位。在世纪交替之际，中共中央《关于进一步加强和改进学校德育工作的若干意见》要求各级各类学校要通过一系列的教育活动，积极影响青少年健全人格的形成，推动青少年人格的健康发展，不断提高他们的身心素质和人格层次，使青少年成为国家、社会所需要的具有高尚人格的公民。中共中央颁布的《公民道德建设实施纲要》明确了中国公民的人格标准："爱国守法、明礼诚信、团结友爱、勤俭自强、敬业奉献"。由此可见，培养和塑造健全人格的社会公民已成为我国学校教育工作改革与发展的基本取向之一。

4. 国外教育家的人格教育思想

20 世纪初，人格教育的成功范例是苏联教育家马卡连柯围绕着一个核心：人格熏陶与培养。马卡连柯着眼于人格精神的培养，认为人格教育首先应从尊重学生开始，相信儿童自身的发展力量，使他们懂得自尊、自爱、自律。日本著名教育家小原国芳的完人教育核心就在于倡导人格的健全："所谓完人教育，是指塑造健全的人格，亦即塑造和谐的人格。"

纵观古今中外，无论社会如何变化，教育如何发展，以人为本，培养健全人格的思想始终都具有先进性和前瞻性。

泉州市第二实验小学创办于 1996 年秋，是泉州市教育局直属小学。学校筹建时，市政府就提出"必须配备一流师资、装备一流设备、办出一流水平"的要求。如何办好一所学校，如何办出学校特色，如何树立学校品牌，办出一流水平，学校办学思想凝练至关重要。学校提出"培育健全人格，发展多元智能"的办学思想。

（二）培育健全人格，发展多元智能办学思想的内涵解析

1. 培育健全人格，发展多元智能是体现个体全面发展的要求

人是全方位发展的人，完整的人，不能人为地把人割裂成一个一个部分。教育

应着眼于人的整体发展，应以道德教育为统帅，促进学生身体与心理协调发展，使学生在身体、智力、技能、精神、灵魂、创造力等方面得到充分而和谐的发展。

2. 培育健全人格，发展多元智能是体现面向全体学生教育的要求

教育必须遵循学生身心特征，尊重生命本身，承认个体差异的客观存在。在推崇培育健全人格，发展多元智能教育的学校里，每个孩子都是重要的，他们权利平等，接受教育的机会平等。学校不应放弃任何一个学生，在教育过程中应将所有的学生都纳入人们关注的视野，提供平台让每一个学生都能自由、自主地发展。

3. 培育健全人格，发展多元智能是体现个性与多样性发展的要求

每个人都是独一无二的生命体，教育必须尊重学生个性和多样性，充分挖掘学生的智慧潜能，强调个体的参与和体验，让学生张扬个性，发展个性，并选择适合发展道路，促进学生个性完美和全面素质提高。

学校在健全人格的基础上，促进学生的全面发展，让个体生命的潜能得到自由、充分、全面、和谐、持续地发展，培养学生成为有道德、有知识、有能力、和谐发展的人。

（三）培育健全人格，发展多元智能办学思想的理论依据

1. 是贯彻党的教育方针政策的需要

"坚持教育为社会主义现代化建设服务、为人民服务，把立德树人作为教育的根本任务，全面实施素质教育，培养德智体美劳全面发展的社会主义建设者和接班人，努力办好人民满意的教育。"党的教育方针明确提出把立德树人作为教育的根本任务，为社会主义现代化建设服务、为人民服务，培养德智体美劳全面发展的社会主义建设者和接班人。

2. 是贯彻落实发展学生核心素养精神的需要

中国学生发展核心素养指出，核心素养以科学性、时代性和民族性为基本原则，以培养全面发展的人为核心，分为文化基础、自主发展、社会参与三个方面。综合表现为人文底蕴、科学精神、学会学习、健康生活、责任担当、实践创新六大素养。"培育健全人格，发展多元智能"就是将核心素养落实到课堂等教育教学的全过程。

3. 是新时代素质教育的新理念新要求

培养什么样的人，是教育的首要问题。习近平总书记在全国教育大会上就培养什么样的人这一重大问题发表过重要论述，清晰描绘了新时代培养人才的标准：教育就是要培养身心健康、全面发展，立德树人、全体发展，继承传统、创新发展，学会学习、终身发展的人。

4. 是"多元智能"理论的体现

美国心理学家霍华德·加德纳的多元智能理论指出人类的智能是多元化而非单一的，主要是由语言智能、数学逻辑智能、空间智能、身体运动智能、音乐智能、人际智能、自我认知智能、自然认知智能八项组成，每个人都拥有不同的智能优势组合。多元智能理论强调应该根据每个学生的智能优势和智能弱势选择最适合学生个体的方法。

二、理论体系

以"培育健全人格，发展多元智能"作为学校的办学思想，作为学校的核心价值追求，构建学校精神文化体系。

（一）办学理念的形成：人格为根、师生为本

学校以"培养健全人格，发展多元智能"为核心思想，提出"人格为根，师生为本"的办学理念，把"健全人格教育"作为教育的突破口，并渗透到学生成长的每一个空间。人格作为一个人内在特质的总和，包括知、情、意、行几个方面，学习掌握丰富的科学文化知识，培养高尚的道德情操，具有高雅的审美情趣和坚毅的意志品格。科学文化知识方面主要从重科学文化、基础学力入手，情感意志方面主要从理想信念、道德规范、体魄心理、生活情趣入手，行为实践方面主要从现代意识、实践能力、个性特长等方面的教育入手，开设课程，开展各种特色活动，努力为学生多元智能的发展、健全人格的形成奠定基础。

（二）一训三风：校训，教风、学风、校风

校训是对师生行为规范、道德规范的指导，为师生指明努力的方向。学校校训

是"学做人，会求知，健身心，育特长"，它诠释了学校对立德树人教育根本任务的理解与追求，对学生的成长提出明确的要求，这些要求涵盖了健全人格的特质。

在校训形成的基础上，三风又对校训进一步阐明，对教师、学生、学校制定明晰的要求。学校教风是"爱生，敬业，进取，奉献"，学风是"尊师，勤学，多思，笃行"，努力营造出"和谐向上"的优良校风。

（三）办学目标和学校精神

培养什么样的人? 为谁培养人? 怎样培养人? 学校办学目标回答了这些问题。"方向明、校风正、管理严、基础实、科研活、质量高"的办学目标为学校的发展指明了方向，只有明方向、树正气、勤探索、求创新、提质量，才能办出人民满意的教育。

学校精神文化核心价值理念形成后，学校努力沉淀"卓尔不群"的校魂与师魂，发挥"协作共进，勇立潮头"的团队精神，提倡"求真求善，做幸福人"的人文关怀，追求"做到极致，做成精品"的职业目标，形成学校精神"协作共进，勇立潮头；求真求善，做幸福人"。

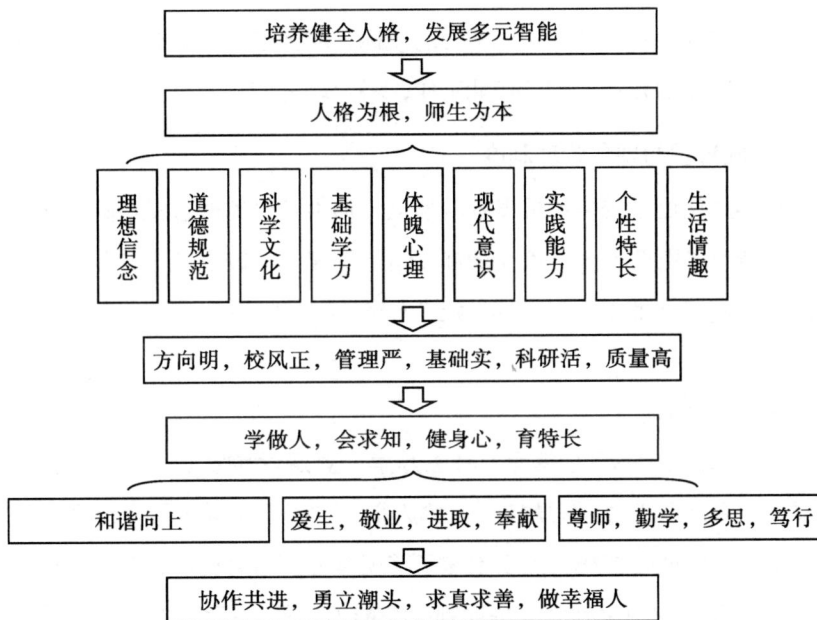

图1 学校精神文化体系

（四）学校校徽和校歌

校徽是一所学校的象征，是学校精神的浓缩。学校校徽标志以"育人"为设计定位，采用稳重严谨有力的黑体笔画与活泼灵动的行书笔画巧妙构成一个和谐完整、视觉强烈的现代符号"育"，突出我校"人格教育"为主的办学理念，彰显我校"学做人，会求知，健身心，育特长"的校训精神；活泼灵巧富有张力的行书"人"象征朝气蓬勃、身心健康、开拓创新、努力拼搏、勇往直前的师生风貌。绿色象征着希望和憧憬，红色象征着活力与热情。整个标志视觉对比强烈，图形简洁，主体突出，便于记忆。

图2　校徽

校歌《拥抱多彩的明天》更是展现了学校全体师生美好的憧憬与爱校如家的情怀。新生入学学唱校歌，学生毕业要唱校歌，重要活动唱响校歌，让校歌成为一种激励、一种骄傲、一种感恩。

三、实践探索

把思想转化为教育行动，实现理想的目标，需要进行实践探索，它要求我们要执着地追求，理性地思考，脚踏实地工作，科学地总结。

（一）实施科学的现代管理制度

学校制度文化是学校各种规章制度与全体师生共同的理想愿景的结合统一，体现学校个体特有的管理理念、人文精神和运行制度。学校以健全的制度规范人的行为，以民主的监督规范学校的管理，让"人格为根，师生为本"的教育理念实施有根本的保障。

1. 完善管理制度

学校以现代教育思想为指导，依法办学，立足学校实际，秉承"培育健全人格，发展多元智能"的办学思想和"人格为根，师生为本"的办学理念，紧紧抓住规范办学与科学管理为主线，先后制定了常规管理、德育管理、教学管理、后勤保障、教师管理等各种规章制度。每项制度在推出之前，都经过起草、讨论、修改、完善、试行，对于一些重要制度要组织召开教职工代表大会，投票表决商定，力争得到全体师生的认可，发挥其应有的导向、激励、约束、惩戒等功能。

2. 加强民主管理

积极倡导民主管理，大力推动校务公开，各种规章制度、评优评先、招生事务、中层竞聘、财务收支、建设招投标等重大事项及时公示，自觉接受教师、学生、家长和社会的监督。定期召开校务会、行政会议讨论学校大事，长年征集提案，关注教师的发展目标和学校的发展目标，实现二者统一。通过设置意见箱、发放《意见征询表》、举行教学开放日、召开家长会、在网上开通家校论坛等渠道，多方面接受家长反馈的信息，有效地促进学校全局工作的良好运作。

（二）打造优秀的教师团队

教育是一种以人格塑造人格的事业，教师的人格是师德的有形表现。培育积极向上的教师价值观，铸师魂，练师能，建设一支有理想信念、有道德情操、有扎实知识、有仁爱之心的"四有"教师队伍，是学校的立校之本、强校之基。

1. 自主读书，提升师德内省力

读书使人明智，读书让人内省，读书是精神的美容。读书的过程就是与世界进行交往的过程，一个从狭隘走向广阔的过程，有利于提高人的精神品位，培养人的精神气质，读书过程中，教师们能做到"广泛收集，熟读精思，沉潜其中，虚心涵泳，切己体察"。学校开展读书活动，每周一下午都由一名教师上台向全体教师推荐一本好书并交流读书心得，教师通过读书，深切感悟，提升精神境界和师德修养、提高人文素养和专业能力，慢慢地提高道德内省力。

2. 心怀大爱，引发教师德育自觉

爱是师德的核心，学校经常开展师德论坛，开展"我的中国梦"主题教育系列活动，开设"道德讲堂"，开展以"中国情，教师梦"为主题的朗诵比赛，"观名家视频，写师德体会"活动，"甘为人师，生命无悔"为主题的教师基本功比赛，"克服职业倦怠，呼唤教育情怀"大家谈，我的教育梦演讲等，引领广大教师坚守职业道德，提高师德素养，做有教育情怀的教师，做有人格魅力的教师。

3. 专业发展，制定教师发展规划

学校根据教师的需要，结合本人的实际制订出教师个人专业发展规划，一是对多数教师而言，以站稳讲台成为合格教师为目标；二是对骨干教师而言，以凝练教

学风格，改革课堂教学为目标；三是对"学术型"教师而言，以总结和升华自己的成功经验，凸现教学思想，探索教育教学的新模式，带头开展教育教学实验，及时做好研究成果的转化、推广工作为目标。

（三）建设完善的课程体系

课程是学校最重要的产品，是学校一切工作最终的物化体现。学校践行培育健全人格，发展多元智能办学思想，以培养学生发展核心素养为核心，落实国家课程、地方课程，重点打造校本课程，力求全面育人。

1.学校课程体系

学校通过国家课程校本化、校本课程精品化、隐性课程显性化三大建设，构建起涵盖基础型、拓展型、研究型三个层级的课程体系，围绕"培育健全人格，发展多元智能"办学思想，以服务学生"全面多元发展，个性卓越发展"的成长需求。"国家课程校本化"涵盖了"人文修养""科学思维""艺术审美""生命健康"四个部分内容，着力推进学科教学特色建设。"校本课程精品化"，在四十几门校本课程的框架下，致力打造"演讲""儿童漫画""劳动教育""魅力花灯"等精品特色课程。"隐性课程显性化"强化育人环境的运用，达到润物无声的境界。

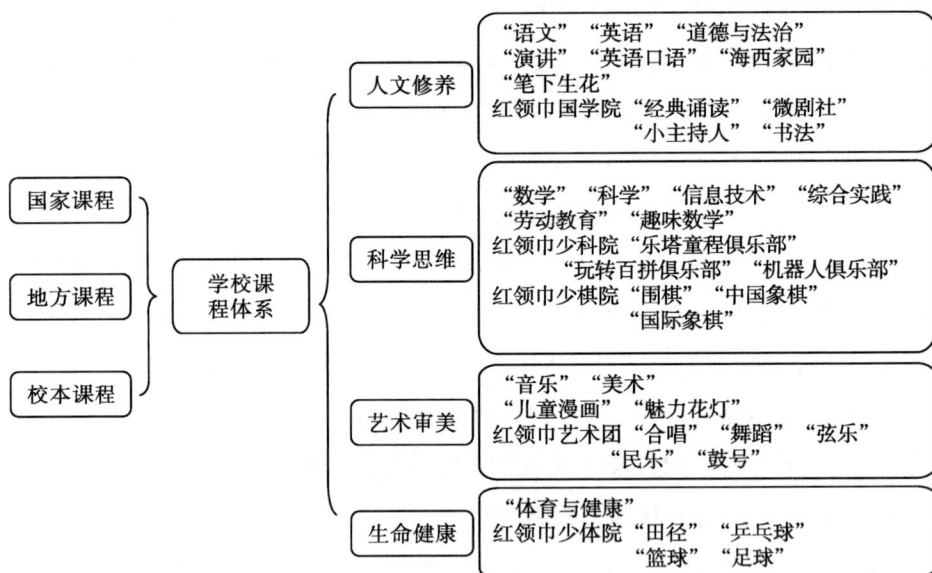

图3　学校课程体系

2. 学校课程体系特点

（1）彰显课程的综合性。学校的课程体系以六大核心素养为依据和出发点，将国家课程、地方课程和校本课程有效综合，在严格落实国家课程、地方课程的基础上，着重抓好校本课程的开发与建设。

（2）注重课程的多样性。为培养健全人格，发展多元智能，学校课程体系充分发挥国家课程和地方课程的基础性功能，为学生奠定坚实深厚的基础。同时构建了丰富的校本课程，开发了校本课程，涉及人文、科技、运动、艺术、生活等40门选修课程，培养德才兼备的学生，满足学生成长的需要。

（3）关注课程的自主性。为培养健全人格，发展多元智能，学校课程关注学生差异，满足不同学生发展潜能，以校本特色课程培养有特长学生。为学生打造自主发展的平台，以适应学生的个体差异。每周四下午学校少年宫活动类课程时间，学生可以根据兴趣爱好自主选课，走班上课。

（4）凸显课程的品牌性。学校从尊重生命个体成长的独特性出发，在开齐上足国家课程、地方课程的基础上，创新设置了多个特色课程，打造了品牌。"儿童漫画校本课程开发与实施"荣获2017年福建省基础教育教学成果奖一等奖。小学生正处于人格形成的最重要阶段，演讲能够培养学生的自信心和表达水平，提高综合能力，适应现代社会的需要，"演讲"校本课程获泉州市中小学精品课程。"劳动教育"校本课程，培养学生劳动意识和劳动技能，以及吃苦耐劳的精神品格，学校被评为泉州市中小学劳动教育特色学校。"魅力花灯"校本课程，将闽南传统花灯制作融入艺术课堂教学和亲子实践活动中。

（四）开展丰富的校园活动

活动文化建设是校园活动的具体表现形式，是促进学生健全人格发展的重要手段。学校牢牢把培养未成年人优良的思想道德品质作为工作开展的重中之重，以践行"社会主义核心价值观"为主线，以"扣好人生第一粒扣子"为目标，组织开展丰富多彩、健康向上、富有教育意义的主题活动。

1. 围绕三个"坚持"

一是坚持"每天都要做"：每天在校门口书写"每日一则"励志名言，熏染学生品格；每天安排一个学生做全校性"每日一分钟演讲"；每天进行"每日一评比"，用学生管理学生，促进学生文明行为和习惯的养成。二是坚持"一个都不能少"：每学年开展读书节、艺术节、体育节、科技节、英语节五大节活动，坚持秉承"一个都不能少"的人人参与原则，为每个学生展示自我风采，锤炼意志品质，提高综合素质提供平台，培养了一大批优秀人才。三是坚持"打造品牌活动"：学校举办第十三届金话筒小主持人比赛，第十八届童年心曲朗诵演唱会，第十三届自制花灯展览活动，第九届生活技能比赛，打造活动文化品牌，取得显著成效。

2. 突出两个"特色"

一是学习传统文化：学校将弘扬民族精神与传统文化的学习活动紧密结合起来，以传统文化立身，以传统文化修身：元宵节赏花灯、滚汤圆、猜灯谜；清明节祭扫烈士墓；端午节与社区老人包粽子；中秋节举行灯谜活动；将经典名篇诵读融入课堂教学；组织孩子传唱闽南童谣、学唱南音乐曲、探索掌中木偶表演，传统文化让泉州二实小人自有一番儒雅的书卷气。二是开展社团活动：组建小小志愿者、小记者团、小导游、小荷文社等十几个学生小社团，生动活泼的社团实践体验，提高了学生的思想道德修养，缔造了丰富多彩的校园文化，取得了丰硕成果。

（五）强化课堂主阵地作用

中共中央、国务院印发《关于深化教育教学改革全面提高义务教育质量的意见》，提出了全面提高义务教育质量的五大主要任务之一，强化了课堂主阵地作用，切实提高了课堂教学质量。

1. 校本四级网络管理

学校立足校本研修，建立了"学校—教研组—备课组—教师个人"的校本四级网络管理体系，采用自上而下层层扶持的校本研修方式，自下而上同伴互助的校本研修方式，达到自我省察、培育优质团队的终极目标。

2. 优化课堂教学方式

优化教学方式，注重启发式、互动式、探究式教学，采用信息技术与学科教学深度融合，尊重学生的差异，探索适合学生个性的教法和学法，在教学中实行五优先，即优先提问、优先板演、优先辅导、优先面批、优先家访，确保不让一个学生掉队。

（六）培育健全人格，发展多元智能办学思想的实施成效

学校在办学思想的指引下，取得累累硕果，积淀了深厚的办学底蕴和内涵，形成了比较明晰的办学思想、办学理念和办学目标，学校办学得到社会的高度赞誉和认可，被称为最受学生和家长喜欢的学校之一。学校被评为全国特色学校、全国模范职工之家、全国示范家长学校、全国教科研先进单位等十几项国家级荣誉，连续六届被评为福建省文明学校和首届福建省文明校园、福建省基础教育教学成果奖一等奖等近30项省级荣誉，获得泉州市级表彰近60项。师生在全国、省、市各项竞赛活动中成绩斐然，《福建日报》、福建电视台、泉州电视台、泉州晚报等新闻媒体对学校的校园文化建设进行过多次报道。

四、未来展望

为了促进教育均衡发展，在泉州市委、市政府的高度重视下，学校和泉州开发区管委会合作创办"泉州市第二实验小学泉州开发区校区"，占地33亩，办成一所融实验性、示范性、标准化、现代化为一体，体现开发区特色的全日制完全小学。

学校将在城东片区建设新校区，占地面积60亩，以"规模办学，速度超前，设备一流，建成海峡西岸经济区的现代化名校"的指导思想进行规划设计。不久之后，学校将形成"一校多区，协同发展"的良好格局。

雄关漫道真如铁，而今迈步从头越。二十年是一段闪光的旅程，也是一个美好的开始，学校将不忘初心，继续前行，书写泉州市第二实验小学的新篇章。

22

和谐育人　幸福有成

◎蔡晓芹

【作者简介】

蔡晓芹，女，福建泉州人，泉州市鲤城区实验小学书记、校长。高级教师，福建省"十三五"小学名校长培养人选、泉州市名校长、泉州市小学语文学科带头人。主持的课题分别获2017 年、2018年福建省基础教育教学成果奖二等奖。曾荣获福建省五一劳动奖章、福建省"励志校园·感动海西"宣传先进工作者、福建省少先队星星火炬奖章、泉州市优秀青年教师、泉州市军民共建社会主义先进个人等荣誉称号。

一、办学主张

（一）办学思想提出的背景

福建省泉州市鲤城区实验小学（以下简称鲤城实小）创办于1911 年，位于泉州南门五堡兴才路 2 号，其前身是振兴小学。经过百余年的历史积淀和师生们的砥砺奋进，鲤城实小逐渐形成了"和谐育人、幸福有成"的办学理念，传承学校精神财富，传承优秀办学传统，让教育成为一种浸润、一种享受，"快乐""阳光""幸福"成为学生学校生活的关键词。"幸福教育"的办学主张，也是贯彻落实《国家中长期教育改革与发展规划纲要》精神的具体体现。明确"要以学生为主体，以教师为主导，充分发挥学生的主动性，把促进学生健康成长作为学校一切工作的出发点和落脚点"。这就要求学校关心每个学生，促进每个学生主动地、生动活泼地发展，尊重教育发展规律，为每个学生提供适合的教育。"幸福教育"，正是和谐有爱教育的升华，是让师生共同追求过程幸福与结果丰硕的教育。

（二）办学思想主张及其内涵解析

和谐育人：教育就是人灵魂的教育，其目的就是培养全人。既要有基本的知识和技能，更要有健全的人格和精神追求，成为正直、善良、诚实、有爱心、有远大志向、努力学习、锻炼身体、积极向上的孩子，长大后有本领把祖国建设得更加美好，让更多人生活得更加幸福。

幸福有成：一是培养学生体验幸福、感知幸福的能力，使学生能够依靠自身内在的积极品质，体会到积极情感；二是通过积极的实践，以道德、美德、生活目的、普遍价值等为引导，获得创造幸福的能力和习惯，能幸福地度过一生。

和谐育人，幸福有成：教育和幸福存在着本质的联系，教育过程本身应该是幸福的，教育应该为人的未来的幸福生活做必要的准备。幸福需要教育，教育有助于提高人们对幸福的认识。幸福是一种过程，是一种状态，同时也是一种能力，学生除了要具备感知幸福的能力外，还应该包括创造幸福的能力，而这个能力的培养就需要教育。教育也需要幸福，因为教育的过程充斥着困难与磨炼，教育者与受教育者之间有着长期的磨合关系，需要把真、善、美的相互教、学过程真正体现出来，而这个过程本身应是幸福的过程，教育的最终目的应是幸福的、和谐的、有为的。

（三）理论依据

《辞海》将"幸福"定义为在为理想奋斗过程中及理想实现时感到满足的状况和体验。传统的伦理学理论习惯将"幸福"的定义解释为"德行或美德"，认为幸福是人生的终极追求。

《中庸》讲道："喜怒哀乐之未发，谓之中；发而皆中节，谓之和。中也者，天下之大本也；和也者，天下之达道也。致中和，天地位焉，万物育焉。"这些思想与理论为现在的我们留下了宝贵的财富，也对今天研究幸福教育提供了绝佳帮助。

西方理性主义代表斯宾诺莎认为："真正的幸福是集体幸福和个人幸福达到统一的状态，拥有一定的限度，受到道德和现实的约束。"

马丁·塞里格曼博士指出，积极心理学将以为社会发展做贡献为核心，致力于把积极心理学的研究成果应用于人类生活的各个领域。在这其中尤其提到了积极教育："积极教育即教育要以学生外显和潜在的积极力量、积极品质为出发点，以增强学生的积极体验为主要途径，最终达成培养学生个体层面和集体层面的积极人格。"

德国存在主义哲学家雅斯贝尔斯也曾经说过：教育即生成。教育就是人的灵魂的教育，其目的就是培养全人。教育的目的应该是人的全面发展。既要有基本的知识和技能，更要有健全的人格和精神追求。

我们认为：让人生幸福的教育要求教育过程本身应该是师生双方体验幸福的过程，教育的结果应该是促使引导师生能够更幸福地生活，简单来说，教师幸福地教学生如何追求幸福生活。这个学习的过程就是幸福教育。我们希望孩子们成为正直、善良、诚实、有爱心的孩子，成为有远大志向的孩子，成为努力学习、锻炼身体、积极向上的孩子，长大以后有本领把国家建设得更加美好和谐，让更多的人生活得更加幸福。

二、理论体系

（一）文化：幸福教育的深层基因

苏霍姆林斯基说："理想的教育是培养真正的人，让每一个人都能幸福地度过一生，这就是教育应追求的恒久性、终极性的价值。"

学校是教育人、影响人的地方，需要有很高的文化格局和文化品位。为了学校持续而富有内涵的高品位发展，我们在不断努力中寻找到驱动学校持续、稳定发展的动力——文化。我们把教师、学生的幸福作为出发点和归宿，以"继承，传统中挖掘；发展，优势中提升；破立，问题中反思"为建设思路，在坚持将平凡事、常规事"做实、做好、做稳"中，形成自己独特的"文化基因"，创造师生幸福乐土，展现更美幸福姿态，引领学校幸福发展，努力为幸福人生奠基。

作为一所百年老校，我校深厚的文化底蕴，优良的办学传统，师生的砥砺奋进，促使学校不断进步。为了弘扬学校的精神文化，筑起学校文化的幸福高地，我们在分析校园精神文化困境和成因的基础上，从学校实际出发，立足传统与现实、当下与未来，打开视野，重点实施"三步走"战略，使精神文化"由虚到实、由浅入深、由表及里"植入脑中，融入心中，使精神文化真正成为学校文化的价值链条，成为学校文化的核心和灵魂，使其对内形成一种文化上的向心力，对外成为学校个性和精神面貌的缩影。

在"和谐育人 幸福有成"办学理念的引领下，我们致力于用生态的眼光，不断探索适合我校发展的管理新样式，为广大师生员工营造一种和谐、幸福的管理文化氛围，使他们既有对"当下幸福"的追求，又有对"未来幸福"的探寻；既有外显表象的快乐情绪体验，又有深层持久的满足感和深远绵长的希望，从而使广大师生员工在主动成长、自觉成长中实现自我超越。

（二）德育：幸福教育的根基润泽

教育部 2017 年 8 月发布的《中小学德育工作指南》，也将"立德树人"作为根本任务要求切实将党和国家关于中小学德育工作的要求落细落小落实，着力构建方向正确、内容完善、学段衔接、载体丰富、常态开展的德育工作体系，大力促进德育工作专业化、规范化、实效化，努力形成全员育人、全程育人、全方位育人的德育工作格局。这与学校幸福教育提倡的幸福德育相吻合。

幸福德育以培养学生全面、健全人格为价值取向，充分尊重学生的主体地位，将学生个人幸福感与学校德育融为一体，让学生在幸福的、充满正能量的校园氛围熏陶下，培养优秀品质，养成积极健康心理，从而激发自身的主动性、自觉性和创造性，从而成就幸福人生。

确定德育目标，形成德育特色。我们的德育目标浓缩为三个关键词：三层、三线、三育。结合《中小学德育工作指南》，以及"幸福教育"中"幸福德育"的教育理念，学校着力于学生品德的全面健康发展，科学地重新构建德育体系，创新提出"三层三线三育"的德育新模式。所谓三层，即简化原来学校德育的四级管理网络。"立德树人"是鲤城实小多年来牢固树立的德育工作理念，多年来学校根据实际情况，原本是制定了一套德育体系网络，即建立了学校统一管理，下设德育处—少先队—中队（班级）四级管理网络，明确了德育管理的职责。为了适应新形势下幸福德育管理体制需要，我们将四级管理改为学校—德育处（少先队）—中队（班级）三层管理，建立一系列规章制度，构建"幸福德育"的长效机制，从学科课堂、德育活动入手，从全员育人到"五星"育人再到"红色"育人，从绿色评价到雏鹰争章，抓住学生、家长、教师三条育人线路，开展行之有效的"育人、育心、育福"的幸福德育，全面提高学生的思想道德素质和自我管理能力，促进学生健全人格的自我建构。

（三）课程：幸福教育的学科通融

"幸福教育"的目标指向是师生的"幸福成长"，落脚点是幸福课程的建构。我们站在"立德树人"的高度，以教育部颁布的《中国学生发展核心素养总体框架》来检视我国传统文化中的"六艺"（即礼、乐、御、射、书、数）育人思想，结合学校文化特色，赋予其时代新意，发展出"新'六艺'"。课程对学校的重要性是不言而喻的。改革中，学校依据"契合学生立场，融合学校文化，整合课程资源，符合教育规律"的"四合"原则，从学校定位、师资实际和学生特点出发构建自己的课程体系。"四合"原则遵循"一切为了儿童发展"的课程开发理念。只有审视社会发展对人才素养的需求，深刻理解并顺应教育发展诉求，以科学把握儿童发展规律与特征为基础，结合自身的教育资源优势来建设课程，才能具有丰富学生知识体系，拓宽学生视野的特质。所以说，基于生本教育和生命教育的课程再造，关键不在教材，而在于所设置的内容与程序要切合学生的成长规律，在于让学生主动发展、激扬生命、发掘潜能，在于突出学生、突出学习、突出合作。

基于"四合"原则的课程建设，才能让学生获得更多的学习选择权，教师获得更多的授课权，学校获得更多的教育权，并共同服务于学生核心素养的提升和创新人才的培养。在学校发展进程中，我们成功地实现两个转向：以教学建设为中心逐步转向以课程建设为中心，以课程建设为中心逐步转向以课程体系建设为中心。我校在落实国家三级课程管理中，以发展为要义，以学校作为教育的细胞，以课程文化为营养液，开发海丝美韵、南拳、宋江阵、泉州花灯、护遗讲解、空中英语、经典诵读等校本课程。其中，海丝美韵、空中英语、南拳、经典诵读编写了校本教材。这些基于地方资源及民族优秀文化开发的校本课程，激活学生的活力、发展的动力和能力，并将传承民族优秀传统、弘扬民族精神的教育渗透其中。

（四）课堂：幸福教育的学科融通

优秀教师的课堂教学从备课预设、活动组织、课堂结构，师生互动、评价反馈到知识生成、能力发展具有许多共性特征，突出的表现是学生主动尝试，大胆探索，主体性得到充分的发挥，课堂氛围活跃，师生心情愉悦，学生学习真实发生，幸福的味道芳香四溢。我们努力打造幸福课堂三大景观：

1. 关注学生感受、强调幸福体验的主体课堂

教师从充分培养学生的能力和兴趣出发设计教学活动，使其对这节课有明确的期望和主动参与的欲望。尽量采用活动式、情景式、学习共同体式的教学方式，以赏识、激励营造积极的情绪，合理运用直观的教学工具撬动学生的深度参与，让学生在活动中直接接触情景，通过手、眼、嘴、脑的参与，亲身体验获得直接感知来增加对事物的认识，获得知识结论，使他们在观察、思考、探索中思维和能力得到培养和发展，在参与生动的学习实践中体验学习的乐趣、成功的喜悦。

2. 聚焦核心素养、助推学生成长的高效课堂

聚焦核心素养、助推学生成长的品质课堂首先是观念转型——从"学科教学"转向"学科教育"。其次是目标转向——从传统的关注知识点的落实转向关注核心素养的养成。方式转变——从教师一言堂、二言堂转变成"学生为主体，教师为促进"的学本型课堂，善用启发式、思辨式、探究式的学习方式。再次是策略提升——采取阶梯式教学策略，在教学起点和教学终点之间划分不同梯度的"最近发展区"来设计教学，提供适当的支架，引导学生逐步完成学习任务，实现快乐高效的课堂。

3. 教学相长、大胆创新的个性课堂

在课堂上，教学不断让位于师生互教互学，形成"学习共同体"。这样的教学相长，即教会学会，以学生课堂上参与学习活动的全面性、深入性、主动性和创造

性，以教师的课堂教学的阶梯式提升与创新得以呈现；以学生课堂学习后当堂检测的形式得以证明。学生的快乐学习促进教师自我价值认同和创造教学的激发。

（五）教师：幸福教育的第一资源

百年大计，教育为本；教育大计，教师为本。中共中央、国务院《关于全面深化新时代教师队伍建设改革的意见》中明确指出，教师是"教育发展的第一资源"。"资源"作为经济学概念，是指国家或地区在一定范围内拥有的物力、财力、人力等各种物质要素的总称。国家将教师作为教育发展的"第一资源"，明确教师在影响个体发展和整体教育发展过程中不可替代的重要作用，揭示"教师"专业身份的内涵，必将给予教师更多的关注与支持。

教师作为教育事业的第一资源，其专业成长与发展直接决定着教育的质量，决定着学生全面、健康、和谐、幸福的发展。长期以来，我校坚持以"每一个员工成为岗位上的专家"为教师发展愿景，关心、关爱每一位教师职业人生的成长与发展，沿着幸福教师的内涵和外延两大主线出发，从教师职业的安全感、归属感、尊严感、使命感和成就感等五个方面着力，提升教师的幸福指数。我校倡导教师之间的人际文化是：开放沟通、包容欣赏、豁达乐观、合作多赢。教师合作的必要性和可能性在于"宇宙机会无限"，而"个人思维有限"。在一个教师团队中，每个成员各有所长、各有所短，通过合作，不同智慧、水平、知识结构、认识风格的教师能够互相启发、互相补充，实现思维智慧上的交流与碰撞，实现抱团发展。

（六）评价：幸福教育的机制保障

崇尚幸福教育，评价是改革的关键，评价体系则是保证系统良好运转的润滑剂。在"顺应趋势、遵循规律、促进发展"的初衷下，构建起以发展为核心的"三星十五品"绿色综合评价体系框架。从"仅仅关注知识获得"向"关注人的整体发展"倾斜，促进教师教学质量的提升和学生知识与技能的同步发展，使学生获得最充分、最合理的发展，在整个教育过程中师生感受幸福、传播幸福、创造幸福，让幸福的因子浸润在课堂的每一处角落，守教师"和谐育人"初心，开师生"幸福有成"之花。

在"和谐育人　幸福有成"办学理念下，历经思考与探索，我们逐步构建起以发展为核心的"三星十五品"绿色综合评价体系框架，即评价促发展，在学校的课程体系开发下，发展学生的学力、能力与潜力。"三星"指的是一级评价指标"品行习惯红五星""多元智能黄五星""积极心理绿五星"。"十五品"指的是"三星"涵盖下的十五个二级评价指标。"品行习惯"对应"文明礼仪、健身习惯、学习习惯、安全自护、卫生环保"五个维度，"多元智能"对应"体育、艺术、语文、数学、英语"五个维度，"积极心理"对应"学习动力、学习负担、学习方式、师生关系、进步指数"五个维度。

三、实践探索

学校因时制宜，因校制宜，走出了一条符合自身实际的幸福教育独特之路，形成了百花争艳、多素质协同发展，多元素融合共存，全面和谐、持久发展的局面。近几年来成绩不凡：学校先后荣获全国第三届"和谐校园"先进学校、全国首批体育工作示范学校、全国足球特色校、全国未成年人思想道德建设工作先进学校、全国教育科研工作先进学校、全国创建绿色学校工作先进学校、全国艺术教育先进集体等国家级荣誉十余项，被评为福建省校园文化美育环境示范学校、福建省优秀少先队集体。南拳、小刺桐合唱团、空中英语这三朵特色之花，成绩突出。学校是福建省级体育传统特色（南拳）学校，南拳课程获福建省精品课程，宋江阵获全国百强案例；创办20多年的小刺桐合唱团荣获全国校园合唱比赛一等奖，福建省中小学艺术节合唱比赛一等奖，并曾荣登国家大剧院演唱，是福建省级音乐学科基地校，"效能型合唱团建设"获福建省基础教育教学成果奖二等奖；千人课堂的"空中英语"校本课程，演绎着多元文化，形成特色鲜明、内涵丰富的校园文化，是福建省级英语学科基地校，"三位一体"语用型英语课程构建获基础教育省级教学成果奖二等奖。学校还多次被评为全国"青少年科学调查体验活动特色学校"，荣获全国"体验科学　快乐成长"青少年科学调查体验活动优秀实施单位奖，图书馆被评为"福建省示范图书馆""福建省最美图书馆""全国中小学图书馆先进集体"。学校成为管理、课程、特色、科研等多方位示范辐射的重要窗口。

目前，学校有省级、市级名校长各1人，市级教学名师2人，市级学科教学带头人2人，市级、区级骨干教师各21人。据不完全统计，2015年以来，学校教师参加各级各类比赛活动，成绩显著：荣获国家级奖项的，分别有语文学科3人、英语1人、美术2人、少先队活动1人；荣获省级荣誉的有17人次。

数年的踏实奋进，幸福教育成果显著，培养了具备"理解幸福的思维"、"感受幸福的能力"、"体验幸福的境界"和"创造幸福的能力"为核心内涵的幸福学生。良好习惯不断形成，核心素养不断提升，个性特长和综合素质不断发展，学生们在各级各类比赛中屡屡斩获佳绩。据不完全统计，2015年以来，学生荣获国家级奖项的有30人次，荣获省级奖项的有87人次，荣获市级奖项的有146人次。

学校幸福教育成果显著，为了把学校管理、教育教学经验辐射到全区、全市、全省、全国，《中国教育报》《东南早报》《泉州晚报》《鲤城微事》《文明鲤城》以及鲤城区教育局、泉州市教育局等公众号，都纷纷对我校的办学特色、办学成效做了相应的报道，推广先进的办学理念、优秀的办学特色，我校成为省、市、区，乃至全国的品牌学校。

四、未来展望

"明者因时而变，知者随事而制。"作为一所有使命担当、有境界追求的学校，理应积极融入历史潮流，适应新时代教育发展的宏观方向，对教育理念与改革主张进行深度思考和努力践行。学校将紧跟社会主义新时代发展步伐，全面总结八年来幸福教育办学经验，依据立德树人的根本要求和德智体美劳全面发展的培养目标，努力落实立德树人根本任务，通过建构个性化的育人体系，以积极主动的态度、科学理性的精神、扎实有效的举措系统诠释和践行"培养什么人、怎样培养人、为谁培养人"这一根本问题，推动学校的跨越式发展。

下阶段，学校将在引导学生坚定理想信念、厚植爱国主义情怀、加强品德修养、增长知识见识、培养奋斗精神、增强综合素质等方面狠下功夫，促进学生自律自觉成长，只有当幸福变成一种内在素质，幸福才是自由和终身的，教育也才是最成功的。

幸福教育事业发展还远远"在路上"。进入新时代，必须准确把握和认识未来发展形势，抢抓机遇，以新理念、新定位引领创新发展……将自身融入新时代改革开放的洪流，勇立改革潮头，接受历史站位、思想境界、责任担当和开拓能力的考验。进入新时代，积极应对高质量教育的现实命题，进一步梳理、总结、提炼"幸福育人"的建设经验，充分发挥好品牌学校的辐射引领作用，为区域教育的改革发展体现出示范引领的角色担当，为更广大学生的和谐发展奠定坚实的基础。

"以新理念、新定位引领创新发展……"这对学校新一轮发展明确了方向和路径，我们将"可持续幸福教育育人体系"的理念提炼、路径设计及操作模式置于国家小康和谐社会建设和时代教育发展的宏大情境下继续思考与实践，将幸福学校的理想追求融合于教育生态体系，使"可持续幸福教育育人体系"的建构层次更分明、节奏更稳健。追求幸福教育，我们一直砥砺前行，不负韶华！

23

兰质教育：追求有价值与品质的教育

◎苏伟毅

【作者简介】

苏伟毅，男，福建泉州人，正高级教师。现为泉州市丰泽区崇德实验小学校长。福建省"十三五"小学名校长培养人选，福建省小学语文学科教学带头人，福建省优秀教育工作者，教育部"校长国培计划"实践导师，泉州市小学语文苏伟毅名师工作室领衔人。曾获得福建省基础教育教学成果奖二等奖，已出版专著两种。

一、办学主张

（一）"价值引领，品质育人"办学主张的理论背景

《教育部2015年工作要点》提出："推动学校特色发展，提升学校品质。"学校品质是质量、内涵、文化、特色、信誉的集合体，是指中小学的文化建设定位、特色内涵发展、设备设施情况、教学工作质量、学校管理质量的综合水平。教育的品质体现为学校的品质，学校品质是教育品质最常见，也是最主要的表现。提升教育品质的主阵地与主渠道，是提升学校品质。

价值决定品质，学校品质是通过其教育实践体现教育价值，通过树立学校核心价值观，以此提升学校品质，是一条办学路径。就如教育部基础教育一司原司长王定华指出：学校品质提升首先要确立学校发展哲学，就是确立全校上下共同认可的、可以统领全局的、长期发挥作用的价值观。一所学校选择什么、崇尚什么、追求什么，外显为教育的行为和校风，内隐的是学校的价值观念。学校的价值观为学

校全体师生指明了共同的向往和愿景，影响着师生员工和学校的日常行为、精神追求与发展方向。全校共同认可的价值观是学校取得成功的必要条件。愿景和价值观是学校品质提升的根基，共同价值观是愿景的灵魂，共同愿景是规范教育行为、引导学校发展的强大推动力。

（二）"价值引领，品质育人"办学主张的实践内涵

本人多年以来一直用"价值引领，品质育人"主张进行办学，尤其是创办丰泽区第三实验小学、丰泽区崇德实验小学时，探索基于核心价值观的学校品质提升，提出"一核心，两体系，三提升"学校品质建设之路。

1. 一核心：学校核心价值观

凝练核心价值观，开启学校品质教育源泉。提升学校品质，首先要立足学校实际，梳理办学历史、传统，总结办学特色、优势，分析所在区域地方文化，提出办学价值、追求，凝练学校核心价值观，回答"办什么样的教育"和"怎样办教育"的问题，力求带领全体师生参与其中，争取广泛认同感。

2. 两体系：办学理念体系、办学实践体系

构建办学理念体系，注入学校品质教育动力。基于学校核心价值观，构建学校办学理念体系，确立"两个目标"——办学目标、育人目标，进一步明确"办什么样的学校"与"怎样办学校"、"培养什么样的人"及"怎样培养人"的问题，提出"一训三风"——校训、校风、教风、学风等，提升学校理念品质，提振学校精气神。

构建办学实践体系，深化学校品质教育实践。开展学校基于核心价值观的全面办学实践，对管理制度、师生行为，课程建设、课堂教学，校园环境、设施设备等领域的品质提升进行研究，形成体系，开展实践。

3. 三提升：价值品质、理念品质、实践品质

"三提升"有两层含义，第一层含义逐步提升，即从学校核心价值凝练，到办学理念建构，再到办学实践落地是三步骤，要分三步走，这三步是有先后顺序的，前一步是后一步的基础，后一步是前一步的深化与升华。

第二层含义是逐项提质。可能学校原来在每一项目中都有一些实践，只是存在

片面、零星现象，不成体系，或是缺少理论支撑，不成系统。因此，对每一项目，要在原有学校实践基础上进行提升。例如，学校核心价值观的确立，是对原有学校多种价值观的凝练与重塑，是牵一发而动全身的首要任务；基于核心价值观提升办学理念品质，是对原有办学理念的进一步梳理，提炼出具有核心价值的内容，进一步完善与补充；基于核心价值观提升师生行为品质、课程教学品质、物质环境品质等，更是在原有基础上巩固与建设，不是全盘否定与抛弃。

二、理论体系

兰质教育的提出，是立足丰泽区崇德实验小学之校情，基于对教育之质的根本性问题的思考与把握，在现代中国教育与未来世界教育形势的大背景下，尤其是对"优质教育"发展主题任务的一种回应与定位，也是作者办学经历的延伸，办学经验的应用，办学主张的丰富与提升。其基本内涵如下：

（一）核心价值观：一德立而百善从之！

核心价值观是回答"为什么办教育""怎样办教育"的问题，是学校的教育哲学，是学校灵魂之所在。"一德立而百善从之！"作为学校核心价值观，就是要确立教育之"德"，以办"善"之校，育"善"之人。

兰质教育要立"德"，这是教育的过程、方法、路径。教育立"德"，就要遵循教育规律、学校发展规律、儿童身心发展规律。要处理好教育外部关系规律，如教育与政治、经济、文化等社会系统关系，教育与人口、资源、民族、生态等社会要素；也要注意处理好教育内部关系规律，如人的全面发展各个组成部分的关系，教育者（教师）、教育对象（学生）、教育影响（教育载体及其运用的方式、方法）诸要素在教育（教学）过程中的关系。教育立"德"，还要重视立德树人，以德为首，全面育人，这是根本任务。

兰质教育要致"善"，这是教育的目标、愿景、归宿。教育致"善"，就要办"善"校，注重教育质量，提升教育品质，发展优质教育，办人民满意的教育，这既是时代的呼唤，也是社会的需求。教育致"善"，还要育"善"人，将一个个孩子培养成有品质的好学生，为社会培养适应未来的一代新人。

（二）一训三风

一训（校训）及三风（校风、教风、学风）是以口语化、具体化的形式对核心价值观的进一步阐释，是核心价值观的下位概念，一脉相承贯穿于教育观之中。

1. 校训：明德如兰，至善若水

兰质教育的校训是"明德如兰，至善若水"，其中"兰""水"是对"一德立而百善从之"中"德""善"两个道德意象的具象解读。希望师生平时注重品德修为，如兰花那样，由内而外散发德、才的馨香，不断追求并力求达到善行的境界，像水一样清澈平静，泽被万物。亦指教育应"善若水"，要顺流而行、遵循规律，要润物无声、循循善诱，要善治善教、至善至美。

2. 三风

学校"三风"是对校训的进一步分解，是师生行为的具体化。

（1）校风：至真，至善，至美

"至真"就是要求人们要真诚待人，不虚情假意，更不能存心不良。"真"包括真心和真行。"至善"就是要求人们不但不做有损于他人利益的事，而且还要多做有利于他人及社会的事。要做善人，要有善心，要有善行。"至美"是能给人们带来幸福的人或事物，若要做"美人"，则要有美心和美行。美心即美丽的心灵，美行包括美言行和美体行。

（2）教风：立爱，立责，立人

师爱，是教师之灵魂。孔子曾说："爱之能勿劳乎？忠焉能勿诲乎？"我国近代教育家夏丏尊更直接讲：没有爱就没有教育，所以作为老师要用自己的爱心去唤醒学生，教会学生去爱父母、爱老师、爱同学、爱社会。责任是教师之本职。"百年大计，教育为本"，要承担起教育的责任，完成教育的使命，教师必须牢牢地树立起责任意识，为人师表、身正为范决定了教师必须要有崇高的责任感。立人是教育的本质。《论语·雍也》篇："夫仁者，己欲立而立人，己欲达而达人。能近取譬，可谓仁之方也已。"所以教师要始终将立人作为自己工作的最终目标。

（3）学风：修学，修行，修心

《礼记·中庸》中有："好学近乎知，力行近乎仁，知耻近乎勇。"修学，是希望学生能明白自己作为学生的主要职责所在，努力修习学问，充实自己的智慧与知识。修行，则是希望学生能修炼自己的思维活动、心理活动、行为活动及社会活动，最后达到更高的品行境界、更广的胸怀、更宽的视野。修心，指学生要坚持净化心灵，修养心性，欲修身，先养心，王阳明说："心即理也，天下又有心外之事、心外之理乎？"

（三）办学目标：创办润生命、顺自然、融社会、展才情的"兰质学园"

办学目标是回答"办什么样学校""怎样办学校"的问题。水是滋润的，是柔顺的，是包容的，也是无私、永恒的，学校教育应如水一般。兰质教育要润生命，滋养师生生命；要顺自然，尊重自然天性及个性的发展规律；要融社会，学校即社会，社会即学校，办成一所包容众生、融合社会的学校；更要展才情，办学能达到泽被万物、呵护个性、展现才情的高度与气度。

（四）育人目标：培养有雅气、富才气、怀志气、现朝气的"兰质少年"

育人目标是回答"培养什么样的人""怎样培养人"的问题。兰质教育在于培养具有"四气"的兰质少年。君子如兰，生幽谷，无人自芳。兰质少年要有雅气——雅言，雅行，雅貌；富才气——学有所知，习有所能，术有所长；怀志气——修身志，家国志，天下志；现朝气——展现"时不我待，只争朝夕"的态度，"蒸蒸日上，朝气蓬勃"的精神，"困难无畏，朝夕不倦"的意志。

三、实践探索

兰质教育办学思想的落地，主要通过构建"五维"实践体系来实现，"五维"分别为学校、教师、学生、课程、环境等方面。

（一）兰质学校"四向"：润生命，顺自然，融社会，展才情

1. 兰质教育的管理团队

建构"兰"型管理团队，形成德育、教学、后勤三个管理系统，以及管理组织、

德育班队、安全卫生、学生发展、教师发展、后勤资源、人事督评七个管理中心。

2.兰质教育的管理理念：德治

兰质教育以"一德立而百善从之"核心价值观为追求，提出"德治"型学校治理理念。"德治"型学校管理是"以人为本"的一种学校治理，以"人本"为核心和根本，以"治理"为手段和路径对学校实施管理。

3.兰质教育的管理路径：治理

（1）从学校管理走向学校治理

管理是比较单向的、控制的、主观的行为。兰质教育倡导学校治理，强调从控制走向协调，从封闭走向开放，妥善处理好学校与家庭、学校与社会、学校与政府、学校与教师、学校与学生等关系，形成齐抓共治的局面与体系。

（2）从任务驱动走向价值驱动

任务驱动的学校管理，是以"事"的完成为中心，并不能以"人"的发展为中心。治理是一种有共同目标的活动，是一种集体的价值追求。治理型学校通过创造或确立一个或一组共同价值观，让全校师生广泛认可、为之振奋，并不断改变自己与之适应，在达成与实现学校目标时，也体现和实现自己的价值。

4.兰质教育的管理制度

（1）从决定走向约定

从"治理"的角度，为了提高制度的执行力、内驱力，在制度的形成中，应该转变一个观念，化"领导的决定"为"集体的约定"。遵循并贯彻民主参与机制，才能让制度沉淀为文化。

（2）从刚性走向柔性

改变规章制度的刚性表达方式，增加人文的温度，多用柔性的表述方式，多一些人本性的制度。

5.兰质教育的管理行为

（1）从被动走向主动

要改变教师工作状态，从被动走向主动，根本还是从学校领导的改变开始。校长要改变在集体的位置，从"前面"走到"中间"；校长要改变传统的用人观，从

"用人"走向"育人"。

（2）从要求走向追求

化"要求"为"追求"，把学校要求工作转变为个人追求工作；化"安排"为"选择"，把领导安排工作转变为教师选择工作。学校实行"我的工作我做主"，采用"四岗"工作法，改变教师行动方式。一是设岗，提供《丰泽区崇德实验小学年度岗位设置一览表》；二是选岗，填写《丰泽区崇德实验小学年度工作意向表》；三是定岗，形成《丰泽区崇德实验小学年度教师工作岗位一览表》；四是评岗，以《丰泽区崇德实验小学教师岗位工作评价表》进行考评。

（二）兰质教师"四有"：一股书卷气，一副好身体，一颗仁爱心，一番新作为

1. 兰质教师成长目标

（1）一股书卷气：专业成长，师生共读

兰质教师的气质是书卷气！读书修气质，《红楼梦》里说："才华馥比仙，气质美如兰。"书卷气就是如兰一样的气质，是一种内外一致的气韵美、动静结合的灵动美，是一种饱读诗书后形成的高雅的气质和风度，是良好素质的表现。共读促成长，每学期指定书目，学校统一购买，老师共同阅读、交流与分享。

（2）一副好身体：身体成长，师生共炼

兰质教师的体质是好身体！要健康工作几十年，幸福生活一辈子，源自时刻保持着一副好身体。有一句话说得好："要么读书，要么旅行，身体和灵魂，必须有一个在路上！"读书丰盈灵魂，锻炼强身健体。

（3）一颗仁爱心：心灵成长，师生共情

兰质教师的本质是仁爱心！兰质教师是有品质的教师，当然先要是一位好老师，仁爱心是好老师的最基本要求。兰质教育倡导服务型教学，学生转变了传统传授方式下的被动受教者的角色，教师以教育服务者身份出现，更要怀着一颗仁爱之心，具体体现在：知心相处、爱心呵护、关心发展、修心正行。

（4）一番新作为：业务成长，教学相长

兰质教师的素质是新作为。要做有作为的老师，就要做到：守得住寸土，耐得住寂寞，主宰住时间，多付出一点。

2. 兰质教师成长模式

教师应该形成一个团队，而不仅仅是一支队伍。团队是以核心价值观为中心的，因共同的价值取向、目标追求而在一起的，既达成学校的目标，也实现个人的价值。而队伍更多体现的是学校领头人的带头、引领作用，以及教师在集体中的位置。在教师成长中，既要有外在的引领带动，又要有内在的价值驱动。

3. 兰质教师成长方式：育兰工程

学校提出与实施教师成长"育兰工程"，着力于专业素质、根深叶茂，教学风格、百花齐放，教育科研、追花酿蜜，抱团成长、花团锦簇。

（1）专业素质、根深叶茂

根深才能叶茂花开，要让专业向深处钻。教师专业之根，就在于学科专业知识与教育专业技能，一个没有深厚学科素养的教师就如无米可炊之妇，一个没有教育专业技能的老师就如不懂刀枪之兵，不具备学科知识与教育技能的老师，就不可能成为学科教学能手。根深才能汲取更多养分，要不断学习、培训、研修。

（2）教学风格、百花齐放

一枝独秀不是春，百花争艳春满园。学校立足教师特点，倡导发挥特长，不拘一格成长，形成个人教学风格。教学风格是教师的教学理念、个性特点、教育技巧在教学过程中独特的、经常性的表现，不同教师的教学风格，形成不同的教学活动特色。

（3）教育科研、追花酿蜜

学校教育教学不是"牛耕田"的苦差活，而是"蜂酿蜜"的甘甜事。这是教师与学生的约定，是教学与科研的约定，是蜜蜂与花儿的约定。作为一所新办校，老师均是从高校招聘的新教师，或是各地调入的骨干教师，教师素质比较好，科研能力比较弱。学校通过各级申报立项课题，开展研究实践，促进兰质教师成长。

（4）抱团成长、花团锦簇

学校根据老师的年龄结构、专业层次、成长梯队，由名师或学科骨干领衔带头，多向结合，组成十多个团，每个团五至八人，就如一簇簇"兰"，抱团成长。

成长团确立目标，集体听课，共同研讨，互相学习，互相帮助，以老带新，以新促老，促进新老教师素质的共同提高。

（三）兰质学生"四气"：有雅气，富才气，怀志气，现朝气

1. 兰质少年成长平台

教育不只是一种单向性的、接受型的师生活动，学生也不该是一种被动式、牵引式的成长。学生需要主动成长，师生应该共同成长。兰质学校要充分利用时空，搭设一个个教育成长平台，如兰质少年宫、兰质四节、兰质讲坛、兰质报刊、兰质公众号等。

2. 兰质少年评价方案

学校确立兰质少年评价方案，分为五个部分开展评价。首先是分项评价，即"雅气少年""才气少年""志气少年""朝气少年"的评价，最后在以上"四气"少年评价基础上，进行"兰质少年"的综合评价。

（四）兰质课程"四项"：雅气课程，才气课程，志气课程，朝气课程

兰质少年的培养，需要兰质课程的支撑，着力建构"四气"兰质课程。

1. 课程开发，构建兰质教育校本课程

建构"一兰四气十二篇"的课程模型。一兰，即《兰之文化读本》，以"兰"之具象表述"德"意象，收集有关兰的诗词、书画、对联、歌曲、谚语等，编写《兰之文化读本》，以了解兰的知识、理解兰的文化，此为母本。开发"兰质教育课程"，形成"四气十二篇"系列课程："四气"为雅气课程、才气课程、志气课程、朝气课程的四门类课程；"十二篇"是四类课程的具体化，雅气课程有雅言篇、雅行篇、雅貌篇，才气课程有知识篇、能力篇、特长篇，志气课程有自我篇、家国篇、世界篇，朝气课程有精神篇、态度篇、意志篇。

2. 课程整合，构建兰质教育课程体系

学校基于对国家课程、地方课程、校本课程的课程层级的认识，以及显性课程、隐性课程等课程形态的思考，从学校兰质少年之雅气、才气、志气、朝气之培养目标出发，整合构建课程体系。

（五）兰质环境"四香"：花香，叶香，书香，墨香

1."四香"环境主题

兰质教育，是有品质的教育；有品质教育，应创设有品质的校园环境。学校以"幽兰雅韵，水木清新"为主题，提出学校环境的"四香"建设，即花香、叶香、书香、墨香。

（1）花香、叶香

花香、叶香是学校的特色。学校的校花是兰花，兰花是花与叶的艺术，花香叶秀，赏花赏叶，两者皆宜。有道是"红花需要绿叶配，绿叶需要红花衬"，校园里要充满着花与叶的馨香，花如人，从教育的角度，不管是"花"，还是"叶"，都要受到重视，两者都要"香"。以兰花为主题，花香叶香做伴，打造物质环境，学校有兰苑、兰亭、芝兰实践基地，春夏秋兰班级，"四气"之楼、"四气"之梯等。有花的校园，也一定是充满着绿意的校园，打造花香校园、绿色校园，是所有崇德实小师生的一种精神追求，兰质校园会因此花儿更美，叶儿更艳。

（2）书香、墨香

书香、墨香是学校的底色。作为学习生活的兰质校园，除了要富有学校特色、彰显学校办学个性的花香叶香环境；还要体现文化底蕴的书香墨香校园，让师生在"书香"与"墨香"的共同熏染下健康成长，要把兰质校园打造成为墨香浸润、书香四溢、清香怡人的工作和学习场所。学校有图书室、阅览室、专门的书法教室，走廊、楼梯等有书香墨香文化内容；楼层有图书漂流区，校园和班级设有读书角、作品展示栏，并经常更新内容；拥有自己的校报校刊，刊登教师学生作品；读写教育教学设备完善，图书收藏达到标准要求，并配有书法的学习教材或者资料，能够满足教师教学和学生学习的需要。

2.兰质环境建设

学校整体规划兰质环境布置方案，逐年分步实施。校园物态环境建设坚持实用、经济、美观和因地制宜的原则与校园文化建设整体有机结合，充分利用学校内原有的建筑、空间、场地等自然、人文条件，尽量做到少花钱，多办事，要努力形

成自己的特色，不雷同，力求做到四香萦校园，处处皆育人。规划建设了兰质文化墙、兰园、兰亭、芝兰实践基地、兰苑、兰质班级、"四气"楼道、兰质阅读区、书法室等。

3. 兰质学校视觉形象识别系统

设计制作《泉州市丰泽区崇德实验小学校园形象识别系统》。基础部分主要包括学校名称、学校标志、学校标准字、学校标准色等；应用部分主要包括事务用品序列、办公用品序列、通信用品序列、宣传用品序列、人员服饰序列、环境装饰序列、交通用品序列及整体布局和空间环境等。

四、未来展望

（一）学校有品质

兰质教育全面提升了学校品质，学校管理、课程建设、教学文化、环境设施等方面，围绕着学校核心价值观，由兰质教育理念进行贯穿，一脉相承，形成系统。各个领域成分发挥育人功能，形成合力，开展有品质的教育。

（二）师生有素质

学生有修为，有志向，有才学，积极向上，在各项赛事中，屡获嘉奖。教师勤钻研、有活力，虽新教师居多，但在各级教学赛事中已崭露头角，屡获嘉奖，多人次获得市级、区级表彰。本人也获评正高级教师、福建省基础教育教学成果奖二等奖、福建省优秀教育工作者、泉州市小学语文苏伟毅名师工作室领衔人。

（三）基地有特质

学校既是校长培训基地，也是名师成长基地。作为教育部"校长国培计划"边远贫困地区农村校长助力工程基地学校、福建省"十三五"小学名校长培养人选、福建省乡村校长助力工程小学校长的跟岗培训基地校，已经接受十多个省份一百多位校长的跟岗学习。泉州市、丰泽区两级的小学语文苏伟毅名师工作室落地在本校，成员四十多人，辐射全市各县区。

（四）辐射有实质

办学成效显著，国内辐射十五六个省份，国外辐射一个国家（马来西亚），结对帮扶十多所学校。各界媒体给予关注，报道与推介提升学校品质成功经验，向全国各地辐射。《中国教育报》专版报道《"兰质教育"在崇德盛开——解读泉州市丰泽区崇德实验小学校长苏伟毅的办学实践》，《福建日报》、《泉州晚报》、昌吉电视台也多次报道宣传其典型做法。

办孩子喜欢的学校

◎吴珍梅

【作者简介】

吴珍梅，女，福建泉州人，高级教师。泉港庄重文实验小学原校长，现为泉州市泉港区教育局局务会成员、福建师大泉港实验小学校长，福建省"十三五"小学名校长培养人选，福建省学校优秀共产党员，泉州市名校长、先进工作者、中青年学科带头人、星星火炬奖章获得者、三八红旗手。阅读教学课、教学设计分别荣获省级一等奖，负责主持四项省级课题研究，发表 CN 论文20多篇。

一、办学主张

喜：高兴、快乐、可庆贺的意思；欢：欢乐，轻松愉快的氛围；喜欢泛指喜爱，指对人或事物有浓厚的兴趣，积极地融入，也指相互之间的欣赏、仰慕、钦佩，以及对彼此的理解、包容和悦纳。孩子喜欢，指向性明确，就是以孩子的视角、孩子的立场为导向，孩子是舞台正中央的人，是校园的主人，是我们服务的对象。校园的建设，教师的教学，课程的开设，评价的开展等，都要关注孩子的认知、情感、意志、兴趣和选择，都要反映孩子的童心、童真和童趣。

办孩子喜欢的学校，为文明与高尚的人生奠基。

（一）提出背景

1. 基于国家教育政策

《中国教育现代化2035》明确，"到2035年，总体实现教育现代化，迈入教育强国……关注培养每个学生的个性和兴趣……《中国学生发展核心素养》重在强调能有效管理自己的学习和生活，认识和发现自我价值，发掘自身潜力……具有积极的学习态度和浓厚的学习兴趣；能养成良好的学习习惯……"

2. 基于学校发展历史

学校创办于 2002 年，第一任校长提出"为孩子的终身幸福和快乐成长奠定基础"的办学理念。"办孩子喜欢的学校"，是继承和发展这一办学理念。

3. 基于未来学校发展

朱永新在《未来学校》中指出，各种学习中心将更加关注人的兴趣、喜好和特长……

爱因斯坦有句名言："兴趣是最好的老师。"孔子说："知之者不如好之者，好之者不如乐之者。"说明喜欢是更深层次的兴趣。吕叔湘先生也曾用一个生动的比喻来说明兴趣对于学习的重要意义。他说汽车倘若不发动，无论你在前面怎样拉，在车后怎样推，它都安然不动，但只要将它发动，你只需轻松地握住方向盘，它就可以飞快地跑起来。这些话无不在启迪我们兴趣、喜欢是学习活动中最活跃的意向心理因素，它对于维系注意力，增强理解记忆，激发联想和创造思维，唤起情感体验等起到重要作用，使人的智力得到开发，知识得以丰富，眼界得到开阔，并会使人善于适应环境，对生活充满热情，甚至会达到废寝忘食的境界。事实上我们也发现，孩子一旦喜欢学校，就会天天盼着来上学；喜欢一位老师，就会对老师的课充满期待，正所谓"亲其师，信其道"；喜欢一门课程一项活动，会促使他刻苦钻研，主动去融入、去探索、去成长，并且进行创造性的思维。

（二）内涵解析

孩子喜欢什么？孩子喜欢自由、游戏、故事，喜欢被尊重、被关注、被呵护，喜欢有安全感、有意义感、有成就感。学生喜欢的就是学校办学的立足点、出彩点，也是学校的发展方向、价值追求，更是学校的精神内核、文化传统。

另外，随着独生子女的出现，家风家训被慢慢淡化，孩子们往往容易以自我为中心，不会顾及别人的感受，表现出来的言行举止粗野无礼。学校存在的意义不仅仅是满足孩子的成长需求，而且是要培养孩子成为更好的自己，因此，学校的着力点应放在成全"孩子喜欢"的同时培养孩子成为被喜欢的人。"办孩子喜欢的学校，为文明与高尚的人生奠基。"是先输入再输出的过程，先让孩子感受到环境和他人发自内心的理解与爱，因爱而生的孩子，才懂得如何去爱。这就是我们确定"办孩子喜欢的学校，为文明与高尚的人生奠基"的价值追求和逻辑起点。

二、理论依据

（一）马斯洛需要层次理论

受内源性动机（如个人兴趣和选择自由）驱动能使人更加全身心地投入工作与学习，并能发挥更大的创造性。

（二）郭思乐生本教育理论

教育必须一切为了学生，高度尊重学生，全面依靠学生。要研究学生的内部自然、喜好认识规律、既有经验，创造适合儿童的教育，而不是选择适合教育的儿童。

（三）苏格拉底"产婆术"观点

教师之教学，类似产婆将胎儿"引出"而已，产婆绝对无法"由外往内"地赐给产妇婴儿，只能"由内往外"接生婴儿。教师的职责，是帮助学生"自己"重新"发现"早已存在的观念，或"回忆"遗忘但未曾消失的记忆。

（四）杜威儿童哲学理论

儿童是谁？儿童就是儿童，儿童不是小大人，儿童的成长是儿童自身"内在自然"的展开，儿童是自己的创造者。杜威说，儿童的未成熟状态就是生长的可能性，就是一种积极的势力或潜力——向前生长的力量。那么我们要让学生喜欢我们的教育，喜欢我们的学校，就是要为儿童提供充分的生长条件，通过组织保证生长的各种力量，既保证教育得以继续进行，又让儿童没有压抑感、厌恶感，而是有舒展感、喜好感。

但并不是说，只要孩子喜欢的都要给予满足，因为人都有天生的惰性，都有不当的欲求，都有不良的习惯，当孩子喜欢这些惰性、欲求和习惯时，教师不能一味地迁就，要进行恰当的引导，让他们喜欢上真正有价值、有意义的生活。而许多有价值、有意义的生活，一开始孩子也未必喜欢，但只要处理得当，以孩子喜欢的方式加以呈现，最终会让孩子喜欢上的。作为教师，要善于从学生当下的生活经验出发，注重发现和引导儿童当下的活动和生活需要，并努力去建立它们和未来的关系，当学生认识到意义和价值时，就会喜欢上的。

（五）建构主义学习理论

学生在教育教学活动中不是被动接受知识灌输的容器，而是具有积极性、自主性和能动性的学习的主人。教师在教学过程中要注重激发学生的学习兴趣，帮助学生形成学习动机。

（六）积极心理学理论

积极心理学之父塞利格曼认为，某些离散的积极情绪，包括高兴、兴趣、满足、自豪和爱，都有拓延人们瞬间的知行的能力，并能构建和增强人的个人资源，如增强人的体力、智力、社会协调性等。

三、实践探索

（一）创设孩子喜欢的环境，成全每一个生命个体的期冀

佛学里有一句话：境以六根转心。六根指的是眼耳鼻舌身意。意思是人是环境的产物，环境中的一切事物会通过人的外在感官转入内心，并产生重要影响。孟母三迁，为的就是给下一代更好的成长环境。环境包括精神环境、物质环境和文化环境等维度。

1. 精神环境上进

好的环境首先要让人有良好的精神追求。我们选择白色、赭石色、绿色作为

校园主色调并提炼、设计富含教育意义的校徽。白色：代表纯洁和高尚，象征着教育的神圣和纯净；赭石色：代表阳光和泥土，象征着教师的爱像阳光般温暖、泥土般厚实，给绿色生命以滋养和呵护；绿色：代表生命和希望，象征着绿色生命在阳光、泥土的滋养下，通过自身的努力茁壮成长；红色：代表成果和喜悦，象征着重文园里欣欣向荣、硕果累累。这是色彩的含义，形象含义同样非凡：孩子处在最中心的位置，是舞台正中央的人，象征着一切以孩子为中心，孩子的需求被尊重、被关注、被放大，三只环绕在一起的大手代表学校、家庭、社会多方力量形成合力，一起关心教育、关爱孩子，为孩子的终身幸福保驾护航。中间的孩子像一本翻开的书，又像在跳绳，这是重文园里的两大特色：重文、健体。文明其精神，强健其体魄，内外兼修，身心健康。学校充分挖掘"文"字的丰富内涵，具体而可操作，指文字、文章、文学、文化、文明。文字，写一手好字；文章，出口成章，写一手好文章；用文学作品浸润孩子、丰富孩子，让他有文化，成为文明人。健体，我们开展"三球三棋三跳"和欢乐大课间，成为全国体育工作示范学校、全国足球先进学校、全国篮球先进学校、福建省乒乓球传统学校。其实，校徽中间的孩子还像一棵小苗茁壮成长，首先孩子自身是棵小苗需要努力成长，再就是孩子们从进入重文园的第一天开始教师就要照顾一盆花，去了解花的习性，去帮助它浇水施肥，去观察它的花开花谢。就是这样一件看起来不起眼的小事，我们最终期待达到的目的是孩子能对每一个生命温柔以待，这是重文园大处着眼小处着手的一个缩影。校徽中间的孩子还像雏鹰展翅飞翔，重文园的校歌是《起飞》，期望学子在重文园磨砺必备品格，提升关键能力，天高任鸟飞，向着现代化，向着世界，向着未来展翅高飞。校徽中间的孩子的四种形象含义，成为校园四座楼房的楼名，重文楼、健体楼、成长楼、起飞楼，也对应着孩子入学、成长、毕业的几个重要阶段，他们在重文园里重文、健体、成长、起飞，奠

图1 校徽

定好一生的基础。

2. 物质环境雅致

一所学校要让孩子喜欢，就一定要建成美丽的家园，让生活在其中的教师和孩子有安全感、舒适感、满足感。把钱用在离孩子最近的地方一直是我们布置校园的原则。公共空间多起来，校园里无所事事的孩子就少了。学校努力开辟更多的学生公共活动空间，仓库打开变身闽南童艺社、茶歇屋、家校密语屋，楼梯拐角成为盆景艺术区，架设连廊让楼与楼天堑变通途。我们努力打造了"七区七室"，"七"并不是只有七处或七间，而是代表多。"七区"包括玩沙区、熏香区、游戏区、跑跳区、攀缘区、玩球区、闽南童玩区等；"七室"有科创室、厨艺室、形体室、心灵花园、手工作坊、闽南童艺社、红领巾俱乐部等。"七区"倡导动，"七室"倡导静，全天候开放。这些场所之所以会成为孩子们的最爱，是因为在那里他们可以比较自由自在地交往、学习，可以认识班级以外的同学，找到有着共同兴趣和追求的同伴，那里也少了一些老师"管控"的目光。校园建设、布置回归儿童视角，校园最终变成孩子的乐园，孩子非常喜欢待在学校，每天傍晚时分的清校成了难办的事情。

3. 文化环境灵动

"办孩子喜欢的学校"不仅是一种办学理念，也是一种教育文化，应该弥散在学校的每一时空之中、每一个人的所思所言所行之中。校园处处体现以孩子为主体，打造"主人空间"。在走廊、楼梯、馆室墙壁上，随处可见以孩子为主角的照片，畅快的笑容、自信的表演、收获的荣耀……这些被定格的瞬间，记录了孩子们展现自我、体验成功的历程；目之所及，重文园里到处都是学生的书法、绘画、手工作品，用学生的作品装扮校园，美化环境，美好心灵。校园里所有的引导语都以第一人称"我"来呈现，希望通过这样的语言让孩子自觉自律，而不是被强迫、被禁止。同时将这些布置放低位置，目的是让孩子看得见，够得着。置身于校园，就是置身于孩子的世界，孩子是校园里的主人。

（二）争当孩子喜欢的老师，成就每一个生命个体的价值

办孩子喜欢的学校，关键是教师。李希贵认为，教育学首先是关系学，只有学生认为他和你关系很好的时候，真正的教育才会发生。如何让学生喜欢自己，是所有教师面临的最大挑战。

1. 虚工实做，价值引领

教师要让学生喜欢上自己，自己就得先喜欢上学生。老一辈教育家于永正说过，每个学生都渴望得到老师的喜欢。要老师喜欢每位学生，确实很难；可是，若像美国教育家托德·威特克尔说的，"做出喜欢他的样子"，则比较容易。这也是心理学上的导入效应，你的行动会影响你的想法。我们倡导"教育即服务、教育即欣赏、教育即体验"等价值追求。

教育即服务，校园里，职位越高，不代表权利越大，而是代表服务的对象越多。服务于教师的发展，是校长的本分；服务于学生的成长，是教师的本分。

教育即欣赏，孩子做对事时是教育的最佳时机，也就是说，欣赏孩子做对事是最重要的教育方法。我们倡导"理解孩子、欣赏孩子、成就孩子"的教风，理解孩子是基础，欣赏孩子是关键，成就孩子是目的。把学生当成自己的孩子，把自己当孩子，教师以真挚的爱感染、赞美学生。学校推行"101 种表扬办法"，让老师手里有很多"高帽"，可以源源不断地抛给孩子。

教育即体验，犯错是孩子的权利，但犯了错要从错误中成长是教师要引导学生做到的。我们不认可老师在学生犯错误时歇斯底里地批评，而是心平气和、公平公正、就事论事，蹲下身子和学生说话，保护孩子的自尊心和隐私，并注重创设情境让学生学会设身处地、换位思考。再就是采用自然后果惩罚法，让孩子自己承受行为过失造成的后果，从而引起孩子的自我反省，自觉纠正错误。不用承担后果的纯粹批评，教育效果是微乎其微的。

2. 专业过硬，孩子喜欢

孩子喜欢的老师既要有高尚的人文情怀，又要有过硬的专业素养。校本教研注重打造的是教师和风细雨的声音，露出八颗牙齿的微笑，探讨如何倾听、如何

观察学生，交流"101 种表扬办法"的实施，等等，成为建立良好师生关系的基础。争当孩子喜欢的老师，得会上孩子喜欢的课，因为孩子 80% 的时间是在课堂度过的，重文园推出"体验·成长"课堂要求，实施策略是课堂要有情境性、画面感，要让孩子两眼发光、小手直举、小嘴常开。大力推广"小先生制"学习方式，因为讲给别人听，是最好的学习方式之一。有机会成为自己同学的"小老师"让学生兴奋和欣喜。老师把讲台让给了学生，把讲解知识的权利让给了学生，为学生搭建更多施展话语权、表现欲的舞台。学习是学生自己的事，任何人都替代不了，既然替代不了，在学习上，老师能做的就是激励、帮助、关心、指导。把老师解放出来，老师就有时间和精力去关心学生，去激励肯定，去发现问题，去指导帮助。

所有的课都以孩子的主动学习为前提。孩子们就在自己是主角的课堂上，享受着一天天成长的快乐。我校引领教师专业发展的方向，就是带领每个教师努力成为学生喜欢的老师。教师需要不停地去与学生互动、交往，才会知道学生需要什么，喜欢什么，才能真正理解学生，欣赏学生，成就学生，并让学生喜欢上自己。

（三）开设孩子喜欢的课程，关照每一个生命个体的成长

学校的课程系统清晰，实施起来才能有方向、有目标，才能不断丰富、扩展。基于"办孩子喜欢的学校"办学理念，从本校特点出发，建构适合学生个性发展、全面发展的课程体系，主要从结构、内容、形态三个维度进行探索。

1. 课程结构

课程结构上，分为三个层面。第一层面为学科基础课程，指的是国家规定的课程。国家课程是必须要上好的课程，学校建构"1+1"模式来落实国家课程。"1"是指国家基础性课程，"+1"是指实现与学校特点融合，增强国家课程在本地区的适切性，指向学校的培养目标，又指向学生核心素养的培养，让课堂变得丰富，学生注意力集中，获得感强，师生在这种新型的课程建构中获得更大成功。如语文 + 诗歌 + 演讲、数学 + 数学阅读、音乐 + 陶笛、书法 + 水墨画、英语 + 韵律诗等等。第二层面为趣味拓展课程，为学生提供多项个性化课程选择，分为必修拓展课程和

选修拓展课程。必修拓展课程是学校自主开发的 12 册《走进经典》、家务课程、家长讲坛、入学课程、离校课程等；选修拓展课程有科技类、体育类、艺术类、语言类、思维类等，有趣味魔方、语言艺术、闽南童谣等 40 多个项目，每班一个项目。第三个层面为特长彰显课程，由青少年宫项目组成，由学有余力和具有特长潜质的学生，携手家长、教师共同参与、实施。包括简单编程机器人、3D 打印、手工电路、芗剧、北管、微视频制作等项目。

2. 课程内容

课程内容上，以儿童的生活为载体，处处有课程，事事是课程，将课程与儿童的周遭联系起来。北师大教授肖川说过，不能把儿童的世界局限于教科书，整个世界都应该是儿童的教科书。学校努力做到课程源于儿童生活、融入儿童生活、创造儿童生活，为儿童创造快乐多彩的童年。

3. 课程形态

课程形态上，努力打通学科课程分隔严重的壁垒，探索跨学科融合、与学生生活经验融合、与现代信息技术融合。以开发性实施为抓手，边实施边开发，不断完善不断成熟，让课程变得生趣盎然，变成孩子喜欢的"样子"。

"孩子喜欢"的课程实施策略如下：

（1）学科课程校本化

为了让国家课程在本校更好地落实，学校探索"1+1"主题教学、跨学科教学等模式，开设以下课程。①语文 + 诗歌 + 演讲。一、二年级大量背诵诗歌、童谣，三到六年级从有准备的演讲逐渐过渡到即兴演讲，这是先输入再输出、先积淀再释放的过程。语文课少慢差费的现象得到改善，教师更能上出扣人心弦、体验情感的好课。②体育 + 兴趣模块 + 花样跳绳。同年级分模块实施，六个班至少有四个项目，有球类、武术类、田径类、体操类等，一学期可以跟定一个自己喜欢的项目持续发力。课前热身不再是一成不变的跑步，而是花样跳绳，一节课推进一个花样。教师也不再是单纯地教动作、要领、运动技巧，而是让儿童感受体育的乐趣。③美术 + 连环画 + 故事。美术课不仅仅是摹画和欣赏，而是创作连环画及用各种美术材料讲故事，儿童的想象力、创造力得到培养。

（2）活动课程常态化

活动课程是学科课程的有益补充，一所学校是不是充满活力，跟它有没有足够多、足够好的活动课程有关。与正儿八经的学科课程相比，活动课程更让孩子期待。重文园各种活动纳入课程计划，时间一到如期开展。学校对活动的要求是今年比去年做得更出彩，明年比今年更让孩子喜欢。

①节日文化课程。儿童天性喜欢热闹、喜欢过节，学校根据其心理特征，在节日中融入教育、融入文化，设计"大节大过，小节小过，快乐课间天天过"的节日课程。"大节大过"，每学年设四大节，即读书节、科技节、体育节、艺术节，每个节过一个月，让每个学生都有展示的机会、成长的喜悦。"小节小过"，即元宵节、清明节、端午节等，每个节过一天，让传统文化通过节日的体验活动根植于孩子心田。"欢乐课间天天过"，重文园针对不同年级学生不同的身心特点，设计不同的运动项目，音乐一响，校园就成了欢乐的海洋。

②身心和谐课程。把学生培养成为"身心健康、乐学思辨、雅趣文明"的人，是重文园的课程目标，其中"身心健康"排在首位。一至六年级的课程主题分别为"认识我的身体""保护我的身体""同伴互助不欺凌""青春心理我懂的""青春生理有变化""急救常识我来学"，主要通过讲座、故事会、场景体验、社会调查等丰富多彩的、有趣有意义的、具有时代特点的活动来实现。邀请校外辅导员、红十字会专家、法院青少年成长工作者等，更便捷、更常态的是邀请各行各业的家长进校园，和师生一起设计活动，开设"家长讲坛"，使各方面的教育力量形成合力，增强活动效果。

③仪式体验课程。学校的仪式体验课程，一至六年级分别安排"重文园我来啦""队仪式来巩固""动感中队来创建""十岁成长礼""研学实践我能行""再见母校"等主题。少先队主题活动是德育的主渠道，学校把每一次主题活动开展得庄严、有仪式感，以丰富学生的情感体验。

（四）开展孩子喜欢的评价，成就每一个生命个体的幸福

课程评价直接关系到儿童对课程的情感。儿童天性喜欢被尊重、被关注、被呵护，喜欢有安全感、有意义感、有成就感，不喜欢被比较、被否定、被淘汰。课程评价要全面，得有大课程观，兼顾到品格形成、学业成绩、服务他人等维度。

1. 品格形成重自省

重文园倡导人人以"五境界三美好"（五境界：敬、净、静、竞、靖，三美好：微笑、感谢、赞美）来要求自己、提升自己，其中的"竞"强调和自己对比，每天进步一点点，没有最好，只有更好，今天的我要比昨天的我更自律、更优秀。

2. 学业成绩有标准

学校制定《重文园"达人"标准》，选拔人才没有名额限制，只要达到标准，就是重文园"写作达人""歌唱达人""科创达人""跑跳达人"等。鼓励学生跟"标准"竞赛，不断挑战自我、超越自我，改变"我上你下"的恶性竞争为"我上你也上"的良性竞争。同学之间相互鼓励、相互帮助，而非相互淘汰，形成合作而非竞争的友爱关系。在学习上，教师要有很强的课标意识，以课标为标杆，而不是以班上或者年段的某一个学生的成绩为标杆。在课标的基础上，细化出年级质量评价标准，鼓励学生对照标准，提高学习成绩。

3. 服务他人得赞美

在班级事务管理方面，实行"一人一岗角色体验"制。班级图书谁负责，电灯空调谁负责，窗帘门户谁负责……所有岗位公开透明，完成质量接受监督，做到人人有事做，事事有人做，人人是服务者的同时也是被服务者，人人是管理者的同时也是被管理者。只有岗位不同，没有职位高低，学生们在各个岗位上都付出着、锻炼着、体悟着，收获教师与同学的提醒与帮助、感谢与赞美。

本办学思想实施以来，教师教育观念发生了很大转变，由原来看重师道尊严，高高在上，变为主动服务孩子成长，围着孩子转，与孩子打成一片，师生关系和谐融洽；培养的学生外显特征是健康、阳光、乐学、文明；各县市区校长、教师纷纷到校参观学习；学校获得教育部颁发的八块奖牌，得到社会各界高度赞誉，成为区域窗口示范辐射学校。

四、未来展望

践行办学主张的过程本身是一个不断实践反思的过程，每经过一个阶段都必须回过头来看看、想想其中的成败得失，这样才能不断地调整，不断地改进，不断地发展。为了在办学过程中更好地落实"办孩子喜欢的学校"这一思想，学校每学年初以"我喜欢的校园"为题，让学生从环境、教师、课程、评价等方面提意见、出点子，教师加以梳理、宣传、分层落实。教书育人永无止境，我们清醒地认识到，以"孩子喜欢"为核心的学校教育思想体系还不够成熟，我们要做的事情还很多很多，比如，孩子天性中的弱点与孩子喜欢两者如何区分与协调？孩子不喜欢的却对孩子成长有益的怎么引领？今后，学校将继续围绕着"孩子喜欢"这一办学主张，以精细化管理为抓手，以深化课程改革为突破口，辩证地去粗取精，扬长补短，进一步提升学校影响力，形成具有丰富办学内涵、鲜明办学特色，让孩子更喜欢、教师更幸福、家长更满意的知名品牌学校。

【参考文献】

[1] 吴珍梅.办孩子喜欢的学校，成全幸福人生 [J].师道，2014（9）：58.

[2] 刘然，程路.办孩子们喜欢的学校——黑龙江省哈尔滨市闽江小学办学纪实 [J].人民教育，2011（9）：54-63.

[3] 孙双金，孙双金.情智语文的追求 [EB/OL].（2013-03-31）[2020-06-15].http：//www.docin.com/p-1844987250.html.

25

践行幸福教育　奠基幸福人生

◎王恭礼

【作者简介】

王恭礼，男，福建晋江人，高级教师，福建省晋江市华泰实验小学校长、书记，福建教育学院"国培计划"校长培训导师，福建省骨干校长、福建省"十三五"小学名校长培养人选，福建省优秀教师、福建省优秀教育工作者，泉州市小学数学骨干教师。近五年来，在《福建教育》《小学数学教育》等 CN 类刊物上发表论文20多篇，晋江市王恭礼名校长孵化工作室领衔人。提出基于儿童立场的"幸福教育"办学思想。

中国教育学会原会长顾明远先生说："所有的办学思想都要真正为孩子发展而凝练。"我十分认同这样的阐述，在当校长办学校做教育的历程中也一直基于孩子的立场去思考、去实践、去凝练。以下，谈谈本人办"幸福学校"，做"幸福教育"的思想成型过程。

一、办学主张

"福"在古代表示倒酒祭祀祈福，后引申为"福气、幸福"。在古文中，"幸福"二字连用，谓"祈望得福"，"幸福"是一个渴望的过程，是一种思想、理念、目标，更是一种愿景。

"幸福教育"思想倡导：学校是幸福之地，校长和老师是孩子们生命中的福星，以仁爱之心、智慧之爱哺育儿童成长，提升生命的高度，享受幸福生活。教育之道，即幸福之道。幸福的核心是温暖的关系，做有温度的教育是幸福教育的基础。

"基于儿童立场"又称"基于孩子立场"：当前的教育可能无法改变孩子们所处的社会环境、家庭环境氛围，但我们可以"保护孩子们心灵中巨大的、无可比拟的精神财产和精神财富——快乐和幸福。"我们无法改变孩子们的生命长度，但要努力增加他们的生命宽度、厚度和亮度。

（一）"幸福"是教育的终极目标

教育的价值追求最终都要落到一个核心价值，那就是"幸福"，教育应使人"幸福"。我们的国家倡导人的一生要不断地学习和不断地接受教育，一生学习，终身学习，终身学习是一生幸福的基础。如果把幸福一生分成几个阶段，那便是：幸福的童年、幸福的少年、幸福的青年、幸福的中年、幸福的老年，一生幸福就是幸福的人生。

（二）"幸福"是教育的时代呼唤

2012年，第66届联合国大会宣布，追求幸福是人的一项基本目标，幸福和福祉是全世界人类生活中的普遍目标和期望，决议将今后每年的3月20日定为国际幸福日。《2015年世界幸福报告》评出2015年幸福指数最高的国家，瑞士位居榜首，成为世界上最幸福的国家。这一年，瑞士、丹麦、挪威、冰岛、荷兰、瑞典、新西兰、加拿大、奥地利则和芬兰一起，成为世界前10位的幸福国家。2016—2019年度，芬兰连续位居世界最幸福国家榜首，其中芬兰的教育是成就"幸福芬兰"的关键指标。

（三）"为人民谋幸福"是国家的梦想追求

"幸福梦"是中华民族伟大复兴的中国梦。《国家中长期教育改革和发展规划纲要（2010—2020年）》指出：教育改革就是要为人民更幸福而提供适合的教育服务。党的十八大报告指出：实现中华民族伟大复兴的中国梦，就是要实现国家富强、民族振兴、人民幸福，这既深深体现了今天中国人的理想，也深深反映了我们先人们不懈奋斗追求进步的光荣传统。习近平总书记在党的十九大报告中指出：不忘初心，方得始终，中国共产党人的初心和使命，就是为中国人民谋幸福，为中华民族谋复兴。这个初心和使命是激励中国共产党人不断前进的根本动力。

（四）教育者如何看待"幸福教育"

著名教育家乌申斯基说：学校教育的最主要目的在于使学生获得幸福，不能为任何不相干的利益牺牲这种幸福，这一点是毋庸置疑的，这是学校的使命和个体价值所在。美国著名的当代教育理论家内尔·诺丁斯是全球关心教育理论和幸福教育理论的首要创始人。诺丁斯在杜威存在主义、实用主义、人本主义心理学及关怀伦理学的影响下提出幸福教育的教育理念，这一理念从关注两性平等的角度出发，认为教育的目的在于促进学生的未来幸福，教育者应该围绕着生活对学生的多方面的兴趣来设计和安排课程，教育者要为学生提供更多的选择和自由，引导学生在活动与交往中愉快学习，教育要重视学生当下的幸福感受，倡导我们要接受学生发展的多方面的可能性。

我国著名的教育家陶行知先生早在 20 世纪 40 年代就指出，孩子应该是幸福的，而现在中国的孩子是痛苦的。成人的责任就是应该把社会改造得好一点，使未成熟的孩子少吃点苦，多享点福，我们应该负起责任来敲碎儿童的地狱，建立起孩子们幸福的乐园。

江苏天一中学原校长沈茂德先生说过：为每一个人的终生发展奠定基础，使一个孩子具备经营幸福人生及推动社会进步的憧憬和能力，使每一个孩子都能热爱生命、热爱学习，具有人文关怀与国际视野。真正的教育应该让每一个孩子懂得什么是幸福和如何去追求幸福。

（五）"幸福"是校长的教育梦想

一位教育家的教育思想通常与其童年的生活经历有着某种根源性的内在联系，或者是对美好童年的追逐与再现，或者是对痛苦童年的反思与超越，很不幸的是本人的思想来自后者。我的童年已很"不幸"，五年小学间我读了四所学校。后来，经过三年的中学学习，加上不断的努力，18 岁时我考入师范专业学校，21 岁时当上一名小学教师。当上小学教师的那一刻起，我就暗暗下定决心，一定要当一名自信、勇敢、快乐的老师，用我的自信、勇敢、快乐培养自信、勇敢、快乐的学生，让他们信心满满，幸福快乐。那时，我还有一个梦想，要是有一天，能当上一所新学校的校长，一定要努力把新学校办成"自由、民主、向上、快乐、幸福"的学校。

二、理论体系

2013 年元月，对于我来说，是校长工作岗位历练的又一个新起点。晋江市教育局党组任命我筹建一所全新的实验小学，这所学校就是我现在工作的晋江市华泰实验小学。那时我就暗暗下定决心，一定要办一所"幸福学校"，做"幸福教育"，成就"幸福师生"。

（一）"幸福教育"是区域人群的需求

晋江市华泰实验小学位于晋江市罗山街道华泰国际新城，居城市最中心位置。这里居住着晋江市各行各业的优秀人才，有知名企业家、政府公务员、高级白领、教师家庭，更有许多现任市镇领导干部及一大批离退休老干部在这里生活。这里没有本地人和外地人之分，他们都叫"华泰人"，在这里生活的人的家庭生活条件和能力素质都比较高，他们的孩子一出生，都能得到家庭的细心呵护和精心培养。这里的人群对孩子们在家门口有"好学校"特别期待，他们更知道孩子们在孩童时代打好幸福基因，有可能会决定孩子们一生的幸福。"幸福教育"是区域人群的共同需求。

（二）"幸福教育"需要幸福的软文化

幸福学校离不开幸福文化的引领。我们立足师生"幸福发展"与"快乐成长"需求，构建了以"幸福"为核心理念的校园软文化体系。其中，2015 年秋季确定的"三风一训"，就是软文化体系之一。

校风：幸福自立、幸福民主、幸福乐观、幸福向上。

教风：尽心、尽责、尽善、尽美。其中"尽心和尽责"是华泰师者对教师职业幸福的要求，"尽善与尽美"是华泰师者对教育事业幸福的追求。

学风：自尊、自律、自信、自强。华泰学子要成为幸福学子，必须从小培养自尊之心，培育自律之格，增添自信之勇，形成自强之品。

校训：立德、健体、启智、尚美、求真。这五大内容涵盖"德、体、智、美、劳"五个方面，这是"五育并举全面发展"的追求体现，一个孩子在小学阶段能"全面发展"，一定会特别的自信，会无比的幸福。

（三）"幸福教育"需要幸福的硬文化

我们努力站在"儿童的立场"，积极给孩子们最幸福的硬件文化。由于晋江市华泰实验小学是一所新筹建的学校，开办前夕，我们做了许多校园硬件文化建设，建设时我们从孩子的天性出发，从孩子们的角度考虑，努力打造了属于孩子们自己的幸福空间。

（四）共同愿景是"幸福教育"的灵魂

教育家苏霍姆林斯基说："学校必须是一个精神王国，而只有当学校出现了一个'精神王国'的时候，学校才能称其为学校。"这个"精神王国"就是学校的"办学共同愿景"。

2013 年 8 月，也就是华泰实验小学正式开办的前一个月，我们经过反复讨论和充分斟酌定下了华泰实验小学办学的第一句话——"六年奠定幸福人生"，并把这句话作为学校的办学共同愿景。我们认为办学共同愿景是"学校办学思想之魂"，是办学思想的第一要素；确定这句话为办学愿景的理由很充分，因为我们知道小学教育的基本任务有三个：一是夯实孩子们的双基，即夯实基本知识和基本技能；二是培养孩子们的良好习惯；三是为孩子们的未来人生幸福奠基。

（五）培养目标是"幸福教育"的体魄

"六年，为孩子们的人生幸福奠基"谈何容易？首先我们认为要确立办学的共同培养目标。办学的第二年，我们经过集体讨论，提出了学校办学的第二句话："努力让每一个孩子全面富有个性地发展！"并把这句话作为我校的共同培养目标。我们想通过努力，让华泰学子们六年后，成为"一个全面发展和富有个性的人"。我们认为学校的共同培养目标是办学思想的第二要素。如果说"六年奠定幸福人生"这个办学共同愿景是"幸福教育"之灵魂，那么"努力让每一个孩子全面富有个性地发展"首先需要"幸福教育"之体魄。一个孩子通过培养，"全面发展，又富有个性"，这个孩子一定是"自信、快乐、幸福"的人，这样的人也是符合国家提出的"培养什么样的人，为谁培养人"的教育目标。

（六）师生关系是"幸福教育"的血液

中国"新教育实验研究"著名教授朱永新说："没有老师的快乐和幸福，就没有学生的快乐和幸福；没有构建良好的师生关系，也不可能造就幸福的师生。"幸福的核心是温暖的关系，温暖的师生关系如同"幸福教育"血液，在师生之间"流淌"。

幸福存在于和谐的关系中，在人与自然、人与社会和人与人的和谐关系中。2015年秋季，我们组织全体老师一起用心提炼了华泰实验小学新型幸福师生关系的16个字：爱生尊师，以爱育爱，以心换心，共同成长。

三、实践探索

在确立了学校办学共同愿景和共同培养目标，以及确定了学校各项发展目标和"三风一训"等办学元素之后，围绕"办幸福学校，做幸福教育，为华泰学子的未来人生幸福奠基"的办学思想，我们逐渐有了清晰的体系框架，那就是围绕"办学共同愿景和共同培养目标"践行"幸福管理文化、幸福课程建设、幸福课堂构建、幸福教师打造、幸福学生培育、幸福家长培养"六大实践策略进行探索。

（一）幸福管理文化

"用研究精神做学校管理，用心经营才是最好的管理"，是我们办幸福学校的管理观。学校机构设置为校长书记室、教务管理处、教师发展处、学生发展处、后勤服务处、信息资源处、党务工作处。分工理念是：一室牵头决策出工作事项，处室之间协作式运转，以"学生发展为中心"、以"教师成长为共赢"开展学校各项工作。学校教师发展处设立幸福课堂研究中心，学生发展处还附设幸福课程研究中心。

我们提议："人在一起只是一个群体，心在一起才是一个团队，互相补台，扬长避短。"我们推行"扁平化"管理机制，减少层级管理，激发所有人的最大潜能，发挥人的最大功效！当一个管理干部能发挥出最大能量时，他一定是十分快乐的，也会是十分幸福的！

（二）幸福课程建设

课程建设是学校教育的主要载体，将外在"给定的课程"改造为"内生的课程"，这是学校办学思想的使命。于是，我们将课程建设定为学校办学思想的工作抓手，我们把课程建设命名为"幸福课程建设"，切入点就是将综合实践活动、地方课程和校本课程整合为拓展型课程。2015年9月，学校举行"幸福课程建设"之拓展型课程开设论证会，会上我们提出"做实基础型课程，做精拓展型课程，做活体验型课程"幸福课程建设体系。同年秋季，学校正式启动学科拓展型课程建设，拓展型课程分别从综合实践活动、地方课程和校本课程并结合部分国家课程整合而来，整合拓展而成的有："一手硬笔好字、一项运动技能、一门艺术爱好、一个阅读习惯、一种探究精神"的"五个一"课程。其中，一手硬笔好字由语文、书法、美术学科拓展而来，一项运动技能由体育学科拓展而来，一门艺术爱好由音乐学科拓展而来，一个阅读习惯由语文学科拓展而来，一种探究精神由科学、数学、信息技术学科拓展而来。"五个一"课程一至六年级逐项开设，全体华泰学子都参加。

五年来，各类拓展型课程，在课程设置、教材开发、师资培养、课程实施、课题研究、多元评价等方面扎实推进，成效明显。拓展型课程在开展过程中，始终注重学生的兴趣培养与技能形成，始终注意先激发学生的学习兴趣，才提高他们的学习技能，通过技能与兴趣的相互影响和促进，达到技能与兴趣共进的效果。教师们在幸福课程的实施中，从专项教师转变为一专多能教师，音乐老师会书法懂阅读，体育老师和学生们一样会吹陶笛懂得一门艺术爱好，语文老师会书法还成为跳绳高手，他们的课程意识与课程执行力获得普遍提升。教师的多种能力发展让他们感受到发展的幸福感。学生的多种素质发展了，也让他们体会到成长的自信和快乐的滋味。

（三）幸福教师打造

"精心探索教师发展的路径，用心搭建教师成长的平台，通过开展不同层次不同形式的教师能力提升活动，打造一支"师德高尚、理念先进、业务过硬，有大局意识、有乐观精神、有合群态度、有名师梦想、有理想担当"的师资队伍是我们学校教师发展的总目标，我们又称打造"一高、一先、一硬、五有"发展目标。

要实现此目标，我们探索出"六路径"引导教师成长，分别是"成长计划'明路子'，专家引领'架梯子'，厚积薄发'铺底子'，师能比武'搭台子'，量化考核'定尺子'，幸福成长'有路子'"。

幸福教师团队建设只有路径还不够，必须搭建起看得见的成长平台，我们搭建的平台有"两坛四课"。"两坛"指的是"道德讲坛"和"读书论坛"。"四课"，分别叫"见面课""成长课""比赛课""风格课"，这些课是老师们"成才"和"成名"的舞台。教师的"成才"和"成名"是造就他们"幸福"的元素。

（四）幸福课堂构建

华为创始人任正非说：一个国家的强盛，是在小学教师的讲台上完成的。这句话道出了基础教育质量的重要性和紧迫性。而小学教师的讲台，就是我们学校最重要的地方，那也就是学校的教学主阵地——课堂，课堂成效如何，决定着学生能不能幸福，教师是不是幸福。

"构建幸福课堂，成就幸福师生"是我们的学校发展目标之一，特别是2016年9月中国学生发展核心素养框架出台后，"构建幸福课堂，发展核心素养，成就幸福师生"更进一步成为我们全体老师的共识与追求。

"幸福课堂"是一种基于深度学习的课堂变革新样态，它是学生感知觉、思维、情感、意志、价值观都能全面参与的、全身心投入的活动状态，这种活动状态教师可以少教，但学生可以多学、主动地学。"幸福课堂"追求构建趣味、愉悦、和谐、平等，触及师生心灵的课堂样态，它是学生主体、教师主导的课堂样态，也是学生主动参与、积极建构的课堂样态。

2017年秋季，我们开始"基于深度学习的幸福课堂构建实践研究"课题研究，我们所憧憬的基于深度学习的师生和谐共生的幸福课堂构建大概有四个特征。

一是课堂上学生特别专注，即课堂上教师善于培养学生专注地倾听、观察、表述；二是课堂上学生乐于探究，即课堂上教师很会引导学生去合作实践、动手探究；三是课堂上学生善于思辨，即课堂上教师不断引发学生去思考、质疑、批判、辨析；四是课堂上学生敢于创新，即课堂上教师不断鼓励学生打破常规、推陈出新，敢于创新创造。

经过两年多的课题研究，我们初步探索出了基于深度学习的幸福课堂构建的教师研教能力提升策略，探索出基于深度学习的幸福课堂构建的学科教学目标，探索出基于深度学习的幸福课堂构建的学科教学策略，探索出基于深度学习的幸福课堂构建的学科课堂模式，梳理出基于深度学习的幸福课堂构建的评价体系。目前，华泰实验小学课堂常态呈现为：让学生积极参与学习过程，主动完成学习目标，享受学习带来的快乐，体验成功的幸福感，进而达到深度理解，达成高阶思维，提升核心素养；教师研教有深度，教学设计很高超，课堂氛围有文化，各学科教学目标融会贯通；师生关系和谐平等、互相尊重、共生共长、其乐浓浓，幸福感明显。

（五）幸福学生培育

顾明远先生说：好的教育会让人得到"一种享受和体验"，"让教师享受教育的幸福，让孩子们体验幸福的教育"的学校才是好学校，才是幸福学校。

通过夯实幸福课程建设，使华泰学子在"品格形成、人文底蕴、体质锤炼、艺术熏陶、劳动创意、健康生活、科学精神"等核心素养方面得到精心培育；通过推动幸福课堂建构，让华泰学子在"学会倾听、学会合作、学会探究、学会思辨、学会创新"等学习能力方面得到用心培养。但是华泰学子的核心素养和学习能力得到发展需要一段很长的时间，六年，也许更长。形成的过程是一个"润物细无声"渐进的过程，这个过程也是每一位华泰学子积极参与和得到肯定的历程。为此，学校开展了一系列校园活动和设计出一整套评价体系。

一是让华泰学子全员有权利参加"幸福校园月"活动。学校根据华泰学子的年龄特点，精心开展了丰富多彩的校园节日活动，一月书法节、四月语文节、五月艺术节或陶笛节、六月谜语节和游戏节、十月体育节或跳绳节、十一月数学节、十二月科技节或英语节。其中，书法节、数学节、语文节、跳绳节、谜语节、游戏节、陶笛节每年举行一次，华泰学子人人都可以参加；体育节、艺术节、科技节、英语节的举行每两年一循环，华泰学子全员都可以参与。

二是让华泰学子全员有机会参与"红领巾超市"评价。创设"红领巾超市"评价就是"赏识每一位华泰学子的点滴进步"，也是在"成全每一个华泰学子成功"。红领巾超市里可以兑换奖品的券有"文明券、阅读券、运动券、艺术券、创新券、善思券、进步券、满分券"等八种券，八种券分别有自己的攻略范畴。华泰学子在"积券摘星换币"的过程中，能充分体验到进步与成功带来的幸福感。

三是华泰学子全员有机会参评学校"最高荣誉"。"勤学善思幸福少年、名列前茅幸福少年、自我超越幸福少年、天天向上幸福少年、幸福华泰毕业生"等称号，是华泰实验小学学期或学年对华泰学子的最高荣誉评价。每学期或学年，我们都精心组织评选，让优秀华泰学子的风采得以展示。而"走红地毯"是优秀华泰学子的"特权"，每一次让这些获奖孩子走红地毯时，都能看到优秀华泰学子获得成功时的快乐与幸福。

电影《当幸福来敲门》有一句经典的台词叫：其实幸福很简单，有事做，有人爱，有所期待！如今的华泰学子们在校园里也是，有学习之事，有老师之爱，有受肯定的期待。

（六）幸福家长培养

2012 年教育部下发的《关于建立中小学幼儿园家长委员会的指导意见》指出："中小学生和幼儿园儿童健康成长是学校教育和家庭教育的共同目标，积极建立家长委员会，对于发挥家长作用，促进家校合作，优化育人环境，建设现代学校制度，具有重要意义。"

学校开办的第二年，根据教育部的以上指导意见，我们组建起学校家长委员会，制定出了 21 条《家长委员会工作章程》和定出了《家长委员会十大工作目标》。其中"积极倡导学校办学理念、办学思想、培养目标，形成校内外一致的办学追求；定期聘请知名专家来校开展家教培训、讲座，提高家长育儿水平；举办父母学堂，让父母也'上学'，和孩子一起幸福成长"等工作目标是家长委员会工作的重要任务，家长委员会的成立使家长的家庭教育水平提升有了保障。办学的第三年，我们便成立家庭教育研究与指导中心，中心理念是"家庭教育需要研究着做，为人父母需要研究着当"。围绕此理念，我们开展了"组建教师团队、组合专家资源、开展系列培训、家教平台建设、幸福家长评选"等工作，取得了很好的成效。

四、未来展望

每当聆听华泰学子们唱起校歌："欢乐童年在这里闪亮，美丽梦想在这里绽放……华焉其实，泰而不骄，幸福人生这里起航。"歌声中充满着快乐和幸福，我们每一位华泰师者都会涌现一种感动：做"幸福教育"真"幸福"，但我们的终极目标一直在路上，任重道远，永不止步。

未来已来，展望"幸福教育"，我们必须确立更大的理想和更高的追求：站在儿童的视角办更适合儿童未来人生幸福的教育模式，走出一条具有现代教育理念、富有儿童教育大爱情怀的办学之路。

26

积极教育
——为学生终生幸福奠基

◎林丽卿

【 作者简介 】

林丽卿，正高级教师，福建省特级教师，省优秀青年教师，省小学语文学科带头人，泉州市首批教学名师，泉州市高层次人才，福建省语文学会小学教学专业委员会常务理事，泉州市人民政府兼职督学，安溪县人大代表，安溪县实验小学原校长，现任安溪县清溪学校（筹）校长并参与筹建工作，福建省"十三五"小学名校长培养人选。

积极心理学关注人自身的积极方面，主张以人实际或潜在的积极力量、美德和善端为出发点，用一种积极的心态来对人的心理现象（包括心理问题）做出新的解读，从而帮助人最大限度地挖掘自身的潜力并获得美好的生活。教育是为学生的终身幸福奠基的事业，积极心理学为学校教育提供了新的思路。近年来，我校借鉴积极心理学研究成果建设学校文化，实施积极教育，努力创设有利于主观幸福感体验和人格养成的环境，唤醒学生的积极情绪体验，不断挖掘和彰显学生的积极品质和道德自豪感，促进学生阳光成长。

一、办学主张

（一）"积极教育"提出的背景

安溪县实验小学创办于 1902 年，前身为安溪学堂，堂长由安溪县知县谢金元兼任。几经更名，于 1979 年恢复校名安溪县实验小学，同年被省政府确定为第一批重点小学。（1918 年更名为县立第一小学。1946 年更名为安溪县立示范中心小学。1950 年 2 月，更名为安溪县凤城完全小学。1952 年 2 月被命名为安溪县实验小学。1977 年更名为安溪县人民小学。1979 年恢复校名安溪县实验小学，同年被省政府确定为第一批重点小学。）

星移斗转，沧桑巨变。安溪县实验小学已风雨兼程走过了一百一十八个春秋，百年老校成了数千万莘莘学子探索真理、放飞理想的学园、乐园、花园。百年经典，梦想启航。2014 年教育部《关于全面深化课程改革落实立德树人根本任务的意见》（以下简称《意见》）中提出的"研究制订学生发展核心素养体系"，其中对于"核心素养"的界定是"学生应具备的适应终身发展和社会发展需要的必备品格和关键能力，突出强调个人修养、社会关爱、家国情怀，更加注重自主发展、合作参与、创新实践"。

社会主义核心价值观的教育与中国学生发展核心素养的培养，需要有新的视野，这是我们一致的认识。宣传组在全校开展调查研究，征求意见，我们把目光投向积极心理学。就是运用积极心理学的研究成果探索学校办学思想。"积极教育"是安溪实小近年来办学思想的浓缩和提炼，也是学校要长期坚持的办学方向。它从积极心理学汲取营养，坚持与社会主义核心价值观高度契合，致力于研究人的发展潜力和美德。

（二）"积极教育"内涵解析

积极一词，原意是指"实际而具有建设性的"或"潜在的"。既包括外显的积极，也包括潜在的积极愿望、积极潜能。

美国心理学家谢尔顿和劳拉·金的定义道出了积极心理学概念的本质特点，"积极心理学致力于研究人的发展潜力和美德等积极品质。"

积极教育的核心概念，是根据学校性质与特点，基于积极心理学视野和中华优秀文化沃土，教师以一种积极的心态、情绪、方法和技术去研究学校的教育教学与管理。其宗旨是让学习过程成为学生一种良好的心路历程，一种积极求知、获得积极的情绪体验、培养学生积极人格品质与积极人生态度的过程。

（三）"积极教育"提出的理论依据

（1）积极心理学。积极心理学以主观幸福感为核心，主要在积极情绪体验、积极人格特质、积极组织系统三个方面开展研究，并取得丰硕成果。如在积极人格方面，结合价值观归纳出人类共同推崇的六大美德、24 项积极力量。

（2）马克思主义哲学相关理论。马克思主义唯物史观、实践观、人学等相关理论为积极教育提供了坚实的理论基础。

（3）中华优秀传统文化是另一学理依据，它传递出诸多的积极心理思想观点。如积极入世的人格精神、善待生命的慈悲胸怀、自制的行为规范等。

（4）教育学相关原理。教育方法是以教育原理为依据的，其中，思想政治教育规律和人的思想品德形成发展规律等相关原理为积极教育方法提供了学科理论依据。

（5）积极教育与学生核心素养培育的内在契合。从核心素养与社会主义核心价值观的内容看，两者具有教学目标的相似性、教学内容的相融性、教育功能的相通性，以及课程推进的相契性。

（四）办学思想提出的实践依据

2016 年 7 月，在美国达拉斯市召开了首届世界积极教育联盟(IPEN, the International Positive Education Network)成立大会，会上，来自全球 40 多个国家近千名教育工作者和专家学者围绕"积极教育"开展了深入探讨和交流，以推动积极心理学在家庭教育、学校教育和社会教育中更加广泛的应用。清华大学彭凯平教授认为，与传统教育偏重"知识"学习不同，积极教育在鼓励"求知"的同时，强调培养"知识以外"的能力。积极教育的重要内容和目标指向就是培养学生开展高级脑细胞活动的能力和习惯，在国内推广积极教育，可以打造中国领军世界的 ACE（王牌），ACE 中的 A 是 Aesthetic，即审美；C 是 Creative，即创造；E 是 Empathic，即情感共鸣。为此，形成包括乐观性格、幸福、利他、情商、美德与价值观、健康生活习惯、社会关系等七个方面的积极教育体系。

2017 年 8 月 25 日，主题为"健康中国，积极教育：面向 21 世纪的可持续幸福工程"的"第四届中国国际积极心理学大会暨首届国际积极教育峰会"在深圳召开，这次会议交流了经验、达成了一定的共识，进一步推动了积极心理学在教育、健康等领域的实际应用。

二、理论体系

从集体层面上看，积极心理学主张研究积极的组织系统。积极心理学主要研究了家庭、学校和社会等组织系统，提出这些系统的建立都要有利于培育和发展人的积极力量和积极品质，也就是说这些系统的建立要以人的主观幸福感为出发点和归宿。

（一）教师观

中华文化强调美德与幸福紧密相联，有德才有幸福，《周易》所说的"地势坤，君子以厚德载物"，就是强调一个人的道德是力量和幸福的保证。因此，积极教育要引导学生把美德的培育作为获取幸福感的源泉。

（二）学生观

培育积极的种子，要以儿童的方式。要树立积极儿童观和积极儿童教育观。积极儿童观，就是要尊重童性，相信儿童具有积极向上、向善、求真、爱美的本性，相信每一个孩子，包括成绩最差的学生都有自尊心，都有受肯定、被欣赏的心理需求；这是老师、家长对孩子进行积极教育的基础。

（三）教育观

要树立积极儿童教育观。学校教育还要着力培养、形成学生各种积极心理品质，如积极的情绪，爱的能力、学习能力、工作能力，积极地看待世界的方法，积极的人际关系、宽容和智慧灵性、创造的勇气、审美的体验等。

（四）课程观

秉承"全面发展，学有特长"的办学理念，设置科学规范又灵活自主的课程。让学生对自身实现目标能力的认识和感知，积极教育如果能够多向学生展示关于希望、目标设定等，提高学生的希望水平，他们在学习与生活中将会表现得更好、更健康，具有更好的解决问题的技能，更好的心理调节能力。

（五）教学观

培育积极的种子，要学会等待。让教育学会等待，就要让教师学会用发展的眼光看待学生。遵循潜移默化、循序渐进的教育规律。相信每粒存有希望的种子，在其成长的合适环境里，迟早都会破土而出。

三、实践探索

在积极校园的建设中，首先，从环境的构建、教学内容的选择、教学模式的运用以及教学评价的实施等方面，都有积极心理学的内容。其次，研究积极教育与学生核心素养培育的内在契合点，由于两者存在目的、内容、功能、课程推进等诸多内在契合之处，积极心理学关注人的积极人格特质和美德，注重人的积极情绪体验和幸福感受，激发人的内在潜能和积极品质；而核心素养教育以文化基础、自主发展、社会参与为核心教育内容，培养健康的生活方式，促进自主发展和增强责任感、使命感，完善其道德人格。显然，两者具有教学目标的相似性、教学内容的相融性、教育功能的相通性，以及课程推进的相契性。

因此，将具有积极情绪导向、积极生活体验导向、人格实践导向特征、创新意识与创新能力培养的积极心理学，运用到核心素养培育中来，不仅可以帮助我们创新教学理念、教学方法，改善教学环境，还能丰富师生的情感世界，将学生内在的积极品质挖掘出来，使之成为追求美好幸福的力量，为学生一生幸福奠基。

（一）导向"积极"，构建一个适宜的课堂环境

和谐的人际关系有助于积极体验和积极人格的养成。威廉姆斯等人的研究证实：当孩子们的周围环境和师友提供了最优的支持、同情和选择时，他们最有可能拥有良好的心理健康和人际关系；反之，这些孩子容易出现不健康的情感和行为模式。

积极心理学理论认为：胜任的需要、归属的需要和自主的需要，这三种基本心

理需求的满足是积极心理的动力。而在这三种心理需求的满足过程中，个体的环境系统则起着决定性作用。我校在这方面做出积极探索。

1. 让学生在因材施教中胜任学习

现代学校的因材施教，是以班级授课制为基础的因材施教。我校要求教师能够更多地展现热情、爱和关怀，从对学生严格的训练控制转换到深情的爱和理解，从只注重知识的传授转变为与学生心灵的沟通；在教学内容方面，要求在注重"知识能力"和"情感态度价值观"统一的同时，更注重教师对学生情感、意志、人格和个性的养成和促进；在教学方式和策略上，更重视互动与交往，根据学生个体的需要，抓住一切时机及时给予指导和帮助，这些指导和帮助，可以是知识学习的启发，也可以是情感的激励，学生会在因材施教的教学中胜任学习而发展积极心理。

2. 让学生在共同体合作学习中培养归宿感

共同体合作形式，是培养学生归属感的好形式。我校进行翻转课堂的大胆改革，邀请台湾的林文生校长来安溪开展县级研讨活动，并与福州林莘校长结对子，共同体合作学习让学生找到个体归属感；学生在有效合作学习的氛围中，个体归属感会得到很好的培养，从而促进积极心理的发展。

3. 让学生在有效的自主学习中满足自主的心理需要

要让学生自主而又学有所获，首先，要求每位教师熟悉学段目标。不同学段的自主学习应该具有不同的形态；其次，教师要处理好学科、课型、知识类型等相关因素之间的关系。

（二）导向"积极"，创新教学内容与模式

1. 课内，立足挖掘教材积极教育内容

所有学科教材内容均从不同方面渗透着对学生的人格要求和智能训练因素，它们既有德育、智育、美育等因素，也有积极心理教育因素，是积极教育的重要资源。教学中，创新研究学科整合，在语文、道法、体育中融入积极教育，书法与诗词融合，美术与书法融合，并根据不同学科特点，在积极教育内容的选择上有所侧重，比如，语文、品德、音乐、美术等学科，突出发掘"爱、感恩、希望"等积极

的情感体验和感受"热爱、勇敢、坚持、正直、热情、友善、社会技能"等积极的人格特质，数学、科学则突出"智慧和知识""创造力、好奇心、开放的思想、洞察力"等要素，诱发学生的求知欲望，激发他们的学习兴趣，培育学生的积极心理品质。

（1）积极体验，夯实文化基础

学生核心素养的文化基础里的人文体验，包括人文积淀、人文情怀和审美情趣等基本要点。积极教育里的沉浸式的积极情绪体验可以为学生核心素养里的人文体验提供借鉴。

人文课程中的积极体验。从人文性角度来说，语文、思品、音乐、美术属人文性课程。人文课程是要达到人文教育的目的，例如，语言的学习，不仅要训练学生的阅读与表达，也要引导学生体验语言里所具有文化的、情感的、美学的更丰富、更深厚的内涵。

人文课程中的积极体验的主要方法有：一是以情怡情。如品德课，应根据学生品德认知发展规律和特点，做到以"情"怡情，提高课堂教学实效；利用多样化课程资源，引导"情"境体验；运用探究式教学方法，引导学生主动学习促"情"思；选用灵活的教学组织形式，如角色模拟、课堂辩论、创建"情"趣课堂。二是以美陶美。要引导学生发现课程中的美，体验课程中的美，如音乐课，要引导到学生在音乐的艺术美、节奏美、活力美的体验中，丰富学生的审美经验。

科学课程的科学精神体验。从科学性角度来说，小学科学性课程包括数学和科学学科（包括物理化学生物学的启蒙知识）。一是要引导学生体验科学的思想方法，引导学生在观察、分析、概括的过程中，发现潜藏在课程中的思想方法，如整体的思想方法、化归的思想方法等；二是要引导学生体验课程中的文化内涵，如科学家高度的社会责任感、真诚善良的美德、求真精神、锲而不舍精神等；三是要引导学生在课程的审美熏陶中，体会数学和科学的简单美、对称美、和谐美、统一美。

（2）积极学习，促进自主发展

引导积极的自主学习。学生核心素养里的学会学习，包括乐学善学，勤于反思、信息意识。可以借鉴积极学习的策略与方法，引导学生积极学习、学会学习。

一是传授学习策略与方法，根据学科特点，传授学科学习方法，比如，语文学习的言外之意的揣摩，数学学习的样例学习，品德学习的明理践行；二是激发学习动机，如学习目的性教育，榜样教育；三是提供学习反馈，通过师生间、同学间的反馈，让学生及时认识自己的学习情况；四是引导学生表达和展示，提升学生积极学习的动力；五是通过不同的心理健康教育方式，帮助学生正确面对失败与挫折，减少失败负面影响，从而有效促进学生积极学习。

进行积极生命教育。进行积极生命教育的课堂是生命课堂，课堂的核心是人，具体是课程、学生、教师三个生命体，生命课堂就是这三个生命体不断交流、碰撞、建构、生成、提升的运动过程。

我校以"积极生命教育"为主题，通过"五彩中队，绽放五彩童年"等主题中队会；"重温光荣历史，争当先锋少年""喜迎十九大，童心诵党恩"等大队主题活动；"团结合作，勇往直前""打开心灵，快乐绽放"等心理健康拓展游戏等形式，引导学生学会健康生活，珍爱生命，健全人格和学会自我管理。

引导学生健康生活，要以生命为视角，遵循生命的规律，活出快乐和幸福感。我们引导学生通过自我增强的方式，多看自己的优点，把即便是点滴成功也归因于自己的能力和努力，增强学生的自信心。

2. 课外，立足于扎根传统文化和各项实践锻炼

美国积极心理学大师 Tal Ben-Shahar 博士在其《幸福的方法》一书中强调：积极心理学虽然是 20 世纪末 21 世纪初兴起于西方的心理学流派，但积极心理学中一些核心的思想，却是发源于中国传统文化中的哲学思想。

我校把积极教育扎根于中华优秀传统文化，并以"经典同行，梦想启航"为文化主题，设计与百年实小相吻合的独特的校园文化，不同走向的楼梯分别以"唐诗、宋词、元曲"等传统诗词为内容的学生书法作品来装点墙壁，定时更新；以"全面发展，学有特长"为办学特色，传承与开发"琴棋书画"为主体的校本课程，开出一朵朵绚丽的艺术之花，有 68 幅学生绘画作品入选美术教材，口琴人人会吹奏。

特别是侧重从古诗词中精选积极文化基因的篇章在学生中开展诵读活动。例

如，诵读郑燮的《竹石》、王安石的《元日》，体会自强不息、革故鼎新的精神；诵读王昌龄的《出塞》、陆游的《示儿》，感受爱国主义情怀；诵读李绅的《悯农》、范仲淹的《江上渔者》，体验悲天悯人的仁爱思想；诵读高适的《别董大》、王维的《送元二使安西》，感受积极乐观的精神风貌；诵读苏轼的《题西林壁》、朱熹的《观书有感》，体会唯物辩证的哲理思维；诵读古代民歌《敕勒歌》、李白的《望庐山瀑布》，体会天人合一的审美情趣等。在诵读方式上，有个人娱乐方面的，鼓励学生结合生活背出相关诗句；有集体活动，经常组织诵读比赛。每学期结合古诗词过级活动，我校学生都能做到把大纲要求的 80 首古诗词烂熟于胸，还积极参与县诗词 300 首的诵读识记。

另外，在科学课、品社课、体育课等课程中，多提供动手实验、实践操作、合作完成的探究性问题，给学生头脑风暴训练，拓宽思维的广阔性与创新思维、创造力的开发。

3. 积极实践，促进社会参与

核心素养中的"社会参与"，包括责任感的培养，国家认同和国际理解。借鉴积极实践，可有效促进学生的社会参与。

（1）积极实践社会参与

引导学生积极实践，到校内校外实践基地开展体验活动，调查研究，写主题作文、调查报告；在实践内容上，我们从培养健全人格着手：引导学生对他人表现出欣赏、热情和爱，经常去做力所能及的帮助他人的事情；引导学生摆脱孤独，结交朋友，维持友谊；引导学生努力克服如嫉妒、悔恨、自我怜悯、忧虑等不良情绪；引导学生善于与人合作，重视自己并且充分承担自己的责任；引导学生积极地接受任务，并且以首创的精神主动承担责任，做出决定并将之付诸行动。

（2）积极实践创新

学生核心素养中的实践创新，包括劳动意识、问题解决和技术应用。

积极心理学中的积极人格特质包含实践型人格和创新型人格。我们借鉴积极人格特质的培养方法，培养学生核心素养中的实践创新品质。

引导学生在动手实践中培养。小学阶段实践能力的发展以其动手能力的发展为主。例如：科学课通过创新事例学习、创新方法指导、科技制作与实践活动等培养学生的创新意识，提高动手能力。在校本课程和少年宫活动中开展科学知识兴趣、电子百拼、无线电测向、科技创新与制作等科技活动。在美术中，如做剪纸、手工等。在班会课上如大扫除评比、生活技能比赛等。引导学生在动手操作中培养劳动意识，训练手的灵活性、准确性，培养学生问题解决能力和技术应用能力及训练品质的坚韧性。

引导学生在团体协作活动中培养和锻炼。团体协作活动内容很多，如棋艺比赛、课本剧表演、合唱比赛、做操比赛、社会调查、小采访、"六一"庆祝活动、办墙报专栏、看望生病的同学等。这些活动内容在主题和形式上比较简单易行，有助于培养学生的动手能力、交际能力，有利于健全人格的形成。

几年来，积极教育取得了较好的成效，学校先后荣获全国体育传统项目学校先进单位，全国青少年爱国主义读书教育活动示范校，少先队全国红旗大队、省级文明学校、省级示范小学、省级教育先进单位、省级科技示范点、省级语言文字规范化示范校、省级党政工共建"先进教工之家"、省级绿色学校等 60 多项荣誉称号。校园里，每一张自信的面孔，都会折射出学校的积极办学理念，每一个幸福的身影，都会彰显学校的积极文化的含量。

四、未来展望

老树着花花更繁。有着光辉历史的百年老校安溪实小，在办学实践中，坚持积极教育导向，努力为学生营造一个积极向上、和谐幽美、充满人文关怀的成长环境，为学生的阳光成长创造最为适宜的条件。积极教育，既是一个目标，更是一种姿态、一种情怀，它将融进学校文化发展的血脉之中，我们期待这朵理想之花慢慢绽放。

27

沐春教育：让教育与成长如沐春风

◎陈素霞

【 作者简介 】

陈素霞，女，福建永春人，高级教师，本科学历。现任永春县第三实验小学校长、书记。福建省"十三五"小学名校长培养人选、泉州市中小学教学名师。曾获得福建省优秀教育工作者、福建省星星火炬奖章、泉州市优秀共产党员等荣誉称号，是泉州市第十二届党代会代表、福建省妇女第十二次代表大会代表。

学校文化之于一所学校的意义，犹如灵魂之于生命、思想之于人类，是一所学校凝聚力和竞争力的源泉，更是学校可持续发展的不竭动力。卓越的文化氛围和学校精神可以起到"润物细无声"的育人效能，推进学校文化建设，打造学校文化品牌，是学校发展的必然要求。笔者任职于一所新办的实验小学，对如何在建校之初理清办学思路，构建独具特色的办学理念，培育内涵丰富的学校文化进行了深入的思考与探究。两年多来，在自身从事教育三十年及多年担任校长的思考基础上，通过对学校特点和时代要求的充分把握，对地域文化、教育理念、传统文化等的整合、提炼，提出了"沐春教育"的办学主张，并不断努力实践，构建了以"沐春"为核心的学校文化理念体系和实践体系，为学校描绘了一幅独具特色的文化画卷，赋予了学校落实"立德树人"根本任务的无限动能。

一、办学主张

（一）沐春教育的缘起

1.从地域文化中获得灵感

（1）"永春"地名

笔者学校所在的永春县，气候温和，湿润多雨，素有"万紫千红花不谢，冬暖夏凉四序春"的美誉。《尔雅·释天》曰："春为青阳，春为发生，春秋繁露。春者，天之和也。又春，喜气也，故生。"春，蕴含着温暖、美好、希望和勃勃的生机，生机盎然的春天，往往能够给人以振奋。这也是教育精神之所在。

（2）永春人精神

永春，地灵人杰。从这里走出了全军挂像英模林俊德，著名教育家梁披云，改革先锋梁灵光，著名诗人余光中；这里有习近平总书记夸赞很甜的永春芦柑，有名扬四海的永春白鹤拳……一代又一代的永春人遍布全球，创造了无永不开市的商贾传奇……这一切都诠释着"爱拼敢赢"的永春人精神，值得我们去传承。

2.基于对教育规律的认知与把握

自古以来，我们倡导的教育，都是对人的生命的尊重，对生命的浸润与熏陶、唤醒和鼓舞，是如沐春风的呵护和给予。特别是处在小学阶段的孩子们，对他们的人生来说，这段时间是学知识、长身体的黄金时期，是人生的春天，孕育着无限的希望，需要的更是春风化雨的教育与引导。

反观当下的教育，因为日趋激烈的社会竞争，将人们关注教育的视线过多地投注在应试上，让教育渐渐疏离生命的本质，偏离了教育"对人的生命质量的提升""为孩子的终身发展奠基"的真正目的。因此，在当下，我们强调教育要摒弃功利性。做如沐春风的教育，就是要让教育回归本真、回归儿童，在回归中实现超越。

（二）沐春教育的内涵

沐春教育中的"沐"，是沐浴、润泽，是过程、方法。取之两层意思，一是比喻沉浸在某种环境之中。如古有南宋罗大经《鹤林玉露》卷十五："使荆公得从濂溪，沐浴于光风霁月之中，以消释其偏蔽。"近代有叶圣陶《倪焕之》十："在这一片锣鼓声中，全镇的人把所有的一切完全忘掉了，他们只觉得好像沐浴在快乐的海里。"这其中的"沐浴"，便是其意。二是取之"润泽""受润泽"之意。如西汉司马迁《史记·乐书》："沐浴膏泽而歌咏勤苦，非大德谁能如斯！"唐代柳宗元《为京兆府请复尊号表》："沐浴鸿泽者，敢怀晷刻之安；捧戴皇恩者，不知寝食之适。"清代诗人方文《送陈旻昭御史征兵广西》诗："雕题黑齿虽蛮族，沐浴皇恩三百载。"《辛亥革命前十年间时论选集·新广东》："且夫满洲今日，沐浴汉人之文化者，盖已久矣。"其中"沐浴"，即是其意。

沐春教育中的"春"，是温暖、希望，是目标、愿景。包含两层含义：一是指春天及春风、春雨、春阳等自然现象；二是象征温暖、美好、希望和勃勃生机。沐春教育是如沐春风的教育，是倡导润泽生命的教育。在沐春教育理念的引领下，师生沉浸在温暖、美好的意境里，学生蒙受着老师如春天般阳光雨露的润泽，充满着春天般希望、梦想、生机与活力，自由、健康、快乐、自主地成长。具体包含如下特点：

（1）沐春教育是凸显学校地域文化特色的教育，通过地方优秀传统文化的浸润、熏陶与传承，让孩子立足永春，放眼世界和未来，培养学生热爱家乡的情感，进而培养学生的家国情怀和责任担当意识。

（2）从育人方式上看，沐春教育是实施春风化雨式的教育，是学校面对教师、学生和家长，教师面对学生及家长的教育和互动方式。

（3）从育人环境上看，沐春教育是儿童在充满温暖、希望的环境中自主成长的教育，这是基于当代儿童观和让教育回归本真的目标和愿景提出的。

（4）从教育"落实立德树人的根本任务"上看，沐春教育强调以人为本，即对学生无限可能性的认识、开发、尊重和肯定。

（三）"沐春教育"的理论依据

古今中外的教育典籍和名家思想为沐春教育提供了理论依据。宋代朱熹在《伊洛渊源录》中写道："朱公掞见明道于汝州，逾月而归。语人曰：'光庭在春风中坐了一月。'"道出了教育的真谛和最高境界：同品德高尚且有学识的人相处并受到熏陶、教益，如同沐浴在和煦的春风里。《学记》中的"道而弗牵，强而弗抑，开而弗达"，说的就是教育应如春风化雨般和谐、自然地引导，崇尚无痕，注重呵护和给予，让每一个生命在不知不觉中得到成长；孔子的"有教无类""因材施教"，陶行知先生的"爱满天下"，鲁迅先生的"教育是植根于爱的"等教育思想，是沐春教育理念的思想源泉；朱永通在《教育的细节》一书中也说："好的教育，一定是让人如沐春风的情感教育。"

苏霍姆林斯基提出，"教育的意图隐蔽得越好，教育效果就越佳""教育技巧的全部奥秘也就在于如何爱护儿童""请记住，教育——首先是关怀备至地、深思熟虑地、小心翼翼地去触及年轻的心灵"；第斯多惠提出，教育的艺术不在于传授本领，而在于激励、唤醒和鼓舞；卢梭提出的"自然教育"；等等，都强调教育要遵循自然的规律，尊重儿童的自然天性，一切教育方法、教育法则都要按照儿童的能力、兴趣和需要进行。这一切都在告诉我们，教师要以爱为源，用心关怀每个学生，用无痕的师爱去温润每个学生的心灵，让他们在春风化雨般的师爱中健康、快乐地成长。

二、理论体系

教育是一棵树摇动另一棵树，一朵云推动另一朵云，一个灵魂唤醒另一个灵魂。理想的教育，就应如沐春风！我们经过长时间的酝酿，多方面的求证，又结合学校实际，广泛征询全体师生的意见，构建了沐春教育的理念体系。

（一）核心价值：让教育与成长如沐春风

优秀的教育总让人如沐春风。让教育与成长如沐春风，就是要为师生创造春天般温暖的、适宜成长的环境，提供春风化雨式的、公平而有质量的教育，润泽师生的生命，提升师生的生命质量，成就师生多彩的人生。让师生在教育与成长的过程中，不仅能时时处处享受到如沐春风的温暖和感动，同时能为别人带来温暖，实现生命的价值，并向社会传递这种和谐与创造的正能量。

在沐春教育中，学校、教师、学生、家长四个对象关系之间都是如沐春风的互动方式，他们互相联系，互相促进，共同成长（见图1）。

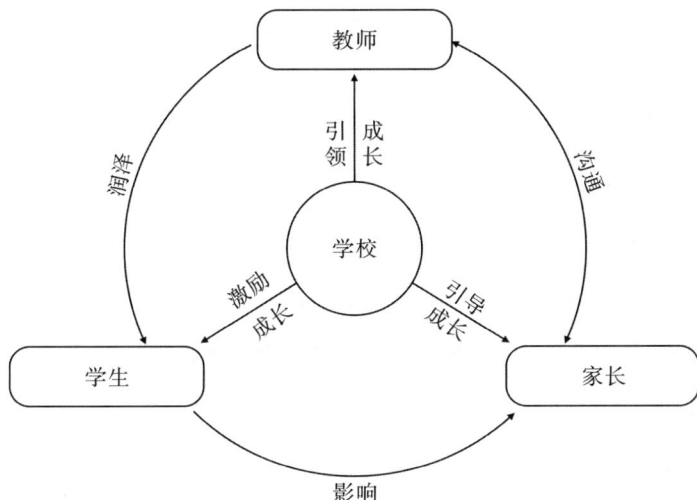

图1　沐春教育关系图

（二）办学目标：让学校成为温暖、灵动、多彩的成长乐园

温暖、灵动、多彩是春天的美好景象，在这样的校园里，学生快乐学习、感悟智慧、获得成长，这是"沐春教育"的美好愿景。具体内容如下：温暖即环境宜人，书香盈润，平安相随；灵动即充满朝气，洋溢智慧，富有创意；多彩即课程丰富，活动多样，成果丰硕；成长乐园即为学生学习知识、培养能力、发展特长、涵养品性提供肥沃土壤，是学生生命自发、自由、自主成长的美好家园。

（三）培养目标：培养有才气、有个性、有情怀的阳光少年

学校立足于培养有担当的时代新人的总目标，并根据小学阶段的特点和要求，定位了培养"有才气、有个性、有情怀的阳光少年"的培养目标。有才气即基础扎实、知识丰富、视野开阔、全面发展；有个性即兴趣广泛、特长凸显、自主独立、勇于创新；有情怀即热爱生活、审美感恩、人文关怀、胸有家国；阳光少年即健康开朗、珍惜韶华、志存高远、奋发向上。

（四）"一训三风"

根据办学愿景和培养目标，提炼出了学校的"一训三风"，即"不负春光，向阳生长"的校训；"如沐春风，奋发有为"的校风；"春风化雨，润泽生命"的教风；"生机勃发，乐学向上"的学风。

三、实践探索

有了对"沐春教育"理念的认真思考，准确定位后，如何落地落实，还需要构建一个符合预期目标，切实可行且行之有效的实践体系，使其落实到每一个育人环节中。经过充分论证与反复实践，我们围绕"沐春教育"理念，结合学校实际，逐步构建起涵盖管理、师资、德育和课程建设的实践体系。

（一）春风管理，和谐发展

"春风"管理，即让管理如春风细雨般柔和无声，用柔性的管理提升学校办学水平，用以柔克刚的方式解决各种问题。"管理就是沟通、沟通、再沟通。"学校通过敞开和开创各种沟通渠道，让老师参与决策、畅所欲言；通过开展各项活动，增加老师的黏合度和团队凝聚力；通过设立恰当的激励机制，激发老师的工作热情；通过主动的关心和及时的帮助，给予老师如沐春风般的人文关怀。通过这样的春风管理，实现团队的和谐发展。具体实践构架如下：①民主参与，主动议政。②活动暖人，同心聚力。③有效激励，主动担当。④人文关怀，如沐春风。

（二）春光课程，以人为本

"沐春教育"彰显孔子"有教无类"的儒家教育思想，同时又追求"因材施教"水平的提升。为了让每个孩子不仅能公平地受教育，而且都能受到适合自己的教育，获得应有的发展，学校致力于构建"以人为本"的春光课程体系，以满足学生全面发展和个性成长的需求。

春光课程体系遵循三个原则。一是坚持全面发展原则。强调"教育的出发点是人，教育的归宿也是人"，立足于培养"有才气、有个性、有情怀的阳光少年"的培养目标，构建满足学生全面发展的课程体系；二是坚持主体性原则。立足学校实际和区域特点，把蕴藏于师生和家长中的生活经验、知识储备、文化积淀等提炼、转化为课程资源，让教师和学生成为课程开发的主体，改变传统的学校、教师和学生仅仅是教材使用者的角色，使其成为课程的设计者和开发者；三是坚持个性化原则。课程设置以促进学生发展为着力点，符合新时期对人才培养的要求，从学生的实际出发，兼顾学生的需要、兴趣、价值观，尊重学生的差异性，在操作层面上，重视空间、技术与课程的融合，满足学生的个性化学习需求。

基于这样的课程理念和目标，学校构建了"沐春教育"课程体系，具体为：第一，智慧之光——学科拓展类课程。包括经典诵读、数学思维、硬笔书法、英语故事等，通过对国家基础性课程的拓展，完善学生的知识体系。第二，优雅之光——艺术修养类课程。包括音乐类的陶笛、舞蹈队、合唱团、葫芦丝、非洲鼓，美术类的儿童画、国画、纸织画、动漫、硬笔书法、毛笔书法等，多样化的艺术类课程，让学生自主选择，让不同的学生得到不同的发展，是学校落实美育教育的主渠道。第三，未来之光——科技启智类课程。包括信息技术和科学，具体项目有：电脑绘画、电子报、机器人工作坊、3D打印、编程设计、科学实验等，科技启智类课程不仅凸显学校信息化教育的魅力，同时为发展学生的创新思维、培养未来需要的创新型人才打下基础。第四，快乐之光——运动健体类课程。包括跆拳道、白鹤拳、足球、篮球、乒乓球、羽毛球、田径、围棋、象棋等，通过各种运动健体类课程的开设，让学生培养兴趣、发展特长，锻炼身体和意志，增强竞争意识和团队意识。第五，魅力之光——实践体验类课程。包括德育主题活动、生活与劳动技能、研学社会实践、家长课堂、准备期课程、毕业季课程等，即以丰富多彩的实践体验活动为载体，对孩子们实施品格的陶冶和行为的潜移默化，让德育、综合实践、劳动教育看得见摸得着。

课程是每个孩子作为幼苗赖以成长的沃土，春光课程中的"五光"构成了学校课程的有机整体，从不同的方面促进学生的发展，为孩子的成长提供了肥沃的土壤。多元化的课程，让每一节课显活力，让每个人都精彩。我们通过春光课程的实施，落实"五育并举"，实现"培养有才气、有个性、有情怀的阳光少年"的培养目标，让学校成为"温暖、灵动、多彩的成长乐园"。

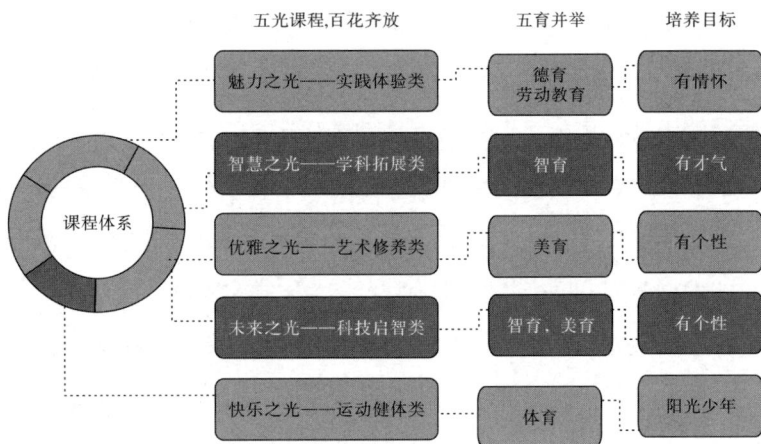

五光课程,百花齐放　　　　　五育并举　　　　培养目标

魅力之光——实践体验类　　　德育 劳动教育　　有情怀

智慧之光——学科拓展类　　　智育　　　有才气

课程体系

优雅之光——艺术修养类　　　美育　　　有个性

未来之光——科技启智类　　　智育，美育　　有个性

快乐之光——运动健体类　　　体育　　　阳光少年

图2　课程体系

（三）春阳师资，慧行致远

把师资队伍建设置于优先发展的战略地位，并采取各种切实可行的措施，致力于师资队伍整体素质的提高，目标是丰厚教师的文化底蕴，逐步引导教师走上专业化发展道路，培养一支富有青春活力、阳光向上的学习型、研究型、专家型教师群体。具体实践框架如下：

1. 倡导阅读，锻造师德

教师的伦理素养、道德信念、人生智慧、专业知识等，都要在学习中获得。学校重视打造学习型团队，开展师生同阅读活动，让阅读、学习成为教师的一种生活方式。例如，我们以教研组为单位规定了每位老师每学期的必读书目，并自主采购自选书目，书本都由学校买单，同时创新读书交流形式，在线上线下交流分享中进行思维碰撞，不断提升理论高度，打造一支拥有健康生命、知书达理、师德高尚的学习型团队。

2. 赛研并举，提升师能

开展各种课型研讨，将教育科研日常化，让每位教师都成为教科研的主角，通过倡导草根型的教研，让每位老师主动参与到教育教学研究中来。重视以赛促研，在"赛"字上下功夫，通过各种形式的比赛，为老师们搭建锻炼展示舞台，促进教师专业成长。重视课题研究，研在"困惑处""热点处""难点处"，课题研究成效纳入绩效考评。坚持行政队伍竞聘上岗的用人原则，造就一支具有竞争能力和创新能力的高素质干部队伍。赛研并举的措施，能很好地提升师能，打造一支研究型教师团队。

3. 培训提升，追求卓越

倡导教师积极参加各种学习培训，营造学习氛围，重视自我提升。例如进行"三笔一话""智慧课堂"等校本培训，"请进来""走出去""网络培训"等形式相结合，灵活多样。引导教师从优势、劣势、机会、威胁等维度对个人进行分析，有针对性地制定职业发展规划，确立奋斗目标，促进专业成长，立足长远，打造一支从优秀走向卓越的教师团队。

通过以上三个层面的实施，落实"四有好教师"的总体目标，让三实小的教师具备"阳光、仁爱、自尊、智慧"的品格特质。

（四）春雨德育，无声育人

围绕社会主义核心价值观，帮助孩子"扣好人生第一粒扣子"，坚持"育德入心，成德于形"，与各项活动结合起来，培养积极的人生态度、健康的心理情感、高尚的道德品质。具体实践如下：

1. 养成教育，内化于心

注重日常养成教育，制订《三实小学生一日常规》，组建红领巾监督岗，并通过丰富多彩的实践体验活动，让各种习惯内化于心。

2. 主题活动，丰富内涵

在重阳节、中秋节等传统节日，在各种有意义的纪念日，在学校的开学季、毕业季等，开展各种主题活动，丰富学生的精神内涵。

3. 特长培养，全面发展

举办各种社团，让学生特长得到发展，兴趣得到培养，包括百人陶笛、合唱、书法、国画、跆拳道、足球、篮球、乒乓球等二十几个社团。

4. 书香满园，润泽人生

营造书香校园，让学生爱上阅读。为孩子营造浓浓的阅读氛围，建设"班级图书角""走廊书吧""阅览室"；通过"图书漂流"、义卖义购图书等活动充实学生的图书阅读量；开展寒假亲子阅读指导；举行经典诵读、故事分享、诗词竞猜活动；通过创编作文集、颁发阅读晋级卡等活动检验读书成果；背诵校本课程《每周一诗》，实现经典诗词的积累。

5. 研学实践，益智增能

利用当地德育实践基地，积极开展研学实践活动，做到研学有主题、有方案、有过程、有研学报告和成果，通过研学实践活动的开展，让学生认知社会、接触自然、扩大学生的眼界和视野，提升学生的综合素养，培养学生的独立能力和创新精神。

6. 家校联手，形成合力

成立家委会，让家委会成为沟通学校、家庭和社会的桥梁；开办家长学校，提升家庭教育水平；通过家长志愿者参与学校管理，促进家校互动；根据服务社区家长资源的特点，开设家长课堂，邀请有特长的家长进校园授课，既加强了家校的联系，又丰富了学校的课程资源。

四、未来展望

沐春教育理念从提出到落地，得到了师生和广大家长的认可，并逐渐内化为内心的信念，主动落实到实践当中，转化为自身的行为方式。经过两年多来的探索实践，如今当你走进校园，感受到的是学校处处为师生创设的温馨环境、是老师们给予学生浸润与熏陶的幸福感、是学生"不负春光、向阳生长"的蓬勃姿态，呈现出了百花齐放、春色满园的美好景象。近年来，永春第三实验小学以立德树人为引导，理论与实践相结合，初步构建了"沐春"教育理念体系与实践体系，形成了"沐春"文化品牌。

未来可期！学校将继续以落实"立德树人"的根本任务为导向，以培养有担当的时代新人为目标，不断打磨和完善"沐春教育"这一文化品牌。每个三实小人都怀揣着"沐春教育"的梦想，不负韶华，砥砺前行，努力描绘春色满园的画卷。相信在不久的将来，三实小将成为一所文化特色鲜明、师资队伍强大、教育质量领先、学生朝气蓬勃、学校管理科学的富有现代气息的高品质学校！

28

致真教育　引领发展

◎罗耀辉

【作者简介】

罗耀辉，男，福建泉州人，高级教师，本科学历。现任德化县实验小学校长、书记。福建省"十三五"小学名校长培养人选。

德化县实验小学创办于清光绪九年（1883 年），迄今已有一百三十多年的办学历史，有着深厚的校园文化底蕴。1985 年始，连续十三届蝉联省级文明学校，如今，又被评为省级第二届"文明校园"；2020 年 8 月，被县文明办推荐参评全国"文明校园"。1998 年以来，学校先后被评为省级示范小学、全国教育科研先进单位、中华经典诵读全国优秀学校、全国少年儿童消防教育活动示范学校、省实施素质教育先进校、省义务教育标准化学校等。学校秉承"求真、崇善、爱美"的办学主张，弘扬"惟勤惟精、臻于至善"的实小精神，坚持"给孩子最坚实的起步、让教师最充分地发挥、促学校最和谐的发展"的管理理念，发扬传统，走适合百年实小的发展道路，把学校建设成为师生共同成长的精神家园，引领学校走向内涵式长远发展。

一、办学主张

"真"，本义是指本质，本性。"真者，精诚之至也。"致真，意在到达人之本性，彰显人之本质。对于人的教育，春秋时期的《大学》一文提出这样的教育思想："物格而后知至，知至而后意诚，意诚而后心正，心正而后身修，身修而后家齐，家齐而后国治，国治而后天下平。"——修身、致知，而后家齐、国治、天下平。可见，修身致知，即"学做真人、求问真知"，具有为人生奠基的重大意义，是教育之根本。现代教育家陶行知提出的："千教万教教人求真，千学万学学做真人"是对这一教育思想的继承，他告诉我们："真"比一切都重要。一个"真"字廓清了几千年来中国封建教育中存在的虚假伪善的尘垢，指明了现代教育最重要、最本质的属性。

近年来，党和国家领导人高度重视人的培养与教育。习近平在看望北京市八一学校师生时的谈话中要求："中小学生是青少年的主体，是国家的未来和希望。中小学生要立志成才，必须勤奋学习，提高综合素质，努力做到修身立德、志存高远、勤学上进、追求卓越，强健体魄、健康身心、锤炼意志、砥砺坚韧。"在中国科学院第十七次院士大会、中国工程院第十二次院士大会上，习近平指出："要按照人才成长规律改进人才培养机制，'顺木之天，以致其性'，避免急功近利、拔苗助长。"习近平总书记在给中央民族大学附属中学全校学生的回信中说道："希望学校继承光荣传统，传承各民族优秀文化，承担好立德树人、教书育人的神圣职责，着力培养造就中国特色社会主义事业合格建设者和接班人。""致真教育"是办人民满意教育的载体与途径，它满足人的学习需求、成人需求，为就业谋生终身发展、终身幸福生活奠定基础。

教师作为现代进步教育思想的实践者，应牢记陶行知先生和习近平同志的话，教学生求真知，学真本领，养真道德，说真话，识真才，办真事，追求真理，做真人。以"真"字作为自己的立教之本，教好书育好人。因此，教人求真，学做真人，还须从师求真做起。

（一）地方历史文化呼唤致真教育

德化县实验小学创办于 1883 年，有一百三十多年的办学历史，不管是时代的变迁、校舍的迁移，还是历任校长的更替、教师的调动，学校的教育质量始终保持全县第一。呼唤学校教育必须脚踏实地、走向本真，顺应了本地陶瓷文化、地域文化的润泽教育，要求我们以"炼泥"的匠心，办真学、培真师、育真人，追求和探索教育真谛，在"求真"的教育路上，不断进取。

（二）时代的发展急需致真教育

党的十九大报告指出，中国特色社会主义进入新时代，建设教育强国是中华民族伟大复兴的基础工程，必须把教育事业放在优先位置，加快教育现代化，办好人民满意的教育。要全面贯彻党的教育方针，落实立德树人根本任务，发展素质教育，推进教育公平，培养德智体美劳全面发展的社会主义建设者和接班人。

这就要求："好老师要用爱培育爱、激发爱、传播爱，通过真情、真心、真诚拉近同学生的距离，滋润学生的心田，使自己成为学生的好朋友和贴心人。"（习近平语）学校要在落实国家课程的基础上，构建特色课程，满足每一个学生不同的发展需要。教师要有"扎实的知识功底、过硬的教学能力、勤勉的教学态度、科学的教学方法"，"教师要时刻铭记教书育人的使命，甘当人梯，甘当铺路石，以人格魅力引导学生心灵，以学术造诣开启学生的智慧之门。"教师要用真诚教育人，用真诚探索真理，用真理撬动灵魂，用灵魂厚植真情，用真情培育真实，用真实凝聚人心，讲好中国故事，展现真实、立体、全面的中国，为提高国家文化软实力做出一份贡献。

（三）"致真教育"的内涵分析

"致"，意为达到、获得、施行、集中。"真"，意为本真、真实、真诚、真理。

致真教育源自对中华五千年民族文化精髓的传承与发扬，剔除当代教育的浮华，促使教育返璞归真。求"真"是中华民族文化的精髓，《庄子·渔父》："真者，精诚之至也。"《庄子·大宗师》："夫真者，不假于物而自然也。"其意思是指"真"应当是自然天成的，而不是人为的做作。自古以来，先哲就"以真为骨""求道必真"，"真"在中华文化中是一种至纯至诚的精神境界。真中有德，真中有善，真中有诚，真中有信。

当前我国基础教育改革的目标就是回归生活，促使为应试所困的"失真"教育回归到"本真"的教育。传统的教育片面追求分数，导致教师厌教学生厌学，并培养出许多高分低能学生。而真教育是追求教师乐教、学生乐学的教育。著名教育大师陶行知先生提出，"真教育是心心相印的活动，从心里发出来的，能打到心灵深处的"，"千教万教教人求真，千学万学学做真人"是陶先生做人的原则，也是他倡导真教育的真谛。当代教育家李镇西老师强调："新教育就是真教育""最能窒息新教育生命的，是一个'假'字""只有真教育才是富有生命力的教育！"

简单地说，"致真教育"就是创设真环境培养真人的教育。

二、理论体系

"致真教育"的理念要素。文化，是共同的信仰，是团体共同分享的行为方式。学校文化，是一所学校的灵魂，是学校凝聚力和活力的源泉，影响着学校发展的方向与进程。学校文化，如一种基因，可植入每一位师生的心灵深处，影响着他们的思维方式和行为习惯。

（一）校训（文化理念）：致真

我们确立的"致真"学校文化，其核心理念包含三层含义：一是返璞归真，二是去伪存真，三是抱朴致真。"致真教育"的归宿是学做真人。教师做真教育，扎扎实实为了儿童的生命成长而教；师生做真人，明辨是非、善恶、美丑，树立正确的人生观、世界观、价值观，养成淳朴之气，崇尚高雅志趣。实小人在"致真教育"过程中，体验成长与幸福，走向自然、圆润、共生的理想境界。

（二）校风（学校精神）：惟勤惟精，臻于至善

"惟勤惟精，臻于至善"，核心为"勤精"。惟勤惟精：是对做事的一种态度和追求；臻于至善：是一种永不止息、创新超越的进取状态和对完美境界孜孜不倦的追求精神。学校精神是实小人的生长力、向上力、发展力的不竭源泉，她支持教师勇于进取，真情奉献，在教育生活中幸福自己，成就他人；也不断激励着莘莘学子积极进取，超越自我，绽放最好的自己。

（三）教风：真以治学，诚以治业

真以治学：体现为"三真"，即"童真""情真""行真"。"童真"，是从儿童的角度思考问题，因材施教，适性扬才；"情真"，是以真情育人，从心灵出发，打动心灵，惟情真方能感染与熏陶人；"行真"要求知行合一，用知识指引行动，用行

动践行真知。

诚以治业：保持对教育的热诚与初心，对教师来说是一种境界、是一种道德、是一种教育能力。

（四）学风：学做真人，求问真知

"学做真人，求问真知"包含育人的三个基本要素：具有健康的体魄，心理素质良好，有自我驱动的学习和再学习能力。

（五）发展愿景：办孩子喜欢的，有特色的高品质名校

之于孩子：孩子喜欢的学校，孩子乐于学习的场所，有精神家园的归属感。

之于学校：特色是一个抓手，是以一个着力点带动学校全面发展的手段。

之于未来：卓见未来的高品质名校，才是有温度的教育，有生命的教育。

三、实践探索

（一）构建"致真"的管理文化

管理文化是学校文化的重要组成部分。实小以"致真"为核心，从"以人为本"和"以文化人"的角度构筑学校的"文化管理"机制。它以"真"为导向，去构建一个集"勤奋的学习者，科学的引领者，有预见的管理者，真诚的服务者"于一身的致真管理团队。

（二）构建"致真"的教师文化

教师是文化的传承者、学校文化的建设者，对校园文化建设起到积极的推动作用。学校从"治学之真"和"治业之诚"两个板块促进教师"师德""师能"的成长。

1. 治学之真

首先，致真传薪，文化启悟。学校开展覆盖全体教职工的校园文化培训会，深化教师对学校是为何、如何构建"致真文化"理念体系的理解，并积极引导教师在教育教学中渗透。其次，组建学习共同体，带动专业成长。以"团队协作，共同成长"为宗旨，结合实际情况设立"致真名师 9+1 成长共同体"，通过"实小大讲坛""教师品牌日""名师模仿秀""同上一堂课""团队展示周"等载体，倡导探究学习，建构高效课堂；通过组织教师教材分析、跟踪听课、课堂教学比赛、建立专项"真课程"等培训档案，促进教师对"真"的深入探索。最后，建设校本课程开发小组。各学科教师融入校本课程开发小组中，结合学科的特性和培育学生成长的角度，在挖掘学科资源、丰富校本课程建设的同时，促进教师专业素养成长。

2. 治业之诚

教师在教育教学中，始终围绕着以"学生为中心"这一核心要素，尊重学生的自然天性与天赋资源。学校为教师增设学习"成长心理学"方面的平台，真正做到了解儿童，善于从儿童的角度思考问题，发现学生的不同，从而因材施教。

另外，制定"遇见自己"教师情商培养计划、"遇见未来"职业生涯发展规划等，引导教师撰写个人《地平线报告》，规划人生愿景：我的一年地平线在哪里？五年地平线在哪里？十年地平线在哪里？并且在报告中要论述个人的内在潜力是什么，希望学校提供什么平台。帮助教师认识自己、成长自己，加强职业认同感，并在教育教学中实现自我价值。同时，开展"阅读推介计划"，每学期由教师推介书目，设立阅读清单，并在学校开设"致真讲台"，每月定期邀请教师进行阅读分享，带动教师成长积极性与主动性，努力使自己的大脑知识储量成为一条生生不息的河流，筛滤旧有，活化新知，积淀学养。通过阅读引领，在促进教师综合素养提升的同时，逐渐将这一项目打造成学校的品牌。从理论高度、文化深度、渠道宽度等多方位提升教师的能力，陶冶情操，使致真文化真正实现落地生根。

3. 教师评价体系

对于教师，学校结合"治业之诚"和"治学之真"等师德和师能建设，依托"致真文化"针对各层级教师创设"感动校园十佳教师""致真"奖。丰富原有教师评价机制，增设第三方评价方式，将评价的主动权交给孩子和家长，请孩子和家长站在教师的角度换位思考，让他们在进一步沟通与理解的基础上，明确教师行为规范，学会正确评价教师的方法，使三者之间形成一种互敬、互助、互爱的和谐关系，从而激发教师内在动力，促进教师成长发展。

（三）构建"致真"的课程文化

学校以"学做真人"为宗旨，"求问真知"为主体，构建以"俱乐部课程、大阅读和国家课程校本化"等为内容的"致真"课程文化，让学生在保持童真、追寻真知、学做真人的过程中得到全面的发展。

1. 校园俱乐部课程

关注每一个学生的不同需求，给学生一个自由发展的空间。开设俱乐部课程，使每个学生的个性得到充分而自由健康的发展，从而使每个学生都具有高度的自主性、独立性和创造性，为孩子搭建成长平台。学校每周三下午二、三节课开展丰富多彩的俱乐部活动，校级有艺术类：泥塑、国画、合唱、舞蹈、古筝、吉他、葫芦丝、腰（号）鼓、书法（硬软笔）和追梦民乐团；活动类：花样跳绳、田径、篮（排、乒乓）球、象（围）棋等十七个俱乐部。各年段还根据学校规定的趣味数学、经典诵读、英语口语、作文（一、二年级口语交际）等必选俱乐部菜单，实行学生自选与年段、学校调剂相结合的原则，将全年段学生重组，配合有专长的俱乐部辅导教师，实现"俱乐部活动"的长效开展。

2. 大阅读课程

学校以传承"读经典、品书香、润情操"为宗旨，扎实开展大阅读检测活动，促进学生读书的自觉性，让阅读成为良好习惯，让学生在经典中受益，在书香中成长。四、五、六年级教师还在引导学生广泛阅读的基础上，精心指导学生做好读书笔记，提高阅读效果。

3. 国家课程校本化

在国家课程基础上，学校结合"一笔一绳，一器一球"校本课程、俱乐部及"485 德育活动"等内容，优化课程结构，从习惯（八好习惯，成就人生）、能力（思维力，创造力，沟通力，协作力）、健康（健体，健心）等方面拓展国家课程的外延，丰富校本课程的内涵。例如，根据政策、时间、事件、节日等因素，创新活动形式和内容，将城市文化和学校文化相互交融，把"致真文化"植入"经纬"两条线系统性构筑的学生活动中：以纬线逐级开展一年级"新生入学礼"，四年级"十岁成长礼"，六年级"毕业感恩礼"；以经线开展"春暖花开——科技节""映日荷花——艺术节""秋高气爽——体育节""冬雪梅开——读书节"等"年度性活动"，四季花开，活动缤纷。

同时，学校在原有的评价基础上，结合致真课程文化与活动文化，创设"致真成长手册"系统性评价机制，这本手册将从入学陪伴学生到其毕业。内容除了包括原有的基础学科成绩之外，还增设致真校本课程及活动日常环节的评价内容，跳出原有的单一性评价方式，设立"行善之星""阅读之星""运动之星""书法之星""跳绳之星""劳动之星"等评选，让学生获得更多被认同的机会，以此激励他们健康成长。

（四）构建"致真"的家校文化

学校在原有家校联合的基础上，成立"班级""年段""校级"等不同层级的家委会，方便有针对性开展家校联合工作。依托优质的家长资源，利用家长自身职业背景知识，成立"父母助教团""家长讲师团"，定期开展"育儿分享会"，邀请家长定期到班级授课，互相交流育儿经验，增强家庭与家庭之间的联谊互动，以榜样的力量带动家长群集体成长。同时在管理方面，成立"家长义工站"，让家长参与到学校日常管理工作中来。通过多种方式形成家校联动，营造优良的家校共育环境，促进孩子健康成长。

（五）构建"致真教育"的生态文化（环境文化）

1. 精心设计学校文化景观

以"体验感＋仪式感"为基调，通过不同的功能区域划分，融合"瓷香、书香、墨香"三条主线进行整体校园文化设计，形成一种东方美学式的交互体验式空间环境，让校园具备审美的引领、味趣的探寻、教育的启迪等功能，使育人达到润物细无声的境界。

（1）第一板块——"六景"

①逸致广场——守望成长，静待花开（西大门校外广场）

校门之外的大片区域，设立"校务公开栏、教师风采栏、学生风采栏"等对外宣传和展示学校及师生的窗口。将"逸致广场——守望成长，静待花开"主题置于一侧，融合植被和座椅进行设计，让家长在等候孩子放学时，形成一种静待成长的仪式感，让车辆在经过这一区域时，自然而然形成一种安静有序的氛围。

②迹忆时光——百年坚守，生生不息（西大门右侧人行通道）

依托学校 130 多年历史的时间感，以浮雕和雕塑加入灯光等形式，通过强化通道的空间和视觉比例，设计一条历史的时光走廊，让来者获得审美与体验的双重需求。踏入学校，从 1883 年，一步步走向未来，而未来就在校园里，就在每一节鲜活的课堂里，就在每一位师生的笑容里。

③德育长廊——千里之行，始于足下（西大门左侧人行通道）

西大门左侧通道围墙采用镶嵌的方式，设计多组双面宣传栏组合，增加外界了解学校的窗口，形成实用与美观相结合的特色文化长廊。朝向校外的宣传栏分别为师生灿烂的笑脸、师生作品展示等。朝向校内的宣传栏分别为：教育方针 1 组、三个面向 1 组、核心价值观 1 组、中国梦 1 组、中国地图和世界地图各 1 组、小学生守则和行为规范各 1 组，等等。

④书香氧吧——在阅读里深呼吸（教学楼前后榆树及园地）

围绕着老榆树进行阶梯式座椅设计，形成天然绿色读书区域。教学楼后园地从古诗词、小学生课外阅读书目中挑选经典的语句，沿着向山的路拾级而上；墙体设计成一本本经典的书籍，书名置于其中；一定程度地保留园地植被，加入有层次的梯田座椅设计，构建阅读天然氧吧，让师生在此构筑属于他们的知识森林。

⑤体验农场——在一粒种子里发现世界（主教学楼天台）

对主教学楼天台进行整体规划，在不同的季节种植不同的瓜果与花卉，或是水培或是土培，形成一个农耕体验场。孩子们在此播撒种子，从一颗种子里看尽春夏秋冬，看到生命的脆弱与坚韧；体验付出与收获，学会欣赏与帮助，懂得分享与感恩。当那些花儿爬满了篱笆，当那片田地洒满了欢笑，美也在静静地蔓延。

⑥墨池苑——书法传承文化，墨香浸润童心（东综合楼天台）

在保留原有学校文化主题的基础上，以"墨香、瓷香"为主线，对整个区域进行设计，以汉字、陶瓷为元素进行解构再创意，利用汉字的笔画结合空间关系搭建装置汉字图形，融入陶瓷元素装点环境，增加休闲座椅等让整个区域可赏、可玩、可游。

（2）第二板块——"十真"稚趣园

①致真园——书韵写意，童趣致真（墨瓷苑楼顶天台）

集书法、运动、花园于一身的活动空间，在原有陈设的基础上，在地面上加入"跳格子""交通规则游戏""丢沙包"等趣味游戏图形，形成一个动静皆宜的交互式体验空间。

②致真廊——根植乡土，枝繁叶茂（操场围栏）

德化这一方水土，不仅盛产陶瓷，也孕育了一代代工艺美术大师。从德化众多工艺美术大师中挑选五十多位代表人物，将个人简介及代表作品，以陶瓷或浮雕等形式，按年代分别镶嵌于操场围栏的每根栏柱之间。

③主题雕塑

以学校文化"致真"为核心设计主题雕塑，雕塑形式以对话或交互式呈现。

④"三真"楼层文化

楼层文化的设置遵循儿童发展规律，以低、中、高三个阶段，分别构建以"启程寻真""知行见真""修远致真"为主题的楼层布置，通过创意设计优化提升楼层文化的环境氛围。

启程寻真：一、二年级的孩子，揣梦想，勇前行，扬帆启程。

知行见真：三、四年级的孩子，知无涯，行无疆，努力践行。

修远致真：五、六年级的孩子，路漫漫，永求索，继续攀行。

⑤真、善、美学校文化主题墙、致真室（校史室）、致真台、致真石。

第三板块——基础性环境文化（阶梯文化）

一号楼梯：童梦交响曲——音乐主题展示。

二号楼梯：趣味光轮转——跳绳主题展示。

三号楼梯：童心绘梦想——美术主题展示。

四号楼梯：翰墨书香远——书法主题展示。

五号楼梯：一窑一乾坤——陶瓷作品展示。

2.用心设计学校文化符号

围绕学校"致真文化"核心,用心设计校徽、校旗、校歌、学校师生宣言、校刊、吉祥物等;确定学校环境文化统一标识,设计并制作学校纪念品、印刷品、手提袋、茶杯、证书等。

四、未来展望

(一)返璞归真追寻教育本质

"致真教育"办学主张是建立在学生能有独立的发展可能愿景下,通过多元探索,对当下急功近利的教育现状返璞归真的思考。将"致真"理念植入校园文化,从"致真"开始,从学校的实际出发,围绕凝聚人心、完善人格、开发人力、培育人才、造福人民的工作目标,以培养有现代化素养的学生为旨归,以健康为先、育人为魂、质量为本、特色为重为治校方略,以"真以修身,以立真人"为抓手,弘扬"惟勤惟精,臻于至善"的精神,引领全体教师"真做教育,乐育真人",使学生"学做真人,求问真知",从而绘制"办真学、培真师、育真人"的学校新名片,让学校在德化这片纯净富美的土地上扎根前行,开启一段教育回归本真之旅。

(二)积极乐观引领学校发展

百年老校,也有不容乐观之处,学校教师群体年龄相对老化,部分教师因为长期处于固定的工作岗位,产生比较严重的职业倦怠,缺乏一种与时代相符的开放、包容、协作的心态,幸福指数不高。因此,通过"致真教育"办学理念的策划与践行,力求能让教师走出这种消极、慵懒、沉闷的状况,恢复积极、主动、乐观的态度,形成一种更加积极向上的人际关系,营造出比成绩、比奉献的竞争氛围,从而建立起一支你追我赶、创新进取、业务过硬的教师队伍,实现教学质量、教师队伍素质、学校管理水平、致真校园文化建设、社会办学效益等"五个提升",促使学校朝着科研型、舒心型的现代化学校目标迈进。

29

润君养正　融和致远

——立德树人导向下君子人格培育的探索与实践

◎吴章文

【 作者简介 】

吴章文，男，福建尤溪人，本科学历，高级教师，特级教师，尤溪实验小学原校长，现为尤溪县教师进修学校副校长，福建省小学数学学科带头人，福建省跨世纪计算机学科骨干教师，福建省中小学优秀校长、福建省"十三五"小学名校长培养人选。

　　瑞士心理学家荣格说："一切的文化，最后都沉淀为人格。"所谓人格，即个人在社会中的地位和作用的统一，是个人的尊严、名誉、价值的总和。教育的本质是促进人的发展，是培养人、发展人、成全人的活动，必备品格和关键能力是支撑人字的一撇一捺，必备品格应是指向完善的人格，而在汪洋浩瀚的中华传统文化中，最能代表中华民族深层精神追求和独特精神标识，并体现"中华民族最基本文化基因"的人格，非"君子人格"莫属。

一、办学主张

（一）传承中华优秀传统文化呼唤君子人格

　　习近平总书记强调：中华优秀传统文化是涵养社会主义核心价值观重要源泉；中华民族的优秀传统文化是我们民族的"根"和"魂"。"根魂论"注重阐发优秀传统文化的历史地位，"源泉论"则重在揭示优秀传统文化的时代价值。传承中华优秀传统文化和涵养社会主义核心价值观，必须在培养君子人格上下功夫。

（二）重建道德中国呼唤君子人格

改革开放以来，祖国的经济建设取得了举世瞩目的成绩。与此同时，也出现了一些目不忍睹、惨绝人寰的道德之殇，如扶不起、毒牛奶、毒胶囊、投毒案、杀师案、公交车坠江等现象；众多的有识之士认为这些现象的根源在于，当下的君子文化的式微，与精致的利己主义和极端的个人主义的大行其道息息相关；在党的十八大期间，众多有识之士和主流报刊都发出了《教育要培养孩子做君子》的呼吁；人民日报还刊出《共产党人应做现代君子》号召。

（三）落实立德树人根本任务和发展核心素养呼唤君子人格

中国学生发展核心素养，主要指学生应具备的，能够适应终身发展和社会发展需要的必备品格和关键能力。其必备品格的内涵理当包括完善的人格，而作为中华民族的精神标识——君子人格理所当然成为培育学生必备品格的重要内容。

（四）学校的文化传承和内涵发展呼唤君子人格

尤溪是南宋理学集大成者、哲学家、思想家、教育家、诗人朱熹的诞生地，他为尤溪积淀了丰厚的人文底蕴，特别是由他集大成的理学体系，为中华文化的传承和发展居功至伟。朱熹特别崇尚君子人格，曾把诸葛亮、杜甫、韩愈、颜真卿、范仲淹五人称为"史上五君子"，他兼容并蓄儒、释、道三家之言，提出了人的三个境界论：士人境界、君子境界、圣人境界。他对君子的阐发，为学校提出了培养时代"新君子"的目标提供了现实的借鉴，培育时代新君子是对朱子文化传承与发展，是对传统文化的一种温情和敬意，同时也是教育与现代教育碰撞的结晶。

（五）润君教育的内涵分析

著名的哲学家、文学家泰戈尔说过："不是锤的敲打，而是水的载歌载舞，使鹅卵石更臻完美。"好的教育不应该是一种侵略式的强制约束和训诫，而应该是一种温和的滋润和陶冶。《中庸》有云："天命之谓性，率性之谓道，修道之谓教。"强调教育对涵养完美人格的重要作用。润君教育就是让儿童通过君子人格的润泽和滋养，融和儿童发展的核心素养，使之成为一名灵魂高尚、学识渊博、弘道担当的时代小君子。在教育方式上强调的是温润滋养、是春风化雨、是文而化之、是润物无声。

首先，我们强调"润"，润即润泽，其本义指雨露滋润、不干枯。它有三个核心要义：一是对教育的主体而言：面向全体，有教无类——滋润万物；二是对教育的过程而言：以人为本，循循善诱——润物无声；三是对教育的结果而言：全面发展，充分发展——温润无瑕。

其次，我们强调"君子"。"君子"由孔子精心塑造，并经诸子百家精心呵护而成，经过两千年的千锤百炼、历久弥新的理想人格，受到上至历代思想家及文人士大夫，下至社会各阶层人士包括普通百姓的广泛认同和推崇，君子人格和君子文化是中华优秀传统文化的精髓，是炎黄子孙的精神标识和集体人格，也是民族精神的脊梁。这是一种强大的文化人格，是融进每一位中华儿女的骨子里、流淌在每一位炎黄子孙的血液里的精神基因。它是中华传统文化浩瀚森林里最为郁郁葱葱的千年老树，也是当代思想道德建设汲取传统营养的精神绿荫。

《尚书》有君子九德，当代著名学者余秋雨也对"君子"概括有九德，著名史学家牟钟鉴提出"君子"六德，著名哲学家冯友兰则认为君子有五德；这些哲人对君子的阐发为我们培育君子勾画出理想而现实、尊贵而亲切、高尚而平凡的生动形象，而孔子对君子有一句十分精练的表达："君子道者三，我无能焉：仁者不忧，知者不惑，勇者不惧。"众多的研究者认为，君子的品质集中指向这三个关键词，仁、智、勇；著名的学者、教育家易中天则对其进行了简洁的描述，君子就是有道德、有学问、有担当的人。

润君教育思想中要培育的"君子"是时代"新君子"，是在汲取孔子"三达德"的精华，融合时代因素提出的仁、智、勇新标准。以仁为魂，即坚守仁德、秉持道义；以智为基，即博学多能、知常达变；以勇为核，即敏行慎言、弘道担当。一言以蔽之，"新君子"是灵魂高尚、学识渊博、弘道担当的时代新人。

润君教育思想的核心理念是"润君养正，融和致远"，通过"润泽"的方式，让每个儿童都受到君子人格的熏陶和教化，引领他们从小就亲君子、识君子、学君子、做君子；简单地说，润君教育就是通过用君子文化的润泽帮助每个儿童涵养君子人格的正道，用丰润的课程引领每个儿童融和各种素质走向幸福生活的远方。

润君教育核心价值体系引领下的学校精神和"一训三风"是：

学校精神——天行健，君子以自强不息；地势坤，君子以厚德载物。

学校校训——求实·创新。

学校校风——立己达人，知行合一。

学校教风——循循善诱，润物无声。

学校学风——习与智长，化与心成。

二、理论体系

尤溪实验小学的"润君教育"的办学思想就是在历史的视野下光照学校办学过程中的各个要素，用传承与发展的观点确立学校办学的内涵，将核心素养中的必备品格和关键能力与君子人格和谐共生，是优秀传统文化与先进教育思想相互交织的成果，也是传统教育思想与现代教育理念碰撞交融的结晶，是一种从远古，走向未来的教育，是追求个体的自觉自为的全面发展、和谐发展、个性发展、自主发展，是一种仁于心、智于学、勇于行的完整教育过程。

（一）润君教育理念是促进人的全面发展，符合马克思主义关于人的全面发展理论

马克思主义关于人的全面发展观由劳动能力的全面发展、社会关系的全面发展和个体的全面发展三个部分组成，其人的全面发展的核心指向德、智、体、美、劳的全面充分发展。润君教育办学思想是促进人的全面发展，其课程体系是以落实"立德树人"为根本任务、以践行社会主义核心价值观为基石、以传承中华优秀传统文化为基础、以培育"君子人格"为主线培育现代少年君子的课程体系，其育人的目标指向人的全面发展、充分发展、和谐发展。这与马克思主义关于人的全面发展理论是高度统一的。

（二）润君教育理念是追求全面和谐发展，吻合苏霍姆林斯基关于人的和谐发展理论

君子人格以内圣外王为修身之要，内圣是通过格物、致知、诚意、正心、修身来实现个体的德性完善和知识才能的完满，外王是经世致用，是将个体完善的德性和完满的知识才能运用于社会的管理，即齐家、治国、平天下；润君教育理念以此为钥，追求个体的自觉自为发展；追求全面发展、个性发展、和谐发展。苏联著名的教育家苏霍姆林斯基教育理论核心是"人的全面和谐发展"，他认为"学校教育的理想是培养全面和谐发展的人、社会进步的积极参与者"。由此可见，君子的内圣外王要义与他的全面和谐发展观是高度吻合的。

（三）润君教育理念是促进孩子个性发展，契合加德纳的多元智能发展理论

加德纳认为，每个人与生俱来都在某种程度上拥有多种智力潜能（言语语言智能、数理逻辑智能、空间视觉智能、音乐韵律智能、肢体运动智能、自知自省智能、人际交往智能、自然观察智能）。环境和教育对于能否使这些智能得到开发和培育有着重要作用。认为每一种智能通过恰当的教育和训练都可以发展到更高的水平。润君教育就是要创造并落实对学生的个性发展的理念、环境、课程、方法、评价等方面的系统支撑，帮助孩子发现自我、发展自我、展示自我，培养人格健全、德才兼备、勇于担当的时代"新君子"。

（四）润君教育理念是推动孩子自主发展，顺合马斯洛的需求层次理论

马斯洛认为，人类具有一些先天需求，人的需求越是低级就越基本，越与动物相似；越是高级的需求就越为人类所特有。同时这些需求都是按照先后顺序出现的，当一个人满足了较低的需求之后，才能出现较高级的需求，即需求层次。主要包括生理需求、安全需求、社交需求、尊重需求和自我实现需求。根据马斯洛需求层次理论，润君教育理念在安全需求、社交需求、尊重需求和自我实现需求上为学生提供支撑，一是教育环境和谐化（设施完善、场所丰富），满足学生的生理需求；二是教育手段理性化（因材施教、循循善诱），满足学生的安全需求；三是教育形式人性化（以人为本、仁爱存心），满足学生爱与归属的需求；四是教育评价多元化（内容丰富、梯级进阶），满足学生尊重的需求；五是教育理念个性化（成人之美、有教无类），满足学生自我实现的需求。

三、实践探索

"润君教育"的价值体系：一是教育观的重构。教育的本质是培养人。教育应培养仁、智、勇三大品质。仁，是教育在伦理纬度上的要求——教育的道德品质；智，是教育在科学纬度上的要求——教育的科学品质；勇，是教育在实践纬度上的要求——教育的实践品质。二是教师观的重构。教师是学生成长的引路人、引领者，教师要用对生命充满敬畏的、道德的方式来成全生命的成长。三是师生观的重构。师生关系必须从当前满足某种社会功能性的目的，转向生命之间真诚、平等的对话，建立一种和谐、平等、合作的师生关系。四是价值观的重构。教育最终的目的是发展人，那么唤醒每个人的成长自觉，就是教育最为重要的使命。

润君教育的办学策略概括：构建"润"之体系，助力"君"之成长。可概括为："一体两翼六助力"。

一体：以培养谦谦君子为主体——养浩然之正气，铺幸福之底色。

两翼：以书香校园建设为左翼——让书香溢满校园，阅读滋养人生；以墨香校园建设为右翼——让翰墨滋润心灵，书写亮丽人生。

六助力详述如下。

（一）构建"沁润"的文化氛围，助力孩子"亲"君子

学校以君子文化来统领学校的环境文化、行为文化、精神文化，通过打造"三园三路一厅墙"——（亲仁园、笃行园和君子园；六艺路、博学路、亲贤路；崇德厅和朱子文化墙）、"四坊一吧五常楼"——（民乐坊、棋弈坊、书法坊、国画坊；自主书吧；亲仁楼、启智楼、崇礼楼、尚义楼、笃信楼）、"五大教育基地"——以蔬菜种植为内容的"劳动实践"教育基地、以革命战争为内涵的"红色文化"教育基地、以理学思想为内涵的"传统文化"教育基地、以山水风景为内容的"生态文明"教育基地和以研究性学习为核心的"研学实践"基地，最终形成"沁润"的育人文化氛围。突显"君子文化"这一主题，从不同维度、以不同形式体现新君子的

"三达德"内涵，营造了浓厚的君子文化氛围。

（二）开发"丰润"的校本课程，助力孩子"识"君子

现行学校的法定课程是以"知"为中心、以符号学习为主轴的，存在的明显问题是轻视实践。我们从"修身文化——仁、智慧文化——智、雅行文化——勇"三个维度出发，确立了培养"少年君子"的课程目标，对国家课程、地方课程、校本课程的三级课程体系进行全面整合，形成促进学生全面发展的基础型课程（国家地方课程）、促进学生个性发展的选修型课程和促进学生充分发展的探究型课程；规划了三大课程板块：君子之仁类——道德与人文（道法、语文、英语），使学生明孝悌，懂礼仪，施仁爱，成为仁爱存心、道德高尚的时代少年君子；君子之智类——数学和科技（数学、科学、信息），让每位从实验小学走出去的孩子成长为有思想、有才艺、会欣赏的儒雅小君子；君子之勇类——健康与担当（体育、心健、艺术），让孩子获取丰富的直接经验，发展社会实践能力，以此培育刚毅笃行、勇于担当的时代少年君子。

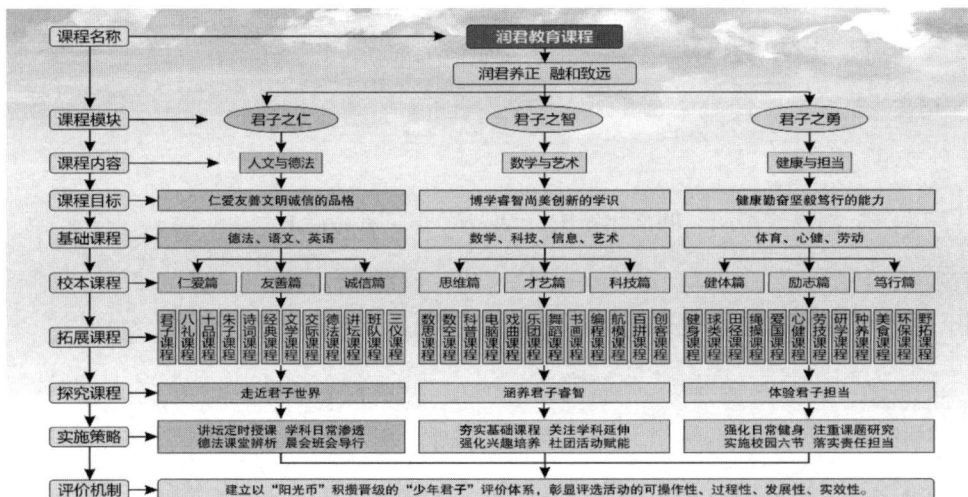

图1　润君教育课程体系

（三）打造"灵润"的生命课堂，助力孩子"学"君子

课堂是学校落实立德树人根本任务的核心阵地，培育灵魂高尚、学识渊博、弘道担当的时代小君子离不开课堂教学的保障，润君教育倡导的是生命灵润的课堂。

1. 灵润课堂的教学主张

以生为本的教学理念；以学为中心的教学方式；以动为要的教学过程；以评促长的教学风格。

2. 灵润课堂的基本要求

组织引导，关注学生；以学定教，顺学而导；务实教学，突出体验；以文化人，教学相长。

3. 灵润课堂的实施流程

情境导学、自主探学、合作研学、互动赏学、评价延学。

（四）培育"雅润"的教师团队，助力孩子"信"君子

《学记》有云："君子知至学之难易而知其美恶，然后能博喻，能博喻然后能为师。"润君教育同样要求教师成为一名道德高尚、学识渊博、勇于担当的君子，然后再以人格感化人。

1. 基于学习共同体的专业阅读

专业阅读主要以分组共读的方式进行，内容包括教育经典类、教育专著类、人文情怀类、生本教材类，并开展读书沙龙活动，锻造学识渊博的教师队伍，以此来丰盈教师生命，让教师过一种幸福完整的教育生活。

2. 基于学习共同体的专业实践

（1）创办君子文化讲坛，营造教师的精神家园

君子文化讲坛是在学校"润君教育"理念下为传播君子文化、感受君子人文、体验君子标准、涵养君子人格而设立的人文讲坛。

（2）实施会前论坛沙龙，更新教师的教育理念

"水本无华，相荡而成涟漪，石本无火，相击而发灵光。"论坛、沙龙活动是一种常见的教师专业活动形式，是教师与教师之间通过对问题进行互动的一种活动。

对培育教师更新教育理念、指导新的教学实践具有重要的意义。

（3）通过教学技能测评，夯实教师的教学基本功

润君教育要求教师有扎实的教学基本功。学校提出了教师"六艺"标准，即粉笔、硬笔、教学设计、说课、演讲、信息技术等六项基本功，对全体教师进行测试，并颁发校级教师基本功合格证，为润君师资团队的培育提供了基本保障。

（4）开展校本教学研究，锤炼教师的专业品质

校本教研是锤炼教师专业品质的最佳平台，主要针对两个层面展开：一是针对课堂教学实践展开，指向提升教师课堂教学水平和有效性；二是针对课堂教学设计展开，指向提升教师课堂教、学、评一致性和教学质量。

（5）搭建多维培养平台，形成教师的专业风格

学校建立四个教师培育工程：通过青蓝工程培养合格教师、通过碧蓝工程培养骨干教师、通过天蓝工程培养优秀教师、通过湛蓝工程培养名师，通过四项工程为每位教师点亮一盏心灯，以促进教师的专业成长。

（6）推行名师课堂展播，实现教师的教育梦想

"独学而无友则孤陋而寡闻"。为充分发挥学校名师的示范、引领和辐射作用，借助"视加慧学云"教育平台的双师课堂模式，实现名师与青年教师"一拖几"的同步教学，既保证青年教师课堂的教学质量，又能让青年教师通过一节一节的学习模仿实现稳步成长。

3. 基于学习共同体的专业写作

教师专业写作以撰写"润君"教育教学反思、教育课例分析、经验论文、研究成果来提升教师的理论素养。

（五）实施"盈润"的校节活动，助力孩子"做"君子

1. 礼——礼仪节

通过"礼"（守规则）的教育，为孩子滋养一颗仁爱之心，让孩子善良一生。一是"三礼熏陶"：以庄严隆重的仪式，给孩子烙下一个个君子文化的印记，如一年级新生的开笔礼、三年级学生的感恩礼、六年级的毕业启航礼。二是实施校园

八礼（仪表之礼、言语之礼、行走之礼、课堂之礼、集会之礼、待人之礼、餐饮之礼、观赏之礼），帮助学生养成以仁爱为魂的文明习惯。

2. 乐——音乐节

通过"乐"（善审美）的教育，为孩子培育一门艺术特长，让孩子自信一生。学校在完成基础性课程之外开设了管乐团、合唱团、民族乐团、小腔戏、电子琴、古琴、古筝、笛子、小提琴、陶笛、舞蹈、葫芦丝等12个音乐自选社团，供学生自主选修（每周四下午第二、三节课作为学生社团活动时间），并在每年的四月份举办隆重的艺术节，为学生的艺术特长搭建展示的舞台。

3. 健——体育节

通过"健"（会健体）的教育，掌握一项运动技能，让孩子健康一生。学校建立田径、跳绳、啦啦操、篮球、羽毛球、乒乓球、足球、围棋等15个健体类社团，供学生自主选修。学校在每年的十一月份举办隆重的体育节（运动会），为学生搭建展示运动技能的平台，以培植"每天锻炼一小时，幸福生活一辈子"健康理念。

4. 阅——悦读节

通过"阅"（慧阅读）的教育，养成一种阅读习惯，让孩子受益一生。以"读经典名著，享书香人生"为宗旨，广泛开展图书漂流活动，实施"阅读三课"——读前推荐课、读中指导课、读后分享课，让一本好书在同年段的各个班级中漂流。每学年的五月份开展悦读节活动，通过低年级的课本剧表演、中年级的"同读一本书"活动、高年级的读后感现场赛及亲子阅读活动，让阅读像呼吸一样自然。

5. 书——书画节

通过"书"（写好字）的教育，练就一手硬笔书法，让孩子亮丽一生。学校安排"一长五短（每周一节40分钟、每天20分钟）"的写字课时，保证孩子习得一手好字；学校还以年级为单位成立小沈郎硬笔书法、软笔书法、国画、绘本、插花、篆刻、彩泥等16个社团，满足了学生个性发展需求。每年的十二月份隆重开展书画节活动，开展"百人软笔书法、百人硬笔书法、百人插花、百人绘画、百人彩泥"五个百人赛，在社团活动和书画比赛中，提升孩子的综合素养和审美情趣，感受君子才艺的魅力。

6. 数——科技节

通过"数"（会探究）的教育，培养一种探究精神，让孩子智慧一生。学校以人工智能为主题，一、二年级开设电子百拼活动社团，三、四年级开设航空航模活动社团，五、六年级开设智能机器人活动社团，同时根据学生兴趣还开设了蔬菜种植、茶艺茶道、校外拓展实践和研学等研究性活动社团，培养学生学科学、爱科学精神。每学年的十月份举办一次科技节活动，开展机器人（分三级）、航模、计算机编程、电子百拼、创新大赛等科学素养型比赛活动，为学生搭建展示科学素养的平台。

（六）创建"和润"的评价体系，助力孩子"成"君子

润君教育课程评价体系采取以目标为导向、以过程为重点、以积攒为基础、以晋级为动力、以授章为激励的一种评价方式。为学生营造一种自我定位、自我规划、自我实施、自我矫正、自我发展、自我展示的比、学、赶、超的成长氛围。

学校设立了仁爱小君子、智慧小君子、才艺小君子、健康小君子、书香小君子、墨香小君子、创新小君子七种阳光币，当学生积攒了一套完整的阳光币（七种）可依次兑换进阶为铜卡，两张铜卡可以兑换进阶为银卡，两张银卡可以兑换进阶为金卡，获得小金卡的孩子，经年段推荐和学校审核后，通过微信公众号推送宣传，授予"君子之星"最高奖章，这种评价体系具有多样性、发展性、激励性和自我修正性。

学校以"润君教育"为核心价值追求，引领学校内涵发展，学校办学特色得到彰显，办学质量取得长足进步。学校先后获得"全国人工智能特色学校""全国书法教育示范校""全国优秀家长学校""全国国防教育示范校""福建省文明校园""福建省义务教育管理标准化学校""福建省教育科研基地校""福建省足球教育特色学校""福建省综合实践基地校"等荣誉，其中蒋隆桦同学获得"全国创新少年"称号。

四、未来展望

润君教育既需要对优秀传统文化的深耕，又需要对现代教育的发展用功。君子人格是优秀传统文化的精髓，其三达德的深刻内涵，光照着现代公民的素养要求；现代教育理应是对优秀文化传承的时代阐发，我们在关注人文传承的同时，又要面对文化的创新，润君教育在培育君子人格的同时，强调对未来社会的适应，特别是对人工智能特色的研究与实践，为孩子的明天扬起智慧之帆。我以为，学校理应成为孩子涵养品格的心园，更要成为孩子着眼未来发展的学园，也应成为教师积蓄光源的乐园。

总之，落实"立德树人"根本任务，必须抓住理想信念铸魂，缔造完善的君子人格，让魅力无限的君子精神弘扬起来，让"君子文化"这颗最能体现中华优秀传统文化"精气神"的种子在新时代的春风吹拂下生根发芽、开花结果。

30

践行适趣教育　奠基学生成长

◎李泽华

【 作者简介 】

李泽华，男，福建宁化县人，高级教师，大学本科。现为福建省宁化师范学校附属小学校长、书记。福建省"十三五"小学名校长培养人选。

一、适趣教育提出

（一）含义理解

字面意思——"适趣教育"的"适"取"切合，相合"之意。"趣"取"兴味，使人感到愉快"之意。可以说，"适趣教育"就是切合学生兴味，让学生感到愉快的教育。

语义延伸——"适趣教育"是一种教育指导思想和理念，不是某一具体的教学方法或手段。其思想核心体现为：根据学习者因自身的差异性而显现出来的不同的兴趣爱好，进行有选择的、差别化的教育。

时代呼应——"适趣教育"顺应时代要求，目标指向立德树人，在五育并举、各有所长中实现全面发展、终身发展。通过因材施教发掘学生的优势潜力，引导学生发现自我价值，实现自主发展、个性发展、差异发展、最优发展。

（二）提出依据

1. 政策导向

《国家中长期教育改革和发展规划纲要（ 2010—2020 年 ）》指出，要"注重因材施教。关注学生不同特点和个性差异，发展每一个学生的优势潜能"。《中国教育现代化 2035 》推进教育现代化的八大基本理念之一是要"更加注重因材施教"。

《中国学生发展核心素养》"自主发展"强调：学生要能有效管理自己的学习和生活，认识和发现自我价值，发掘自身潜力。要具有积极的学习态度和浓厚的学习兴趣，养成良好的学习习惯，掌握适合自身的学习方法。这让我们从国家教育政策层面知道了实施适趣教育的重要性，是推进教育现代化，发展学生核心素养的要求。

2. 传统文化导向

《论语·先进》——子曰："求也退，故进之；由也兼人，故退之。"《论语·八佾》——子曰："射不主皮，为力不同科。"《论语·雍也》——子曰："中人以上，可以语上也；中人以下，不可语上也。"

《礼记·学记》："禁于未发之谓豫，当其可之谓时，不陵节而施之谓孙，相观而善之谓摩。此四者，教之所由兴也。"

传统文化中的教育之道告诉我们，教育要因材施教，不能超越受教育者的才能和年龄特征而进行教育。可见实施适趣教育是对中国传统教育的继承与发展。

3. 国内外教育理论导向

冯恩洪适合教育理论指出，教育要注意受教育者的差异，尊重学生的情感，释放学生的潜能。要有"人皆有才，人无全才，扬长避短，个个成才"的观点，发现人的强势智慧，让人的强势智慧充分发展。

郭思乐生本教育理论指出，教育必须一切为了学生，高度尊重学生，全面依靠学生。教育要给人以自由，好让他们用自身的内存、自身的自然物，去获得外部的知识、外部的自在物。要研究学生的内部自然喜好认识规律、既有经验，要创造适合儿童的教育，而不是选择适合教育的儿童。

苏格拉底"产婆术"观点认为，人一出生，就禀有观念，这些观念是天生的，并非后天才拥有。教师之教学，类似产婆将胎儿"引出"而已，产婆绝对无法"由外往内"地赐给产妇婴儿，只能"由内往外"将婴儿接生。教师的职责，是帮助学生"自己"重新"发现"早已存在的观念，或"回忆"遗忘但未曾消失的记忆。

国内外教育理论从教育目的、手段等层面阐述了适趣教育的必要性与可行性，对适趣教育的实施提出了具方向性的操作指导。

4. 心理学导向

人本主义心理学家马斯洛需要层次理论认为，"自我实现"是最高层次的需要。这种自我实现，受内源与外源动机驱动，受内源性动机（如个人兴趣和选择自由）驱动能使人更加全身心地投入工作与学习，并能发挥更大的创造性。

加德纳多元智能理论认为，人存在八种不同的智力，普通人一般只可能在其中少数几方面发展较强。在发展学生各方面智能的同时，必须留意每一个学生只会在某一两方面的智能特别突出；而当学生未能在其他方面追上进度时，不要让学生因此而受到责罚。要注意发掘学生的优势智能，为他们提供合适的发展机会，使他们茁壮成长；还要以此来帮助有问题的学生，采取对他们更合适的方法去学习。

建构主义学习理论认为，学习不是知识由教师向学生的传递，而是学生建构自己的知识的过程。学习者通过主动建构、社会互动、学习情境来完成知识的建构。教学不是传递客观而确定的现成知识，而是激活学生原有的相关知识经验，促进知识经验的"生长"，促进学生的知识建构活动。教师在教学过程中要注重激发学生的学习兴趣，帮助学生形成学习动机。

健康心理学认为，人在焦虑时会产生的具有积极意义的心理防御是补偿与升华。补偿是通过刻苦努力来克服自己的缺点或在其他领域做出杰出成绩来弥补自己的缺点。升华是通过社会可以接受的方式把受阻的欲望表达出来。适趣，就是补偿、升华。

心理学理论从教育的主体学生心理角度，给出了适趣教育的可能性，也对其实施有更具体的指导性意义。

5. 学校文化导向

宁化县正在推进"向学生提供适合的教育"课题研究。"适趣教育"是学校实施"适合教育"研究的具体抓手。宁化师范学校附属小学已确立了"让学生快乐成长，让教师幸福工作"的办学理念，"适趣教育"是对原有办学理念的丰富与提升。办学主张、办学思想的提出，离不开生存的土壤。

在中国教育政策、人才政策引领下，继承和发展中国传统教育的精华的基础上，借由国内外教育学、心理学理论的指导，扎根于学校的育人实践，适趣教育作为关照学生普遍特点与个性差异，促进学生自主、全面发展与差异、最优发展，兼顾学生当前学习与终身发展的教育思想与教育实践适时提出。

二、适趣教育理解

（一）学校观

1. 学校是促进学生成长的场

在这个特殊的场中，学生是群体与个体的结合体。作为"群体"，我们要了解儿童的天性，掌握儿童的普遍特征；作为"个体"，儿童具有独特的个人世界，是唯一的"这一个"，我们要研究"具体的个人"，帮助孩子在集体之外成长。

2. 学校是帮助学生奠基"三观"的场

小学阶段是学生成长的奠基阶段，要培养学生广泛的兴趣爱好，培养学生良好的行为习惯与学习、思维等习惯，进而为学生正确的"三观"形成打下基础。

3. 学校是面向学生未来的场

终身教育决定了学校只是学生学习的一个阶段，不可能解决学生一生的所有问题，只能在学习过程中让学生学会学习，进而在未来主动学习。

（二）学生观

1. 每个学生都有学习的愿望

苏格拉底认为儿童是天生的学习者，他们有着强烈的好奇心和求知欲。对学生来说，没有兴趣就没有学习。没有积极的情感体验，就没有持续的学习。

2. 每个学生都有学好的潜能

生理学研究表明，人的大脑至少有 90% 的潜能未被运用，每个学生都有多种潜能有待发展，且各自拥有不同的优势潜能领域。学习，正是让学生认识自己的优势潜能，并将其转化为实践能力的过程。

3. 每个学生都有学会的时刻

多元智能理论提出，因为学生具有不同的优势潜能，所以在不同的学科领域，每个学生的表现就不尽相同。对于某些学科学习困难的学生，只要有足够的时间来学习，就能弥补天资上的不足，所以我们要给学生足够的时间，让学生慢慢长大，并且我们也要用多元的评价衡量每个学生。

（三）教师观

1. 教师是学生学习生活的组织者

一是规划学生文化发展路径。引领学生把学科学习与生活结合起来，达到二者互相促进、共同提升的目的。同时在此基础上从培养人的世界观、方法论、科学态度等方面促进学生的成长。二是帮助学生顺利地进行自主学习。从改造课程，选择学生喜爱和有效的活动，指导学生学会学习等方面组织学生自主学习。三是组织学生学习生活。要以多种适合学生兴趣爱好，符合学生身心发展规律的方法，指导学生的校内外学习与生活，促进学生全面发展、个性发展。

2. 教师核心能力是组织学生自主有效的学习生活

教师应具有爱心和激情，关爱每一个学生，对教育事业始终充满激情。教师必须具备教育专业思维，以促进学生自主学会学习为出发点与归宿，最大可能地发挥学生的力量，以解决教育教学中遇到的问题。教师应当对自身的教学领域融会贯通，做到以学定教、以生定教。

3. 教师在学生的发展中成长

教师在对学生的爱中产生对教育的爱，在促进学生发展过程中思想得到净化，教育教学能力得到提升。

（四）学习观

1. 适智学习

"适智学习"解决学习行为的实施问题。从集体行为来说，要考虑同年龄段学生整体智力水平的学习要求、学习内容；从个体需求来说，要同中有异，提供不同的学习内容，根据学生不同的特点制定不同的学习目标和进度计划，选择和应用不同的学习方法、手段和工具等方面。

2. 按需学习

"按需学习"解决学习动机和学习内容的问题。个人的爱好、兴趣、阅历等决定了学习内容的选择方向。学校、教师必须从智力、兴趣、身体、成就、情感等方面了解学生的个别差异和发展需求，提供符合其发展阶段的教育情境，给予各种发展机会，使每个学生的潜能得以发挥，从学习活动中获得成功的满足，保持并增进继续学习的兴趣，谋求自我的充分发展。必须营造适合学生兴趣发展、快乐成长的校园环境与生活空间，确信每个学生都有天赋的潜能，实施个性化的教学与辅导措施，使学生在教师悉心照顾和指导下，经过努力，把个人与众不同的长处显现出来，获得某方面的成就，从而肯定自己的地位与价值。

（五）课程观

课程校本，即国家课程与地方课程、学校课程有机整合，成为校本化实施的课程。课程融合，即各学科课程有机融合，成为互相关联的综合课程。课程选择，即提供丰富的适合学生兴趣爱好的特色课程，供不同学生选择。

（六）教学观

1. 关注情感力

一个有效的课堂教学环境应该让学生的学习经历更加愉快、更有价值。注重"情感推动注意，注意推动学习"。以宽松的课堂氛围、积极的情感体验促进学生主动地学习。

2. 关注思维力

学习就是学习者建立神经网络的过程，用联系产生意义。让所获取的信息转化成有意义的知识，进而在问题情境中转化为智慧。教学的目的是引导和促进学生的大脑形成神经联结，而改善工作记忆的容量和保持时间，是提高思维品质和学习质量的生理密码。

3. 关注实践力

课堂教学应该充分调动学生多方面的感官，让学生产生身体与大脑的联运，进而发现学生在某些方面的学习优势潜能，顺势而教，促进学生的最优化发展。

（七）质量观

五好目标：一是有好品德，学会做人；二是有好习惯，学会做事；三是有好身体，学会健体；四是有好学习，学会求知；五是有好技能，学会生活。发挥特长：适应学生优势潜能，考虑学生整体特点，提出学生发展最低目标，即合格目标。同时也对不同学生潜能，着力突显其优势潜能转化为优势实践能力，是为特长目标。

（八）评价观

参与式评价：在师生共同学习过程中领会评价原则与基本方法，然后主动参与评价。发展性评价：在心理沟通、榜样激励、指导说理等方式中引导学生自评、互评、参评，以发现、发展彼此的优点与长处。形成性评价：通过具体描述原因、过程、结果的形式，以指导式、谈心式、激励式评语评价学生取得的成绩。

三、适趣教育实施

（一）确立办学目标

办学理念：让学生快乐成长　让教师幸福工作。

校训：我以附小为荣，我为附小争光。

校风：明礼诚信　协作进取。

教风：爱生　博学。

学风：乐学善思　自主创新。

办学愿景：让每个学生都成为最好的自己。

（二）建构学校文化

1."五好"学生文化

一是有好品德，学会做人；二是有好习惯，学会做事；三是有好身体，学会健体；四是有好学习，学会求知；五是有好技能，学会生活。

2. "五有"教师文化

有品格，有高尚人格魅力；有童心，有坚定儿童立场；有梦想，有远大理想信念；有课堂，有生动灵活课堂；有情怀，有和谐师生关系。

3. "四同"管理文化

信念认同，服务学生；心理认同，关注发展；机制认同，合格特长；行为认同，主动作为。

4. "四生"课程文化

（1）生本的课程

课程主体、课程内容、课程空间、学习方式、评价标准等充分考虑学生的身心特点与成长需要。

（2）生态的课堂

课堂教学是师生共同成长的生命历程，是激情与智慧综合生成的过程。生态的课堂表现为各方面的利益关系得到妥善协调，使师生处于融洽状态，课堂内教师与学生和谐相处。生态课堂目标指向学生，是一种"有规则的自由活动"。师生是"平等合作关系"。

（3）生长的学生

坚持对学生"四自四主动"精神的培养：在生活上自立，主动自理与服务；在学习上自主，主动参与和探究；行为上自律，主动约束与反省；在交往中自强，主动合作与交流。

（4）创生的教师

教师必须从"技术熟练者"的适应者走向批判反思的创生者，努力发现和关注课程现象，对课程现象背后所蕴含的课程理论与哲学进行辨析。教师个人的反思、教师团队的反思都要成为一种常态化的工作习惯。

5. "三美"环境文化

学校环境必须遵循"美的原则"，按照"美的规律"来建造，使其具有审美特性和审美意义，在社会公众中树立起个性化的审美形象。做到整体诗意美、内容生态美、形式包装美。

（三）建构成长课程

1. 融合的学科课程

学科课程将国家、地方、校本课程组合成三大类：心灵美、学业优、身心健，每门学科均分为学科课程、拓展课程、个性课程，并有必修与选修之分。在提出集体的保底学习要求的同时，对特殊学生予以特殊的学习关照。

2. 丰富的活动课程

构建"幸福树"德育课程，以幸福成长为主干，分为幸福学习、幸福活动、幸福自理。制定相应的课程目标，让学生开展丰富的适趣实践活动，从中体验什么是幸福，学习创造幸福，与人分享幸福，在幸福的环境中不断成长。在活动中锻炼学生的实践能力与创新能力，呈现学生个性特点。

3. 特色的课程

（1）三读三展三评阅读课

三读：学校师生读、社区伙伴读、家庭亲子读。

三展：阅读成果展、阅读推介展、经典演绎展。

三评：评学生、评教师、评家庭。

（2）"四个一"书写课：一长一短一优一选

每周一节软笔书法长课，每天一节硬笔书法短课，每周一节特长生提升课，每周一个下午学生书法选修课，培养学生良好的书写习惯与书写能力。

4. 个性的选修课程

开设走班社团课，让学生充分按自己的兴趣爱好及能力层次选择相应的课程学习，体现课程的可选性、丰富性，培养合格加特长的学生，提升学生的艺术修养，让学生在不同的学科中体验不一样的成功，成为最好的自己。

5. 精选的实践课程

精选的实践课程包括足球课程、研学课程、劳动课程。

（四）建设教师队伍

1. 实施共同体发展模式

共同体成长机制作为适趣教育教师队伍建设的一个方面，从组织性质来说，它是一种非行政性组织，成员主要以共同的兴趣与使命而组合，但又隐含着行政的因素，因为学校会以评价等形式对其进行关注，是二者的结合体，兼具二者优势。从结构来说，它是一种金字塔结构，顶层名师、中层骨干、底层青年教师，不同层次的教师在实践中发挥的作用不一样，所取得的成就也不一样，符合人才梯队建设规律。从实践情况来看，每个共同体有不同的任务要求，便于各个成员根据共同体性质进行经验更新、再现实践、合作交流、理论提升、创生重建，形成学习、设计、践行、反思、重建的变革链和研讨的教研氛围。

2. 修炼以学为中心的课堂行为

（1）变教案为学案

从方便学生学习，引导学生自主学习出发，改"教案"为"导学案"；把学生作为课程的主体，实践"生本"理念，通过批注式先学、自主探究等学习方式，培养学生形成积极主动的学习态度，教学生学会学习。

（2）变课题为专题

开展专题探究性学习，学生在教师的指导下，围绕某个学科问题或现实生活情境问题，通过质疑、发现问题、实验操作、社会调查、观察访问、问题讨论、资料查阅等形式去获取信息，并加以分析、加工、交流、表达，以解决问题，得到新知，掌握方法，获得能力。

（3）变模式为模块

将"学导用"教学模式（"目标引学——激趣导入、板书课题、提示目标，前置先学——自学指导、自主独学、合作共享，释疑导学——展示评价、探究解疑、精讲归纳，运用活学——基础检测、巩固练习、运用拓展"）转化为"模块"，将教学的每个环节确立为"模块"，以积木形式在课堂上因课的需要、学的需要而自由组合。

（4）变同步为分层

改革课堂模式。课前增加前置学习环节，要求学生完成学习单或课本批注，教师根据前置学习情况进行分层教学，做到有的放矢。在"释疑导学"环节，教师依据小组反馈和自己收集的学习信息，个性解答学生学习过程中的疑点、难点。

实施分层作业。按照学生的能力水平，分别布置层次性作业、趣味性作业、生活化作业、互动式作业、开放式与发散式作业等，践行自主学习。

（五）开展学校活动

适趣教育的学校、班级活动以满足和提升学生的个性成长、差异发展需要为核心。在主题确定上，一是要考虑学生与外部世界相关的认识的需要，如与自然、环境互动，与社会物质、文化交流，与多元价值、信息世界实践等。二是要考虑和学生自我发展直接相关的问题，从认识、情感、意志、价值观等方面促进学生健康人格和丰富内心世界的成长。在具体开展上，坚持在教师指导下，从主题选择、方案设计、组织分工、准备活动、活动开展等方面都吸收学生参与，让活动成为学生自己的事，从而实现活动价值最大化。

（六）构建评价体系

在坚持科学性、民主性、人文性的前提下，我们尝试在师生中进行增值性的自我评价以强化师生自我发展意识，启动自比自的生成体验。同时，以"合格 + 特长"的评价方式，保证学生在合格的基础上，充分展示个性特长，呈现独一无二的自我。

1. 评价教师
分层评价，适合不同梯队教师。
分岗评价，各岗位职责明确。
分科评价，体现不同学科特点。

2. 评价学生
在学生的评价上，我们坚持评价的目的是促进被评价者的进步；要鼓励先进，允许落后；坚持多几把尺子量学生，让每一个学生都成为最好的自己。

（1）评价内容多元化
注重学生综合素质评价，不仅关注学业成绩，而且关注学生创新精神和实践能力发展以及良好的心理素质、学习兴趣与积极情感体验等方面的发展；尊重个体差异，注重对个体发展独特性的认可，给予积极评价，发挥学生多方面潜能，帮助学生悦纳自己、拥有自信。

（2）评价过程动态化

注重学生成长发展的过程，有机地将终结性评价与形成性评价结合起来；给予多次评价机会，促进评价对象的转变与发展；鼓励将评价贯穿于日常的教育教学行为中，使评价实施日常化、通俗化，如口头评价、作业评价、成长记录等。

（3）评价主体互动化

强调评价过程中主体间的双向选择、沟通和协商，改变单一评价现状，加强自评、互评，使评价成为教师、同学、家长和学生本人共同积极参与的交互活动。

四、未来展望

（一）成绩可喜

1. 学生适性发展

实施适趣教育，校园更加充满了童趣，学校成了学生最喜欢的场所；课堂更加充满了自主，每个学生都能在课堂上畅所欲言；学习更加充满了快乐，每个学生都能在学习中收获不一样的成功。学校以合格＋特长评价学生，既提出共性的保底要求，又体现每个学生的个性特点，让每个人都成为最好的自己。每学期评选单项明星学生，开展单项技能比赛，让每个学生兴趣特长得到展示。

2. 教师适时成长

几年来，老中青教师都得到发展，学校八十多名教师中有一名特级教师，一名省学科带头人培养对象，九名高级教师，市县名师、学科带头人、骨干教师四十多名，占全县的五分之一。

3. 学校适势提升

学校被评为第二届全国文明校园、全国书法教育示范学校、书香校园、青少年足球示范学校、数字化示范学校，连续七届获省文明学校，是省教改示范性建设学校，市艺术教育特色学校。办学成绩陆续被中国教育新闻网、《福建教育通讯》、《福建日报》、《福建基础教育研究》、《三明日报》等媒体报道。

（二）未来路远

首先，在理论上进行更深入、更全面的探索，在育人目标上根据立德树人要求，深入研究学生的普遍特点与兴趣差异，更精准地提出促进学生自主发展、终身发展、个性发展的方法与途径，让学生全面发展、最优发展；其次，在激发学生兴趣、促进学生认识、挖掘自身潜力、发挥优势能力上做更多的尝试，求得每个学生都获得个性成长、特色成才；最后，在创设丰富多彩的教育环境，提供适合学生兴趣的可选课程建设与课程评价上下功夫，让学生在五育并举中经历多种选择，学会学习、学会创新、学会成长，让学生的兴趣、天赋得到充分发展。特别是要在提供适合学生实践、创新的课程上多尝试，以培养学生的科学素养、创新精神。

31

"润泽"教育 让师生生命有光泽

——"润泽"教育的办学思想凝练

◎潘 玲

【作者简介】

潘玲，女，福建福州人，高级教师、本科学历。现为三明市陈景润实验小学校长、书记，福建教育学院兼职教授。福建省少先队名师、福建美育专家库专家。福建省"十三五"小学名校长培养人选。

有一颗神奇的星闪耀在星空中，它的编号是"7681"，也叫陈景润星。教育的目的就是让每个个体发光发亮，成为最好的自己，我校是全国唯一一所以优秀校友陈景润先生名字命名的实验小学，希望景润先生的高尚品德和人格力量让全校师生身心得到润泽，"润泽"教育将引导每个师生生命富有个性地健康成长，构筑师生成长的幸福家园，形成自己特质的办学思想。

一、办学主张

（一）"润泽"教育的溯源

学校始建于1916年，刚刚兴起的新文化运动在三元催生了这所正规公办的三元初级小学。历经沧桑，十一度易名，其间，1958年学校易名为三明市实验小学，2004年因隶属关系改名为三元区实验小学，2012年1月遇上了党的好政策，校安工程让校园得以重建。2014年5月以我校的校友陈景润先生名字命名为三明市陈景润实验小学，现在是全国唯一一所以陈景润先生名字命名的实验小学。随着新校舍的落成，学校的环境文化建设回到了"原点"，校园开始重建后便开始着手学校文化的重新审视和构建。从优化育人环境，传承百年厚实的文化这个角度，思考构建全方位、立体化、开放性的自身特质的校园文化，通过学校教代会的审议决定从知名校友、世界著名数学家陈景润的名字中提取一个"润"字，确定了"润泽"教育这个办学主张。

（二）"润泽"教育的内涵

1."润泽"教育文化渊源

（1）新理念新思想，定位教育目标

"润"含义："润"在字典上的解释为"使有光泽，修饰"。"泽"在字典上的意思是：水积聚的地方；金属或其他物体发出的光亮光泽；恩惠。字面来解释，"润泽"是指通过浸润式教育，像水一样洗净污华，让每个受教育个体发光发亮做最好的自己！

党的十八大以来，习近平高度重视教育改革发展，提出了一系列新理念新思想新观点：没有哪一项事业像教育这样影响甚至决定着接班人问题，影响甚至决定着国家长治久安，影响甚至决定着民族复兴和国家崛起。从这个意义上说，教育是国之大计、党之大计。要始终对教育保持一颗敬畏之心，围绕培养什么人、怎样培养人、为谁培养人这一根本问题，引导学生厚植爱国主义情怀，扣好人生第一粒扣子，培养一代又一代德智体美劳全面发展的社会主义建设者和接班人。

"润泽"教育就是要执行党的教育方针。

（2）彰显榜样力量，传播景润精神

学校名字承载着陈景润的人格追求、勤奋治学、政治信仰与卓绝才华，具有沉甸甸的文化内涵与浓郁的传统文化气息。学校的文化建设过程，就是梳理、提炼、传承和弘扬陈景润精神、智慧和各种成果的过程。景润先生在国内外都享有很高的声誉，生前先后在国内外报刊上发表了科学论文70余篇，并有《数学趣味谈》《组合数学》等著作，曾获国家自然科学奖一等奖、何梁何利基金奖、华罗庚数学奖及2018年庆祝改革开放40周年大会党中央、国务院颁授的改革先锋称号等多项奖励。榜样的力量是无穷的，把陈景润精神自觉成为学校的一种文化和气场，成为师生内化为心、外化为行的一种知行合一的精神力量。

（3）"7681"宇宙之星，塑造尚水人生

"7681"是陈景润星，陈景润夫人由昆曾寄语："7681"是那么的晶莹，它像一双明亮的眼睛，深情地凝望寻梦、追梦、筑梦的人们，共同期待着圆梦的时刻……"景润实小有个像星一样的教育梦——办文化深厚的历史名校，筑身心润养的教育名园！景润学子有个像星一样的成长梦——全面发展，成为新时代祖国栋梁！

2."润泽"教育的理论渊源

"润泽"教育采纳的是一种润物细无声般"浸润"式的、慢的、有爱的教育，潜移默化地改变师生行为让其自主地积极参加校园活动和学习实现个人的成长成材。

（1）与新时代教育共生

"润泽教育"是以《习近平总书记教育重要论述讲义》为指导，全面贯彻党和国家的路线、方针、政策，做"四有"好老师，培养德智体美劳全面发展的社会主义建设者和接班人。

（2）与国内外理念同存

润泽教育符合慢教育的特点和规律，理论依据来源于《礼记·学记》："今之教者，呻其占毕，多其讯言，及于数进而不顾其安。使人不由其诚，教人不尽其材。其施之也悖，其求之也拂。夫然，故隐其学而疾其师，苦其难而不知其益也。虽终其业，其去之必速。教之不刑，其此之由乎！大学之法，禁于未发之谓预，当其可之谓时，不陵节而施之谓孙，相观而善之谓摩。此四者，教之所由兴也。"教育是不能一蹴而就的。教育是一种习惯的培养；教育是一种文化的积累；教育是一种慢功夫，靠日积月累；教育是一种享受，得慢慢来……我们做教师的，要有足够的耐心、足够的包容心去等待学生们开出五颜六色的花。慢，不是降低效率，而是尊重规律；慢，不是磨磨蹭蹭，而是潜心修炼；慢，不是教学方法，而是一种境界！不积跬步，无以至千里；不积小流，无以成江海！关注教育细节，引领学生们扣好人生的第一颗扣子，认真走好人生的每一步，和他们一起慢慢地成长，让学生们去过

一种健康的"慢生活"，让他们像野花一样按照大自然的规律成长！

"润泽"教育倡导让孩子们在充满爱、美和诗意的环境中无拘无束地成长。

润泽教育体现了教师生命与学生生命的价值融合，让师生的生命有光泽。理论依据来源于《陶行知师范教育思想的现代价值》，陶行知一生提倡"爱满天下"，他热衷于创造真诚、博爱、和谐的教育氛围，体现了最崇高的师德境界，树立了人师楷模的显著标志，张扬了爱心和人梯精神。景润实小所有教师要用敏感细致的心去发现和感受每个学生的心灵，给予他们正确的人生观价值观的指导。

马斯洛提出人类基本需要有不同的层次，由下而上分为生理需要、安全需要、归属与爱的需要、尊重的需要、自我实现的需要，一般来讲在生理需要、安全需要、归属与爱的需要得到满足之后就会考虑如何进一步学习，如何获得成就，如何得到他人的尊重，如何自我实现，等等。"润泽"教育就是要遵循规律，不断成就每个生命个体的不同层次需求。

二、理论体系

润泽教育根据哲学、心理学、教育学及党的教育方针制定景润实小特质的学校观、教师观、学生观、课程观、教学观。①学校观：求实创新、和衷共生、以文育人。《陶行知教育名篇》中有一篇小短文，谈陶先生的学校观，陶老先生说："师生共同生活的程度，决定了学校生气的程度。"学校的方方面面都要体现其教育性。上到教室下到厕所，都应有教育性的体现，学校抓住润物细无声这个教育性的根，充分发挥学生的主体性、主观能动性，给学生提供优美的育人环境，开展丰富多彩的学校生活，让学生健康、活泼地成长。②教师观：终身学习、善导巧育、润物无声。陶老先生说过，让教师成为课程构成与建构的参与者、创造者和批判者，要求教师在学生学习生活之间建立起和谐友爱共进的关系，从"教书匠"转化为学习者、发现者、欣赏者、教育者、组织者、引导者、研究者、反思者、创造者。要求教师都要成为习近平总书记提出的"四有"好老师：有理想信念、有道德情操、有扎实学识、有仁爱之心。③学生观：身心健康、善思乐行、百折不回。树立身心健康第一的教育理念，注重学生发展的主动性、潜在性和差异性，提供适合每个学生的教育，努力培养每个学生的思考问题、解决问题、不怕困难、艰苦奋斗的能力。④课程观：多样化、实践化、特色化。学校在开齐开足国家、省颁规定的基础课程的基础上，进行国家课程校本化、学科课程综合化、教学形式多校化、实践活动课程化的"润泽"课堂的系统建构。⑤教学观：教学相长、关注差异、培养能力。教师在教学过程中应与学生积极互动、共同发展，要处理好传授知识与培养能力的关系，注重培养学生的独立性和自主性，引导学生质疑、调查、探究，在实践中学习，促进学生在教师指导下主动地、富有个性地学习。教师应尊重学生的人格，关注个体差异，满足不同学生的学习需要，创设能引导学生主动参与的教育环境，激发学生的学习积极性，培养学生掌握和运用知识的态度和能力，使每个学生都能得到充分的发展。

三、实践探索

"润泽"教育系统建构了"7681景润"教育育人模式：通过打造7个特质，培养景润学生6大核心素养（学会求知、学会健体、学会生活、学会做人、学会欣赏、学会创新），在"8"个景润实小主题活动中：科技智能节、法制安全节、绿色环保节、读书节、体育节、文化艺术节、景润思想节、劳动节）实现1个育人目标：培养全面发展的新时代社会主义建设者和接班人！

（一）立"润泽"特质精神文化

（1）以陈景润摘取的数学皇冠上的明珠（简称"1+2"）的哥德巴赫猜想为设计理念，设计以"润泽"意象的学校形象标记为核心的校徽。

（2）结合水润文化的特色，设计与"润泽"意象相关的学校形象代言标记的吉祥物——水精灵。

（3）以"润泽"精神为核心内容，师生共创和谱写体现"润泽"特征与精神的校歌。

办学理念：润泽教育　让师生生命有光泽。

育人目标：全面发展，成为新时代的祖国栋梁。

育人理念：以水德滋养生命成长，用润泽塑造尚水人生。

校训：润养身心　日有长进。

校风：求实创新　和衷共生。

教风：善导巧育　润物无声。

学风：善思乐行　百折不回。

（二）行"润泽"特质管理

与时俱进使用钉钉办公管理软件，对考勤、教务、教研、后勤、安全及家校联系等进行智能化管理。修订新的制度、章程，无规矩不成方圆，建立符合新时代发展新要求的学校规章制度是学校发展的保障，重新修改过时的制度及绩效方案，制定适合我们景润师生的行为规范，通过教代会达成共识，成为全体师生必须共同遵守的制度，并形成习惯植入于心，最终达到无为而治的管理最高境界。

（三）上"润泽"特质课堂

景润课堂倡导从"知识传授"走向"人的生命发展"：学校倡导每位教师上"滋养学生生命"的课，努力打造"润泽三互"课堂，改变常规的课堂教学中老师一个人"施力"学生被动学习模式，"润泽三互"教学模式，是在教师的引导下，促使师生互动，生生互动，生本（教学内容）互动。这样产生的学习动力十足，效率倍增。建构了有景润特质的"7"——七步教学模式（导学、自学、讨论、点拨、训练、梳理、拓展）。

（四）构"润泽"特质课程

学校在开齐开足国家、省颁规定的基础课程的基础上，进行国家课程校本化、学科课程综合化、教学形式多校化、实践活动课程化的"润泽"课堂的系统建构：课程建构中，从"课程"到"课程群"：在学科基础课程落实中，学校将国家课程（语文、数学、英语、体育与健康、美术、音乐、信息技术、科学）基础课程分成五大领域（"语言与阅读""体育与健康""艺术与审美""数学与科技""品格与社会"）进行拓展性课程的开发，涵盖地方课程、校本课程。建设适合学生发展的

"润泽"课程。学校认真落实国家课程标准和省颁课程方案，在开齐开足国家、省颁规定课程的基础上，让国家课程校本化、学科课程综合化、教学形式多校化、实践活动课程化，立足校情开发了特色课程、特长课程、活动课程等校本课程，以此培养全面发展的人。

（五）建"润泽"特质环境

在环境文化构建中整体定位，凸显主题实施环境文化建设。

（1）追求"桃李不言"的特点，以"环境优雅、文化浓厚"为目标，开展校园环境建设，形成形象统一、美观的识别标志。如科室牌、班牌；色彩文化；吉祥物等，校园内教育牌、提示牌、提醒牌，醒目美观，处处体现着教育与文化内涵，让学生在整洁、幽静、充满文化气息的校园中不知不觉、自然而然地受到熏陶、暗示、感染。

（2）凸显文化主题"润"，营造优美校园环境。① 学校的主区域融入学校的教育思想、办学理念和培养目标，进行整体规划，在建筑设施、校园绿化、美化、净化、香化和文化上下功夫，努力营造积极向上的校园文化氛围。② 凸显文化主题"润"。校园楼宇墙面上突出办学理念、建设主题"润"文化等主要内容。③ 过道长廊。呈现陈景润、校园五星景润星级少年榜，起到"树楷模、学楷模、受启迪"的育人作用。④ 主题文化廊。充分利用现有教学楼、综合楼的楼道走廊的廊柱、小厅，营造文化氛围。从一楼至六楼分别打造"传统—现代—未来"的不同文化。每个楼层分主题进行布置，通过多种方式呈现学校的办学理念，引领教师的教育行为，展示学生的良好文化素养。⑤ 构造功能室文化。学校少先队活动室、实验室和会议室等专用教室的文化建设，根据功能、用途进行布置，使其各具特色。⑥ 校史成果展厅。一楼大厅设立为开放式校史展厅，设立一馆文化主题墙，充分展示独具特色的陈景润文化，且图文并茂地进行内涵诠释和宣传，同时要符合学生的认知能力；挖掘百年老校的独特资源，竭力以文字图片为主，墙壁展示为载体，展现学校发展历程的同时，将师生所获荣誉等进行分类收集展示，打造校史发展和办学成果相融合的综合育人文化室，使之成为学校的德育基地。⑦ 各班有师生共同创设的人文环境却体现着各自的风格和追求。教室的设计与布局，提倡师生一齐动脑动手，以自己的劳动成果美化教室，要求班级文化建设有切合实际的实施方案，凸显主题，个性鲜明。除了通过各种精心建造的功能室、人文景观、师生名家书法作品对师生起到润物无声的浸染作用外，还通过师生的校服、系统的办公材料、电视台、宣传册、微信公众报道等来体现学校的"润泽"办学理念和精神文化，以不断提高学校的知名度。

（六）塑"润泽"特质师生

重视师资队伍的建设，落实师德师风巡察制度，学典型，树榜样，刹歪风，让正能量充满校园。在理想信念层面，学校党支部在加强自身建设的同时，加强群团组织的领导，调动各方面积极性和主动性，重视意识形态工作，依托学习载体，努力建立一支风清气正的教师队伍；在精神特质层面，要求教师做具有"和、润、容、善、韧"精神的新时代景润教师；在着装特质层面，要求师生着装整洁，不穿奇装异服，不烫染怪色，带好校徽和党徽，常带微笑，主动向孩子们问好；在知性特质层面，落实导师引领、同伴互助，通过雨润读书，全体教师每周共读一本书，促进老师读书、读好书；在成长特质层面，加强教师专业成长目标引导。将七步教学法、思维导图、课前任务单等新的教育教学理念在教育教学实践中试行，（导学、自学、讨论、点拨、训练、梳理、拓展）以课题的形式开展研究。本学期共有18个课题顺利结题，还积极组织教师申报了3个省级课题。在课题研究中培养了一大批骨干教师，促进了研究型教师队伍成长的速度；在团队特质层面，青蓝工程继续推进，名师引领、骨干教师领航，在教学工作中进行"知、能、操、行"的传、帮、带，使一批新教师和青年教师迅速成长起来。

学生方面，注重德育教育从细小入手，加强常规教育，提高德育水平。重点通过"五星景润少年评比活动"与"雏鹰争章活动"相结合，不断加强学生良好行为习惯的养成教育。探索德育工作新途径，重视特殊生管理，扎实开展各种教育活动，寓教育于各项活动中，继续进行"润泽"教育方法的实践和探索，在八个主题活动的基础上更新形式，做到每周一主题，充分发挥了德育阵地作用和学校、家庭、社会三位一体教育网络的作用。通过"五星"景润少年的评选（星星火炬星、文明礼仪星、勤奋好学星、体美艺术星、劳动安全星）努力让学生形成良好习惯，在课堂上：自信、合作、善思、乐学；在校园内：文明、礼让、卫生、团结；在校园外：爱国、诚信、友善、有礼；校园内做到三个 jìng：静、净、竞。（静：上下楼梯、午阅安静有序，教室走道公共场所干净无纸屑，学业比拼争上游。）努力成为具备六大素养（会求知、会健体、会欣赏、会做人、做劳动、会创新）的景润学子。

（七）造"润泽"特质家长

"景润"特质的家长：重教、友爱、好学。通过家长学校建立和谐的家校关系，造就有"景润"特质的家长。景润家长学校开展"五个每活动"：每天阅读一篇家教文章，每周一次共读一本书沙龙活动，每月一次百家讲坛入班级，每学期带孩子参加一次社区志愿服务，每年一次评选优秀家长和书香家庭，将学校、家庭、社会教育有机融合，让家长真正参与孩子的学习、生活与快乐成长过程。

四、"润泽"教育的成果

（一）辐射引领得到彰显

先后对尤溪洋中心小学、新阳中心小学、荆西小学、新桥小学进行帮扶与支教，学校还承担了省级农村正职校长助力培养工程的下校跟岗培训工作及三明任职校长的跟岗培训工作。

（二）教师学生成绩斐然

学生各级各类获奖达 1000 多人。先后有 70 多名教师获国家、省、市级表彰，在 CN 类刊物上发表文章 30 余篇，参加各类赛课获奖达 100 多节，参与了省、市、区课题研究 30 多个。

（三）学校特色逐渐形成

学校先后荣获全国特色学校、全国书法教育示范校、全国"零犯罪学校"、国家语言文字示范校、全国啦啦操实验学校、全国新课标形势下网络作业形式探究实践基地校、省先进教工之家、省武术传统特色项目学校、省义务教育教改示范性建设学校、省中小学校园文化美育环境培育示范校等上百项市级以上荣誉称号，为全国文明城市增添光彩。

五、未来展望

深化教育改革创新。学校现已初步形成一校两区的发展新格局，即一个总校及荆西和富兴两个校区，加快推进"基础教育一体化"改革进程，统筹管理两校间的人、财、物，进一步推动几个校区优秀教师的交流，完善联合教研制度，带动分校区提高管理水平，深化教学改革，增强内生动力，整体提高总校办学质量。

展望百年润泽，桃李芬芳。这所承载着党和人民的殷切期望，肩负着振兴基础教育的历史使命的厚重历史文化名校着上新装后，我将带领景润实小人向着打造全国乃至世界名校的目标阔步向前！

32

生命拔节教育

◎邓小华

【 作者简介 】

邓小华，男，福建永安人，高级教师，本科学历。现为永安市巴溪湾小学党支部校长、书记，三明学院基础教育专家库专家，三明市第二期中小学名校长培养对象导师。福建省小学数学学科带头人，福建省"十三五"小学名校长培养人选。

一、办学主张

（一）生命拔节教育的缘起

办学要符合时代的要求。三明市教育局要求"小学要扎实强基工程、初中壮腰工程、高中筑梦工程"，小学基础教育要为学生今后成长打好人生基础。教育部提出了关于学生发展核心素养的要求，指出应培养学生具备适应终身发展和社会发展所需要的必备品格和关键能力，要促进学生全面发展。

办学要符合学生的特点。每个孩子在小学阶段，或天真可爱，或淘气活泼，或认真勤奋，或大器晚成，一群普普通通的孩子中可能就有未来的科学家、行业精英、普通百姓，无论如何，他们都是社会的公民。学生是具体的、多元的、灵动的生命个体，办学过程中必须了解、关注学生，爱护和尊重学生。

办学要结合地域文化。永安市巴溪湾小学门前有条河——巴溪。水，可以润泽万物；巴溪湾乃静谧的港湾，享受宁静，享受自然，宁静可以致远，自然呵护生命。学校背倚"竹天下"，这里有中国竹具城、万竹山及闽台文化产业创意园。永安素有"中国笋竹之乡"的美誉，让孩子从小接受"竹"的教育，不仅可以对学生进行爱家乡的教育，而且还可以培养学生坚韧的意志。竹还是中国古代四君子象征之一。作为新时代的小学生，要培育他们"竹子扎根"的精神。

办学要传承中华优秀传统文化。对于生命的意义和价值，先人们不仅在不断地思考顿悟，而且用亲身的探索来寻找其中的真谛。屈原的"路漫漫其修远兮，吾将上下而求索"是对生命的渴望和尊崇。孔子非常尊重生命的质量："朝闻道，夕死可矣！"老子也认为活在世上，应该活得像水，利万物而不争。《关于实施中华优秀传统文化传承发展工程的意见》中明确要求教育要传承好中华优秀传统文化。

（二）生命拔节教育的内涵

生命拔节教育是指学校通过开展有目的、有计划的教育活动，对学生进行基础性、人文性、多元性的生命意识的培养，关注生命的成长历程，重视全面而富有个性地发展学生，开展全面关照生命多层次的生本教育，把教育和生活紧密联系，源于生活，又高于生活，还要应用于生活，让学生自主、自悟、自得，师生建立起民主、平等、和谐关系，引导学生认识生命、珍爱生命、尊重生命，活出生命的意蕴，绽放出生命的光彩。简言之，生命拔节教育是促进学生生命自觉成长的活动。

（三）理论渊源

杜威提出：教育应基于儿童的经验，沟通社会与学校、心理和身体、感性与理性、科学与哲学等。陶行知主张：生活即教育、社会即学校、教学做合一。1968年，美国的华特士提出了生命教育的思想。他认为，学校教育应该要让学生理解生命的意义和感悟生命的价值。

2004年，叶澜教授开始关注"生命"及其与教育的内在关系，开启"生命·实践"研究，她主张"从更高的层次——生命的层次，用动态生成的观念，重新全面地认识课堂教学，构建新的课堂教学观，让课堂焕发出生命的活力"。

近年来，我国部分学者从不同的视角对生命教育进行了探究。高锦泉从传统文化的角度，对传统文化所蕴含的生命教育资源做了梳理和挖掘。王媛从中外哲学角度对生命、生命意义及死亡分别予以解读，从个体生命与教育的关系入手探讨生命教育存在的合理性，提出生命教育理念。阎光才根据自然主义、存在主义和现象学等领域的哲学观点，阐释教育中生命意识的意义。吴新武认为，生命教育理论的基本依据主要有生活教育理论、人本主义理论、个性发展理论，并将生命教育理论由德、智、体、美各育具体展开来探讨。文雪则从教育学理论出发，认为教育关注人的发展，关注社会的文明进步，引导人追求生活的美好和生命的完善，追寻生命存在的意义。田宏碧、陈家麟提出了比较系统的构建生命教育体系，张锐、高琪概括出了生命教育的教学方法。

二、理论体系

生命拔节教育中关注每个生命体的生长过程，努力培养出具有"虚怀、正直、质朴、卓尔、担当、善群、奋进"的品格精神。以"坚韧不拔，节节向上"的学风作为学生素质建设的一个重要内容，结合学校德育建设，认真实施《中小学生守则》《小学生日常行为规范》，广泛开展"四自"教育（自我教育、自我管理、自我服务、自我发展），引导学生学会认知、学会做事、学会共同生活、学会生存，促使每个学生全面而有个性地发展，为培养出有正气、有志气、有勇气、有骨气、有底气、有灵气、有才气的能适应现代社会需求的新型人才的学生打下坚实的基础；广泛开展"修师德、练师能、正师风、铸师魂"主题教育活动，倡导教师刻苦钻研业务，苦练内功，为教育改革练就本领，争创育人佳绩。努力把学校建设成为"校园环境优美，文化氛围浓厚，教师素质精良，教学质量过硬，学生品行优秀，让师生幸福、人民满意"的现代化学校。

生命拔节教育以"厚德行善　涵养生命"为办学宗旨，以"虚怀　亮节"为校训，广泛开展生态、生活、生本教育，积极培育"凝心聚气　追逐幸福"的校风，"正直善群　奉献进取"的教风和"坚韧不拔　节节向上"的学风，认真扎实开展各项教育教学活动。

（一）教育观

《中庸》："天命之谓性，率性之谓道，修道之谓教。道也者，不可须臾离也；可离，非道也。"人不是物品，是一个不断发展过程中的生命体，每一时刻，他都在努力成为理想目标中的人。教育需要精耕细耘，需要信任、宽容、耐心、期待、守望，唤醒心灵，促其顺势成长。

生命拔节教育正是充满生命情怀的活动，是致力于保护生命尊严、激发生命潜能、提升生命涵养、实现生命价值的教育。让每一个生命体现其价值，为学生的幸福人生打好基础，为和谐社会培育人，引导学生更好地了解人生的价值，增强生命意识和生命尊严意识。关切人的生存、生活、生命，走进个体心灵世界。为孩子创造富足的阳光土壤，助力学生的成长，润泽学生的生命，使得学生成为一个完整的人，与天、人、物、自我和谐关联的人。

（二）学校观

杜威认为："学校应该为儿童呈现一种真实而又生机勃勃的生活。学校不能让学生走出学校却没有办法融入社会。创造一个比儿童任其自然时可能接触的更广阔、更美好、更平衡的环境。"

为此，生命拔节教育的校园环境、课程设置、文化氛围等都应体现出关注生命、欣赏生命，引领着每一个生命朝着"真、善、美"发展。学校不仅要对学生的成长负责，承担起社会责任，在学校的校园文化建设中、主题少先队活动中、各科课堂教学中、师生交往中，自觉地把社会主义核心价值观植入每一个师生的心田。

（三）教师观

生命拔节教育的教师善于团结和调动一切正向力量，唤醒学生的潜能，点燃学生的热情，不断激励学生健康、幸福成长与全面发展。要带给学生希望与力量，带给学生内心的光明、人格的挺拔与伟岸，带给学生对于自我、对于生活、对于未来和对于整个世界的自信，使每一个学生都能够成为和谐社会的建设者和幸福人生的创造者。要让全体教师体验到职业幸福感和成就感，让老师感受到生活充满生机和阳光，感受到工作是自我价值实现的过程，在课堂上能温暖每一个生命，为学生提供优质的教育服务，成为学生的陪伴者、唤醒者、点燃者、激励者、引领者，体会到工作过程是一种享受。

（四）学生观

学生发展具有能动性。每个学生个体都是鲜活的，个体之间客观存在差异，无论采用哪种方式进行教育教学，最终需要通过个体内化来实现获取知识，从而达到人格的完善。外部客体所能调动的只能是学生大脑中显意识可以传讯的思维。

学生发展具有整体性。学生的成长不单单表现在智商，还有情感和逆商等方方面面，学生的思维活动同样表现了人的整体性。教育教学中应当淡化形式、注重内容，让学生获得整体感知。

学生发展具有复杂性。有关专家对学生大脑神经的研究发现，神经系统水平以上的模型中，若干网络结合起来展示出更复杂的感知功能、原动功能、稳定控制功能等，精神操作水平的模型描述的基本过程是思维、认知、求解等，模型不能穷尽一切。学生是教育的主体，要学会客观和理性认识世界、认识自己，在反思中前行，在比较中辨析。

生命拔节教育就是要促进人发挥自己的潜能及创造性，实现人生的价值。学生刚开始呈现出的是非完整性、发展的多样性、所能接受的环境的可变性、成熟的长期性。学生通过自己的思维进行学习，学会生存，学会思考，从无知到有知，从知之甚少到博学多识，不断地进行自我锻炼、自我完善、自我发展，最终成长为有创新意识的人。

（五）课程观

课程受三方面因素的制约：知识、人、社会。学生是学习的主体，是所有因素中最活跃、最核心的因素，它的性质、地位与其他因素相比重要得多。学生要成为中心，要成为社会的单元体或细胞。教育要改变知识本体、社会本体为人的生命本体，要多考虑学生的生命发展，要让学生在自身的生命活动中得到充分发展。课程本体应由符号研究回归到符号实践。课程本体不是告诉学生如何出发，而是要创造条件让学生在活动中被调动和激发，让他们在自然的情态中发展情商、智商和逆商。

在生命拔节教育的教学中，更多地鼓励学生自己去观察、思考、分析问题，研究相关书籍，讨论交流。教材主要发挥引起和容纳学生活动框架的作用。生命拔节教育课程要从符号研究回归到符号实践，就是借助人的感悟，以及人在各种活动中发展悟感，进一步使人的认识发生迁移、顿悟和体悟，以更强有力地认识客观世界的本体。

（六）教学观

教学是通过教师的组织，激起、强化、优化学生自主学习的过程。教师要为学生自主学习提供更为有利的条件，要认识到学生有巨大的内在潜能。要把被动转化为主动，把模仿转化为创造，把学生学习与生命世界广泛联系起来。

生命拔节教育教学从教师"教"转向促进学生"学"，促进学生自己思维、活动来完成，改变传统的"教师讲、学生听""先教后学""教多学少"的情况，实行"先学后教、先行后知"的策略。要化繁为简，将知识还原到生活中去，与儿童的生命过程相衔接，尽可能组织儿童自主地学习。教师要转变角色，从"传授者"变为"唤醒者""点燃者""引导者""激励者"，激起、强化、优化儿童的自主学习，从组织教学转向组织学生学习，从设计教学转向研究设计学习。

三、实践探索

（一）建构生命拔节教育课程体系

生命拔节教育把"真、善、美"作为生命体的理想追求。学校开齐、开足、开好国家和地方课程，通过"道德与法制""品德与社会"少先队活动课等培养学生"正直""担当"等品格，通过"语文""数学""英语"等课程培养学生"虚怀""奋进"等品格，通过"综合实践""科学"等课程培养学生"质朴"品格，通过"体育""音乐""美术"等课程培养学生"善群""卓尔"等品格。学校积极开发了生命拔节教育校本课程：生命安全教育课程；生命科学课程；劳动课程；面向全体学生开好阅读与书法课程等。面向全体学生分别上好每周一节足球、乒乓球课，倡导学生步行上放学，增强学生身体素质；通过每周的竹苑舞台、每月的钢琴会琴、民乐社团，提升每个孩子的艺术素养；组织全体教师编写《竹之韵》校本读物。

（二）探究生命拔节教育课堂教学模式

关注课堂教学，使每个生命体都能得到全面而富有个性的发展，扎实开展"聚焦学科素养培养与发展"的课堂教学研究，探索"三生（生本、生活、生态）六步教学法（定学、自学、互学、导学、练学、评学）"的课堂教学基本模式，注重学科核心素养在课堂教学中落地生根，调动学生学习积极性，挖掘学生学习潜能，发展学生的思维，扩大学生知识面，培养学生发现问题的意识，提升审美能力、创新意识和实践能力。

（三）培育生命拔节教育教师队伍

办好生命拔节教育，第一要义就是把教师队伍建设好。学校制定了"强师德、练师能、立师风、铸师魂"的教师成长方案，引导教师积极争当生命拔节教育"七者"好教师（德才兼备示范者、学生人格塑造者、同伴成长合作者、学校管理参与者、家庭教育指导者、教育艺术研究者、幸福生活创造者），智慧地建设好教师这一主力军，真正落实好"教育大计、教师为本"的基本决策，努力完成立德树人这一根本任务。引导教师通过内外兼修，定期举办教师即兴演讲和分享教育故事，引领教师把教育作为事业来追求，不断提升职业幸福感。

（四）优化生命拔节教育管理服务

设立学校管理服务中心、教师发展部、学生发展部、后勤保障部，真正发挥职能部门的教育教学服务作用，让教师从烦琐的事务中解放出来；科学合理配置人才资源，每学年安排教师任课前，让教师填报志愿，充分了解他们的个性特长及相关情况，从大局出发科学合理布局；中层干部管理建立能上能下的机制，学校和教师实行双向选择，经考核称职并经本人同意，可继续留任；充分挖掘教师的潜能，经常举办主题沙龙活动，并对教师带班效果进行提炼总结和推广；积极开发校本课程，拓宽思维，向社会聘任兼职教师；从需要层级理论出发设计，鼓励老师不断攀登，有效破解教师职业倦怠问题；帮助教师科学合理制定专业化成长规划，注重培养有幸福感的教师。

（五）重视生命拔节教育环境建设

学校每一个场地、每一栋楼宇、每一条道路都赋予"竹品德"名称，每个班都以竹名称命名，在校园里随处可见的物品都融入了竹元素，一走进校园，就可以看见"生命拔节教育代言墙"，用儿童化的语言激励孩子们，凸显生命拔节教育的环境育人氛围。

（六）拓展生命拔节教育活动内容

开展研学旅行活动。学校借助春（秋）游活动，让学生走进社会，走入春（秋）天，有更多的机会了解城市的发展，欣赏城市的新貌，感受春天的气息，陶冶学生情操，丰富课外生活，培养学生实践能力。学校共设计12条线路，每一条线路有一个单位，让孩子感受不同的社会角色，每条线路还有一个公园，让学生体验不同季节的家乡风貌。

开展品竹树人活动。日常通过诵竹、写竹、画竹、赏竹、用竹、竹文化实践调查等活动，为学生提供展示风采的舞台，让巴溪湾小学全体师生深深地感受到竹文化的无穷魅力，感受到生命拔节教育的幸福。

（七）编织生命拔节教育家校共育网络

家长学校开展"四个一活动"（每天阅读一篇家教文章，每周一主题沙龙活动，每月一亲子活动，每年一次评选优秀家长和书香家庭），把教育从学校延伸到家庭和社区，实现真正的家校合作、家校及社会共育。家长们积极参与到家长学校各项活动中来，更新观念，汲取知识，提升素质，为孩子的健康成长、全面发展营造和谐的家庭氛围。

学校还专门成立家长资源库，动员社会各行各业优秀家长加入其中。学校邀请优秀家长到学校开"家长讲坛"活动，拓宽了孩子们的知识面和眼界，积累了间接的生活经验；通过企事业单位主要管理人员、社区工作人员等家长组织适龄学生深入工厂、单位、社区走访，训练学生眼力、脚力、表达力与思考力，提升学生生命质量。

（八）完善生命拔节教育评价体系

做好学生发展性评价，每天课堂上教师均对学生课堂表现、学业发展情况、习惯养成等方面实施评价，评选每日的金竹娃（全面发展的学生），每日评出一批有进步的拔节星（某个方面有进步的学生，如纪律星、爱国星、科学星等），每月评出金竹班级（团结向上，各方面综合评比领先的班级）。每天通过学校微信公众号平台和校园内的榜样贴对拔节星和金竹娃进行风采介绍。做好诊断性评价，对学生德智体美劳各方面分项考评，纳入素质教育综合考评，学年末根据学生的发展给予定性与定量评价。

做好教师发展性评价，在学校教师发展部的指导下每位教师科学制定专业成长规划，每学期末针对各项指标进行自评，学年末学校根据《教师年度考核方案》，从德、能、勤、绩等方面全方位考评教师，日常注重宣传优秀教师的先进事迹，引领教师不断积极向上，从内心深处获得职业认同感、获得感、幸福感。

做好学校发展性评价，每学年根据学校章程、发展规划、年度计划等进行自评，举办家长教学开放日，广泛收集督学、家长代表、社区代表、单位代表、师生代表的意见和建议，接受上级教育主管部门和业务主管部门的考评督查。

学生们在这里可以得到全面而富有个性的发展，孩子们在这里可以得到健康、快乐、幸福的成长，身体更壮实，学习更自信，生活更自力，举止更文明。有好多公交车司机对孩子们有序文明候车、乘车赞不绝口。孩子们过斑马线为让行司机竖起大拇指感恩点赞成为城市的一道亮丽风景线。学生在课堂上静心思考，围绕话题深入讨论，思维在课堂上碰撞，心灵得到润泽。教师在这里可以获得满满的职业幸福感。教师们爱生如子，爱岗敬业，爱校如家，工作很勤奋、讲奉献，为是巴小大家庭中一员而深感自豪。全体教师朝着胜任型、专业型、骨干型、卓越型、教育家型教师不断迈进。三明市第四届小学教师技能大赛结果公布，在一等奖获奖的9个人当中有三分之一的教师来自永安市巴溪湾小学，其中还有2位教师分别获得省教师技能大赛美术学科一等奖、道德与法治学科三等奖。生命拔节教育办学成效于2020年8月受到教育部基础教育司吕玉刚司长高度评价。

四、未来展望

随着时代发展和教育改革的深入，党和国家对教育提出了新希望、新要求，习近平总书记在全国学校思想政治理论课教师座谈会上强调，"青少年阶段是人生的'拔节孕穗期'，最需要精心引导和栽培"。加强培养生命拔节教育"七者"好教师，鼓励教师开展"七微"研究：微型讲座、微型报告、微型课题、微型论文、微信息技术运用、微课、微课程开发研究，通过他们学习和思考，从而成为教育艺术的研究者；着力培养"七者"好教师的发现问题、反思、研究、创新、进取、笔耕等六个好习惯。教师走进学生的心灵，去实现生命与生命的对话，重视学生的情感、意志和志向等健全心灵的培养，不仅要组织学生"学会"前人积累下来的各种经验与规则，还要充分发展学生各方面的能力，让学生变得更"懂学"，让学生体会到知识与科学的美丽与魅力，让学生在教育中领悟到自我生命的价值与意义，享受精神需要，让学生变得更"乐学"。在培育"七德"美少年方面，不断建构和完善育人体系和评价体系，建设更多的学习场，打破时空限制，让学习与成长随时随地发生，注重培养志存高远、身心健康、富有科学精神、勤于动手、勇于创新的时代新人。进一步丰富"生命拔节教育"课程体系，充分挖掘社区和当地实践基地的资源，尽可能设计出满足不同个性学生所需的多元课程。学校推进以生为本的课堂教学改革，把准后疫情时代教育发展的脉搏，处理好疫情常态化防控与应急处置管理的关系，处理好线上教学与线下教学的关系，处理好专项教育与日常行为习惯养成的关系，处理好巩固已有办学成果与创新学校发展项目的关系。用生命拔节教育办学思想统领学校各项工作，将更加关注师生的生命成长，借力互联网优势和智能设备，通过丰富的载体生动地记录生命成长历程，促进评价为生命拔节成长服务，揭示生命的价值，引起师生心灵震撼和反省，从而敬畏生命、感悟生命、尊重生命、珍爱生命。

33

让每一天都阳光正好
——"阳光教育"办学思想的实践与探索

◎ 林朝煌

【作者简介】

林朝煌，男，福建莆田人，高级教师、特级教师。莆田市秀屿区实验小学原校长，现为莆田工业职业技术学校四新校区负责人。福建省"十三五"小学名校长培养人选。

一、办学主张

（一）提出背景

1. 时代发展呼唤阳光教育

我们应该培养什么样的时代新人，如何培养时代新人，是每个基础教育工作者应该思考的命题。党的十九大报告明确指出"优先发展教育事业，努力让每个孩子都能享有公平而有质量的教育，是每个家庭、每个父母的梦想"。作为社会公共资源的教育，她必须公平、公正地惠及每一个受教育者，让教育更好地适应孩子的天性，让孩子在教育中找到快乐，得到温馨，感受幸福。像阳光普照大地般为建设和谐社会、促进人民幸福生活发挥其应有的作用。

2. 学校发展滋生阳光教育

莆田市秀屿区实验小学成立于 2002 年，作为一所区直属小学，18 年砥砺前行，一路上有过坎坷，有过磨难，所幸的是从来不曾缺失过阳光，这阳光来自社会各界及各级领导的关心和扶持，来自全体师生的努力和奉献，来自所有家长的帮助和支持。

3. 师生发展渴求阳光教育

当前，愈演愈烈的各类排名，导致部分学校的教育过程过于功利，灌输式、填鸭式、题海战术……学生被训练成考试机器、厌学、逃学等问题突出。教师被动的生活状态如燃耗殆尽的蜡烛，焦虑、倦怠等负面情绪滋生。脱离社会发展规律的应试教育损坏了师生的身心健康，师生渴望幸福的阳光教育。

4. 人性发展需要阳光教育

北京大学老校长蒋梦麟曾说过，要关心活活泼泼的人，而不是冷冰冰的分。教育要基于人性、发展人性。有温度的阳光教育意味着对生命的敬畏和热爱，意味着对每一个个体的理解、尊重、悦纳、宽容、信任；有温度的阳光教育意味着尊重每一个学生的特质与禀赋：有温度的阳光教育，倡导尊重、唤醒和激励的教育理念，让每一个生命坚定和自信，勇于追求一切的美好，引导他们学会创造幸福和分享快乐，帮助他们实现自己的人生价值，帮助他们成为最好的自己。

5. 地域文化孕育阳光教育

秀屿区地处福建省东南沿海中部，湄洲湾、兴化湾、平海湾三湾环绕全区，深水岸线长达 30 多公里，海洋文化孕育着秀屿区人开放的、包容的、生命的个性。秀屿区是妈祖文化的诞生地，立德、行善、大爱的妈祖精神惠普人间。秀屿区也是莆商的发源地之一，合作、创业、感恩的莆商精神激励了一代又一代的莆阳学子。这些浓郁的地域文化的熏陶，正是阳光教育的内核，培养心怀阳光、胸怀天下的阳光少年是阳光教育的核心价值取向。

（二）内涵诠释

1. 阳光的理论定义

（1）自然之"阳光"（物质之阳光）

阳光本义是指当太阳照射没有被云遮蔽，直接照射时，明亮的光线和辐射热的组合。

（2）人文之"阳光"（精神之阳光）

指性格积极向上，乐观开朗，活泼有朝气。

2. 阳光的教育个性

阳光，又称"映"，意为照射、反射而显示，"映"字又可拆分为"日""央"，意为日光聚焦。体现了阳光教育是一种生命与生命之间有回应的相互沟通行为，凸显了教育的传递性与感恩性，体现了教育即生长的本质，传达了"自立立人，自达达人"的教育真谛。

3. 阳光的核心理念

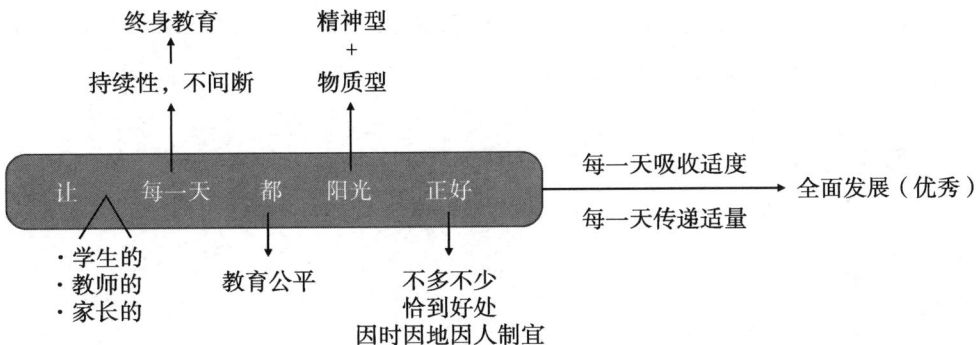

图1　阳光的核心理念

（三）理论依据

1. 名家教育思想传承

阳光教育是面向全体学生，以人为本，尊重生命，挖掘每个学生的生命潜能，进行无差别的教育。孔子就提出"有教无类""因材施教"等教育思想，蔡元培提出"尚自然""展个性"的儿童教育主张，实用主义教育家杜威提倡从儿童天性出发，促进儿童个性发展，以及陶行知"博爱"的教育精髓，无不体现出一种"阳光普照、惠及众生"的情怀。

2. 党的方针政策要求

党的十八大以来，我们党和国家更加注重教育、注重对学生全面发展的培养。2018 年 9 月 10 日，习近平总书记在全国教育大会上发表重要讲话强调，要深化教育体制改革，健全立德树人机制，扭转不科学的教育评价导向，坚决克服唯分数、唯升学、唯文凭、唯论文、唯帽子的顽瘴痼疾。实施"阳光教育"的本质是实现人的和谐发展、健康快乐成长。

3.学生核心素养表达

2016年9月公布的《中国学生发展核心素养》提出，"核心素养"以"全面发展"的人为核心，分为文化基础、自主发展、社会参与三个方面，综合表现为人文底蕴、科学精神、学会学习、健康生活、责任担当、实践创新六大素养。"阳光教育"就是要为学生自由发展、自主发展搭建好的平台，为学生学习科学文化知识、夯实人文底蕴、养成科学精神、铸就责任意识提供良好的环境，帮助学生成为睿智、朴实、阳光的新时代公民。

二、理念体系

办学理念：让每一天都阳光正好。

培养目标：善其德　广其学　美其艺。

学校精神：自信自励　日新日进。

学校愿景：诗韵流彩的智慧学园　翰墨飘香的成长沃土。

校训：行而有格　心地阳光。

校风：大气有为　悦纳缤纷。

教风：处处温暖　芬芳留香。

学风：朝气蓬勃　日进日新。

校歌：《与阳光同行》。

三、实践探索

（一）营造阳光环境，熏陶生命精彩

校园环境是校园文化最为直观的体现。优美的校园环境总能取得"无声胜有声"的育人效果。第一，精心规划校园文化布局。我校通过一厅（理念厅）两园（体育风采园、中药植物园）三馆（图书馆、科技馆、队史馆）建设，优化育人环境，丰富校园文化内涵。第二，积极营造阳光文化氛围。学校十分重视中国传统文

化精髓对学生的熏陶作用，合理利用墙体、楼梯空间，分层次、分主题地布置涵盖象棋文化、科技创新、习惯养成、家乡名人、莆仙戏曲等富有特色的廊道文化，让每面墙壁都能说话，都能成为学校的思想道德宣传阵地。

（二）重构阳光课程，塑就生命多彩

为促进学生的个性成长，提升教师的专业发展，实现学校的课程创新，营建"特色与多元"并举的课程文化，我校十分注重国家和地方课程的规范化、生本化建设，从而构建了具有特色化、序列化、多样化的个性鲜明的七彩课程文化体系。

1. 落实基础型课程

（1）渗透创新理念，培养创造思维。通过开展创造性课堂实践活动，改变教和学的方式，优化学科课程教学，培养学生创造性地解决问题的能力。

（2）合理统整教材，拓宽课程资源。学校以语文学科为突破口，开展统整教材的研究。鼓励教师积极创新，不断研究，在教学中凸显教师的个性实施。

（3）加强校本研究，落实减负增效。开展"作业改进"的研究与实践，提高教师设计高效作业练习、减轻学生作业负担的意识与实践能力。建设"校本作业资源库"，形成有利于学生健康成长与特色发展的校本作业系统。

（4）整合教育资源，促进综合发展。树立"综合发展教育观"，让教师学会跳出学科教学，让学生在每个学习活动中学会知识贯通，从而促进综合素养提升。

2. 规范拓展性课程

（1）"红色"经典文化课程

通过红诗红歌进校园、红色故事进校园、观看红色电影、学习榜样先锋等活动，增强红色思想活动的主导力，让学生在全面接受素质教育的同时，学习和传承红色精神，让红色基因在他们幼稚的心灵中生根发芽，伴随他们成长为合格的社会主义事业接班人！

（2）"橙色"艺术素养课程

学校结合"第二课堂"走班式选修活动开展小荷花合唱队、舞蹈、书法、绘画、手工、莆仙戏等兴趣活动，坚持课内与课外相结合，校内与校外相结合，普及与提高相结合的教学方针，把艺术课程列入学生期末考查之中，强化学校艺术教育。学校先后获得"福建省书法教育特色学校""莆仙戏进校园试点校"等殊荣。

（3）"黄色"平安幸福课程

通过安全教育，培养学生的社会安全责任感，使学生逐步形成安全意识，自觉遵守安全行为规则，懂得自我保护、珍惜生命及安全的重要性。编写安全校本课程，让学生掌握必要的安全行为的知识和技能，了解相关的法律法规常识，从现在做起，从一点一滴做起，从自身做起，养成在日常生活和突发安全事件中正确应对的良好习惯。学校获得了"全国普法优秀组织奖""莆田市一类平安校园"等殊荣。

（4）"绿色"阳光体育课程

围绕体育艺术"2+1"达标活动，开展喜闻乐见的阳光体育活动，吸引师生走进操场，走到阳光下。特别是"大课间跑操""校园足球赛""千人象棋"三大特色项目，在微信平台的传播下，轰动全市乃至省外。学校先后获得"全国足球特色学校""全国篮球特色学校""全国体育工作示范学校""福建省田径特色学校"等荣誉。

（5）"青色"感动成长课程

针对学校德育工作的实际，以"感恩教育"为突破口，发挥"感恩教育"的优势，提高德育教育的实效性；努力深化"感恩教育"内容，切实提高"感恩教育"水平，组织开发校本课程"学会感恩"，进一步深化我校的德育教育。

（6）"蓝色"书香特色课程

结合"书香校园"创建活动，学校每年四月份举行的读书节，涵盖"亲子共读""童话剧表演""图书漂流""跳蚤市场""课本剧表演""辩论赛"等丰富多彩的读书活动，激发学生的读书、写作热情，真正地做到让孩子在读书中成长，在快乐中发展。

为了让家长参与，共同督促孩子阅读，各班都有自行设计的课外阅读记录卡，做到活动常态化：①日日有诵读；②周周有检查；③月月有评价；④期期有会演；⑤年年出成果。学校先后被评为"全国图书馆先进集体""福建省语言文字规范化示范校""福建省经典诵读示范校""莆田市文学创作试点校"等。

（7）"紫色"聪慧创新课程

为了提升学生的科学素养，学校不断完善科技教育的实施办法和管理措施，做好五个结合：①与学科教育相结合；②与"科技节活动"相结合；③与主题活动相结合；④与社会实践活动相结合；⑤与课题研究相结合。学校被评为"福建省信息化试点学校""莆田市创客基地校"。

3. 丰富实践性课程

（1）注重仪式体验，感受成长快乐

学校每月确定一个主题，开发具有儿童情趣和时代气息的体验活动，切实加强对学生思想品德教育和创新精神与实践能力的培养。学校还特别注重仪式教育：一年级的入学仪式、一年级新队员的入队仪式、四年级的成长仪式、六年级的毕业典礼、学礼仪讲道德等为主题的道德讲堂活动等，让德育教育内化于心、外化于行。

（2）感知民族艺术，传承民间技艺

"莆仙戏"进校园在我市已推行六年。我校还积极响应上级文件精神，组建"十音八乐"演奏队、莆仙戏唱腔兴趣小组，以此培养孩子民族乐器演奏的技能，普及民族音乐知识，打造民乐特色教育。学校师生多次在莆田市举办的"十音八乐"演奏比赛和"莆仙戏"进校园唱腔比赛中获奖。

（3）注重养成教育，培育善行少年

落实《中小学生守则》，重视加强学生行为规范养成教育和文明礼仪教育。组建校园红领巾志愿者服务队，狠抓校园环境卫生。开展"劳动最光荣""我有好习惯"等系列活动，引导学生养成良好的行为习惯。

（4）感悟传统节日，涵养文化自信

传统节日是国家法定节日，是学校进行道德教育的重要载体。学校以社会主义核心价值观为统领，坚持"构建传统节日课程 传承优秀民族文化"的目标，以《传统节日》校本课程为载体，充分利用假日新视野活动，开展节日课程探究实践活动，促进学生在体验节日习俗中感悟生活、理解内涵、内化品格、奠定人生，促进实践活动德育课程的实施。学校也获得了福建省"中华优秀文化艺术传承（培育）示范校"的殊荣。

（5）精选研学路线，拓宽学生视野

精心打造研学旅行实践活动课程品牌，根据教育部《关于推进中小学生研学旅行的意见》文件精神，以学校为圆心，将方圆 10 公里区域的资源整合成研学旅行课程，共开发了"美丽家乡、素质拓展、生命安全、科学探究、红色文化、传统工艺、生态环保、民俗传承"八大模块，分年级安排出行研学。同时依托《莆田晚报》小记者站定期开展校外采风活动，实现书本知识与社会实践紧密结合，促进学生全面发展。

（三）培育阳光团队，成全生命幸福

以打造具有本校"阳光"特色的教研精品团队为抓手，着眼于教研团队阳光合作文化的建构，探索来自教研团队的一种开放的、源自团队成员内心的投入，促进教师个体与群体形成共同的价值行动，整体提高全体教师的教学素养，培养在全市乃至全省有影响力的优秀备课组、教研组团队，不断涌现优秀青年骨干教师。

1. 强化党建引领，发挥典型示范

一是身份示范，主动接受师生群众监督。

二是承诺示范，强化党员教师责任意识。

三是成果示范，树立党员教师先进典型。

2. 规划职业生涯，磨炼教学技艺

学校把教师队伍建设作为教育内涵发展建设的"第一资源"，帮助每位教师制定自己的发展规划，明确自己的发展方向。学校将教师划分为新教师"入格"培养、青年教师"升格"培养、骨干教师"风格"培养。措施一，建立组织。学校成立青年教师成长共同体——"相约星期二"青年教师沙龙，每周二下午固定集中一次，采用班级授课的形式开展师德教育、班主任业务、学科专业、读书交流、三笔一画辅导等活动，传授教学经验，帮助解决教学实践中遇到的困惑。措施二，实行"双导师制"。集体指导省时高效，但无法很好地因材施教，因此，学校还为每位新

教师配备导师两名，一为学科教学导师，一为班级管理导师，分别由市级以上骨干教师、优秀班主任或优秀辅导员担任，他们与新教师近距离接触，能够因人而异进行个性化指导，"传、帮、带"工作细致、到位。措施三，设立"名师工作室"。广泛开展名师示范课、骨干汇报课、专家指导课、能手爬坡课、同题异构课、新秀达标课、交流讨论课、幼苗入门课、成员加盟课等教学活动，让这些教师充分地亮起来。近三年有几十节优秀课例在市级以上获奖。

3. 搭建阅读平台，成就书香未来

学校创建青年教师阅读吧，组织教师论坛，不断引领教师走上阅读之路。定期举行读书经验分享，阅读领航者、读后感论文评选等。通过共读共写，提升了教师的理论素养。校刊《原上草》为教师提供读书专栏，定期为教师结集读书随笔。

4. 借鉴他山之石，助推专业成长

他山之石，可以攻玉。学校激励和支持教师参加各类教学研讨会议、学习、培训与竞赛。聘请各学科专家导师指导教研活动，促进教师业务能力的提高。三年来，林莺歌老师被评为"福建省特级教师"，郑荔花等六位教师顺利完成了省学科带头人的培训考核。

5. 深化课题研究，提升科研能力

苏霍姆林斯基曾说："如果你想让教师的劳动能多获得乐趣，天天上课不致变成一种单调乏味的义务，那就应引导每一位教师走上从事教育科研这条幸福的道路上来。"学校积极带领全体教师走上课题研究之路，通过科研课题，有目的、有计划地解决教育中的一些问题。在研究中，学校坚持从教育教学的问题及困惑中选题，坚持将课题研究与校本研修相结合，与教师专业发展相结合，使课题研究成为学校教学发展的"推动器"，教师专业成长的"加油站"。

6. 区域辐射示范，推动均衡发展

常言道：一花独放不是春，百花齐放春满园。为了充分开发、实现优质资源共享，加强城乡教师的交流与沟通、合作与创新，共同提高教育教学质量。2017年5月，在秀屿区教育局和秀屿区进修学校的大力推动下，秀屿区实验小学先后与秀

屿区石城学校等学校正式结对，开启了帮扶活动的征程。三年多来，学校紧紧围绕教育扶助交流的目标、任务，进一步强化组织领导，扩大合作范围，提高扶助层次，教育扶助交流进展顺利，呈现出良好的扶助交流局面，活动开展呈现出"帮扶之花，奇葩异放"的良好局面，大大实现了学校间的共赢成效。秀屿区石城学校也先后获得"全国教育系统先进集体"等荣誉称号。

（四）追求阳光课堂，启迪生命智慧

在课堂中，我们以"阳光育人"为核心，大力推行"阳光课堂"，它是一种以生为本、自主学习、合作探究、展示交流和多元评价的课堂教学。其最大的特征就是在民主、真实、朴实、扎实基础上追求高参与、高认知、高情意，让学生在获得更多知识与体验的同时品尝到学习的快乐。

1. 优化课前教学设计

①优化设计策略；②加强备课管理。

2. 优化教学组织形式

改革课堂授课形式。思考由"教"逐步转入"学"的过程。

3. 创新课堂教学模式

（1）践行"导思悟用"的课堂教学模式

逐步构建了"导思悟用"的四步课堂教学模式：导学——课堂起点，自主学习；"思辨"——研读深思，合作互学；"悟法"——激情踊跃，展示所学；"运用"——巩固迁移，学以致用。

（2）探索"课型特质"的课堂教学模式

①"自学—引导"式教学模式；②"问题—解决"式教学模式；③"活动—探究"式教学模式；④"情景—体验"式教学模式。

4. 优化课堂教学要素

①优化教学目标；②优化教学氛围；③优化教学程序；④优化教学组织；⑤优化教学诊断；⑥优化教学媒体。

学校 2019 年、2020 年连续两年在莆田市期末质量检测中以综合分第一的成

绩荣登榜首。

（五）实施阳光评价，树立生命自信

1."阳光教师"发展性评价

"阳光教师"发展性评价是一个全新的评价体系，在积极构建阳光教师发展性评价体系时，充分重视发挥学生、家长、社会、教师作为评价主体的评价过程。在评价中对教师学历与能力评价，相对标准评价、绝对标准评价与个体标准评价，定量评价与定性评价，学生评价与群体评价、行政评价，发展性评价与建设等"五个结合"评价作了有意义的探索和实践。

2."阳光少年"发展性评价

学校在深入调研和多方征求意见的基础上，围绕品德发展、身心健康、学业发展、个性特长、影响因素等五个方面，建立了"阳光少年"评价体系。隆重颁发"七彩奖章"（红色奖章——诚毅少年，橙色奖章——才艺少年，黄色奖章——法制少年，绿色奖章——健体少年，青色奖章——仁爱少年，蓝色奖章——书香少年，紫色奖章——创新少年），引导激励学生不断用心向上，做更好的自己。

学生从入学开始，每个学期根据自己的实际情况进行申报和认证。集齐七种颜色的奖章后，学校将为他们颁发"追光少年"证书。具备"追光少年"条件的同学通过自我推荐、师生评议、学业成绩（个人得分 + 班级得分）、学校审核、公示表决，评选出前一百名表彰为"阳光少年"。

（六）构筑阳光家校，共谱生命美好

为营造有利于学生健康成长的社会环境。学校经过几年摸索，通过"成立家长委员会，制订《秀屿区实验小学家委会章程》；举办家长教学开放日活动；编写家长学校教材；举行家教知识讲座；开展亲子系列活动；建立家长资源库，举行家教经验交流会；推行家长志愿者制度"增强家庭与学校之间的有效沟通，形成教育合力，促进学校工作健康、有序地开展。学校获得"全国基层家长示范学校"的殊荣。

四、未来展望

学校的发展离不开理念的引领，而深入开展阳光教育活动是我校不懈的追求，未来的教育更要思考"互联网＋"时代课程群的建设，推进智慧校园的多元化探索。爱默生说："日光是首屈一指的画师，在他的色彩浓艳的笔下，再丑陋的东西也会变得媚态百生。"我们将秉承"阳光教育"理念，打造阳光文化，营造阳光环境，实施阳光管理，创设阳光课程，培养阳光教师，培育阳光学生，让学校以优雅的阳光校园、丰富的阳光生活、精彩的阳光课堂、健康的阳光精神引导广大师生在传承中创新，在阳光下绽放，在幸福教育的道路上且行且思且乐。

34

和而不同　达人雅志
——和雅教育办学思想的构建与探索

◎张丽芳

【 作者简介 】

张丽芳，女，福建莆田人，高级教师、特级教师，现为莆田市荔城区梅峰小学校长、书记。福建省"十三五"小学名校长培养人选，省优秀教师，省、市小学数学学科带头人，莆田市第二批优秀人才（中小学教学名师）。曾荣获省市级小学数学优质课比赛一等奖；主持省级课题研究6项，撰写的10多篇论文发表在《福建教育》等 CN 类教育刊物上。

巍巍壶公，悠悠木兰，在"文献名邦"——莆田这块人杰地灵的土地上，坐落在莆田市荔城区胜利路 512 号，她的前身培德女学创建于清光绪二十四年（1898年），已有 120 多年的办学历史。

一、办学主张

"和雅"教育，是我们追求的办学核心价值取向。"和而不同　达人雅志"是学校的办学理念；"筑和雅梅园、渗高雅课程、塑儒雅教师、育博雅学生、构慧雅课堂"将成为学校的发展愿景。打造"规范＋特色"的和雅学校，培养"合格＋特长"的和雅少年，让学校成为师生实现人生价值、追求幸福生活的学园、乐园与家园。

（一）和雅教育的缘起

健康和谐的校园文化能传递给师生一种有形而庄重的正能量，能在无形中起到

"润物细无声"的教育魅力。我校结合新时代社会的呼唤、地域文化的影响、传统文化的继承、校名与百年积淀，在广泛调研、多方策划、集思广益、缜密论证的基础上，提出了以"和雅"教育为精髓的文化品牌。

1. 新时代社会的呼唤

"和雅"文化与习近平总书记所倡导的构建和谐社会主义社会和立德树人的目标达成一致。一个举止不雅、谈吐粗俗、不懂礼仪的人是不可能走向世界与人愉快合作的，也很难构建一个和谐的社会。中共十八大报告中，党对教育的要求是：全面贯彻党的教育方针，把立德树人作为教育的根本任务，培养德智体美劳全面发展的社会主义建设者和接班人。因此，"立德树人"是传承中国文化的根本任务，更是坚定民族自豪感和自信心，践行社会主义核心价值观的需要。和雅教育旨在贯彻落实立德树人的任务。

2. 地域文化的影响

莆田自古有"文献名邦、海滨邹鲁"的誉称。历史上人文荟萃：蔡襄的政德、陈文龙的忠贞、江春霖的刚直、妈祖的大爱、梅妃的贤淑等等，这些文人雅士不仅以其精神为世人所赞颂，而且以求真、向善、崇德的文化特色，在后代身上产生重要的品德影响，已成为祖国文化宝库中的瑰宝。

3. 传统文化的继承

和雅文化是我国优秀传统文化的精髓之一，是更高意义上的一种美德。 我们提出"和雅"教育，实际上是呼唤人性的回归，与传承了两千五百多年前孔子的"明德至善"的教育思想不谋而合。《礼记·大学》有"大学之道，在明明德，在亲民，在止于至善"，其中，"明德"，指知晓道理，懂得做事、为人的德性与德行。"至善"，意为完善自身品行、气节与操守，具有健全人格与社会积极认知能力。"明德至善"意为通过教育使学生知礼节，明事理，加强自身品德修养，努力成为品德高尚、身心向善、人格健康的人。孔子所说的"明德至善"和学校所倡导的"和雅"教育，事实上都反映了培养人的终极目标。

4. 校名与百年积淀

梅峰小学是一所百年老校，坐落于著名的梅峰寺对面，寺内自古以"梅花"而闻名，成为莆田二十四景之一。又因梅峰小学校名中的"梅"字，故把"梅花"作为校花，她象征纯洁、坚毅、高雅的品质。校友们赠送的《梅花根雕》也寓意着：培养的学子要有梅花迎春傲雪、高雅之气质，成才后香飘四海！这所百年老校如何通过一系列的举措，提升学子的高雅品质，显现百年老校所具有的风采和胸怀？这也是"雅"文化和学校历史积淀的最佳契合点。

鉴于以上几点，我们决定在全校开展"和而不同 达人雅志——和雅教育"的实践探索研究。

（二）办学思想的内涵

1. 关于"和"

"和"的本义：始见于战国金文，最早是指人或动物互相跟着发声，也有"共同，一起"的连带之意。

"和"的引申义：和谐；协调。有"融和、顺和、悦和、亲和、谦和"之意。

"和"，体现了中国人千百年来的礼治思想，和为贵成为一种管理文化。和，取"和谐发展，和而不同"之意，这和我们整个国家和民族提倡的"和谐社会"是相呼应的。"和"指教师之间的和谐互学、学生之间的和谐互助、师生之间的和谐互动、富有个性不同的发展。

2. 关于"雅"

"雅"与"俗"相对，雅的本义：《说文解字》是指楚乌也，乌鸦。假借也指正规、标准，正确；合乎规范 。

雅的引申义：表示美好、高尚、雅静，意义优美文雅 。有"典雅、高雅、儒雅、博雅、慧雅、雅言、雅行、雅兴、雅趣等。

中国人自古崇尚"雅"，雅，取"达人雅志"之意。雅是更高意义上的、更本质的一种美德。"达人雅志"是学校文化要达到的目标，出自南朝宋文学家刘义庆《世说新语·文学》。追求把学生培养成通达事理、人品高尚、情趣深远的人。

3."和雅"释义

和雅的本义：性情温和文雅，乐曲的声调和谐雅正，或者诗词的风格雅正。

引申至教育层面上是指："和而不同　达人雅志。"和而不同：和睦地相处，但不随便附和。指师生之间和谐互动的、富有个性不同的发展。达人雅志：培养成通达事理、人品高尚、情趣深远的人。

如"和美典雅"可以体现学校的环境文化，"和乐博雅"包含着顺应个性、志高趣雅的课程目标，"和悦慧雅"指愉悦、智慧，可以成为课堂教学的追求，"和睦儒雅"无疑是教师的形象，"和乐博雅"则可以成为学生培养的目标。

4. 内涵体系

（1）办学理念：和而不同　达人雅志。

（2）办学目标：创办"规范 + 特色"的和雅学校。

（3）育人目标：培养"合格 + 特长"的和雅少年。

（4）校训：明德至善　博学笃行。

（5）三风

校风：和善　雅正　笃行。

教风：和蔼　雅心　儒行。

学风：和睦　雅身　正行。

二、理论体系

（一）理论依据

1. 儒家思想依据

"和而不同"是孔子思想体系的重要组成部分，是儒家所特别倡导的伦理、政治、社会原则。"君子和而不同，小人同而不和""礼之用，和为贵"都显示出孔子思想的深刻哲理和高度智慧。孔子还提出"因材施教"，即根据学生的不同特点，有针对性地进行教育，使学生的潜能得到充分较好的发展。

2. 教育学的依据

马克思主义人的全面发展理论指出：人的发展包括个人的体力、智力等劳动能力的全面发展，即人的智力和体力自由发展、充分发展的统一。同时，也包括人的才能、志趣和道德品质等多方面发展。"每个人的全面、自由而充分的发展"是马克思主义的人的全面发展的理想，更是教育本质的体现。"和雅"教育是人的全面发展教育的必然要求。

3. 心理学依据

美国的心理学家加德纳的"多元智能理论"中提出了智能：语言、逻辑数学、视觉空间、肢体运动、音乐、人际、内省、自然等，他认为：人们可以以不同方式来学习、记忆、展示和理解。心理学还表明：小学阶段是人生发展的重要时期，身心发展具有独特的心理规律：崇尚价值引导和自我教育，追求由他律向自律的转化。"和雅"教育就是根据小学生身心发展的身体需要和心理特征，有目的地因材施教，最终形成高雅的品格。

（二）理论支撑

1. 学校观

和雅教育思想下的学校是一种万物和谐生长的状态。和而不同、达人雅志是基于人的全面发展的全育人元素的物态总和，学校是平等民主、和谐美好、快乐成长的家园。

2. 教师观

教师不再只是一个课程知识的被动传递者，而是一个主动的促进者、帮助者和探索者，教师之间应互学、互帮、互助，共同成长。

3. 学生观

追求"一切为了每一位孩子"。让孩子学会创造，学会思考，学会创新，学会健康生活，有良好的品德，适应社会发展，成为德才兼备的社会公民。

4. 教学观

我们建立平等、尊重、赞赏、激励的师生关系，教学从"以教为中心"转向"以学为中心"，从"知识时代"转向"素养时代"。关注每一位学生，关注学生的情感体验，关注学生的道德和人格养成。

5. 课程观

学校在贯彻落实国家课程基础上，有的放矢开发地方课程和校本课程，目的是创办"规范＋特色"的和雅学校，培养"合格＋特长"的和雅少年。学生的学习从单学科转向跨学科学习，多维度地构建课程体系，培养"和而不同　达人雅志"的孩子。

三、实践探索

学校把和雅教育作为办学思想，通过不断丰实"和雅"文化的底蕴，精心培育"和美典雅的环境文化""和乐高雅的课程文化""和睦儒雅的教师文化""和乐博雅的学生文化"及"和悦慧雅的课堂文化"，办有内涵的教育。

（一）筑"和雅"梅园——打造"和美典雅"的环境文化

我校立足于"和"，突出"雅"，从环境建设入手，形成了浓厚的"和雅"立体环境文化，使一草一木、一墙一板都能说话，起到教育人、启迪人的作用。

1. 校园文化

校园文化承载着课堂教学无法替代的作用。为了陶冶学生情操，我们在校园东侧操场建造"和雅"文化坛和办学理念墙，在假山、仙鹤、鲜花、栅栏的掩映下，卧石上的"和雅"二字和假山上的"明德至善　博学笃行"交相呼应，熠熠生辉，赋予了学校"和雅"的文化内涵。如我们倾力打造儒家孔子文化墙，将孔子所提倡的教育精髓"礼、义、仁、智、信"放到了首位，这些厚重的校园文化底蕴，为孩子们的成长营造出优美典雅的环境氛围，凸显我校以"和雅"文化为精髓的校园文化品牌。

2. 教室文化

学校充分发挥班级的智慧和力量，形成了和而不同的班级文化阵地，每间教室前门外墙上有个性化的班风班训、阅读之星、卫生评比情况、日课表等，教室悬挂国旗和激励性名言警句，设有学习园地，墙上设有科普栏、争夺红花栏等，使教室成为一个温馨向上，集德育、智育、美育于一身的场所。

3. 办公室文化

办公室以"和、勤、廉"为主题进行设计。目的是使教师行于和谐雅致的环境之中，提高教师道德修养，成为一名举止优雅、谈吐文雅的优秀教师。

4. 功能室文化

我校各功能室设备齐全，功能完善，制度上墙。室内悬挂名人头像、字画，楼道书写文明用语，环境静谧高雅，净化人的心灵。实行全天候开放，通过功能室平台，充分服务于师生的教和学。

（二）渗"和雅"课程——构建"和乐高雅"的课程文化

1. 开设"六大课群"，推进国家课程的全面落实

如语文、数学、音乐、美术、体育、科学等国家课程。

2. 创设"梅园四节"，推进节庆文化课程的全面实施

（1）读书节活动——旨在激发学生诵读中华传统文化的兴趣，让学生在诵读过程中获得中华文化的熏陶和修养。让孩子们与书为伴，做和雅少年。

（2）艺术节活动——通过美育成果的展示，激发了孩子们追逐童年梦想的热情，使孩子们得到了美的熏陶和心灵教育，增强了校园"和雅"文化气息。

（3）体育节活动——不仅丰富了校园文化生活，增强了学生体质，还培养了孩子们顽强拼搏、团结协作的精神。

（4）科技节活动——让孩子们在丰富多彩的科技活动中拓宽视野，增长见识，感受科技的无穷魅力。

3. 创建"和雅社团"，推进兴趣特长课程的灵活实施

音乐类社团："曼妙舞蹈""莆仙戏韵""婉转百灵""快乐腰鼓"等；

体育类社团："旋风排球""银球传谊""花样跳绳"等；

逻辑类社团："象棋""电脑制作""趣味数学"等；

语言类社团："梅小记者""诵读经典""小主持人"等；

美术类社团："童心童画""妙笔生花""翰墨飘香"等；

科技类社团："电子百拼""科技小能手"等；

手工类社团："巧手刺绣"等。

4. 开展"四大基地"，推进实践特色课程的深入实施

（1）莆田戏基地

我校是"莆仙戏曲进校园"试点学校之一。莆田市电视台以《弘扬传统文化，感受戏曲魅力》为题对学校开展的"莆仙戏曲进校园"活动进行了相关报道，在社会上赢得极大的好评。

（2）舞蹈基地

我校作为莆田市少儿舞蹈基地，林培华老师指导的群舞《时刻准备着》获得省、市艺术节一等奖，还在世界第25届技巧赛开幕式表演，在社会上引起强烈的反响。为此，学校还被福建省教育厅授予"第五届、第六届小学生艺术节精神风貌奖"。

（3）少年军校基地

为了培养孩子的坚强意志和吃苦耐劳的品质，我们和莆田市边防支队签订共建协议，筹建少年军校基地。每年九月初组织学生进行军训，如今已成功举办少年军校培训班3期、培训学员达600多人，培养了学生严明的纪律性。为此，学校曾荣获"省军民共建先进单位"荣誉称号。

（4）排球基地

作为莆田市青少年排球基地校，学校编排了校园特色排球操，还组建男女排球队，利用每天的大课间活动时间进行训练。学校的男女排球队分别夺得荔城区、莆田市小学生排球比赛的冠军。2020年10月，学校还被评为全国青少年特色排球学校。

5. 设计"梅之韵"课程，推进主题聚焦课程的统整实施

包含安全教育、行为规范、礼仪教育、民族精神教育、生命教育、研学旅行、心理健康教育等专题课程。

（三）塑"儒雅"教师——塑造"和睦儒雅"的教师文化

教师文化是学校文化非常重要的组成部分。为铸造一流师资品牌，我校致力于打造综合素质全面和谐发展、学科文化修养协调发展、"和雅"教育理论与实践水平同步发展的身正学高、德才兼备的"和雅"教师队伍，通过以下六大主要途径，造就了一大批名师。

1. 开阔视野——外出学习

学校积极鼓励和大力支持教师外出学习，组织教师到省内外培训，参加各级各类教学研讨活动，提高专业素质和个人修养。为了使每次学习的资源都能让全体老师共享，扩大培训覆盖面，充分发挥外出学习的效益，我们还创造性地对教师教研例会进行了改革，将教研例会变成"梅小讲坛"，鼓励老师们分享外出培训的心得，传递学习到的前沿信息。

2. 名师导航——拜师求艺

为了促使教师拧成一股绳，使优者更优，弱者变强，从而实现和谐共进，我们以老带新结"对子"、实践锻炼压"担子"、竞赛比武搭"台子"、评选新秀树"样子"等各种形式，发挥骨干教师的引领作用，让青年教师经历磨砺锻炼，促进他们快速成长。

3. 走进经典——读书活动

我校启动"书香校园"行动，一方面加大阅览室图书配备，增加了图书的数量，为老师们订阅了100余种教育报刊，建立电子备课室，我们采取同伴间不定期互相分享阅读心得，鼓励教师将自己的教育教学体会等推荐发布到学校网站上，实现了教师在有限时间内阅读效益的最大化。

4. 搭建平台——岗位练兵

为了加大对青年教师的培养力度，使年轻老师快速成长并勇挑大梁。我校积极倡导青年教师苦练教学基本功，提升教师们的综合素养。要求青年教师每周进行钢笔字、粉笔字训练，并按周进行展示评比，每年元旦进行三笔比赛。通过多种途径的岗位练兵活动，打造了一支德艺双馨的高素质的教师队伍。

5. 共同发展——校本教研

围绕追求"和雅"课堂，组织开展"五课一条龙"活动：学课、说课、上课、评课、跟课。增强我校教师对教学内容的处理、教学方法的选择、教学流程的设计、教学媒体的使用等方面的能力，促进教师的专业化成长。

6. 课题研究——提升专业

我校以课题研究为抓手，促使教师提升教学研究水平，提高教师科研素养。目前承担省级课题"科学解读文本 优化教学内容"等研究有6项，市级课题"整合教学内容 提高教学时效的研究"等有8项，区级有10多项，促进教师专业化发展，培养了一大批市区名师。

表1 梅峰小学市级以上名优教师统计表

名称	人数
省特级教师	4
省级学科带头人	5
市中小学名师	2
市级学科带头人	6
市、区级骨干教师	38
市级名师工作室	2

（四）育"和雅"学生——培育"和乐博雅"的学生文化

1. 学生共性文化——文明礼仪教育

学校创新推出德育评价方式"争夺文明券"，内容有"尊老爱幼礼仪、卫生礼仪"等十多项礼仪，用文明券激励学生规范日常行为，做"和雅"少年。为了保证实效性，我们还设立"文明礼仪监督岗"，通过学生的自我管理与监督，培养学生良好的习惯，最终学会做和雅少年。

2. 学生个性文化——独特素质教育

健康而丰富的校园文化活动，是发展学生个性、展示学生才华、挖掘学生潜力的需要，也是学生自我价值实现和自我认同的需要。

（1）读书月——让孩子们与书为伴，与博览同行，感受中华传统文化的魅力，诵经典美文，做和雅少年。

（2）庆六一——每年儿童节，通过六一节的展示，孩子们得到了美的熏陶和心灵教育，增强了校园"和雅"文化气息。

（3）运动会——每年十月，我校定期举行校体育节活动。不仅增强了学生体质，还培养了孩子们团结协作的精神。

（4）庆元旦——每逢新年，我校围绕"科技生活，创新圆梦"的主题，开展"科普展示周、科技小制作、创意百拼"等系列活动，让学生感受科技的无穷魅力，从而在心田播下热爱科学的种子。

（五）构"和雅"课堂——构建"和悦慧雅"的课堂文化

在"和雅"文化的办学理念下，我校鲜明地提出了"和雅课堂"所追求的目标："和雅"课堂是一个和谐的课堂；"和雅"课堂是一个对话的课堂；"和雅"课堂是一个开放的课堂；"和雅"课堂是一个探究的课堂；"和雅"课堂是一个快乐的课堂。"和而不同"在教学上的具体体现是：教师既要面向全体，又要尊重个体差异，因材施教；学生既要学习合作，又要学会竞争。在教学过程中，"和"是共性，"不同"是个性，教师应不断引导学生立足于"和"，着眼于"不同"，善于捕捉学生身上的"异点"，努力打造"教和学和，教雅学雅，教学和雅"的"和雅"课堂文化，让"和雅"走进教室。摒弃现有课堂的一些弊端，推行和雅五步课堂教学新模式：①导（读）（5分钟）：明确目标，自主预习→②思（议）（5分钟）：思考讨论，合作探究→③展（评）（15分钟）：展示交流，精讲点评→④检（达）（5分钟）：梳理学法，拓展表达→⑤用（练）（10分钟）：迁移运用，巩固提升。构建"和雅"课堂，让课堂充满人文关怀，成为师生情感交流的舞台，从而提高学校教学质量。

这种育人模式培养学生认真预习和独立思考能力，培养学生合作学习和发现问题能力，培养学生遇到问题解决问题能力，培养学生认真反思和概括归纳能力。将"和雅"文化渗透其中，逐步形成不同学科的各具特色的课堂教学模式，构建"和雅"课堂，从而提高学科教学质量。让课堂充满人文关怀，充满和谐，成为师生情感交流的舞台，成为师生生命成长的地方，培养"和而不同　达人雅志"的梅小学子。

（六）和雅教育的办学成效

学校利用深厚的文化底蕴，打造书香和墨香校园，强化艺术教育，率先创新德育评价方式——"争夺文明券",通过"校园四节""四大基地"等活动,在提升学校品质、促进师生成长、辐射引领薄弱校方面,取得显著的办学成效。如 2017 年荣获福建省义务教育管理标准化学校;2017 年 12 月荣获福建省首批义务教育教改示范性建设学校;2018 年 7 月荣获福建省第十二届文明学校;2019 年 11 月荣获福建省第一届文明校园;2020 年 9 月荣获全国青少年校园排球特色学校;2020 年 10 月荣获全国文明先进校。

为促进教育均衡发展,我们组建成立梅峰小学教育集团,充分发挥我校的资源优势,进行结对帮扶。开展了送课下乡、教研互动、跟岗培训、试卷共享等辐射引领活动,促使成员学校在管理理念、办学质量、师资水平、教育科研等方面再上了一个台阶,促进教育集团教师的专业成长和教育质量的提升,受到他们的一致好评。

四、未来展望

未来三年内,我们希望通过多元探索,全面推进,以福建省教育改革示范校和莆田市核心素养进课堂试点校为平台,率先进行"读思达"课改实验,进一步打造和雅文化下的教育改革成果。把梅峰小学办成一所省内一流,市区域领航,学生全面发展的名校。

品牌学校建设不是结果,而是一个过程,只有起点,没有终点。路漫漫其修远兮,吾将上下而求索!

35

创·见教育，且思且行向未来

◎龚朱红

【作者简介】

龚朱红，女，福建莆田人，高级教师、特级教师、福建省学科带头人、福建省优秀共产党员、莆田市杰出人民教师。现任莆田市第二实验小学校长、书记。福建省"十三五"小学名校长培养人选。

一、办学主张

（一）创·见教育提出的背景

1. 时代与教育发展的需要

当前，以数字化、网络化、智能化为特征的信息化浪潮席卷全球，推动人类正式步入了信息社会。新的时代背景和新的社会背景，对教育改革发展提出了新的要求，对创新人才培养提出了更高的目标。2017 年 9 月，中共中央办公厅和国务院办公厅联合印发了《关于深化教育体制机制改革的意见》，提出"注重培养支撑终身发展、适应时代要求的关键能力"。创见教育的提出，是国家发展的需要，是对时代发展的呼应。

2. 地方文化的影响

莆田自古被誉为"文献名邦"，不仅在于历史悠久、文化遗产丰富，更在于莆田历史上科举鼎盛，人才荟萃，累计共出进士 2482 人、文武状元 21 人、宰辅 17 人，莆田人血脉里的文化基因，代代相承，诗礼传家。先贤们以其卓识远见参政议政，书写了可歌可泣的历史篇章。人口众多的莆田，背山靠海，独特的自然条件和社会环境造就了莆田人民走南闯北的特殊秉性和勇闯天下、追求卓越的坚韧品质。莆田人骨子里透着一种超群的胆略与远大的志向，他们自强不息，奋斗不止，即便历尽坎坷辛苦，依旧百折不挠，在追求卓越的道路上不断前行，他们深谙"道在日新，不新则死"的发展理念，明白只有不断卓越才能创新前行。地方文化影响着也激励着莆田人后浪推前浪，开拓创新勇往直前。

3. 学校内涵发展的需要

学校位于城市中心区，生源多为机关干部和企事业员工子女、大学教师子女、个体创业者子女，家长对学校快速发展有着迫切的期待。教师有了更饱满的工作热情和更高的职业期待。学校每年或通过招聘优秀大学毕业生、或通过选聘在职的优秀骨干教师，教师队伍不断扩大，师资水平不断提升，对未来教育的洞察更让全体教师意识到教育必须要适应时代的变迁。改革和创新是教育发展、学校发展的必然选择。科学、务实的办学思路，能统一全体师生的思想，凝聚全体师生的聪明才智，是一个学校的校魂。它体现了学校的发展方向，是学校得以健康、稳步向前的不竭动力。学校利用 SWOT 分析法对现状做了评估，与老师们经过反复讨论和斟酌后，提出了"创·见"教育，并在实践中逐步丰富完善了办学思想体系。

（二）创·见教育的内涵解读

1. 文辞内涵

创，有开始做、建造的意思，如开创，意为开始建立、创建（《广雅》："创，始也"）；创，还有前所未有、独到有新意之意，如创新、创意（《礼记·大学》："苟日新，日日新，又日新"）。

见，一为看到、发现之意（《说文》中解释道："见，视也"）；为见解、见识的意思（《晋书·王浑传》："敢陈愚见"）；为显露、对事物观察、认识、理解之意（《韩非子·主道》："道在不可见"）。

2. 教育内涵

"创·见"作为一个组合词，"创"和"见"都有着各自丰富的精神内涵，两者合二为一，意蕴更是深远。"见"是"创"的坚实基础，通过对自己、对自然、对未来的不断探索、发现、认识、理解，激发孩子们创意的思维、创行的脚步、创造的能力。"见"更是"创"的亲密伙伴，它们相辅相成，广阔的见识促进创新行为的发生，开创的精神鼓励着孩子不断去探索。故而，将"创"与"见"紧密结合，更具备精神指引性和实践意义性。通过精神的指引，让孩子们在日常生活学习中，能够做到认识自己、探索规律、与时俱进，在德艺体并举的基础上，成就思创行合一的新时代少年。

（三）创·见教育的理论依据与支撑

1. 哲学依据

马克思人本主义哲学观。马克思认为："人具有价值规定性，其本身就表现为不断与其周围世界进行物质、信息和价值交换的开放系统。所以人之为人就不会停留在机械的重复状态和停滞状态，而是在不断超越自己的现实生存状态中，不断寻求和更新生活的意义和价值。"这是一种倡导人类不断创新发展，自强不息，积极向上的精神，此论述与创见教育所强调的不断去探索、去发现、去尝试、去追求卓越、超越自我的本质吻合。

2. 心理学依据

人本主义心理学强调重视人的价值与尊严，主张发展人性和追求自我实现，认为"人是主动的、理性的、成长的、追求有价值目标的、有其积极生命和生存态度的"。认为"人具有先天的优良潜能，教育的作用在于使人的先天潜能得以实现"，这为创见教育提出的"每个个体都是与众不同，他们与生俱来对世界充满好奇，希望多方位了解世界，展示自我"提供了理论基础。

美国心理学家吉尔福特（J.P.Guilford）认为，创造力是一种发散性思维，而不是聚合性思维。发散性思维要求个体发现问题的各种不同答案和解决办法，没有绝对正确的答案。培养发散型的思维，少不了开阔眼界和创新意识的加持。有见识，才能有见地；有创新，才能有前所未有的可能。

3. 教育观念支撑

（1）学校观

未来的学校应该体现三个面向：面向人性，面向生命，面向发展。把促进学生发展作为学校一切工作的出发点和落脚点，未来的教育必然是更加重视学生个性化和多样性的教育，是引导学生主动探究和快乐学习的教育，是让所有孩子都能享受到优质教育资源的教育，是更加强调终身学习的教育，是更加智慧的教育。在这种教育生态下，教学更加个性化、教育更加均衡化、管理更加精细化、决策更加科学化。

（2）课程观

课程应该是满足学生发展需求的"知识 + 活动"体系。它应该是为学生而存在的，为促进学生的发展而建构的。课程建设着眼学生需求，是真正解决教育价值观和学生观问题课程的知识载体。课程有一定的知识体系，这个知识体系体现在教材中的知识是精选的、符合促进学生发展需求的最有价值的知识课程的实施体系。同时它还应该是一个活动体系，因为只有具体的活动才能创造一个师生共同的教学场，形成促进学生发展的活动媒介。

（3）教学观

教学的过程，不应只是照搬、吸纳，学生们的思想、智慧、创新、想象、梦想、激情比知识重要。要教育学生大胆质疑，敢于挑战权威，对事物勇于发表自己的见解和主张，把占有知识转变为拥有智慧。把灌输客体转变为培育主体，在恰当的时候给予恰当的指导，为所有学生提供等距离的教育。启迪创新意识，激发创新思维，培养创新精神，提升创新能力，指导学生以尊重信任人的态度学会倾听；以理解、沟通的目的学会交流；以合作、竞争的技巧学会协作；以体验、反思的情怀学会分享。最终不仅促进学生的智力发展，同时发展他们的非智力因素，让学生充分实现自由、全面的发展。

二、理论体系

（一）办学理念：智启童蒙　创见未来

《易经》有言："蒙以养正，圣功也。"古人将对儿童进行的初等教育称为"蒙养"或"发蒙"，"智启童蒙"意为学校将运用多元多维的智慧教学方法与手段，根据小学阶段学生认知发展规律，有计划、有目的地在德、智、体、美、劳等方面，启迪儿童智慧，蒙发儿童思维，力求对不同儿童的智能与品质素养进行培养与启发，为其终身发展奠定基础。

学校通过丰富的课程与社团，鼓励儿童去行动、去实践，从而激发儿童的创造力与创新意识，在不断积累的过程中，突破自我，实现超越，于"不可能"处创造可能，使得每个人在校园里不仅有所学，还能学有所得，得有所长，从而让每个人都拥有创造美好未来的无限可能性。

（二）育人目标：培养思创行合一，德艺体并举的新时代少年

思创行合一："思创行合一"强调动手的能力、创新的意识和行动的践履。为学者不仅要注重学识的积累，还要身体力行，只有通过脚踏实地的行动，并在行动中勇于开拓创新，将思与行、理论与实践、认识世界与改造世界统一起来，才能实现新时代少年的全面发展，从而成就自我的人生价值。

德艺体并举：学校通过德育、美育、体育等课程的构建，提供多样的资源，使学生个体个性得到充分、全面、和谐的发展，促进学生多元发展。

（三）办学目标：构筑以创为趣，知微见广的未来学校

以创为趣：在以"创·见"为文化主题的学校中，学生能拥有看待世界、发现世界的全新的眼光和能力，学校通过构建丰富的课程，在动手创造中收获兴趣、释放天赋，使学生在充满趣味的校园中获得创造未来的灵感。

知微见广：注重发展学生及培养学生创造创新的能力和责任。学校作为学习与生活的场所，本身就是一个以小见大的场所，因为外面的世界是丰富多彩的，且创新本身就是没有界线的，需要学生在学校这个小型社会中，认真去感悟，主动去观

察，通过不断探索、积极实践，培养创新意识，收获成长力量，做到在细微处发现更广阔的天地。

（四）学校校训：创有所见　不止于此

创有所见：从主体上，该校训指向教师与学生。即教师根据学生不同的特性，挖掘生命潜能，创设不同的教育教学方法和多元成长平台，引领学生自主学习，促进自主成长，让每个学生潜能都被看见，并通过积极探索见之有效的教学方法，促进自身的更新与成长。而学生则要养成爱动手、会思考的好习惯，在动手实践中学会创造、主动创造，从而使学生在人生发展历程中能以创新的精神去求索，让未来由自己创造，让幸福可见。

不止于此：首先，它预示着对师生创新思维的重视，不止在校园，不止在当下，它着眼于师生的未来发展，关注人的成长性。其次，它蕴含着学习、创造，个人的发展都是没有止境的，师生只有不断去探索生命的价值，不断地创造、更新自己，才能成就自身的幸福一生。

（五）学校"三风"

1. 校风：见心见远

见心见远：着眼当下，放眼未来。"见心"指认识自己的心。只有自己的内心知道自己真正想成为什么样的人，努力做到坚持不放弃，创新求发展，才能找到自我的价值，实现长远的发展。其次，"见心"指保持一颗好奇心。学校创设丰富的社团及课程活动，在兴趣的形成过程中，激发求知欲，引起师生的探究实践，进而成为创新的动力，未来才能走得更远。

2. 教风：见实见微

见实见微："见实"要求教师做到脚踏实地，潜心教学，是一种实事求是的精神。在教育教学中，教师要从学生的实际出发，提高学生的实际能力，做到有实力、有实效、有实绩。"见微"要求教师不错过学生点点滴滴的微小细节，从细微之处去引导启发和培育，同时还注重自身的持续积累，不断地更新自己、发展自己。

3. 学风：见智见行

见智见行：鼓励学生把学习知识和创新知识结合起来，通过知识的学习、行动的积累，使认识和行动更符合事物的规律，在学用相促的过程中，不断超越自我，从而推动创造。

在学校办学理论体系的指引下，学校着力营造和谐的教育生态，引导学生通过对自己、对世界、对未来的不断探索，开阔视野，增长见识，促进创新思维和能力的提升。丰富的课程设置是学校的发展特色，学校改变了课堂评价指标体系，侧重关注孩子上课的参与度和思维的深度、表达的广度。紧紧抓住关系孩子未来发展的"阅读、思考和表达"三大关键能力。课堂教学的改进，有效促进了学生核心素养的提升。孩子们学习更主动了，知识面更广阔了，民主的课堂上时常迸发着智慧的火花。

三、实践探索

（一）营造雅致校园，创人文科技兼容的活动场域

校园环境是师生教与学、在校生活的日常化空间，是校园的精神与价值共识的外在体现，于细节之间体现着校园文化气息。

1. 景观文化，见雅见趣

跨进校门，主墙面上的"去见，所未见"几个大字赫然醒目，震撼人心，它激发着广大师生勇于探索，不断追求卓越。中心广场的学校精神石上，"心存他人·超越自我"是师生们的精神指引，那份"心存他人见自己，超越自我创未来"的情怀在师生心间美好地驻留，不断地警醒实践。文化主题墙上，"戏曲之乡、蓓蕾吐芳""海滨邹鲁、礼仪之乡""摄影之乡、光影童年""状元之乡、科举名邦"等专栏，把莆田的历史与优势呈现在孩子面前，浸润、鞭策、激励着孩子们。各文化区域附带的二维码将有限的空间延伸至无限的网络，从看得见的景观引发孩子们对看不见的浩瀚知识的憧憬。

2. 创客空间，蕴创于行

学校搭建了160多平方米的"陶、纸、木、农"传统工艺坊，300平方米的实践园，150平方米的科普体验厅，200平方米的乐高墙、创意机器人和创客电子空间。全开放的场地让孩子们课余时间徜徉其间，他们在创客空间里自由共享资源和知识，可以使用各种基础工具实现自己的创意想法，展示自己的创意成果，个个成为小小创客，提升了学校的创新氛围。

3. 队室文化，明理导行

学校少先队以《"文明少年"标准十二条》为准绳，搭建的大队、中队活动平台，无痕地将德育渗透其间。大队室是孩子们了解历史、展示才艺、参与学校管理、自主策划活动的地方，孩子们在这里谈论未来。教室的布置风格不一，或创新有趣，或活泼可爱，或充满励志。还适当留白让师生们有自由的发挥空间：或设置符合班情的评比栏，或呈现别具一格的"笑脸墙"，或凸显明理导行的"班级公约"……

趣创相宜的校园环境，以学校育人精神为魂，让整个校园形神兼备，充盈着灵动的气息，处处彰显着学校的气韵美。它无声引领和熏陶着学校师生着眼当下，创见未来。

（二）凝练教研特色，创一专多能的教师团队

学校在倡导老师做"有理想信念、有道德情操、有扎实学识、有仁爱之心"的"四有"好老师的基础上，强调做有二小特质，即"信息素养"和"一专多能"特质的教师。以不同的形式传递正能量，传播核心价值观。一年一度的"最美教师、优秀班主任、先进党员、工会积极分子、二小好青年"等活动为老师们树立了岗位好榜样。教师队伍比较年轻，为了加强教职工们的沟通，增进互相理解，缓解工作压力，学校党、工、团把握住节日机会，开展二小春晚、中秋赏月、诗歌朗诵会、教工拔河等文体艺活动，老师们在活动中展示自己、获得自信，在与同事交往中获得友情，在活动中积攒创的激情、创的能量。

学校围绕教师"听、说、读、写、研"五种能力，或请进来专家，或送出去培

训，对教师进行了一轮轮的头脑风暴和技能提升培训。曾参加全国信息化案例展演的"网络教研五部曲"是教师们提升课堂教学的重要方式。学校一个月举行一次跨学科主题研讨也是一个亮点，开拓了老师们的眼界，点燃了创新的火花。他们跨越各自的边界、时间和空间，互动交流，倾听吸纳，关注问题，共同探讨，实现资源共享和知识创新，有效推进信息技术与教学研讨的深度融合，极大地提升了教师的教育教学能力，促使他们主动进行有价值的教学实践研究，自觉成长为科研型教师。学校还成立了"教师读书社、教师朗诵协会、教师书法协会、教师合唱协会、教师艺术操协会"等组织，老师们发挥自己的特长、提升自己的特长。

（三）研拓七彩课程，创动态发展的学习资源

课程是践行办学理念的重要载体，是学生发展核心素养的主阵地和主渠道。

1. 学校课程建设 1.0 阶段——突出学科课程和拓展课程

围绕想象力、行动力、创造力、品学力、体美力五个维度，将课程按"人文与社会、语言与阅读、艺术与审美、体育与健康、科技与探索"归类并拓展延伸。在按国家课程要求开足开好学科课程的基础上，相继推出了拓展课程，分为必修课和选修课两种形式（见图 1）。目前已形成特色的有：①全学科阅读课程。以统编教材倡导"全阅读"为契机，着力构建信息技术环境下基于教材的阅读课程体系。从语文学科一篇带多篇、群文阅读、整本书阅读入手，逐渐延伸到各学科教师齐心协力挖掘出学科教材中可扩展阅读的章节，形成"有篇目推荐、有阅读指导、有阅读途径、有阅读分享、有阅读评价"的完整课程体系。②创客系列课程。重组了信息技术课程，从二年级起增加了编程课，并开放了"创客空间"，包括创意编程空间、3D 打印创意空间、创客传统工艺坊、机器人创客空间及创意电子空间。孩子们在一个个任务的驱动下，创新思维与实践能力有了显著的提升。

之所以在这三个领域致力，因为我们认为社会情感能力、阅读能力和思辨能力是未来公民的关键能力，它既是"创见"教育应有内容，又决定着"创见"教育的深度和广度。

课程体系

领域		人文与社会	语言与阅读	艺术与审美	体育与健康	科技与探索
① 学科课程		道法	语文 英语	音乐 美术	体育	科学 数学
② 拓展课程	必修	社会情感学习	·经典诵读 ·全科阅读 ·快乐英语	艺术欣赏	·心灵驿站 ·大课间	儿童编程
	选修	4大社团 36门课程	"金链花"艺术社团、 "倍儿健"体育社团、 "小喇叭"语言社团、 "向未来"创客社团			
③ 项目式课程		校内+校外 每学期18节/3天				
④ 特需课程		因部分人而设				

图1　课程建设的2.0阶段——探索"跨学科主题课程"

在不打乱各学科教材的基本逻辑体系前提下，学校尝试统整多学科知识，一学期设计18课时（3天）的跨学科活动主题课程。以校内6课时、校外12课时的方式实施。以"选择主题、制定目标、主题启动、主题实施、成果展示"的活动流程，聚焦学科融合，触发各学科知识间的关联，学科课程与活动课程优势互补。让学习不拘泥于教材，让学习与生活联结，让学生在开放的学习环境中培养学生面向未来的关键能力。

（四）打磨智慧课堂，创核心素养的培育空间

智慧的课堂应该追求教学的真质量，它应该包括学生完善的人格成长、差异的知识建构和创新的智慧发展。基于对儿童天性、学习本质及未来教育的理解，学校定义了"创见课堂"的三个基本特征——人际关系和谐、聚焦核心素养、关注个性发展。在教学目标的达成上，重视"层次性"和"生成性"；在教学资源的遴选上，要重视"针对性"和"发展性"；在教学策略的运用上，要注重"合作性"和"开放性"。

创新人格培养的着力点在"思考力"培养。学校参与福建师范大学余文森的"读思达教学法"的课堂改革实践，课堂着力于"阅读思考表达"三种关键能力的培养，提炼出思考力培养"五转变"：变"快思考"为"慢思考"，变"暗思考"为"显思考"，变"浅思考"为"深思考"，变"独思考"为"共思考"，变"怕思考"为"乐思考"。我们的课堂关注点，不再停留在老师的精彩教上，而转移到学生的学习状态上，提炼出"以导促动"教学模式，落实了"创·见教育"的精髓。

（五）调适外部环境，创儿童中心的教育环境

未来教育需要全民的大教育观，让教育不仅仅发生在校园内。创·见教育关注家庭教育，关注与社区、企事业单位等的合作，力图营造教育联动的新样态，让孩子能在更宽更广的教育环境与体验中，提升适应未来的能力。学校与家庭联动，一年选优外聘 20 位家长根据各自专业特长开设专题课程，拓宽学生视野；一年举办 3~5 场亲子活动，让家长分享孩子成长的快乐；与教育基地联动，一年为孩子提供 12 场研学活动，丰富孩子的学习生活；依托党建工作，与检察院、图书馆、移动公司及属地党委开展党建共建活动，为孩子提供丰富的书籍、精彩的普法教育、体验前沿的科技产品。开阔孩子眼界，形成全民关注教育的共创教育美好未来的良好态势。

学校围绕"创·见教育"的办学主张，依托文化品牌建设，美育特色创建，课程体系建设，致力于探究信息技术与德育、教学的深度融合，全面提升了学校的办学品位，促进了学生核心素养的提升和个性的发展。学校先后被授予全国和谐校园先进学校、全国体育工作示范校、全国青少年校园足球特色学校、省首批教育信息化示范校、省德育工作先进学校、省基础教育师资培训基地校、省级基础教育课改实验校、省语言文字示范校、省综合治理工作先进集体、省美育示范校、省文明校园等荣誉称号。

四、未来展望

创有所见，不止于此。学校"创·见教育"理念的建设与施行是一项系统工程。学校将继续探索内生式发展之路，借信息化之翼，以课程融合和项目式学习为抓手，促进学习能力和实践能力的提升，从而提升"创"的品质，"见"的视野。将学校建设成为一所"有人性、有温度、有故事、有美感、有创意"的新样态学校，培育"有所创，有所见"的新时代少年，书写品质校园的一路华彩！

36

"绿色教育，知行合一"办学思想

◎杨邦清

【 作者简介 】

杨邦清，男，福建南平人，正高级教师，特级教师，文学学士。现为福建省南平师范学校附属小学校长、书记，福建教育学院兼职副教授。福建省"十三五"小学名校长培养人选，教育部中小学名师领航工程培养人选、教育部基础教育教学指导专业委员会委员，福建省第五届杰出人民教师，福建省百千万人才工程人选。

一、办学主张

（一）思想提出的背景

福建省南平师范学校附属小学创办于 1914 年，是一所百年老校，办学效益显著，特别是在绿色教育方面有着深厚的历史积淀。"绿色"是永恒的主题。党的十八届五中全会把"绿色发展"列入五大发展理念，将"绿色发展"战略植入全面小康社会建设之中。守住绿色，就守住了教育这块沃土，我们应该传承、融合、创新，以绿色教育思维来主导学校的发展才有生命力、可持续。

著名教育家朱永新说，教育要返璞归真，回归教育原点。过去的传统，你把它捡拾起来，就是新的。作为国家级绿色学校、省级文明学校的南平师范学校附属小学如何在新形势下融合绿色教育思维，打造新时代一流品牌学校，需要我们对绿色教育进行系统的理论研究与实践探索。

一是源于教育改革的需要。教育需要改革，新时代更是呼唤"绿色教育"，学校德育需要更新观念，课堂教学需要深度变革，学校管理需要全流域思维。在这一系列对教育"新理念"的追寻中，我们需要找寻教育的"绿色内涵"。

二是源于个人成长的理解。基于18年的综合实践活动研究经历和学校管理思考，让我深刻意识到，绿色教育应着重培养学生的综合素质，不仅要关注学生的学业成绩，还要关注学生的思想品德、身心健康、艺术修养、社会实践等各个方面，真正使学生做到德、智、体、美、劳全面发展。教育还应当关注学生的发展过程，让学生在校园里过上一种幸福而完整的教育生活，享受每一天。

三是源于时代发展的需要。当前教育不仅步入了绿色时代，而且向着绿色深度发展。因此，我们要立足大教育观，审视绿色教育，绿色教育应该是生活教育，应该是生态教育，应该是本真教育，应该是每个教育工作者在教育的历程中超越自我、感动自我的教育。

（二）思想内涵解析

1. 对"绿色教育"的解析

"绿色教育"就是在充分考虑社会需要的前提下按教育规律来办教育，引导人的内在因素合乎规律地全面而主动地发展，营造一个"引导"与"发展"相适宜的"绿色"环境，并精心地使这两方面协调起来。

2. 对"知行合一"的解析

"知行合一"即认识事物的道理与在现实中运用此道理，是密不可分的。"知"是指良知，"行"是指人的实践。知与行是不可分离的，必须在思考中行动，在行动中思考，在行动中产生新思想，在思想中产生新价值。

3. 对"绿色教育、知行合一"的全面内涵解析

我校提出的"绿色教育、知行合一"，是关爱生命质量，实施以人为本、健康、可持续发展的教育。

倡导六个发展：一是顺应儿童的自然天性，强调天人合一；二是注重儿童的全面发展，强调和谐均衡；三是尊重儿童的个体差异，强调个性张扬；四是鼓励自主探究式学习，强调主体意识；五是力求突破学校的围墙，与社会、家庭融为一体，

强调开放整合；六是追求儿童成长的生态平衡，强调可持续发展。

力求实现五个转变：一是从知识本位向"以人为本"转变；二是从重知识传授向重学生成长转变；三是从信息单项交流向多项交流转变；四是从评价体系的重结果轻过程向重视过程与关注结果相统一转变；五是从重课程管理过于集中向增强课程对学生的适应性转变。

（三）思想提出理论依据

1. 教育发展论

教育的发展就是社会的发展，绿色教育就是让每一个学生在突出个性的基础上，实现全面发展、可持续发展。

2. "知行合一"思想

我国自古就有"道法自然""天人合一"的朴素生态观。据史载，明正德三年（1508年），心学集大成者王阳明在贵阳文明书院讲学时，首次提出"知行合一"思想。

3. "教学做合一"理论

伟大的人民教育家陶行知则从"知行合一"中引出了"行知论"，提出要"在做上教，在做上学""教学做合一"。"教学做合一"是生活法，也是教育法。

4. 理论与实践的辩证统一

习近平总书记多次强调"知行合一"，强调理论和实践的辩证统一，号召我们以"知行合一"的精神践行社会主义核心价值观，投身中华民族伟大复兴中国梦的伟大实践。"十三五"规划纲要也明确提出，全面推进创新发展、协调发展、绿色发展、开放发展、共享发展，确保全面建成小康社会。不狠抓落实，再好的蓝图也只是一纸空文。因此，"绿色教育、知行合一"，前提是"知"，关键在"行"。着眼绿色教育，还要在"合"字上下功夫，不仅要把绿色教育作为一种方向，而且要升华为一种道德标准、一种行动指南。

二、理论体系

（一）环境观：营造绿色环境，彰显价值取向的"物质文化"

优美的校园环境，它本身也蕴含着强大的育人功能，可以促进"人与自然的和谐发展"。因此，学校十分注重校园环境建设，制定了《南师附小绿色校园文化建设"十三五"发展规划》，有计划地进行校园绿化、美化建设，做到校园园林绿化工程设计与校园文化建设有机结合，凸显"生态、绿色"的特点，体现学校绿色教育新理念。

一是环境氛围创设。学校"百年辉煌"的雕塑在阳光下闪闪发光；主题文化墙传播着现代教育思想、散发着浓郁的文化氛围；个性化的班牌和布置突出了班级特色和学生朝气蓬勃的精神风貌。学校每一个角落、每一处景观、每一种造型、每一句提示语都蕴含着人文、绿色的文化底蕴，给师生以春风化雨、润物细无声般的浸染与启迪。"花成簇、草成片、树成林"，让人仿佛置身于一座"大花园"。

二是育人作用发挥。学校提出"人人参与环境保护，个个争当绿色少年"的倡议，制定了《南师附小绿色文明班级评比细则》，让评比做到规范化、科学化、经常化和制度化。另外，学校还明确了班级的"绿化责任区"，经常性地组织检查评比，做到了日查、周结、月评，从而使整个校园变得更绿、更亮、更美，让学生在优美的校园环境里接受教育，在优美的校园环境里健康成长，彰显了绿色学校的育人功能。

（二）管理观：推行绿色管理，体现人文关怀的"精神文化"

绿色不仅仅是一种环境，更是一种行动、一种思想、一种价值取向。如何创造一个美丽低碳的校园环境，如何创生一个和谐文明的教育氛围，如何打造具有共同的价值取向和行为方式的校园文化。

一是"微笑管理"。我们提倡的"微笑管理"，注重精神激励、情感参与。校园里，领导与教师、教师与教师、教师与学生、教师与家长、学生与学生，始终用微笑增添信心和力量，用微笑塑造和谐融洽的氛围，用微笑消除压抑和紧张，用微笑传递尊重和信任。

二是"细节管理"。我们推行的"细节管理",实施以人为本、目标细化。学校制定了《南师附小分级管理保障管理制度》《南师附小重大问题集体决策制度》《南师附小学校文化管理制度》等促进学校发展、师生进步的各项管理制度,使师生在潜移默化中规范自己的思想和行为,从而真正实现"自我约束、自我教育、自我管理和自我完善"的无为而治之目标。

三是"文化管理"。我们崇尚"文化管理",打造团队精神、潜力激发。百年传承的学校绿色文化积淀使"大爱"成为学校管理的精髓和润滑剂,尊重人、成就人、发展人实现了管理的效益最大化,共同的价值观把师生集结在学校发展的大旗之下,使学校发展呈现勃勃生机。

(三)教学观:打造绿色课堂,促进生命发展的"课堂文化"

"绿色课堂"就是返璞归真的课堂。我们推行的绿色课堂,就是要打造一个以人为本、充满生机与活力的和谐课堂;实施尊重理解、关爱每一个学生的和谐教育;推进学生德与才、智与情、身与心等协调统一的和谐发展,形成涌动生命活力的"生命课堂"。

一是加强师资建设。学校充分利用学校优秀师资资源,发挥特级教师、学科带头人、骨干教师的引领作用,成立教学研究指导组,设置一、二、三级导师,组织教师学习现代教育教学理论,先进的教育教学方法、教学模式;采取议教、辩课、论坛等方式开展教研活动,开阔教师视野。同时,还通过师徒结对、教师基本功训练、教坛新秀比赛、主题教研和校际共研等活动促进青年教师的专业成长,优化了教师队伍。

二是抓实主张引领。以"行动综合实践活动"教学主张为引领,全面推进课堂教学改革,全学科推行"行动六环节"教学模式,让我们的学生在课堂上"高效、快乐、自信地学习",让我们的教师在课堂上"有效、快乐、自信地教学",创建原生态课堂和有效课堂,培养学生的自学能力,提高课堂学习效率。

三是注重课程建设。学校把绿色教育列入课程教学计划,还从"基于绿色生命体验,促进生命健康成长"的课程理念着手,通过课程整合方式,开发实施能为学生个性发展服务、满足学生和谐发展需求的综合实践活动、校本课程体系，开设"人工智能""创意阅读""南词非遗""树叶吹奏""七步成诗"等40余个社团，让"绿色体艺综合实践活动课程"满足每一位学生需求。

四是致力评价改革。学校探索研究出一套行之有效的多元评价体系，以"绿行卡"评价为载体，改变了由学业成绩来评价一个学生的单一评价方式，提高了学生的学科素养和综合素质，促进了课堂教学改革的深度变革，让每一个学生获得最佳成长与发展。

（四）德育观：实践绿色体验，形成生命体验的"活动文化"

教育只有转化为学生的内在需求，才能外化为具体的行为。多年来，我们开展"绿色班级"评比、"绿色少年"评选，将枯燥的说教具体化、生动化、趣味化，从而内化为学生的行动，不断强化学生的绿色情感体验，提升了学生对社会主义核心价值观的认同感。

一是以养成教育为突破口。学校根据学生不同年龄特点和不同的知识结构，提出不同的要求，并结合实际制定了《南师附小学生一日常规细则》，将养成教育转化为活动，落实到课程，让师生的文明言行成为校园一道亮丽的风景线，营造了和谐融洽的校园氛围。

二是以书香阅读为平台。学校通过读书提升师生文化底蕴，建立班级图书角，班级与班级之间还建立"好书交换站"，定期举行"好书漂流"读书活动。如开展"清晨一吟、午间一读、课前一诵"等活动。由此建立了读书激励机制，使读书活动健康有序持续地开展，全面陶冶了学生高尚的情操和健全的人格，深化了班级文化内涵。

三是以"8季课程"为载体。学校每月围绕一个主题开展教育活动，有养成教育月、安全教育月、法制教育月、心理健康教育月、艺术教育月等。每月一主题，周周有重点，日日有训练。多年来，学校绿色体验活动始终按这一思路开展，深化准备季、创新季、运动季、英语季、健康季、阅读季、艺术季、毕业季等"8季课程"内容，确保大中小课程的全盘规划和有序并行。

（五）科技观：实施绿色科技，挖掘创新活力的"课程文化"

绿色和创新是学校发展永恒的主题。当前，在绿色教育思维的主导下，我们把"科技创新活动、机器人竞赛活动"作为校园绿色文化的重要组成部分，有力地提升了学生素质的全面发展。

一是建章立制。为保证科技创新课程可持续地进行，学校出台各种鼓励保障制度，如《南师附小学科技创新教师奖励方案》《南师附小科技创新学生获奖奖励方案》等，将创新人才培养和青少年科技创新大赛成果纳入教师评优、评先和评聘的考核指标。

二是广泛普及。学校积极发挥课堂教学主渠道作用，充分利用科技教育基地校的示范作用，以点带面，全面拓展青少年科技教育工作。通过人工智能、青少年科学调查体验活动、科学 DV、机器人活动等项目，为学生展示科技、艺术的才华提供广阔舞台。

三、实践探索

（一）围绕一条办学主线

以"绿色教育、知行合一"建设为主线，全面推行文化管人，文化育人，文化立校。让"绿·行文化"建设落实到学校的每一个角落，植根于每个人的心里，表现在每个人的行为上。

（二）队伍建设有新良策

1. 党建引领这样抓好

坚持用习近平新时代中国特色社会主义思想武装头脑、指导实践、推动工作。一是机制落实，以支部达标创星竞赛为载体，做大做强"135 党建工作机制"（即一岗三责五示范："一岗"即立足本职岗位；"三责"即履行岗位责任、廉政责任和安全责任；"五示范"即做好师德示范、管理示范、教学示范、育人示范和服务示范）。二是对标看齐，学习《中国共产党纪律处分条例》《中国共产党廉洁自律准则》《以案明责》《以案明纪》，强化支部党风廉政建设。三是壮大组织，认真执行

《中国共产党发展党员工作细则（试行）》，把政治素质好、业务能力强、群众认可的优秀教师吸收到党组织中来。

2. 绿色队伍这样强化

一是涵养师德，完善教师年度考核办法，以"零容忍"的态度狠抓师德，通过举办"学习全国教育大会精神——我的教育故事"师德演讲活动，引导全体教师以德立身、以德立学、以德施教、以德育德，提高教师的职业认同感、荣誉感、成就感、责任感和使命感，营造浓厚的师德师风建设氛围。二是锤炼师艺，依托教育部"国培计划"名师领航工程杨邦清工作室，邀请国培专家、福建教育学院教授到校指导全员岗位练兵，以"观课评课、口语表达"基本功训练为抓手，加强教师专项训练和考核，提升教师专业素养。

（三）德育工作有新举措

1. 绿色德育这样谋划

一是突出思政教育，通过"国旗下讲话、主题班队会、道德与法治课"等对学生加强党史、国史、改革开放史教育，教育学生信马列，听党话、跟党走，树牢"四个自信"。二是落实"全员"德育，实施"八个好"行动：着好装、走好路、下好操、听好课、读好书、说好话、写好字、做好人，全员、全过程、全方位，从入学第一课到离校最后一课，渗透到每个学科、每个课堂、每个活动、每个班级、校园每个角落，让呵护绿色成为每一个附小人的自觉行动。

2. 绿色体验这样设计

一是紧贴生活教育，结合社会主义核心价值观教育主题活动，开展"三爱三节"（爱学习、爱劳动、爱祖国；节水、节电、节粮）、低碳环保等教育，举办"首届劳动节暨劳动技能大赛"，注重道德实践，并在日常生活中、在生动实践中把知化成行。二是抓好少先队阵地建设，围绕国家、省、市少工委有关队建精神，将"少先队体验教育、动感中队创建、雏鹰争章"等少先队品牌有效融入学校综合实践活动课程建设，探索"绿·行文化"背景下的校本化少先队活动开展路径，让我校少先队工作持续走在国家、省、市前列。

3. 绿色体艺这样深化

一是加大体育教学研究，拟结合名师工作室联动研讨，重视体育课常态有效教学的研讨，推出一些精品课例，让体育真正实现"教会""勤练""常赛"，开展"舞动童真"街舞操比赛和"绿色体艺课程家长开放日活动"，让学生在体育锻炼中享受乐趣、增强体质、健全人格、锤炼意志。二是做大做强绿色体艺课程建设，在开齐开足上好美育课程的基础上，完善音乐、美术、书法等学生素质测评体系，引领学生树立正确审美观念、陶冶高尚道德情操、塑造美好心灵。

4. 绿色家校这样搭建

依托家长学校、家长委员会，充分挖掘家长资源，通过"家长会、家长志愿者、护学岗、课后延时服务"等，让家长走进学校，走入课堂，参与学校管理和教育工作，促进家校沟通的和谐畅通，打造协作、互动、共享的绿色家校合作体系，把家长引导和培育成为立德树人的一支有生力量。

（四）教学工作有新气象

绿色课堂这样构建：一是抓阅读，紧扣教材要求，通过晨读、午读、课外阅读课指导，组织学生参加教育部、全国少工委举办的"学习新思想，做好接班人"主题阅读活动，读经典、读原著，在系统阅读、大量阅读、深层次阅读中发现问题、思考问题、提升素养，增长知识见识。二是抓写字，抓好学生书写等级考核的落实，上足上好每周一节写字课，各学科密切配合，齐抓共管，通过"最美作业"评选活动，调动学生书写兴趣，让墨香浸润校园。三是抓集备，以各学科课程标准为依据，按照"重视基础、关注能力、突出运用"要求，抓好年级过关，及时反思改进，做到精准施教、减负提质。四是抓课题，认真梳理已申报、立项的各级各学科研究课题，了解各课题研究的进展情况，加强检查和指导，促进学校大课题研究框架的体系化、规范化和有效化，为申报省、市级教育教学成果奖打好基础。五是抓课例，充分发挥教学导师组的引领作用，加强学科教师教学研究、参赛课和示范课的指导，为学科教师提供业务指导、理念更新、过程锤炼等专业支持。

（五）行政后勤有新优化

1. 绿色保障这样夯实

一是提高站位，按部就班，建立安全机制，严格落实学校安全"一岗双责"制度。二是大处着眼，小处着手，处处讲安全，继续推进扫黑除恶专项斗争三年行动，加强师生安全教育与管理，开展各类防灾抗灾应急演练，提高师生安全防范意识和应急避险能力。三是居安思危，未雨绸缪，落实细节管理，健全各类安全预警制度，完善校园安全防控体系建设，加强校园安全隐患排查整治和周边治安综合治理。

2. 绿色管理这样实施

一是以"督"促"进"，加强学校软硬件设施的管理和完善，认真做好福建省对设区市教育督导的迎检准备，推动学校高质、更优发展。二是以"查"促"改"，按照省义务教育教改示范校绩效管理目标，认真整理过程型材料，总结经验和不足，确保中期检查顺利通过。三是以"评"促"创"，完善硬件设施及材料归档，做好学校资助工作标准化创建，聚力精准资助。四是以"桥"促"通"，发挥工会组织在学校工作中的桥梁和纽带作用，畅通沟通交流渠道，维护教师合法权益，开展健康有益的文体活动，丰富教职工的文化生活。

四、未来展望

全面贯彻党的教育方针，以立德树人为根本、以素质教育为导向、以内涵建设为核心，深化教育教学改革，突出绿色办学特色。加快学校基础建设，加快实现教师队伍整体优化，提高人才培养质量，增强服务区域经济社会发展的能力，全面提升学校的办学水平和教育教学质量，力争成为全省知名、有特色、高质量的义务教育改革示范学校，发挥引领、骨干和辐射作用。

（一）发展目标

创建名校，造就名师，培育英才，把学校建设成为高标准、高素质、高质量的福建省一流名校。全面实施"名校 + 名师"发展战略，以"导师带教、名优教师队伍建设、课程优化重组、人工智能"四大抓手为载体，科学构建"教育有特色、教师有特质、学生有特长、活动有特点"的发展模式。把学校办成学校文化厚重、教育品质优良、人才辈出、新苗茁壮的一流品牌学校。

（二）发展战略

一是坚持实施人才强校战略。以培养国家、省市级名师、学科带头人、骨干教师为重点，着力培养造就教学名师，打造一支师德高尚、业务精湛、结构合理、充满活力的教师队伍。

二是坚持实施特色兴校战略。以陶行知"教学做合一"为引领，拓展深化绿·行文化（"绿色教育、知行合一"简称绿·行文化）的内涵与外延。不断探索，总结提炼，逐步形成学校科学管理、素质教育、教学科研、文化环境方面的特色，以特色推动发展。

三是坚持实施强项带动战略。以创建国家级文明学校、全国综合实践活动实验校、全国科技创新示范建设等项目为支撑，带动提升学校的办学实力和办学水平。

37

和乐教育：和而不同，各得其乐

◎林　勇

【作者简介】

林勇，男，福建闽清人，数学高级教师，特级教师，现任南平实验小学校长，南平市政协委员，福建省教育学会理事，福建省政府特约督学。在教育和办学实践中提出"乐探数学"教学主张和"和乐教育"办学思想，是福建省"十三五"小学名校长培养人选。曾获福建省优秀青年教师、优秀教育工作者、教育系统优秀共产党员等荣誉称号。

近年来，南平实小积极响应市委市政府名校带动战略，实行集团化办学。学校跨区域办学共有文体、玉屏、江南、武夷四个校区，学校提出了"和乐教育"的集团化办学重要思想主张，打造"和乐教育，一校一品"新时代优质办学集群，形成"和而不同，和衷共进"的集团办学新样态，使各校区实现共性与个性的有机结合，促进闽北义务教育从基本均衡向优质均衡发展。

一、办学主张

（一）"和乐教育"办学主张提出的背景

南平实验小学创办于 1938 年，创办之初校名为豫章小学，源于罗从彦之号。罗从彦号豫章先生，延平四贤之一，乃朱熹父亲朱松、朱熹师父李侗的老师。罗从彦一生践行着"和乐"，他与人为善，和谐处之，乐学好问，敬业乐教，潜思力行，任重造极，为宋代理学奠定了厚实的基础，南平实验小学的"和·乐"教育办学思想从此起源。

中国学生发展核心素养是以培养"全面发展的人"为核心，分为"文化基础、自主发展、社会参与"三个层面，强调培养自主性、社会性、思维性等素养，这表明学校教育未来发展需更加注重学生个性教育、注重多元发展，注重兴趣培养，注重对学生内在发展动能的激发，成为当今教育发展的普遍诉求。

"和·乐"的理念不仅源自"和而不同，和乐共生"的中华文化积淀，也源自对时代大势和发展规律的深刻把握，既是贯穿和谐社会与和谐世界的主线，也是探索未来学校多元趋势发展的"引路杖"。

（二）"和乐教育"办学主张及其内涵解析

和，是环境、是氛围、是条件。乐，是追求、是过程、是目的。"和乐"教育传承与发展学校近百年的办学，是对传统文化的继承与弘扬，对现代教育理念的融合与创新，即注重学生学科知识的学习；注重学生艺术素养、审美能力的培养；注重学生的内心，寻求一种内外相谐、身心通达的状态；注重师生个体愉悦的教育学习体验；注重学生个性多维的全面发展，在各校区间实现共性与个性的有机结合。"和乐"之魂，营造凝聚强大的育人磁场，引领集团校未来发展方向，激励、滋养着全体南平实验小学师生不懈迈步向前。

（三）"和乐教育"办学主张的理论依据

1. 传统教育文化理论

"和"是中国传统文化的核心概念和基本精神，是我们中华民族不懈追求的理想境界。儒家学派创始人孔子以"和"作为人文精神的核心。以"和"为价值标准，既承认差异，又和合不同的事物，通过互济互补，达到统一、和谐。《论语·子路》中提到的"和而不同"，旨在包容差异，发展个性，在丰富多彩中达成和谐与发展。

"乐"的表层意思是指欢乐、愉悦的心情，而实质上则是指精神上的专注、投入与奉献，是一种身心和谐舒展的美的境界。孔子曾说："知之者不如好之者，好之者不如乐之者。"亦曾曰："发愤忘食，乐以忘忧，不知老之将至。"乐不仅与学习中的艰苦探索不相抵触，而且恰恰是通过艰苦奋斗进取达到乐的更高境界。

2. 以人为本的教育理念

重视师生在促进和推进学校发展中的巨大作用，把师生的发展作为学校发展的根本，把师生的发展作为学校全部工作的出发点和落脚点，以尊重学生和教职工的主体地位为前提，以了解学生的身心发展和教职工的身心需要为基础，以调动学生的学习积极性和教职工的工作积极性为手段，进而推动学校集团化的创新发展，促进学生全面健康成长，实现学校集团化办学新的目标。

3. 人的全面发展教育理论

《中国教育改革和发展纲要》和《关于全面深化课程改革落实立德树人根本任务的意见》提出："学生发展核心素养，主要是指学生应具备的、能够适应终身发展和社会发展需要的必备品格和关键能力。"中国学生发展核心素养，以科学性、时代性和民族性为基本原则，以培养"全面发展的人"为核心，实质是让全体学生的身心潜能，综合素质、个性和创造力得到主动的和谐发展，这集中体现了马克思关于人的全面发展的学说。人的全面发展，意味着个体兴趣潜力的充分发挥，意味着个体身体（健康）和心理（愉悦）得到"和谐统一"的发展，这是"和·乐"教育的基本理论的基石。

二、理论体系

（一）集团校办学主张：和而不同，和衷共进

用"和而不同，和衷共进"的主张推进学校集团化办学。核心内涵是"尊重"：一是尊重每一个分校区的自主发展；二是尊重每一位分管校区校长的个性管理；三是尊重各校区的每一种教育创新与实践，使集团校成为和谐共生、共同发展的大家庭。在尊重的前提下，四校区同心协力，共进共长，和乐生长，至美绽放。

（二）办学理念：和而不同，因材施教

和而不同：主要指向两个维度，一是学校层面，学校实行集团化办学，目前共有一校四区，各校区有相同的办学思想和理念，但同时四校区又有不同的办学特色，各校区形成资源共享、优劣互补、一校一品、和谐共进的办学格局；二是师生

层面，各校区在尊重个体潜能、性格和能力差异的前提下，通过营造一种自然、和谐、全面、平衡、愉悦、合作的教育环境，从德、智、体、美、劳等方面入手，对学生实施有计划、有目的的影响，促进学生在校得到优质均衡的和谐全面发展。这是一种"相融互渗、求同存异"的理念，在融合中实现一体，在一体中实现多维互动、多元发展、跨界融通，蓬勃生长。

因材施教：学校尊重师生个体间的差异。首先，学校管理者要善于挖掘每位教师的潜能，人尽其才，使教师拥有施展才华、创新实践的空间，乐于成长，不断精进。其次，教师要对不同学生的不同天赋进行启能开发，因材施教，激发学生的内在驱动力，使其"乐学"，对学习具有主动性。教师勤于执教，注重学生兴趣的培养，学生适性发展，积极乐观，师生在和谐的氛围中互相成就、共同成长。

（三）教育品牌语：和世界，乐未来

和世界：首先，每个生命个体都拥有属于自己的独特内心世界，教育就是打开人的内心世界并与物质世界、周边世界产生联系，与个体进行"连接"，通过一校一品各校区间的相互合作，进行学习教育资源共享、优势互补，形成"一校一世界"集团校区间的融通汇合；其次，人工智能时代，互联网拉近了我们的距离，为贯彻"教育要面向现代化，面向世界，面向未来"的方针，立足于国内的教育实际，我们要有选择地交流、接触、融合当代国际教育界和教育学术界的新思潮、新成果，教育改革的新战略，以及学校教育和教学研究的新动向，让教育与世界同步，让师生成长与时俱进。

乐未来：集团校各校区积极营造"和乐融融"的学习氛围，利用师生间的"有效互致力"，扩大课堂学习的深度与广度，活跃课堂气氛，提高学生学习效率。鼓励师生乐于沟通、乐于互动、乐于学习、乐于成长，调动学生创新思维，拓展学生多维思考。让学生在和谐快乐的环境氛围中健全成长，蓬勃向上，为其美好的未来打好坚实的基础。

（四）集团特色发展路径：和乐"三优＋"

面对四个校区办学管理，以一套完整的"学校文化理念"统领南平实验小学四

个校区的集团校发展，使各个校区的制度更加完善，校区特色得以充分发展，校区间优势得到互补，资源得到共享，促进集团校的可持续发展。为实现集团校区间共性与个性的兼容，我校构建"三优＋"的实践体系内容，以此助力集团校"和谐统一"发展，既保留了各校区的优势，又让校区发展充满更多可能。

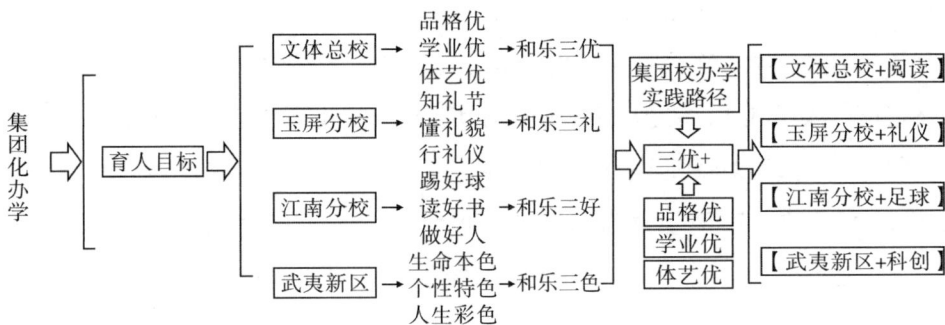

图1　集团特色发展路径

三、实践探索

"和乐"教育品牌的打造，学校重点从和乐环境、和乐管理、和乐课程、和乐课堂、和乐德育这五个方面着手：

（一）"和乐"环境

1. 创建目标

创建"和美怡乐"的校园环境。突出学校厚重、古朴特色，营造"书香醇美、雅致和乐"的氛围，要让学校每块墙壁、每片绿地都成为会"说话"的"老师"，达到学校处处皆有教育之功效，润物而无声，从而陶冶"和乐"性情。

2. 具体措施

（1）建设"美丽如画"的外环境

校园环境的主色彩为褐色，辅助色为红、黄、白三色，设计风格为：仿古典、传统文化元素、书法元素。一是建和乐墙，校门口左侧的文化墙改建为和乐文化墙。二是建和乐廊，拟在学校操场原学生作品展示墙处建和乐长廊，集书画展、阅览、休闲等功能于一身。三是将校门右侧的豫章习文情景园命名为和乐园，将学校雕塑及水池命名为"和畅"。

（2）建设"温馨如家"的内环境

一是大厅文化：拟对知行楼一楼大厅进一步改造，以教育方针、校训、校风、教风、学风、师生风采展示为主题。二是廊梯文化：走廊方面拟对教学楼一楼柱子、班级门窗进行仿古处理，设课程表、学生作品展示栏、图书角，学生书法作品点缀；楼梯方面则以淡黄褐色为底色（嵌入"和乐"等各体文字或古纹样等元素）喷绘，加不同样式画框（框中内容为学生书画作品、活动剪影或获奖证书等）。三是馆室文化：对教师办公区域装点绿色植物、书画等，同时建好"健身之家"，对健身房进行装修，增加健身器材。

（二）"和乐"管理

1. 创建目标

实现"和谐乐奉"的管理效果。让每一位教师有事做而增强工作责任感，让每一位教师受到学校的关注而增强主人翁意识，让每一位教师在学校搭建的平台中锻炼成长，让每一位教师在一次次团队合作中体验自己角色的重要，收获成功的喜悦，达到人人有事做、事事有人管，人人高兴愉快和谐做事，让广大教师感受到"家"的温暖，爱校如家。

2. 具体措施

（1）创新管理模式，让每一位教师乐于做事。一是微笑管理，凝聚人心。在工作中，无论何时、无论何事，不以行政命令的方式管理，而是微笑着，用商量的口气去讨论、交流。二是精细管理，凝聚力量。实施精细化管理，各校区处室、年段建立精细化管理团队，使学校工作事事有人负责，事事有人去做，人人有事去管，营造良好的工作氛围。三是民主管理，凝聚人气。校领导、处室、年段根据工作需要适时召开座谈会，发挥教师的集体智慧，民主参与学校管理，最大限度调动每个教师的工作积极性。

（2）营造和谐氛围，让每一位教师受到关怀。一是注重心灵沟通。各级管理者要积极通过不同形式的谈心活动释放教师的工作压力，要关注教师对待工作的态度、工作的过程，不以工作的结果定论。同时要注重人文关怀，主动关心教职工家庭困难，为他们排忧解难。二是讲究团队合作。在"众人拾柴火焰高"的团队合作中，让每一位教师体验成功，感受到团队的力量，形成团队合作意识。三是开展别样活动。开展丰富多彩的工会活动，如每年教师生日短信祝福、订制生日蛋糕等。节假日组织教师开展活动，活动的开展不仅可以愉悦教师身心，更重要的是让教师在学校这个大家庭氛围中和乐融融、和谐共处。

（3）搭建展示平台，让每一位教师得到成长。建立教师专业成长规划，人人都是学校不可替代的角色，在一次次的锻炼中收获成长、体验成功，增强集体向心力。

（三）"和乐"课程

1. 创建目标

依据课程性质，建立了基础型、拓展型、探究型课程，在促进学生综合素养的发展的同时，兼顾学校自身发展的实情与学生发展的差异性，把"和而不同，因材施教"作为构建集团学校课程体系的出发点和归宿。

2. 具体措施

学校在"和而不同，因材施教"办学理念的引领下，坚持以学生发展为本，充分关注到不同学生多方面、多层次的需求，根据学生需求与学校实情进行前瞻性的思考和创造性的设计，以人文素养培育夯实发展基础，以科学思维素养培育创建发展高地，逐步构建起"和乐"课程实施校本化、拓展型课程选择多元化、研究型课程资源特色化的课程建设机制，形成了学科纵向衔接、横向贯通、基础性与发展性相结合、实践性与学术性相统一，彰显"和而不同，因材施教"办学特色的学校课程体系，同时也逐渐形成了校本课程开发与教师专业发展相互促进的管理保障系统。

（四）"和乐"课堂

1. 创建目标

倡导"和气乐趣"的课堂。师生之间、生生之间人格平等，真诚合作，课堂充满乐趣，充满思考，充满探索，学生在轻松开心、好奇有趣中享受着课堂带来的乐趣和智慧。

（1）第一模块：小鬼当家，主动乐学

发挥学生的能动性，由值日班长组织课堂，根据班级的特色准备三分钟的乐学材料。要求：①开始和结束有统一礼仪语言和行为。②内容以古诗词诵读为主，也可以演讲或新闻播报，其目的是形成学生乐参与的磁场。

（2）第二模块：自主学习，激发思考

构建独立学习的空间。课堂上，教师创新教学方式，充分发挥教师的主导作用，最大限度地调动学生参与学习的积极性，引导他们动脑、动口、动手，教学生学会学习，培养学生独立思考、动手实践的能力和良好的学习习惯。

（3）第三模块：合作学习，互助享趣

构建小组合作学习方式。学生互学、群学，敢问、敢说、敢动，养成合作探究、对抗质疑的学习能力，形成一种积极主动、紧张活泼的学习氛围。

（4）第四模块：检测引趣，分享收获

教学中，教师运用灵活多样的教学手段激发学生兴趣，确保学生的学习热情。为了巩固当堂所学，让学生学有所获，学有所得，教师们精选检测，有效突破难点。重视学习活动成果的展示，激发学生的自信和勇气。

2.具体措施

（1）加强岗位练兵

以备课组、教研组磨课、研课为阵地，落实教研制度；以课标为准则，潜心研讨，提高专业化水平。扎实建设青蓝工程，做好"亮相课、汇报课、结业课"的考查，积极打造"和慧悦乐"的教师团队。

（2）建好和乐课堂评价

和乐课堂评价的目的在于激励教师有目的性、有针对性地不断学习、改进、提高。我们以和乐课堂建设的总体标准为依据，提出发展性评价和内、外部评价，加强教学点评、讨论、反思，评价结果作为优秀和乐课堂的评比依据。

（3）评好"优秀和乐课堂"和"和乐教学标兵"

根据和乐课堂的各项标准，每学年评出 12 个班级授予"优秀和乐课堂"称号；对学科中凸显的优秀和乐课堂的执教者，授予"和乐教学标兵"称号。

（4）做好相关课题

每一个学科大胆尝试，勇于探索，积极反思，围绕和乐课堂开展子课题研究，收集优秀课例，进一步研讨，真正打造模式明确、风格明了、特色鲜明的和乐课堂。

（五）"和乐"德育

1. 创建目标

打造"和雅快乐"的德育教育，培养"举止、谈吐、气质优雅，能做到与人、与家庭、与自然、与社会和谐相处"的雅慧学子。

2. 具体措施

（1）严抓"养成教育"，塑造"优雅行为"

一是开展"和乐之星"评比，培养自我要求习惯。积极培养孩子的自主管理能力，落实"121成长记录袋"评价制度，根据学生日常行为规范的表现，在"行为登记卡"上进行定性评价考核，以此作为"和乐每周之星"评价依据。此项活动，旨在唤醒学生的自我意识，形成"自我要求"的习惯追求，从而学会自我约束、自我管理、自我奖励、追求优秀，并从优秀走向"优雅"。

二是开展"和乐班级文化"建设，培养相互激励意识。为了让学生在良好的班级文化氛围中受到熏陶，潜移默化地产生积极的影响，我校各班级在原有图书角、黑板报、班务栏的基础上新增少先队队角、和乐栏，使得教室"净化""绿化""美化""书香化"，每学期分别定期组织以"和乐"为主题（如"书香伴我行"等）的各类专题的班级墙报评比、最美班级评选、班级图书角建设评比、争做和乐少年展示栏评比等，让更多的学生参与到班级文化建设中来，通过自己设计方案、参与实践活动、参观其他班级建设成果等，让学生认识自我，找到差距，唤起学生的相互激励意识，形成"相互激励、共谋发展"的习惯追求。

三是落实"和乐德育"的主题班会、主题级会和主题校会，培养小学生公民素养。每学期安排主题鲜明的"三会"。比如，在校会上，以"争做和乐少年 收获幸福人生"为主题的开学典礼；以"争做新时代的好队员""学雷锋做文明实小人"

为主题的国旗下讲话等；开展"做一个有道德的人""我是好队员"等专题的讲座或道德讲坛，以"问题"和"图片"的形式启发学生深入观察和思考。让学生有所感悟和内化，学会讲文明、守规则，懂得尊重，善于合作、敢于担当与学会感恩，培养合格的小公民。班会主题也是针对学校的"和乐德育"工作要求及本级学生品行的实际，确定不同的教育主题，力求形式多样，效果显著。除了主讲常规工作外，还做好学校和年级的延伸教育工作。培养学生的基本公民素养，旨在感悟"崇礼致雅、谦让致远"的道理，引导学生学会优雅地生活。

（2）营造"和乐文化"，养成"和乐人格"

一是改善校园环境文化，注重"和乐"性情陶冶。精心布置校园环境，精心设计"办学理念、校训、育人目标"的特色装饰，设计了"和乐"校园文化宣传栏，营造"书香醇美、雅致和乐"的氛围。

二是以和乐为主题的特色活动，陶冶学生的人文情操。大力开展学生"喜闻乐见""丰富多彩""积极向上"的科技、体育、艺术、读书等活动。班级以"和乐"为主题，确定班级目标，围绕着目标，开展相关活动，做到班班有特色，班班有文化。

三是以"争做和乐少年"为主题目标，开展社会实践教育活动。利用青少年宫校外活动中心、团市委青少年宫活动基地、共建单位，构建少先队活动基地，为学生提供更多的平台，大力开展社会实践教育，提高学生的综合素质。例如：每年寒暑假组织学生参加夏令营、冬令营活动；利用消防中心、地震局、气象局开展少先队体验活动等。

四是推进家校合作，完善和乐德育体系。利用新媒体加强教师与家长的沟通，倡导"三边互动"，即教师和学生、父母和子女、家长和老师之间都有不断的对话，让先进的理念、创新的思维、鲜活的知识伴随着思想和情感在彼此之间有效渗透。通过家长会、家长委员会、家长学校等提升家庭教育培训，让家长懂孩子，尊重孩子，促进孩子和乐人格的形成。

四、未来展望

（一）"和·乐"精神文化与管理体制的深度融合

"和乐教育，一校一品"集团化办学需要制度作保障，更需要行政团队的重要引领，行政管理对各校区办学特色发展推进有着重要的影响。目前玉屏分校、江南分校、武夷校区形成独立的校区管理层，各校区管理层对校区自身的特色发展规划性、精细化管理缺乏深度思考。集团总校在共享优质资源中，在激励其他三个校区形成特色发展的同时，要继续完善总校龙头引领示范的"三优+"教育，努力实现教育教学资源共享效益最大化。

集团化办学要在治理结构、运行理念等方面大胆探索。一是，各校区行政团队需要进一步学习"和乐教育，一校一品"办学思想主张，在集团办学的总体思想上保持一致性。管理人员既能从微观层面管理好校区内工作，又能从宏观层面加强校区间联系与促进校区间优质均衡发展。二是借鉴国内集团化办学先进做法，整合优化"和乐教育，一校一品"办学模式，激发办学活力。三是实现治理现代化，以"互联网+"为手段打造以智慧学习、个性化培养为特征的未来学校，构建现代治理体系。

（二）建设高素质学习型"和乐"教师专业团队

集团化办学对教师队伍的建设提出更高的要求，立足于常态化的联合教研，建构四校区"和乐课堂"教育理念，实现集团内优秀教师资源的均衡与共享。基于此，我们思考教师的专业化发展应从源头上"给足"，教育主管部门在我们集团"一校四区"经费及教师培优评先指标上予以倾斜。我校同步从"点"上突破，组建教师专业发展团队，一方面，要把教师队伍的"存量优化，增量高端"作为学校品牌建设的重要策略，加大教师团队外送学习培训的机会，畅通高端人才的准入绿色通道，加快培养和引进学科高端教师。另一方面，要实现名师队伍的团队化，通过培养和引进双渠道，形成学科领军团队。

（三）深化打造集团化办学"和乐"文化软实力

集团文化是校区及教师的价值聚向，是校区设计与生成文化的背景和底色。四个校区的文化建设根据校区自身发展历史、方位特点"和而不同"。在物质文化完善建设中，学校聘请设计团队统筹规划，加大后勤保障力度，在特色建设中追求文化品质，打造浓郁的特色校园氛围。

"和乐"教育是南平实验小学集团化办学的文化标签，它别具特色，铸就品牌之魂，演绎文化之韵，承载师生之福。我们要围绕"和乐"教育，继续探索特色办学之路，使学校特色文化愈发厚实，从而培养出更多优秀人才。我们相信：只要开拓不息，勇于创新，坚持不懈，就一定能将南平实验小学教育集团打造成和而不同、追求卓越的新时代优质办学集群。

和乐教育：和而不同，各得其乐

38

"金拇指"赏识教育办学思想探索与实践

◎陈理晋

【 作者简介 】

陈理晋，男，中共党员，福建建瓯人，本科学历，高
级教师。现为建瓯市建州小学书记，福建省"十三五"
小学名校长培养人选。获福建省小学科学学科带头人，
南平市劳动模范，建瓯市首届名师，建瓯市优秀教师
等荣誉。

建瓯市建州小学创办于 2013 年，是一所具有活力、教学设备先进、育人环境
和谐的学校。走进校园，首先映入眼帘的是"金拇指小广场"，高高竖起的大拇指
雕塑便是学校赏识教育的文化符号。人类本质中最热切需求的就是渴望被赏识。何
谓赏识？赏，欣赏；识，认同。赏识教育是欣赏、认可的教育。建州小学将赏识教
育确定为学校办学理念，对笔者而言，"金拇指"寓意着师生在赏识文化的熏陶下，
拥有健康、快乐、自信、阳光的校园生活！

一、办学主张

（一）"金拇指"赏识教育的办学主张

建州小学顺应人的发展规律，提出"为学生一生的幸福奠基"的指导思想，
立"赏识你我，和而不同"为校训，用赏识的方式培养阳光心态，承认差异、允
许失败，创建和谐共生的幸福校园。这既是建州小学实行赏识教育的浓缩，又是
实施赏识教育的终极目标。近年来，我校将赏识教育从一种教学方法提升为一种
新颖又极具时代特色的教育理念，并不断地充实和丰富其内涵，全方位、多层次

地开展"和而不同"校园文化环境的创设。在优化校园、拓展课堂、人文管理上培养学生特长，关注师生心理，在这些领域进行研究和探索，在传承的基础上，作为一种与当前新课程发展方向一致的新的教育理念，也作为落实新课改的有效平台，赏识教育理念，创和谐校园环境，赏识教育理所当然成为我校着力追求的特色。

（二）"金拇指"赏识教育的理论依据

根植于《论语·子路第十三》"和而不同"，君子内心所见略同，但其外在表现未必都一样。培养学生阳光向上的品质，是校园的"和"；以赏识的态度促进学生个性发展，则能培养出"不同"的人。来源于强化理论，对学生表现好的方面进行强化会使其产生更加强烈的行为动机；来源于需要理论，学生的需要得到满足后，才能把精力集中于学习上。从认知失调理论出发，生发而出的肯定、赞赏旨在一如既往地保护学生的自信；从归因理论出发，对学生进行积极归因，帮助学生消除习得无助感；从期望理论出发，教师通过引导学生进行自我估计和评价；从奥苏贝尔的动机理论出发，影响学习的最重要因素是学生已知的内容，自我增强驱力能找到对赏识教育的支持。

二、理论体系

"春温夏热，秋爽冬寒"，顺应自然规律，才是和谐共生的真谛，所以学校就以"春生、夏长、秋收、冬藏"为办学体系的4个篇章。

"春生"为理念篇，阐述办学理念和操作原则，以尊重、信任、理解、包容、激励、提醒学生作为六大手段。

"夏长"为平台篇，为学生发展搭建展示舞台。平台篇分为四个系列："养成系列"包括学生的常规教育、礼仪教育、感恩教育、生命教育、家校共建；"主题系列"包括读书节、艺术节、科技节、体育节、超市节、向阳花节、美食节；"实践系列"包括阳光体育、学生社团、综合实践、解说团；"关爱系列"包括关爱务工人员子女、关爱留守儿童、关爱贫困生、关爱学困生，及对各类特殊学生做心理辅导。

"秋收"为评价篇，引导师生产生内在动力，达到自我发展的效果。评价篇分为上下篇，上篇为对学生的评价，包括金拇指之星评选、尚币评价、综合素质评定、学生成长记录；下篇为对教师评测，包括评先评优、年度考核、绩效考评、专业成长。

"冬藏"为积淀篇，通过加大对教师的培养，促进成长，从而提高学校的整体育人水平。第一部分为教研教改，包括校本教研、课题研究、师资培训、青蓝工程、竞技舞台；第二部分为教师社团，包括音乐社团、书画社团、体育社团、读书沙龙。

整个体系的侧重点不在成果或成绩，而在成长和激励；不需要师生都达到怎样的高度，但需要师生有一个健康、阳光的心态；不苛求师生成为怎样的人，只要他努力地成为最好的自己。

三、实践探索

（一）赏识环境，物型文化

1.设置学校景观，营造赏识文化

赏识的环境，让人心生愉悦。校园美，以绿化、花化来实现。教师、学生和家长，他们捐树、种树、养护、品尝成果，景观便有了深深的归属感。向日葵是校花，格桑花的花语是幸福，生命力顽强的长春花简单、欢快……与办学体系遥相呼应，师生们逐渐养成尊重自然、遵循自然规律的品质。教室的宁静由墨绿色来渲染，绿色的黑板、绿色的窗帘、绿色的桌椅、长长的花台，组成班级的基色，正前方鲜艳的国旗、讲台边鲜黄色的书架，以及花台上一整排的盆花，这抹亮丽使得整个教室宁静而又灵动。在宁静、美丽的班级教授、学习，身心得到净化，效果得到提升，这也是校园文化的物化建设讲求"美"的

缘由。

2.打造活力空间，引领学生成长

艺术，提升审美品位。连廊的书吧、棋吧冲击学生的空间理念，四季墙面打造出童话般的世界；艺吧把学生带入中华传统文化的经典之中；孔子雕像仿佛把人带回百家争鸣、星光璀璨的春秋时期，国学的经典在这里弥漫。环境，孕育共生的价值观。综合楼主大堂以一道横跨大厅的七色彩虹为主景，表达尊重学生个性特征的态度；正中镂雕的校训磅礴大气；厅两侧分别是办学理念墙和学生展示墙，讲述赏识的理念、方法，展示赏识的成果。教学楼分别被命名为赏信楼、赏善楼和赏趣楼，既凸显学生的核心品质——诚信、友善、兴趣，又表达对核心品质的态度——赏识。为正确引导孩子们的"动"，释放其天性，在一楼楼梯拐角设计猫猫屋、攀爬林、拳击吧等玩耍的场所。外显的物化如果能够和内在的品质有机结合，成为师生与环境沟通的特殊语言，令身处其中的师生耳濡目染，潜移默化，共生出学校特有的价值观。

（二）赏识课堂，知行合一

1.开发"向阳花课程"体系

"向阳花课程"立足校本适应需求、集约优化多点同进、把握趋势借力而行、不拘一格蓄势而动……"向阳花课程"将聚焦点落于学生的需求，可谓不忘教育初心，回到原点。在此基础上，我们为学生营造一个体验学习的、幸福的、做最好的自己的空间，我们逐步明晰了向阳花课程的核心理念：教育是赏识，是对生命的尊重与润泽，是让学生健康、阳光而闪光的逐梦过程。"向阳花课程"的价值追求即培养目标是：培养德馨、灵智、艺美的阳光好少年。因此，我们将课程基本内容与学生必备素养相对应，提出"五赏教育"：赏德、赏智、赏行、赏美、赏健。

编写校本教材，以文化提升课程品质。如"识品赏课程"依托建瓯当地美食文化，建立学校、家庭、社会三维立体的协同机制，将乡土文化、生态自然、饮食文化等融入儿童生活，探索一套将学习寓于活动体验的综合性课程。我们将在调查学生，家长、师生座谈广泛征求意见的基础上进行"识品赏·建瓯饮食文化校本课程"的开发，设计三个学习流程：感知/体验—识地方食材，行动/创造—品建州美食，分享/展示—赏家乡情怀，在实施形式上突出"活、融"，活化教材、融合学科，以学校课程普及与社团兴趣课相结合的途径来实施。

2. 推行有温度、有深度的课改

学校教学改革需要以赏识为导向。学校自建校来以赏识教育为导向的新一轮课程改革已起跑，学校在课程中尝试以激发兴趣，乐学好学为导向在课程内容上采用主题模块化的方式开设不同系列模块；课程方法上运用了小组合作学习、体验式教学、分享式教学等，积极发挥了学生的潜能。

"三三式教学　创建学习共同体"的课改教学理念。第一个"三"指向课堂结构，在课堂中追求"活动式、合作式、表现式"的学习。第二个"三"指向教师在教学中的工作，在课堂教学中，教师工作的中心在于倾听、串联、反刍。创建学习共同体背景下的"三三式"课堂教学是基于师生、生生倾听关系的小组合作学习，是从以教师教为主的"同步教学"向以学生学为主的"合作学习"的课堂转变，力求实现每一位学生的学习权，给学生提供"冲刺与挑战学习"的机会。

在"三三式教学　创建学习共同体"的课改基础上，学校开展"分享式课堂"改革初探。在这个过程中，教师与学生分享彼此的思考、经验和知识，交流彼此的情感、体验与观念，从而达成共识、共享、共进，实现教学相长和共同发展。分享式教学将课堂还给学生，充分解放课堂、解放老师、解放孩子，为孩子们的个性发展创建时间和空间，为所有的孩子提供更多的课堂参与机会、分享交流机会。学生对未知的世界是好奇的，产生了好奇心，总希望自己一探究竟。这种探究把未知转化为已知，感到世界在一个统一的秩序中，自己能够解释了，心理得到一种慰藉才肯罢休，这体现了人们的求真、求善、求美，追求的是一种对世界的真理解。在这个过程中，学生将思考的经历分享给别人，以取得社会成员间同伴的认可，品尝成功的喜悦，或在同伴间的分享中将自己的思考再进一步发展和提升。好奇，好探究，好秩序，好分享，既可以看成是人的四大天性，也可以看成是人们探究未知世界的四个过程。由分享得到的成功喜悦又会成为人们进行新的探索的动力。自储式、分享式是知识终端处理的方式，让学生即时学到的知识能及时在同伴间分享，是一个动态开放的过程，是一种更接近孩子天性、更符合人的一般思维规律的教学形态。

（三）赏识管理，提升活力

学校要做好优质教育，培育出优秀的人才，优质的管理是关键。建校以来，我们秉承赏识教育理念，以人文化的思考来完善学校的管理制度，学校一直致力于以人为本，用赏识教育为手段，突出人文化管理，建设人文视角下的学校管理制度文化，为师生铸就幸福校园。

学校制度是学校意志和教师意志的统一，其文化内涵只有在被教师认同的前提下才能完成遵守和维护制度。学校在金拇指赏识教育理念下，让教师们拥有话语权。学校定期召开教职工代表大会、学科教师代表大会等，通过座谈会形式，一起参与学校的管理；分块组织教职工学习制度草案，广泛征求教师意见，领导成员对教师的相关建议进行集中梳理，进一步完善，激发他们参与制度出台的全过程，并在参与的过程中，教师与管理者达成共识。学校的每一项新制度出台前始终坚持以人为本，满足教师发展需要，维护教师利益。

（四）赏识德育，多元发展

1. 赏花赏果，促进学生快乐向上

学校有6棵东魁杨梅，还没成熟就吸引了学生的注意，那么，如何防止学生去伤害呢？我们采取的办法是召开品梅会，在梅子青时就告知学生在杨梅成熟时将召开品梅会，同学们要保护好这几棵杨梅，还可以写杨梅生长日记。杨梅成熟后，我

们就将这些杨梅分给学生，每个学生分到两粒，有些孩子含在嘴里慢慢吃，回去对爸妈说，从来没有吃过这么好吃的杨梅；有些孩子拿餐巾纸包好，说是要和爸妈一起吃。活动中，孩子们学会了爱，学会了保护和责任。

学校的校花是向日葵，我们就开辟了向日葵种植园，在3月组织学生种下的向日葵，在六一前后就灿烂绽放。向日葵收成后，我们又种下格桑花，刚好在秋季开学时迎接同学们。种植过程中，学生们品尝了劳动的果实，体验着做志愿者的自豪，感受花草生命的绽放，欣赏鲜花的美丽，阳光品质也逐渐形成。

2. 舞台搭建，学生都能绽放精彩

学校固定了艺术节、体育节、超市节、向阳花节、读书节等校园节日，常年开展小主持人赛、故事大王赛、书写大赛、作文赛、速算赛等比赛，组建了志愿者、小记者团、解说团等队伍，丰富的活动给孩子们提供了成长的平台。

2018年暑假，我们开展了首届达人赛，比赛项目达27个，计划以后每年都举办，项目要越来越多。通过搭建平台，让每个孩子都有展示的舞台，都能得到赏识，从而绽放出自己的精彩。

留守儿童是一个特殊的群体，我们建设了留守儿童之家，带领留守儿童远足实践，给予他们特别的赏识，帮助他们养成健康的心态。

团体操是很好的培养学生集体意识的活动项目，这几年，我们指导的团体操有花样跳绳、皮筋舞、童心飞扬健身操，学生可以每天做不一样的课间操，社团的建设方面，学校开展得比较好的有足球、篮球、绘画、舞蹈、电子百拼等，其中足球已经被教育部认定为基地校。

（五）赏识评价，明确导向

"不比起步比进步，不夸能力夸努力；奔跑时为你喝彩，跌倒时为你加油。"这是根据建州小学进城务工人员子女超过90%的现状提出的口号。由此，学校开展了金拇指之星评选，教师可以根据学生的优点给予相应的奖励，也能根据学生提出的申请考核给予通过，甚至对一些熊孩子进行星种的量身定做，鼓励孩子跳一跳摘星，做到不抛弃不放弃。"你有优点，我有亮点"，学校推出金拇指之星评比，使每个学生都能因为自己某方面的优点而肯定自己，增强自信，从而快乐、主动地学习。后来，我们又考虑到金拇指之星评选毕竟要隔一段时间才能评，那怎么对学生的优秀表现进行实时肯定呢？我们又推出了尚币评价体系。

尚，择其尊崇、注重之意；币为实物，是用于表彰和肯定学生的物化媒介。尚币评价以游戏币的形式，对学生各方面的优秀表现给予即时评价，达到激励学生的目的。其特点包括：即时性，学生即时表现，即时肯定；多元性，有效实现对学生不同角度的多元评价；持续性，通过"争星—尚币奖励—超市兑换商品"，形成荣誉链条，持续激励学生。我们的做法是，先建设金拇指银行和向阳花超市，"银行"发行尚币，教师和家长根据学生的表现实时奖励尚币，学生可以将尚币存入"银行"增值，也可以用尚币在"超市"兑换商品。

后来，我们感觉到超市兑换物品比较麻烦，就改成每学期两次的超市节，在大操场上进行兑换，宣传效应也很好；物品的种类也有了较大变化，逐渐从物质品向精神品转变，如广播站点歌卡、免扫地卡、升旗手、调换座位卡、免作业卡、周末亲子活动卡、向老师挑战卡、申请加入社团卡、换班卡、学分卡等 20 余种。尚币推出后，学生学习和品德表现得到大幅度提高，学生自觉向上的氛围有了很大增强，"我愿意，我能行"的主动学习成为学生的优秀品质并形成风尚。

四、未来展望

作为一所年轻的学校，我们应该在教育科研上加强研究，立足学校朝着深化教学改革、提升教学质量、实现学校跨越式发展的目标行进。

近期的主要任务：在学校建设方面，建设赏识教育文化会议厅，进一步打造"花园式学校"；丰富学校文化，通过学校发展规划、规章制度，积极开展大课间、经典诵读等各种文体活动，构建艺术化、书香化、人文化校园；打造优秀教师团队，将教师的个体优势转化为团队优势，发挥名师、骨干教师传帮带作用，发挥年轻教师的成长辅助作用，让每一名专任教师都能成为科研工作的行家能手，部分教师成为教科研方面的专家。

未来发展方向：2021 年基本实现办学思想目标，提升办学水平和品质；到2023 年，学校完成自身的文化积淀，努力形成自己的鲜明特色，形成独立的品牌。

办学思想是引领学校教育教学和改革发展的统领性意见，是校长教育观和学校价值取向的表达，是对社会诉求的应对，是干部教师集体智慧的结晶。办学理念的思考、探索、凝练、践行是校长的光荣使命与责任。"赏识你我，和而不同"，让赏识教育理念成为照亮建州小学前进的一盏明灯，其路漫漫，仍需上下求索。

39

厚植文化　助力发展

——启元教育文化的构建与实施

◎黄志忠

【作者简介】

黄志忠，男，福建邵武人，高级教师，本科学历，现为邵武市第二实验小学校长，福建省"十三五"小学名校长培养人选。福建省学科带头人，教育部中小学名师领航工程杨邦清名师工作室核心成员，南平市名校长，南平市小学综合实践活动学科指导组核心成员。

学校是传播文化的地方，也是生成文化的地方。学校文化是学校师生共同成长的价值观念、价值判断和价值取向，它产生于学校自身，得到全体成员的认同和维护，并且随着学校的发展日益强化，最终成为取之不尽、用之不竭的精神源泉，也成为一所学校区别于其他学校的重要特征。特别是对于一所新校来说，学校的建设发展是一项长期而又艰巨的工程，一切从头开始，学校要尽快凝聚师生、实现快速发展，需要我们把文化作为引领学校成长的核心发展力。因此，新建校的"启元"教育文化孕育而生了。

一、办学主张

（一）提出背景

1. 根植于新时代对教育的要求

习近平总书记指出：中华优秀传统文化是中华民族的"根"和"魂"，是我们必须世代传承的文化根脉、文化基因；培育和弘扬社会主义核心价值观必须立足中华优秀传统文化，要从弘扬优秀传统文化中寻找精气神；要按人才成长规律改进人才培养机制，"顺木之天，以致其性"，避免急功近利，拔苗助长。也就是说，新时代的教育必须根植于中华优秀传统文化这个"根"和"魂"，要尊重人的成长规律，让其实现自己最大的可能。

2. 根植于学校的地方文化背景

学校地处邵武市南部新城区，与和平古镇接壤，是福建省历史最悠久的古镇之一，古闽越先民早在四千多年前在此拓土生息，形成街市，历经千年不衰，有"福建第一街"的美誉。"江夏黄"开山鼻祖黄峭创办和平书院，开创了邵武重视教育和宗族办学的先河。

3. 依托于学校的发展现状

小学阶段作为人生系统性教育的开始，也是儿童启蒙的重要时期，这一阶段能够为儿童奠定"促进终身发展，并助力其创造更多可能性"的原动力基础。

4. 基于未来教育发展趋势

当今社会已经进入第四次工业革命时期（人工智能时代），人类社会进入了变革的时期，教育也在主动或被动中进入变革之中。人和机器最大的不同便是人的独特性、独立性。我们需要改变教育，让每个人能够充分发挥自己的长处。今后，人越独特，越不可复制，就越有价值。保持本真，发展个性，是未来社会对人才的需要。埃德加·富尔在联合国教科文组织出版的《学会生存》一书中指出："未来的文盲不再是不识字的人，而是没有学会怎样学习的人。""学会学习"的重要性不言而喻。"学会学习"的本质是元认知和元学习能力。

因此，基于地方文化、学校发展现状及未来教育发展趋势，为办回归儿童的教育，努力发掘儿童潜能，培养儿童必备品质和关键能力，学校提出以"固本培元"为核心的"启元"教育文化。

（二）启元教育的理念解读

启元教育就是教育者遵循儿童天性、教育的规律性，把握学习要素，融合多元文化，激发受教育者的学习兴趣和无限潜能，将受教育者培养成主动学习者、生活实践者和具有发展潜能的人，并在这一过程中逐渐寻找自己的精气神。

"启元教育"的前提在于"启"发的过程，核心本质是"元"的动态生成。它是一种既由外而内又由内而外不断螺旋式上升的成长循环，指向知行合一的身心统一和谐；它是关键能力与必备品格培养的达成路径；更是学校积极改变、寻求创新的实践载体。

（三）启元教育理念体系

1. 顶层理念

核心主题：启元教育。

办学价值追求：寻找自己的精气神。

办学理念：固本培元，仁智兼全。

2. 发展目标

办学目标：创办有人性、有温度、有故事、有美感的新样态学校。

育人目标：养习惯之根，扬君子之风。

环境主题：动静相宜融天地，智趣相生溢书香。

3. 一训三风

校训：天地为元，万物启蒙。

校风：悦·自在向上。

教风：越·圆融启发。

学风：跃·灵动生长。

"启元教育"的理念主要包含下面几层意思：

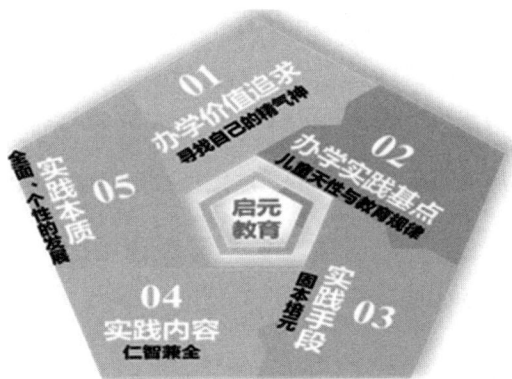

图1　启元教育概述

"启元教育"的落地导向：

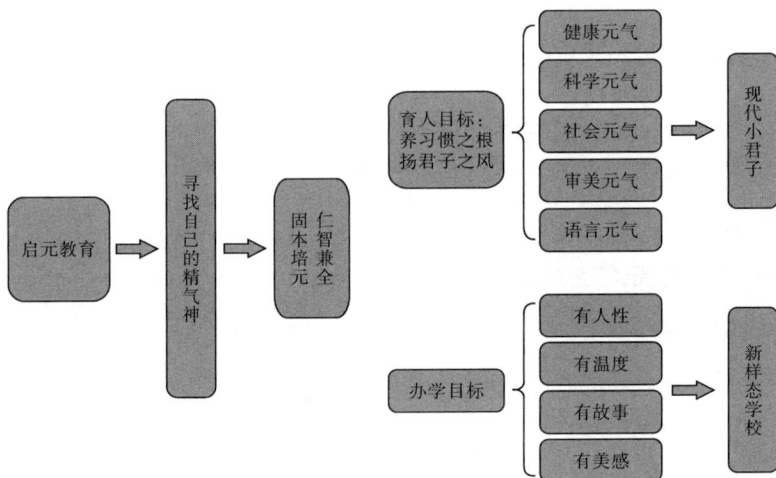

图2　"启元教育"的落地导向

二、理论体系

（一）承续中华优秀传统文脉

太极文化根源于中国传统文化，源远流长、博大精深。太极代表一种根源，它是混沌而又包含一切。太极拳以太极文化为宗旨，形成一种内外兼修、刚柔并济的中国传统武艺。学校以太极拳为切入点，以太极文化为根基，旨在从传承数千年的文化根源中探寻中国传统教育哲学的思想，以及对我国当代教育改革的启示。

（二）回归教育原点

英国教育家罗素说过："一切学科本质上应该从心智启迪开始。"著名教育家陶行知更说过："千教万教教人求真；千学万学学做真人。"朱永新说："教育目前最重要的是要返璞归真，真正回到原点，真正地把握教育的本意。"

这些至理名言都道出了，教育的核心价值就是求真。教育的本质目的就是培养和发展人，尊重受教育者的个性特点，遵循受教育者的身心发展规律是一切教育的逻辑起点，也是教育回归的原点。

（三）依托心理学的发展认知

1. 元学习理论

一般我们认为学习可以分为两种，即一般意义的学习和元学习。一般意义的学习就是学生获得知识、技能和经验的学习，而元学习就是学会学习。"元学习"这一术语由英国学者 John Biggs 最早在 1985 年提出，心理学意义上认为元学习不仅包括一般的学习获取、学习记忆、学习理解、学习思维、学习直觉和逻辑方法等学习过程，同时还包括对学习兴趣的培养、学习意志品质和非认知心理品质的改善，注意力和意志力的训练，等等。

元学习理论相信人是积极主动的机体，人能够监视现在，计划未来，有效控制自己的学习过程。学习者能逐渐学会对学习过程的意识和控制，这不是新观点，古希腊人把"了解自己"看成是教育的主要因素。21 世纪初，杜威提出"反省自我意识"；我国古代有"学然后知不足，教然后知困"和"自反"的说法（《学记》）。

埃德加·富尔在联合国教科文组织出版的《学会生存》一书中指出："未来的文盲不再是不识字的人，而是没有学会怎样学习的人。""学会学习"的前提是"学习"如何"学习"，第一个"学习"即为元学习。从古今中外的理论中可以看出"元学习"的重要性不言而喻，这是"启元教育"的重要理论支撑。

2. 多元智能理论

"多元智能理论之父"霍华德·加德纳认为，人的智能是多元而相对独立的，强调每个人都是以自己的方式来理解知识和建构自己对事物的认识。包括言语智能、音乐智能、视觉空间智能、肢体运动智能、数学逻辑智能、人际智能、内省智能、自然智能和存在智能。

现代社会是需要各种人才的时代，这就要求教育必须促进每个人各种智力的全面发展，让个性得到充分的发展和完善。借鉴"多元智能理论"促进学生多元智能发展，是为新校摸索有新意的学科教学策略奠定基础。

三、实践探索

学校的顶层文化指引着学校前行，在二实小的行进过程中启元文化逐渐落地生根。学校以促进人的发展为核心，践行启元文化，并以课程为载体促进学生的成长和教师的专业发展。启元文化的实践主要体现在对学校环境的浸润、对学校课程的引领及对学校教师成长的促进三个方面。

（一）启元文化实践之学校环境的浸润

为了打造二实小的校园环境，基于我提出的启元教育思想中"动静相宜融天地，智趣相生溢书香"的文化主题，启元文化的各大元素在学校环境中随处可见，我提出的启元文化在二实小的每个角落呼吸着并生长着。

我所设定的启元文化是学校环境生成与各区域互相呼应的源泉，处处都透露着启元文化对环境的浸润，而学校环境也逐渐成为学校文化的显性表征。二实小在学校文化的浸润中形成了动静相宜融天地、智趣相生溢书香的文化环境。

（二）启元文化实践之课程体系

启元文化的实践还体现在学校课程体系的构建与实施上。为促进学生灵动生长，我提出了构建五育一体的"启元课程体系"。

1. 启元课程体系解读

学校以办学理念"固本培元，仁智兼全"为引领，"仁"，指向必备品格；

"智"，指向必备能力。以"养习惯之根，扬君子之风"的育人目标为导向，基于陶行知生活教育理念的"五育目标"，从德、智、体、美、劳五个维度，构建具有邵武市第二实验小学独特价值的"启元课程体系"。启元课程体系分"基础型课程、拓展型课程、探究型课程"三种课程类型。

（1）基础型课程

学校立足办学理念和育人目标，全面落实教育部规定开设的基础型课程，促进学生德、智、体、美、劳全面发展，学生通过学习基础知识和掌握基本技能，培养自身学习习惯、获得学习体验、掌握学习方法、提升学习能力。

（2）拓展型课程

在全面落实基础型课程的基础上，根据启元文化遵循人的发展规律的特点，基于学生的核心素养，学校进一步开设学生必修的拓展型课程：太极与足球、创客与科技创新、阅读与书法特色课程。

（3）探究型课程

为满足学生的个性化发展需求，基于培养学生的学习兴趣，以乐于合作交流、善于主动发现、勤于实践探究、勇于改进创新为课程目标，学校开设以社团为主要方式的探究型课程。如目前开设的创客、太极、书法、陶艺、舞蹈、钢琴、合唱、篮球、足球等社团。

2. 课程评价体系

为了保证课程的有效实施，基于启元文化的实践，我校从主体多元化、内容多维化、方法多样化入手，构建了以"九季课程活动、立本争星活动"为主要内容的学校的课程评价体系。

（1）九季课程评价

九季课程为学生提供了评价和展示自己的平台。九季课程并不是局限于某个时间段开展起来的单一化课程，它们一定是伴随学生成长的每一天。学校提出的九季课程，是在相应的时间段对孩子的学习成果进行评价与展示。

（2）立本争星评价

结合我校"固本培元，仁智兼全"的办学理念，围绕跃·灵动生长的学风，对照《中小学生守则》提出的要求，结合学校各班"班级优化大师"使用，学校制定立本争星活动评价体系。以立新时代"君子"之本，落实"立德树人"的根本任务为评价学生的核心目标，同时提出"争习惯之星，做仁智少年"的争星口号。通过设置星级（基础星：跃学星，跃礼星，跃净星，跃行星；特色星：跃写星，跃读星，跃体星，跃创星）、制定星级标准（跃学星：积极发言，遵守课堂纪律，认真完成作业，成绩优异；跃礼星：认真晨读，安静午看，遵守课间纪律；跃净星：桌椅整齐，做好个人、班级、校园保洁；跃行星：乐于助人，热爱劳动；跃写星：作业书写认真工整，书法小能手；跃读星：课外知识丰富，热爱阅读；跃体星：遵守两操纪律，路队安静整齐；跃创星：能创新，能动手实践，热爱创客）、制定评价实施步骤（定星、争星、评星）的方式开展立本争星评价活动。

立本争星活动是以奖励机制为主的适合学生认知发展规律的评价体系。班主任每周根据班级优化大师上的光荣榜点评情况。对得分前十名的学生进行奖励，并颁发争星积分券。每个月最后一周，学校德育处对当月得分情况进行总结，当月所争星的得分数前三名获得"仁智少年"称号。争星的优异学子可凭自己的争星积分券到学校心愿屋领取兑换相应礼品。

（三）启元文化实践之教师成长

启元文化是顺应万物发展规律而生成的学校文化，在学校管理教师的层面上，我根据学校文化特点以"九季"课程为抓手，分阶段分层次地促进我校教师专业成长，以达到教师队伍集体抱团成长、共同进步的"育人"目的。

1.确定发展目标

向全体教师提出"一年合格、三年胜任、五年骨干、早日成名"，成为学者型、研究型教师的目标，要求每一位教师根据自身的实际情况，及时制订阶段成长计划。

2.强化校本培训

（1）师徒结对，帮教互促。开展资深教师与青年教师结对"帮教互促"活动，给青年教师每人配备一名教学经验丰富的"师傅"，在思想上、业务上进行传、帮、带，使青年教师尽快成长起来，在工作上能较快地独当一面。

（2）搭建平台，锻炼能力。通过每年"准备季、师德季、示范季、研学季、展示季、启梦季、汇报季"课程的开展，积极为教师搭建实现自我价值的平台。利用学校各种资源，创造机遇让教师参加省、市乃至全国的教学竞赛，经受锤炼。

（3）组织读书，积淀底蕴。通过 IS 智慧平台，开设"教师读书班"，利用双休日、寒暑假时间组织读书活动，切实加强教师对文化知识的积淀和教育理论的学习。开展"与名师对话""我的教育梦想"等读书沙龙，促进教师教育教学理论的提升与对教学实践的指导。

（4）参与课题，研究提升。要求教师主持或参与课题研究，做到"一人一课题"，在课题研究中，不断更新教育理念，不断提升自己的教育科研能力，促进他们形成独特的教学风格，以培养科研型、学者型的教师。

（5）强化训练，提升素养。要求教师必须参加"三笔一化"训练，做到每周完成一版粉笔字、一版钢笔字、一版毛笔字的书写，通过坚持不懈的训练，促进教师书写基本功的提升；要求教师参加信息化训练，做到每人每学年完成一个精品课件、一节数字视频课例的制作，促进教师信息化素养的提升。

3. 落实具体要求

（1）"一年合格"。见习教师必须制定见习计划，独立备课，严格按照学校教务处规定的听课、教案撰写、批改作业等方面的规定认真践行，同时要求见习教师上好亮相展示课和转正汇报课。见习期内教师的工作考核基本依据上述要求。

（2）"三年胜任"。在见习期教师培养和考核的基础上，我们向从教三年内的青年教师提出做到以下几点：

①认真备好每一节课。

②认真上好每一节课。

③认真及时批改作业。

④坚持认真听课。

⑤认真提高基本功。

⑥认真总结汇报。

⑦认真面对考核。

（3）"五年骨干"。帮助青年教师在"三年胜任"的基础上实现"五年骨干"培养目标，学校着重向青年教师提出如下要求：

①抓住机遇，锻炼提升。高规格的校外培训形式：学校支持并鼓励在岗青年教师进行业余学习，努力提高自身的学历层次，并在条件允许的情况下，优先选送优秀教师外出参加各类校外培训及跟岗研学活动。高水平的教学比武：学校创造机会，积极组织任教三年以上的青年教师参加县市级以上各类教学竞赛活动。为教师展示才华和锻炼能力提供机会和舞台。多形式的科研课题：学校通过教育科研课题培养科研型、专家型教师，提出"科研兴校、教研兴教"的教科研理念，让青年教师在课题组中承担主要任务，以先进理念提升教育教学实践。合理化的职务担当：学校在年段长、教研组长、备课组长乃至学校二层职务人选的配备上，原则上要从"五年骨干"期及以上层面的教师中产生，优化管理结构，保持学校的可持续发展。

②落实常规"七个一"要求。要求"五年骨干"期青年教师每个学期至少上一节校级或校级以上的公开课；每学期撰写一篇论文、一篇读书心得、一篇教学反思、一篇教育教学随笔；每学年交一篇成长过程中的心得体会；每学年至少在县市级各项比赛中获二等奖及以上奖项一次。

③五年结束，由学校对青年教师进行总结性考评，并将考评结果记入业务档案，作为评优晋级的依据。

（4）"早日成名"。在帮助青年教师"五年骨干"站好讲台的基础上，为了促进青年教师的再发展，学校将对他们进行有计划、有步骤的培训，为他们提供更多锻炼自己、展示自我的平台，使他们不断地超越自我，不断地向学科带头人、名师的目标发展，学校主要以搭建平台的方式，实现"早日成名"培养目标。

①学习性平台，如优先参加各级各类培训，优先参加省、市骨干教师、学科带头人评选。

②展示性平台，如参加各级名师工作室研修，利用名师工作室，参加省、地、市教学展示交流会等。为教师举办课堂教学专场活动等。

③参赛性平台，如学校优先推荐参加各种高级别的教学比武等。

④引领性平台，如学校教研组将充分发挥骨干教师的作用，推荐他们承担各种教研组织工作及课题工作的开展。

⑤辐射性平台，如鼓励教师走出学校，在市级、省级进行经验介绍或专题讲座等。

根据习近平新时代教育思想的要求，立足于学校启元文化，学校将对教师专业成长工作进行及时的总结、反思，不断探索符合新时代要求的培训思路，有效地促进学校教师朝"合格—胜任—骨干—学科带头人、名师"方向迈进，为二实小的品牌发展打造一支"圆融启发"的教师队伍。

四、未来展望

（一）寻求"人"的最大化发展

"十年树木，百年树人"，学校作为教育的圣地本就该义不容辞地担负起育人的责任。这所新建校任重道远，但也寄予了新的期望。学校是学生梦想起航的起始站，也是教师团队共同追梦实现自身价值的沃土，更是家长乃至社会所寄予厚望的地方。因此，未来学校将继续坚持"以人为本"的原则，尽可能地为学生全面发展提供平台、为教师专业成长创造机会、为家校合作搭建桥梁。未来所关注的是学生、是教师、是家长，是参与到教育教学各项工作中的所有人，期待每一个人在各自的角色中得到最大化的发展与提升。

（二）寻找教育的世外桃源

把学校教育当成一件快乐的事情来做，为孩子们打造教育的乐园，领着学生一起寻找教育的世外桃源。学校以过启元教育课程为载体，在完成国家基础课程的前提下，根据学生的年龄特征和认知规律，为孩子们量身打造探究型、拓展型课程。学生通过社团活动，在学校锻炼身体，学习体育竞技；弹琴吹奏，陶冶艺术情操；静心练字，感受传统文化的魅力；剪纸陶艺，动手创造智慧的结晶；学习电子百拼，做科技小达人……孩子们的笑声、掌声、呐喊声都是学校最鲜活灵动的风景。未来的学校里，每天都有孩子们在球场上律动的脚步，傍晚远处教室里总会传来瑟瑟的钟鼓琴声，这样的学校是快乐的，是最富有生命力的，这样的学校是有温度、有美感、有故事的。展望未来，希望学校努力为孩子们打造教育的世外桃源，领着孩子们一起奔向诗和远方。

启元文化在构建和实施的过程中随着学校成长足迹日渐充盈，同时学校也依托学校文化的厚土成长起来。学校全体师生对启元文化的认同和践行是一种精神层面的归属，也正因为这种认同和归属，学校每一次成长与蜕变都从未偏离初衷，经过时间的捶打，这所新建校将越发成熟激进，成为福地邵武的一张教育名片。

40

让每个孩子拥有自己的精彩

——"丰·彩教育"办学思想探索与实践

◎刘添昌

【作者简介】

刘添昌，男，福建龙岩人，本科学历，高级教师，现任龙岩市武平县实验小学教育集团书记、校长，福建省"十三五"小学名校长培养人选、福建省骨干校长、龙岩市名校长。先后编著出版专著两种，二十余篇论文在 CN 类刊物发表。近年来，先后获得全国普法先进个人、全国信息教育研究先进个人和福建省教育先进工作者等荣誉称号。

一、办学主张

（一）思想提出的背景

1. 基于对当前基础教育的思考

（1）基于教育回归本真的思考。教育是丰润生命，促进人的成长，提高人的生命价值的事业，教育的使命就在于使每一个人获得生动、活泼、自主、和谐发展。教育只有遵循人的发展基本规律，才能使人真正发展，从而促进人的生命价值的提升，不可否认现代教育制度发展到今天，已有数百年时间，积淀下来许多有价值的理论、形式、原则与方法。这些至今仍然是行之有效的。但是，教育诟病也与之相伴，教育要回归本真的呼声越来越大，也呈现出愈发迫切的态势。怎样用教育来唤醒孩子在学习、成长上的主动性，使其生命得到绽放，是教育要关注的永恒话题。

（2）基于新时期基础教育肩负的使命和担当的思考。新时期，中国基础教育的使命是贯彻落实新时代"三个教育发展目标"方略。首先，要努力实现"建设基础教育强国"的规划战略目标，建设一流的校长、教师队伍，创建一流的优质学校，培育一流的德智体美劳全面发展的学生。教育为强国的基础，基础教育是教育的基础，夯实基础是重中之重。其次，要努力实现"加快基础教育现代化"的实施策略目标。中国想要实现教育强国，达成教育强国目标，必然要坚定地走教育现代化道路，不单单要全面推进学校办学条件现代化，办学教育水平现代化，尤其要推进人（校长、教师、学生、家长）思想理念的现代化。其中，校长和教师的专业化发展应达到三重境界：专业型、专家型、教育家。最后，要努力达成"办好人民满意的基础教育"长远发展目标。该目标是我国一直坚持的教育发展目标。

2. 基于多元地域特色文化的影响

学校坐落于闽粤赣三省交界的武平县，是客家祖地、红色圣地、生态福地，是一座文化积淀深厚的千年古邑，这里有独特的姓氏文化、丰富的生态文化、浓郁的红色文化、丰厚的客家文化等。这些浓郁多元文化的并存成就了武平独特的文化气质——兼容、大气，同时也使武平成为多元文化产生发展的摇篮。在这种文化环境背景下，催生了学校运用多元管理、多维教育、重视知识多元建构、多彩绽放的办学策略，使不同的孩子得到不同发展、多元发展，最终实现让每个孩子拥有自己的精彩。

3. 基于学校百年发展史

武平县实验小学创办于清光绪三十二年（1906年），是一所历经沧桑而充满活力的百年老校。百余年来，一代代实小人奉行有条件要办好学校，没条件创造条件也要办好学校的教育情怀，不论办学条件如何，武平实小人都能克服各种困难，心无旁骛地丰润一个个幼小的生命，为一个个美好的人生打造亮丽底色，潜心倾听生命拔节的声音，坚信"脚踏实地，艰辛的付出必有丰厚的回报"的朴素信念，培养了一代又一代各行各业的精英人才，创造了一个又一个精彩！

4. 基于新时期人才观和人才培养环境建设要求

习近平总书记多次强调：发展是第一要务，人才是第一资源，创新是第一动力。另外，习近平还提出：要树立正确的人才观，培育和践行社会主义核心价值观，着力提高人才培养质量，弘扬劳动光荣、技能宝贵、创造伟大的时代风尚，营造人人皆可成才、人人尽展其才的良好环境，努力培养数以亿计的高素质劳动者和技术技能人才。

综上启示，我校凝练了"丰·彩教育"办学思想，即立足知识的多元建构，关注生命的多重丰实积淀，促进素养的多维提升，实现生命的多彩绽放的教育。"丰·彩教育"办学思想的形成，是多元文化与先进思想相互交织的成果，也是传统文化思想与现代教育理念碰撞交融的结晶。

（二）"丰·彩教育"办学思想内涵解析

1."丰""彩"字词释义

（1）丰：本意是指草木繁盛。（形）草木茂盛。（动）增大；扩大。（形）容貌丰满，美好。（名）通"风"，风度，风姿。

（2）彩：（"采"意为"动手收集"，引申为"物品集合"。）（"彡"为"三"的变形，意为"多"。）（"采"与"彡"联合起来表示"物品种类繁多"。）（光彩，光泽）。

所以，"丰·彩"一词基本释义有"增长""积累""多样""丰润""多彩""光彩"的含义。

2."丰·彩教育"概念解析

"丰·彩教育"是立足知识的多元建构，关注生命的多重丰实积淀，促进素养的多维提升，实现生命的多彩绽放的教育。

3."丰·彩教育"内涵解析

（1）"丰·彩教育"是生命生长的教育

美国教育家杜威在《民主主义与教育》中说道："教育即生长，除它自身之外没有别的目的。"杜威提出的"生长论"就是希望儿童得到充分的发展，表达了他的教育观和发展观。教育与生长的目的在于过程自身，生长是一个持续不断的过程，没有终极目标，是机体与环境相互作用的过程和结果。这里的"生长"体现两个内涵，一是"生长"内在的主动性。达尔文的物种进化论思想深刻地影响着杜威的教育思想体系，因此，他在哲学和教育学上常常运用一些生物学上的概念，如

让每个孩子拥有自己的精彩

"生长、适应、环境"。而他关于教育本质方面的一个经典思想——教育即生长，就运用了生物学上的概念。因而，这里的生长就含有个体的一种内在的自然成长的内涵。同时也暗含了杜威的教育目的观，这个目的就是教育过程中个体生命的内在的生长。因为成长是生命的特征，所以教育就是促进生命的不断成长。在它自身以外，没有别的目的。二是生长过程的持续性。杜威把生长的基本条件确定为未成熟状态，并明确指出这种未成熟状态意味着成长的可能性，存在着积极的成长趋势，即发展的能力。其进一步强调学校教育的价值及其标准，就是看教育能否激发持续成长的愿望，能否提供实现这种愿望的方法和能力，教育的过程就是一个持续不断增强成长能力、促进成长的过程。

"丰·彩教育"针对的是小学教育的特定教育对象——小学生。首先，小学生是一个处在发展中的人，是一个充满无限发展潜能的人，正处于一种各方面未成熟的状态，就如一张等待绘制上色的白纸等待绘制理想的蓝图。其次，小学阶段是一个人打基础、长身体、长知识的黄金时段，是生命生长的关键时期，是一个个鲜活生命实现精彩绽放的重要时期。这个生命生长的关键时期，特别需要通过教育平台，全方位给予孵化培育。基于此，"丰·彩教育"针对品格、才智、气韵等领域，创造多元发展的成长条件，促进每一个幼小生命的持续生长。关注每一个生命的成长过程，重视在成长过程中各个维度的丰实积累，积少成多、集腋成裘、聚沙成塔，羽翼渐丰，从而丰润生命、为生命的持续生长注入营养、水分及阳光雨露等，促进每一个生命健康成长，实现"一棵树摇动另一棵树，一朵云推动另一朵云，一个灵魂唤醒另一个灵魂，一个生命促进另一个生命的生长"。

（2）"丰·彩教育"是遵循人才成长规律和教育规律的教育

"丰·彩教育"在实施过程中重视遵循教育规律，一是基于不同年龄特点的身心发展规律；二是基于学生不同知识结构和学科特点的学的规律；三是满足不同学生不同程度不同方向发展要求的教的规律。

遵循教育规律，关注学生发展，彰显育人风范，这是"丰·彩教育"的追求所在，也应该成为每所学校未来发展的不懈追求。德国哲学家雅斯贝尔斯说："真正的教育是用一个灵魂去唤醒另一个灵魂。"我们的教育就是要营造一汪沐浴灵魂的清泉，让人沉醉于其中，使人神清气爽，让人们有可能去体验生活、咀嚼生活、品味生活，成为一个品格丰盈、才智丰茂、气韵丰雅，拥有属于自己的精彩的时代新人。

（3）"丰·彩教育"是落实多元育人观和多元人才观的教育

国内外在注重个性差异、关注主体发展上有各个角度的研究，王良民在《学生主体论与体育俱乐部教学模式的实践》中指出：确立学生的主体地位，坚持以学生发展为本的人本教育观。《萨拉曼卡宣言》指出："每个儿童都有其独特的特性、兴趣、能力和学习需要；教育制度的设计和教育计划的实施应该考虑到这些特性和需要的广泛差异。"赵中建在《教育的使命：面向二十一世纪的教育宣言和行动纲领》中提出"人的差异是正常的。学习必须据此来适合儿童的需要，而不是儿童去适应预先规定的、有关学习过程的速度和性质的假设"。"丰·彩教育"思想引领下的教育实践是各领域"多元"的并存和多重积累的过程，尊重学生的需要和选择，创设适应不同的人在不同方面得到不同的发展的成长模式，打造适合学生差异化多元发展的教育，使每一个学生在各自的基础上都得到应有的发展。同时，这种教育和发展的过程也是一个指向结果的过程，这个结果就是出"彩"。这个"彩"是表现优异的，也是多元的。"丰·彩教育"不苛求每个人都获得同一种成功"光彩"，但是期盼每一个人都能获得属于自己的"精彩"。

（三）"丰·彩教育"办学思想提出的理论依据

1. 依据霍华德·加德纳的"多元智能理论"

多元智能理论是由美国哈佛大学教育研究院的心理发展学家霍华德·加德纳（Howard Gardner）在 1983 年提出的。智能是人在特定情景中解决问题并有所创造的能力。加德纳从研究脑部受创伤的病人发觉到他们在学习能力上的差异，从而提出了多元智能理论。传统上，学校一直只强调学生在逻辑—数学和语文（主要是读和写）两方面的发展。但这并不是人类智能的全部。他认为我们每个人都拥有八种主要智能：言语——语言智能、逻辑——数理智能、视觉——空间智能、身体——动觉智能、节奏——音乐智能、交流——人际交往智能、自知——自省智能、自然智能。人与人之间都存在差异，这差异是不同智能的组合。

2. 依据杜威"教育即生长"理论

杜威关于"教育即生长"的英文是"Education is growth",其中"growth"一词译成中文时选用了"生长"一词。在《民主主义与教育》一书中,他专门列了"教育即生长"一章,全面论述了他的生长原则:"生长是生活的特征,所以教育就是不断生长;除它自身之外,没有别的目的。学校教育价值,它的标准,就看它创造继续生长的愿望到什么程度,看它为实现这个愿望提供方法到什么程度。"

3. 依据主体教育理论

所谓的主体教育,就是依靠主体来培养主体的教育,它包括三层含义:第一,把学生培养成未来社会生活的主体,弘扬人的主体性,这是主体教育的基本价值立场;第二,在教育活动中,学生是正在成长着的主体,有一定的主体性,又需要进一步培养和提高,这是主体教育人性论的体现;第三,只有发挥人(教育者和受教育者)的主体性,才能培养主体性强的人,这是主体教育所采取的基本策略。主体教育的终极目标就是使每个人得到全面、自由、充分的发展,使每个人拥有属于自己的精彩!

4. 依据马克思主义的人的全面发展理论

人的发展是相对于社会发展而言的,主要指个人的发展,包括个人的体力、智力、个性和交往能力的发展等。是全面发展、自由发展、充分发展的统一。所谓人的全面发展主要是指社会上的每一个成员的劳动能力、社会关系和个性的充分自由的全面发展。

5. 依据优秀传统文化的相关精髓

中华民族有着五千年的文明发展史,有着非常厚实的文化底蕴,积淀了丰富的优秀文化,这其中不乏众多关于教育和人才观方面的优秀传统文化,如"三百六十行,行行出状元"。这是多元人才观的写照;春秋·楚·李耳《老子》中有:"合抱之木,生于毫末;九层之台,起于累土;千里之行,始于足下。"荀子在《劝学篇》中说:"不积跬步,无以至千里;不积小流,无以成江海。"这些名言名句都是在揭示成长规律和学习过程积累成长的意义。昭示教育人办学要遵循教育规律和人才的成长规律,注重多维丰实成长,促进能力多元发展,实现生命多彩绽放,让每个孩子拥有自己的精彩。

二、理论体系

（1）"丰·彩教育"核心价值目标：让每个孩子拥有属于自己的精彩！

（2）办学目标：厚实根基，精耕品质，打造人人皆可成才、人人尽展其才的多彩学园。

（3）培养目标：培养品格丰盈（道德高尚、阳光自信、谦虚笃行、担当忠诚），才智丰茂（善学能用、善思能创、个性成长、全面发展），气韵丰雅（身心健康、积极向上、和美达观、内外兼修）的时代出彩少年！

（4）学校精神：日丰日新、精韧溢彩。

（5）校训：积小行、以大成 。

（6）校风：一日一进、精彩共绽。

（7）教风：一事一精、静育花开。

（8）学风：一思一行、臻于至善。

三、实践探索

为更好地实现"丰·彩教育"办学目标和培养目标，真正实现"让每个孩子拥有自己的精彩"的核心价值目标。"丰·彩教育"着重从以下几方面进行实践探索：营造"合一"丰悦育人环境、构建"两全"丰润德育体系、搭建"双线"丰盛课程体系、锻造"三精"丰雅教师团队、打造"三化"丰实教学模式、建立"四彩"丰茂评价机制等。

（一）浸润——营造"合一"丰悦育人环境

良好的校园环境是一部立体、多彩，富有感染力、吸引力和约束力的教科书，有利于陶冶学生情操，规范约束学生行为，对学生的健康成长起到潜移默化的引领作用。"丰·彩教育"设法营造丰润生命，悦目怡心的学校环境，把校园塑造成为看得见的多彩文化读本，将学校环境建设中的"落实人本化"（陶冶人、规范人、教育人）；"凸显文化"（客家文化、红色文化、生态文化）；"兼顾'三化'"（绿化、美化、净化）等建造目标有机合体为一个核心目标——促进人的发展。针对学校实际，打造好"一厅""二园""三馆""四楼""五路""十基地"，切实把学校建成立体教科书和学生最喜欢、最留恋、最值得回味，甚至当他们离开学校时，仍流连忘返、热情不减的多彩学园。

（二）立品——构建"两全"丰润德育体系

国无德不兴，人无德不立。"立德树人"，树人必先立德，育人之本在于立德铸魂。我们知道德育不只是学生个人的事，也不只是一堂课的事，更不只是学校的事，它需要学校、家庭、社会来共同承担"立德"的责任。《中小学德育工作指南》明确了协同育人的道德原则，提出"引导家庭、社会增强育人责任意识，提高对学生德育发展、成长成人的重视程度和参与度，形成学校、家庭、社会协调一致的育人合力"，并将加强家庭教育指导、构建社会共育机制作为德育的重要途径。因为学生的习惯养成教育和道德品质的形成不是一蹴而就的，因此，"丰·彩教育"倡导要遵循儿童成长特点和德育工作特质，因地制宜地定好小学六年的德育工作目标；规划好每一年的德育工作课题；并在其统领下确立每月、每周、每天的德育工作主题，从而形成小学阶段（六年）—每年—每月—每周—每日的全过程和学校、家庭、社会三位一体的全方位的多维丰实、润物无声的"两全丰润"德育体系。

（三）融通——搭建"双线"丰盛课程体系

基础教育课程改革目标的提出，是一种对学校建设特色化、多样化课程的热切期盼。国家、地方、学校三级课程管理机制给学校创新带来了更多的机遇和活力，给教师提供了更加广阔的研究空间。基于这样的背景，我们认为："丰·彩教育"是从多维度关注学生生命成长，促进不同的学生不同发展的教育，要提升办学效益，首先应从课程建设入手，通过课程开发撬动起学校发展的支点。"双线"丰盛课程体系构建的价值就是为了更好地促进每一位学生的发展，以培养学生健全的个性和完整的人格。"双线"课程就是一条线索是以地域文化资源为依托，采取主题统领的多学科式课程整合的开发思路；另一条线索是全方位构筑"丰·彩教育"的课程体系，让两条课程开发线索相结合，构建充满活力的丰盛课程体系，增强课程的灵活性、适应性和实效性。

1. 建立主题统领的多学科课程开发思路

"丰·彩教育"的实践体系
建立主题统领的多学科课程开发的网络图

— 让每个孩子拥有自己的精彩 —

图1 "丰·彩教育"的实践体系

2. 建立"丰·彩教育"的课程体系

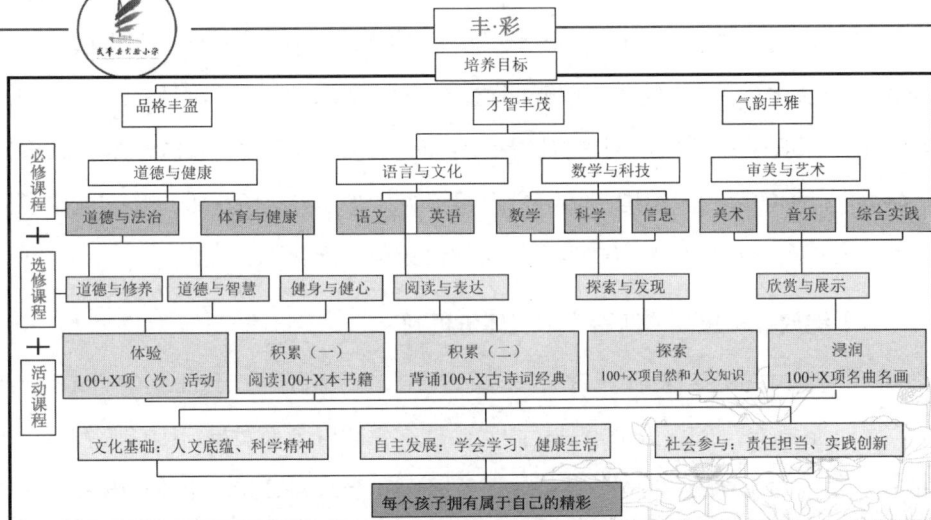

— 让每个孩子拥有自己的精彩 —

图2 "丰·彩教育"的课程体系

让每个孩子拥有自己的精彩

（四）凝实——锻造"三精"丰雅教师团队

俗话说："要给学生一碗水，教师要有一桶水"。"丰·彩教育"特别强调师生的丰实成长，厚积薄发，教师在教育的过程中要注重自身的积累和提升，把自身拥有的"一桶水"变为"长流水"。这里的"长流水"是指在师德、师能、教育情怀等层面不断提升前行。"精诚教师"的培养是丰雅（丰茂雅正）教师团队建设的根本，立足于师德建设方面，努力把教师培养成忠于祖国、忠于人民、忠于党的教育事业的精诚教师；"精致教师"的培养是丰雅教师团队建设的基础，重点是指师能和学识提升方面，设法使全体教师不断提高精巧、扎实专业的教学能力和教研能力，持续提升人文素养和厚实文化学识；打造"精进教师"队伍是丰雅教师团队建设的宗旨，通过多元培养，多维丰实，努力造就一支向上、向善、甘于奉献、敢于出彩的"德艺双馨"的丰雅教师团队。

（五）启智——打造"三化"丰实教学模式

所谓教学模式，就是在一定教学思想或教学理论指导下建立起来的较为稳定的教学活动结构框架和活动程序。作为结构框架，突出了教学模式从宏观上把握教学活动整体及各要素之间内部的关系和功能；作为活动程序，则突出了教学模式的有序性和可操作性。"丰·彩教育"在教学中重视构建"三化"课堂模式，即学习内容整合化（单元内整合、单元间整合、课内外整合、学科间整合）；学习过程深度化（深度化不是指学习内容的深度，而是通过丰富教学层次让学生做到三个"学会"：①学会知识建构，②学会问题解决，③学会高阶思维；学习成果多元化（呈现方式多元化，评价方式多元化，评价策略多元化）。

（六）绽放——建立"四彩"丰茂评价机制

著名教育评价专家斯塔弗尔比姆说过："评价不在于证明，而在于改进。""丰·彩教育"的评价宗旨是：面向全体学生倡导全面发展，因材施教促进个性成长。基于此建立的"四彩"评价体系，既面向全体，又关注个体；既关注成长过程性的评价，又关注多彩结果的肯定；既关注优等生，又关注成长进步中的后进生；既关注全面发展的全优生，又关注个性发展的特长生。"四彩"——全彩少年：

德智体美劳全面发展的优秀学生；智彩少年：文化科成绩特别优秀的学生；成彩少年：在某阶段内各方面进步明显的学生；某方面出彩少年：在各领域的某一方面特别出彩的学生。

四、未来展望

（1）持续完善理论体系和实践体系，不断更新管理理念，创新教育教学管理方法，努力使"丰·彩教育"在学校各领域绽放多彩硕果，打造新时期基础教育特色品牌。

（2）撰写发行特色"丰·彩教育"办学思想专著，利用多种平台，不同形式地推介"丰·彩教育"，持续扩大"丰·彩教育"办学思想特色品牌效应，使"丰·彩教育"能落地更多学校，形成"丰·彩教育"办学共同体，形成不同区域众多学校同成长共发展的良好局面，让更多学校绽放异彩。

（3）随着"丰·彩教育"纵深推进，将助推一大批学校成为特色品牌学校，不同的学校将促进更多师生全面发展、个性成长，为国家培养更多更优的人才。

（4）随着时代的发展和科技的进步，"互联网＋教育、人工智能"是一个热门话题。随着新技术、新设备的不断推陈出新，学习的方式方法、教育的内涵外延都发生了很大变化。但是，在纷繁复杂的"互联网＋"模式之下，在互联网教育平台、机构蓬勃兴起之时，如何找准"互联网＋教育"的发力方向？唯有使"丰·彩教育"与时俱进，在"丰·彩教育"办学思想的引领下设法形成一套新时期更前沿、更实用、更完善的特色品牌体系，才能借力互联网平台实现"丰·彩教育"持续跨越发展。

41

为新时代培育贤人

◎翁日尔

【 作者简介 】

翁日尔，男，福建福鼎人，高级教师，1990年8月福安师范毕业参加工作，现为福鼎市实验小学党支部书记、校长，福建省"十三五"小学名校长培养人选，宁德市、福鼎市名校长，曾获"福建省优秀教育工作者"称号。从教三十载，钟爱教育，勤于钻研，有着"体验教育"和"育贤教育"的办学主张和成功实践，教育管理风格务实求真。

到福鼎实小任职三年多，也是我参加福建省"十三五"中小学名校长培训的三年多。"育贤教育"是三年来在理论学习结合实践工作的基础上、在导师们引领下凝练形成的。

一、办学主张

（一）思想的缘思

首先，育贤教育办学思想的雏形源于对教育本质的思考。教育的本质是通过各种教育方法实现人的自我发展、深度发展和终身发展，达成"德才贤能"的目标。简单说教育的起点是塑造人，教育的过程是培育人，教育的结果是成就人。

其次，育贤教育办学思想的提出是对福鼎历史的传承。福鼎地处闽东北，与浙南接壤，地理区位优势突出。历史上，福鼎是中原文化传入福建的"要道"。人口流入福鼎或从福鼎入闽，给福鼎带来了儒释道文化，以及黄河流域和长江流域的各种习俗。福鼎的太姥山、翠郊古民居、瑞云寺等地，如今均能寻访到诸多映射着历史主流价值观的神奇传说。儒家著名代表人物朱熹，曾经到达福鼎讲学，其福鼎弟子杨楫与杨文、杨简并列成名，成为南宋著名理学家。实验小学旁边有一条育贤巷。在实小的发展初期，得到周边育贤乡亲的鼎力支持。"育贤"进实小，实小育"贤人"。一代代实小人铸就了育贤巷民风淳厚、学风浓郁的历史佳话。彰显了教育人杰地灵、名家辈出的独特魅力。育贤教育办学思想根植于书院文化，桐山书院近270年来虽几易其名，但故地办学，文脉相承，精神长续，至今秉持儒家"敬贤仰圣，培育英才"的优良传统。

最后，育贤教育办学思想发展是对新时代的呼应。我国长期倡导以德为先、德才兼备用人标准，这与历史上"贤人""贤才"的价值取向是一脉相承的。进入新时代，学校跨越式发展，现有4个校区111个教学班近6000名学生。新时代要有新担当、新作为，新时代的教育更应在中国特色社会主义的旗帜下立德树人，需要明确：培养什么样的人？怎样培养人？为谁培养人？近期，中共中央、国务院印发的《深化新时代教育评价改革总体方案》告诉我们，那就是为党育人，为国育才。

（二）思想的内涵

在这种敬贤仰圣的文化氛围中办学，特别是在桐山书院、育贤巷的旧址传承先人的优良品格，福鼎实验小学可谓近水楼台、得天独厚，顺其自然就可以将桐山书院、育贤巷的最深厚的文化底蕴提炼出来，将优秀传统文化与现代文明可以相通的价值取向凸现出来——那就是"育贤"！

什么是"育贤教育"？我们可以从解读"贤"字入手。"贤"，形声字，字从贝，从臤（xián），臤亦声。左边的"臣"，是竖立的眼睛，意为"奴隶的眼睛"。右边的"又"，是手。下面的"贝"，是钱。眼睛和手，控制钱。"贤"本义为"会精打细算过日子的人"，引申为"有德行，多才能"。东汉·许慎《说文》中有："贤，多才也。"我们还赋予"贤"新的含义："贤"字分上下，左上有两竖。一竖短来一竖长。短为粉笔，是"教书"，代表知识的启蒙。长为教鞭，是"育人"，代表鞭策的力量。教书、育人是教师的天职。"贤"字右上是个"又"，一遍一遍又一遍，一代一代又一代，教育从来都不是一劳永逸的事，需要教育者的坚持。"贤"字下面有个人，顶上有框是个家。一撇一捺方为人，你中有我，我中有你。学生是撇老师是捺，学校是家；初心是撇坚持是捺，育贤是家！

"育贤教育"，就是传承福鼎历史上崇德重才、尚文尊贤的文化要素，将办学目标聚焦到"有德行、多才能"，培养学生做品学兼优的小贤士、小淑女，为成为有德行多才能的人奠基。简言之，育贤教育就是培育有德行多才能的人的教育。

从历史到现代，从桐山书院到实验小学，历经 270 年的光阴洗礼，我们提出"育贤教育"的理论依据是清晰的，是一脉相承。

第一，中国传统文化的理论支撑。在中国历史上，儒家代表人物孔子主张"见贤思齐、不贤自省"，并且号称拥有"弟子三千，贤者七十二"；孟子则希望"得天下英才而教育之"；墨子更是强调"国有贤良之士众，则国家之治厚"（《墨子·尚贤上》）；汉代的董仲舒制定"学而优则仕"的贤良对策，主张兴学育才。

第二，马斯洛的人本主义美学理论。马斯洛强调人具有"自我实现"的需要，他认为人作为一个有机整体，具有追求真、善、美，最终导向完美人格的塑造，满足多层次的需要系统，达到"高峰体验"。中西方共识，实现完美人格即达成贤人的这种最佳状态，意味着每个人都想成为贤才。

第三，加德纳的多元智能理论。他提出人有八种智能组合，八种智能强弱组合也是不同的。他告诉我们，要树立多元的人才观和教育观，跟"三百六十行，行行出状元"是相通的，每个人都能成为贤才。

第四，学校的"六观"。二百多年办学历史，积淀了丰厚的学校文化，尤其是我国改革开放以来，学校得到长足的发展，形成了比较稳定的"六观"，为办学思想的形成奠定了良好的实践和理论基础。

二、理念体系

第一，是学校精神：传百年书香，立君子风范。福鼎市实验小学的前身是"桐山书院"，有着 270 年历史积淀，是福鼎人才的摇篮。学校责无旁贷应该继承书院魂脉，高扬百年书香，培养出更多社会期望的优秀学生。引导学生向先贤学习"君子风范"，成为小贤士、小淑女，真正弘扬桐山书院精神。

第二是办学目标：以家国为念，做最好自己。办学目标是指学校培养什么样的人。"以家国为念，做最好自己"，把"齐家"和"治国"结合起来，既要"做最好自己"，又要成为"社会最需要的个体"，让学生把成长的大目标和日常的小目标融合，成长的动力更加充沛，成长的目标更加端正。

第三是办学方式：为生命调色，为成长立品。办学方式是指怎样培养上述的贤者。为学生着想，以课程和课堂为主渠道，让各种课程和实践活动充实学生的生活，促进学生全面发展。

第四是校训：集贤养正，厚学博艺。校训是校长之训，体现学校的价值取向，更是"育贤教育"的厚重表达。要求师生"集贤养正"，向先贤学习，做到"厚学博艺"，博知广识，多才多艺。

第五是校风：见贤思齐，向上向善。指人人以先贤为楷模，个个自主发展，大家追求不断进步，从而形成向上向善的良好风气。

第六是教风：尚贤容爱，修己达人。校园内，两棵拥有百年树龄的老榕树郁郁葱葱，彼此间枝干形成一个大大的"爱心"，昭示着校园是一个充满爱的地方。更明示着实小教师怀一腔挚爱，行贤能之事，以贤良之仁、宽容之心去关爱学生，达到"尚贤容爱"的境界，实现"修己达人"的教育人生目标。

第七是学风：近贤从善，求真敏行。学风是指学生秉持的良好习惯和品性，要求学生"近贤从善"，向先贤学习，做到"见贤思齐"，又要求学生"求真敏行"，仰望星空，脚踏实地，实事求是，知行合一。

三、实践探索

（一）文"育"化"贤"——明确学校发展的文化核心力

实验小学秉承文化立校的意识，制定与办学理念相适应的校园环境建设规划，在继承和发扬学校传统文化的基础上，从精神文化体系、环境文化体系、视觉文化体系和行为文化体系四个方面不断优化育贤教育氛围。

1. 增强精神文化认同，净化心灵环境

巩固校园整体布局，挖掘校园楼宇文化——"育贤""正友""依人"的内在含义，践行社会主义核心价值观。通过设计校标、创作校歌、统一校服，提高学校在学生心目中的地位，使学生自然生发出强烈的荣誉感、自豪感，产生精神认同。

2. 加强环境文化建设，美化校园环境

环境文化建设体现即科学性、教育性、艺术性。通过完善校园环境的统一规划，改造育贤书苑、育贤厅、聚贤厅、书法室、美术室等，统一班级内部文化布置，逐步实现校园的"四化"，即绿化、美化、净化、静化。

3. 加强视觉体系建设，优化视觉环境

重点凸显"爱心榕"的形象符号，重建"桐山书院"，塑造孔子像，从景观符号和文化传承两线并进，抓好宣传阵地，充分发挥红领巾广播站、学校公众号、宣传窗、名人名言警示牌的作用，加强契合新时代信息化教育特征的校园文化建设。

4. 加强活动文化建设，丰富社团环境

学校创造条件开展各种社团活动，举办"体育节、科技节、艺术节、读书节"四节活动，规范"入学礼、入队礼、成长礼、毕业礼"四礼教育，推行校长小助理制和校长午餐会，评选十佳小贤士、小淑女作为学校最高荣誉、学生最高追求。

（二）培"育"纳"贤"——共聚教师合作的梯队凝聚力

培养贤才意味着学校通过搭建更广阔的平台，制定契合每一位教师个人职业发展的新路径，形成人人争当贤师的队伍建设态势。

1. 目标导向，师徒合作

学校制定有关省、市级骨干教师，中青年学科带头人的培训计划和措施。全面启动教师培养"青蓝工程"，将新老教师一一结对，确定近期目标和长期目标，在思想上互补，在业务上互帮，在心理上互纳。师徒形成合力，为他们的职业幸福插上腾飞的翅膀。

2. 骨干示范，集体合作

我们重视教师团队意识的培养，让骨干教师、学科带头人作为教研组长，主导各年级组的教研工作，形成"跨界·融合"立体教研模式。每学期都有"育贤新老师的展示课""育贤最佳教研课""育贤家长开放周"，通过"育贤最佳教研团队评选"增进团队合作。

3. 展现才华，校际合作

学校重视校际交流，在福鼎市第一联动片区的基础上，打造县域间的"山海"合作，跨地区的"五福联盟共同体"，实现"走出去"与"请进来"相结合的战略。我校在"十三五"期间陆续邀请省、地、市知名的教育教学专家近60人次做客育贤讲坛，收到良好的教育培训功效。

（三）融"育"通"贤"——汇聚德育育人的多维向心力

学校的德育在育贤"3331"党建模式引领下，融入福鼎市"三好厚基教育活动"，探索互联网新媒体环境下的德育工作的新渠道，协调和汇聚学校、家庭和社会多维的教育力量，形成育人向心力，培育有德行的人。

1. 健全组织，形成向心力

学校成立德育领导小组，吸纳年段长、班主任、大队辅导员的德育骨干力量，并通过建立"校级家委会—年段家委会—班级家委会"三位一体的家校沟通机制，创新引入家长的教育资源，形成多维德育合力。

2. 培训骨干，稳定向心力

学校注重发挥班主任在育人工作中的骨干作用，有计划地开展班主任培训活动，不断完善评优评先等班主任考核机制，推动班主任树立全面科学的育人观。

3. 组织活动，发挥向心力

（1）以爱国主义教育为核心的活动，在思想上净化

开展以中华传统美德和革命传统教育为主要内容的弘扬和培育民族精神教育活动。例如，观看爱国主义影片；阅读爱国主义书籍；参观爱国主义教育基地；学唱爱国主义歌曲；举办主题征文、知识竞赛、专题讨论等活动，使弘扬和培育民族精神教育入脑入心。

（2）以养成良好习惯为目标的活动，在行为上规范

依据《中小学生守则》，结合学生实际，突出抓好文明行为习惯的养成教育。引导学生进行自我教育，养成遵规守纪的良好习惯。利用每年"十一月"的文明礼仪宣传月活动，评选"百名文明礼仪之星"，引领文明风尚。

（3）以感恩教育为主题的活动，在情感上渗透

注重开展爱心教育，通过设立"入学礼、入队礼、成长礼、毕业礼"的礼仪课程，渗透感恩教育。

（4）以体验成长为主题的活动，在实践上提升

学校定期邀请共建单位到我校举办心理健康、禁毒、消防安全等知识讲座和各种实践体验活动。

（四）整"育"合"贤"——发挥课程建设的辐射影响力

基于"育贤教育"的价值取向，学校在课程建设上始终把握住经典与现代、传承与创新的关系原则，特别是在2018年被福建省教育厅确定为"义务教育教改示范性建设学校"以来，注重把握互联网特征，整合校内外资源，发挥实小的人才底蕴优势，形成完善的课程建设体系，彰显优质课程的辐射影响作用。

1. 整合体系，建立课程框架和运行机制

我校着力构建特色课程框架，即在国家课程、地方课程基础上再创设"育贤"为主题的校本课程，三级课程形成育贤课程总体框架。

"育贤"导向的基础性课程，面向全体。

"育贤"指向的综合性课程，面向全体，包含育贤书香课程如"育贤今日悦读""育贤经典"，育贤墨香课程，育贤乡情课程如家乡风光、特产，育贤礼仪课程。

"育贤"取向的特长性课程，面向某一特长突出的学生。其包括育贤"三道"——棋道、书道、茶道；育贤"三球"——篮球、足球、排球；育贤"三艺"——曲艺、舞艺、画艺。

"育贤"定向的探究性课程，面向全体与培养部分特长生相结合，重点是育贤

STEAM 课程和育贤新思维课程。

我们秉持课程为育人目标服务，指向培育有德行多才能的人的课程观，依据学生核心素养，围绕"有德行""多才能"两个要素，明确每门课程的培养目标，让育贤课程为核心素养的落实落地服务。

2017 年，学校以"基于 STEAM 教育理念的跨学科创新融合的实践"课题研究作为省教改示范项目的核心项目，以教研课题研究打造实小实验品牌。科研部门立项的共有 8 个，其中国家级课题 1 个，省教改项目 1 个，省立项课题 3 个，地区立项课题 1 个，福鼎市立项课题 2 个。

项目建设和课题研究集中体现育贤"融·创"教学模式的建立，基本模式如下：

（1）想象与提问——提出研究（学习）主题；

（2）讨论与计划——思考解决问题的对策；

（3）创造与制作——通过实践检验、完善解决方法；

（4）测评与提升——通过检测反馈提升作品；

（5）分享与展示——分享各自思考和制作、实践的经验；

（6）反思与总结——呈现互评结果，师生交流学习历程。

重点突出"四融"：一是技术融合，基于 STEAM 理念的课堂，首先是基于信息技术支撑的创新课堂；二是实践融合，基于 STEAM 理念的课堂，必须是以科学思想引领、工科理念先行的动手实践的过程；三是学科融合，不仅仅是 STEAM 倡导的五个学科融合，更应该是义务教育阶段各个学科都应该提倡的创新融合；四是区域融合，发挥实小的示范引领的作用。

2017 年 10 月，学校还与身边的薄弱学校——"中国扶贫第一村"赤溪小学牵手，创建城乡学校发展共同体，利用信息技术手段，通过"远程同步互动课堂"开启了"互联网 + 教育扶贫"的探索之旅，实现两校异地常态化同步课堂教学，利用互联网推动城乡义务教育一体化发展，促进教育均衡。该教育探索案例于 2018 年 5 月 5 日至 7 日在北京举行的第三届全国基础教育信息化应用展示交流活动上展示，受到教育部副部长朱之文同志的好评。

在育贤课程实施中不断优化运行，逐步形成"教师课程设置——学生自主选班——师生走班教学——优化二次选班——学期总结提升"的运行机制。

2. 整合内部，建立社团运行和评定机制

学校发动教师和校外辅导员共同承担课程开发、实施工作。学校推行"全科"测试，每学期采取以"笔试＋面试"和动手操作相结合形式对学生进行多元评价，学校通过完善多元评价机制促进社团课程质量的提升，培育多才能的人。

四、未来展望

梳理办学思想的实践历程，如果把育贤教育看作实小的"爱心榕"，那"文化"就是爱心榕的根基，"教师队伍"就是爱心榕的沃土，"德育构建"是爱心榕的枝干，"课程社团"就是爱心榕的枝叶花果。事实上，近三年来，育贤教育办学思想逐渐切入课程，深入课堂，并带动学校的特色发展，取得了突出的成效。

回望成绩，育贤教育根深厚植。未来实践，我们将继续以"育贤教育"为价值引领，注重校园文化建设，切实体现培养贤人、培育贤才的氛围和气象，让更多的师生受益于"育贤"情景，唤醒内心深处的正能量，促进个性成长和全面发展。未来三年，我们将重点做好如下三个方面：

（一）制度文化方面

（1）深入解读"育贤教育"，做到入脑入心，化为全体师生的行动指南；

（2）修订学校的规章制度，形成"育贤教育"的共同约定；

（3）促进管理转型，落实"育贤教育"服务文化基石。

（二）环境文化方面

根据"育贤教育"的价值取向，福鼎实验小学的主校区环境文化应该有如下要素存在：大门口引入桐山书院和育贤巷的有关文化因素，校门口入内设屏风墙，校内主墙设敬贤墙，在校园学生行走的主道上铺设明贤道，在校内走廊或楼梯立修贤墙。

（三）节庆文化方面

节庆是学校文化的重要组成，以"育贤教育"为主题，以弘扬优秀的传统文化、红色文化、现代文明为抓手，增长师生见识，提升师生各方面素养。贯穿"育贤教育"主题的节庆活动，主要有这些：

（1）元旦，兴办"敬贤养正"诗歌朗诵会；

（2）清明，举办"书香润贤"书法展示比赛；

（3）六一，评选十佳"小贤士""小淑女"；

（4）孔子诞辰日祭奠活动，每年9月28日（或农历八月二十七日），巧借"尊贤仰圣"纪念日，让孩子们牢记先贤教导，不忘桐山书院精神，学会感恩，学会明贤修心；

（5）国庆节，举办"近贤向上"的读书成长交流活动。

综上所述，"育贤教育"为学生成长铺设宽广而坚实的基础，为教师专业化发展搭建高效而便捷的桥梁，也为学校举办公平而有质量的教育构筑多元而多彩的平台。

立足本职，教书育人，是贤；守望初心，薪火相传，是贤；砥砺前行，勇于探索，是贤。贤者多才，贤师漫漫。一句话，育贤教育，唯贤是育，育人至贤！

42

青为大美，圆润万方
——霞浦四小"青苹果教育"办学思想与实践

◎陈　谨

【作者简介】

陈谨，女，福建霞浦人，高级教师，曾任霞浦第四小学校长，现任霞浦县教育局副局长、福建广播电视大学霞浦学院院长。福建省"十三五"中小学名校长培养人选、福建省音乐学科教学带头人、福建省教育厅艺术资源库专家；宁德市党代表、宁德市中小学名师培养工程培养人规划导师、实践导师；霞浦县县管优秀人才。先后获得全国器乐优秀指导教师、德育优秀工作者等荣誉称号。

一、办学主张

我的办学主张是"青苹果教育"。我们认为一所学校办学理念的形成依赖于教育者对教育的正确理解和认识，同时还有对学校未来发展的准确定位和展望。霞浦四小成立于 2017 年，在立校之初提出"培养大气做人、灵气做事少年"的教育目标，并且把它作为学校办学的总纲和灵魂。有了三年办学的脚踏实地，让我们摸索出一套符合中国国情、适合霞浦县情，并且具有普遍意义的青苹果教育的办学模式。"青苹果教育"是基于儿童成长的教育，是注重学生性格完美与智性开发的一种教育模式。它强调学生身心健康和情趣高雅的教育取向，鼓励学生永不止步的创意、创建、创设、创造，做社会需要的人才，不断自主探索、自我完善。

二、理论体系

（一）"青苹果"办学理念提出的时代背景

"青苹果"是这个时代的产物。

1. 工业 4.0 与科技新趋势

进入新世纪之后，科技革命又达到空前的高度。当互联网、大数据、人工智能铺天盖地而来后，海量知识、智能学习、移动学习、社群学习成为学习的新形式。而且，当科技革命推动工业 4.0 的到来，将传感器、中端系统、智能控制、通信设施连接成智能网络，实现智能制造，推进工业技术、产品、模式、业态、组成等方面的创新时，同时也将个性化定制、智能性生产、柔性化供给的方式推向全社会，包括教育在内的生产方式必将引起变革，也必然改变人才培养和学校发展的方式。

2. 人才新素养与教育新要求

在新科技革命和工业 4.0 的发展前景引导下，2016 年我国教育界引发了一场学生核心素养培育的全国性大讨论。北京师范大学的课题组提出了以"全面发展的人"为目标要求的六大核心素养，即"人文底蕴、科学精神、学会学习、健康生活、责任担当、实践创新"这六个方面，对人才培养的知识、技能、情感、态度、价值观都有了具体要求；此后，教育部又对"核心素养"加以完善，强调了"素养"与"能力"的密切联系，提出了更有导向性和操作性的"关键能力"的要求，更有利于核心素养培育的目标落实。

3. 新时代中国特色社会主义教育的落地实践

进入新时代之后，以习近平同志为核心的党中央十分关注教育的发展方向和发展成效，提出"培养什么样的人、怎样培养人，为谁培养人"的根本性质方向问题，并且确定学校应当培养中国特色社会主义事业的接班人和劳动者；同时，让社会主义核心价值观进校园，并且入脑入心，规范着师生的行为习惯；党中央十分重视学生的素养和素质培育，要求学校努力激发青少年的好奇心与创造力，做到以人为本，因材施教，注重学用相长、知行合一，着力培养学生的创新精神和实践能力，促进学生的德智体美劳全面发展。

（二）"青苹果"办学思想的内涵和价值取向

如何落实习近平总书记关于"扣好人生第一粒扣子"的重要指示精神？

如何贯彻新时代中国特色社会主义教育"立德树人、全面发展"的教育要求？

如何按照教育内在规律要求和新科技发展要求让每一个学生在"做最好的自己"的同时又能满足社会需求？

这三个大问题自我当校长开始，就盘旋于脑中、萦绕于心中，一直不能忘怀，我也一直在寻找答案。

经过8年的校长职业生涯，对上述问题的思考逐渐成熟，对学生素质培育要求的思路也逐渐清晰，那就是培养"做人大气、做事灵气"的好学生，也就是我经常挂在口中的"青苹果教育"。

1. 作为教育信条的"青苹果"

人是有信仰的，相信什么就会追求什么，动机与行为相一致会让人们努力的成效和品质更加突出。教育同样需要信仰。在尊重学生的基础上，理解教育的本质和教育发展的客观规律，领会教育内部联系的逻辑方式，升华教育功能与价值的追求境界，就是教育信仰的践行体现。

霞浦县第四小学在立校之初，就把学校教育信仰乃至教育信条摆在首要位置。通过寻找教育信仰明确"办什么教育""怎样办教育""为谁办教育"这些至关重要的前提条件，并以教育信条的形式，把师生心目中的价值追求表达出来，扩散开来，落地下来，实现办理想的教育、走特色的道路、做有成效的办学育人的目标。

"青苹果教育"作为霞浦四小教育信条推出后，社会反响强烈，大家都觉得这个教育信条不俗、不偏、不厉。苹果圆润有灵气，别具一格，用来表达教书育人的价值追求，目的就是希望培育出来的学生更加"大气""灵气"，让学生努力做最好的自己，做社会最需要的个体。"青苹果教育"具有鲜明的办学导向和突出的教育理性。关注学生成长，重视学生进步。同时，"青苹果教育"注重教育过程，抓住学生可塑性强、适应力强的特点，因人而异施予教育强度，让学生成长过程更加多元灵动；"青苹果教育"永不止步的智性创新，鼓励创意、创设、创建、创造，目标是与社会需求相一致；"青苹果教育"是富有想象，又富有哲理的教育价值指向。

人们总是把"苹果"当作智慧的媒介物，学校希望学生都拥有"苹果"，富有智慧，寓意美好。

2."青苹果教育"的内涵与价值取向

据前所述的"青苹果教育"立足于学生的成长性、发展性，指向于学生富有"大气"与"灵气"的习性智性，不仅要求符合党的教育方针，符合教育发展的客观规律，符合办学的时代潮流和趋向，而且要求办学理念能为全校师生所理解并且接受，特别是学生能够入脑入心，成为引领成长的价值指向。

第一，"青苹果"是具象的，可以唤醒精神自觉。青苹果首先是一个物体，孩子们都有它的特象感觉，意识中接受并无问题，但我们赋予"青苹果"更多的符号价值，让它拥有精神层面上的张力，就是希望"青苹果"的教育精神能深入人心，尤其是能让孩子们接受并喜爱。第二，"青苹果"是形象的，可以激发精神想象。"青苹果"的"青"色在色调上较为含蓄，注重内涵厚重；"青苹果"虽然青涩，但它是"苹果"成长中最有活力的阶段；"青苹果"由小到大，格局不断放大，外表越加丰盈圆满，这正是"青苹果"的大气豁达形象所在。第三，"青苹果"是抽象的，有助于转换学生的思维方式。必须强调，"青"凝结了五颜六色的高度抽象色，"万色归青""青生万色"。这就告诉学生，知识与技能尽可灵活运用，可以化成生活、生产、生命的繁多色彩，关键在于机会选择和机会创设，让学生抓住机遇挑战自己，选择取舍，创设独特，潜意识中就把"大气"与"灵气"双管齐下，发挥得淋漓尽致。第四，"青苹果"是大象的，可以提升师生的思想境界。中国传统方化中，"大象无言"是一种文化价值取向，也是一种为人处事的风范要求。

从外延方面看。"青苹果教育"又有如下一些功能特征：

第一、"青苹果教育"是基于儿童成长的素质教育。

"青苹果"是着眼于孩子成长过程的青涩、不完美，但充满活力，因此，我们的教育不是"成功"取向，而是以"成长"为目标。

第二、"青苹果教育"是注重学生性格完美与智性开发的一种教育模式。

"青苹果"大而圆、青而美，因而象征一种"大气"与"灵动"。我们借助"青苹果"的形象开展"大气做人""灵气做事"的教育，从而促进学生人格成长和智性灵动，有助于学生全面发展。

第三、"青苹果教育"是强调学生身心健康和情趣高雅的一种教育取向。

"青苹果"充满生机活力，给学生一种良好的视觉方面的审美享受，同时也引导学生养成健康良好的生活习惯、学习习惯和工作习惯，这是现代社会的公民素养的基本要求。

3."青苹果教育"的办学理念渗透与融合

霞浦四小建校之初，通过深入调研并与教育局领导、学校行政班子有效沟通、充分了解当地历史传统与地域文化、吸收各方有益意见之后，确定办学理念以"青苹果教育"为统领学校发展的办学理念。

（1）学校精神：青为大美，圆润万方。

这里采取引喻的修辞方法，概括出"青苹果"的主要特征，并给予美好的象征意义，使之成为师生心中的愿景，并且蕴化为师生前进的精神动力。

（2）办学目标：知微入宏，灵性飞扬。

以"青苹果"为办学理念，希望唤醒众人对历史上被人们喻为开智明慧、启迪想象力、促进跨界创新"苹果"的美好回忆，目标是培养具有智性仁心、想象丰富、创新不息的人才，符合现今新科技革命背景下对"双创"人才的需要，也是为了适应现今教育培养具有国际视野、中国情怀的优秀学生的需要。

（3）办学方式：琴书自乐，风雅长存。

强调学校办学应有"书声朗朗""弦歌不绝"，师生具有优雅的风范。"琴书自乐""风雅长存"，突出了学校教育的人文价值，同时也要求师生博学广识，科学进取，才能促进每个人都做最好的自己。

（4）校训：平和清新，果行育德。

"平和清新"是指学生应当有平和心态，清新养志；"果行育德"一词来自《易•蒙》中的句子，"君子以果行育"，即要求学生坚定做一个有高尚品德的人。这两句话把"平""果"二字连在一起，强调了青苹果教育志在于培养有高尚灵魂、良好情操，才艺突出，敢想敢作敢为的优秀学生的教育追求。

（5）校风：至善至美，惟真惟新。

这是学校"三风"之首，要求学生保持真善美的追求，做真人、说实话，才能做到创新有为，创业有位。

（6）教风：立德立言，广见广识。

这是学校的"三风"之二，针对教师而言，要求教师德高学厚，思广研深，才能广见广识，成为学生表率。

（7）学风：好学好问，修身修心。

这是学校的"三风"之三，针对学生而言，要求学生勤学勤问，才能学问精进，同时要求学生修心正身，才能以德服人，以德立业。

三、实践探索

在提出和推行"青苹果教育"的过程中，我们十分注意挖掘和拓展它的精神支撑、价值体系和实践路径，希望通过学研结合、知行合一来展现"青苹果教育"的目标引领作用。在办学目标清晰的基础上，学校一切工作都围绕目标的实现来统筹，制定出框架和规划，并分阶段有重点地加以落实。以八个方面的实践逐步构建起"青苹果教育"实践体系，努力实现"大气做人、灵气做事"总目标。

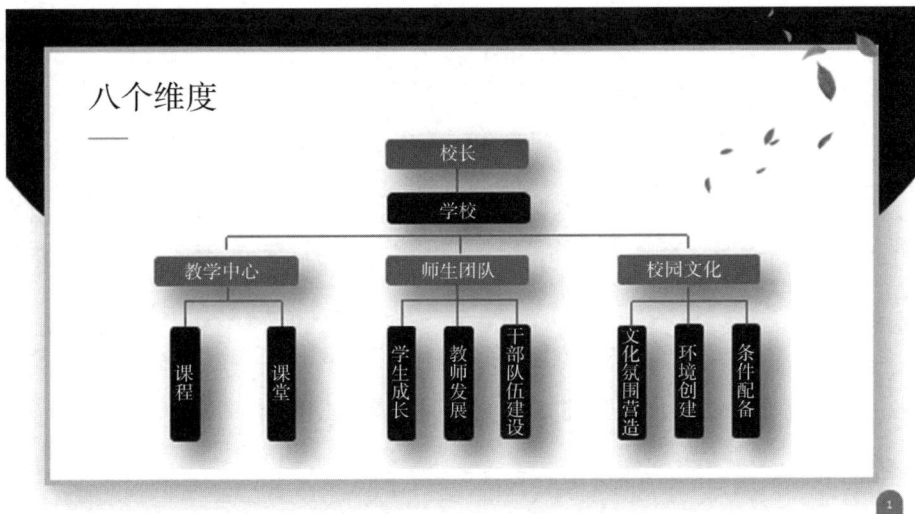

图1 "青苹果教育"实践体系的八个维度

青为大美，圆润万方

（一）"青苹果教育"的课程建设

以"青苹果教育"为办学治校、教书育人的价值导向，强调"大气做人，灵气做事"的做人做事风范，自然要求对传统的课程教学模式进行变革，真正做到"知微入宏，灵性飞扬"，既扩大学生视野，改善学习方法，以适应教育现代化、教学信息化、学习个性化的多元需求，又给学生更大的选择自由和学习弹性，促进学生广学博知，修智养正，构筑具有"青苹果"特色的课程体系。

"青苹果"课程体系一定要坚守中有创新，创新中有选择，选择中有重构，重构中有提升，才能真正践行"圆润万方"的办学宗旨。具体说来，首先，"坚守中有创新"，就是要求继承优秀的文化，尊重知识，尊重经典，认真贯彻实施国家课程、地方课程、校本课程相结合的原则，但在贯彻中要求主动探索，勇于创新，推动学校课程体系的结构性变革；其次，"创新中有选择"，就要选择创新的目标方向，当下最重要的任务是落实学生的核心素养培育，从人文情怀和科学精神两大方面去促进"全面发展的人"的培养，因此，围绕着核心素养而选择课程尤为重要；再次，"选择中有重构"，就要将学科知识和实践经验相结合，将人文思想和科学技能学习相结合，将学术视野介绍和学生模拟创设相结合，从而实现课程内容重构、学科方法重组、课堂教学方式重建；最后，"重构中有提升"，重构结果使得工业化时代的课程向信息化时代的课程迈进，"统一课程"变成"差异课程"，"群体课程"走向"个体课程"，更能够满足学生每个个体的需求，学校适时推出走班制、选修制、小班制，将学科课程与社会知识对接，将知识学习与生活体验结合，更能培养学生学以致用的思维品质，强化学生社会参与的责任意识，成就学生的核心素养，当然，也成就了学生"青苹果"的自主探究、合作学习、扩大视野、模拟创新的能力提升和价值认同。

根据上述的"青苹果课程"建设理念，我们整理出了"青苹果课程"建设的思路，包括组成、结构和展开方式，说明课程建构如何体现"青苹果教育"的价值取向。

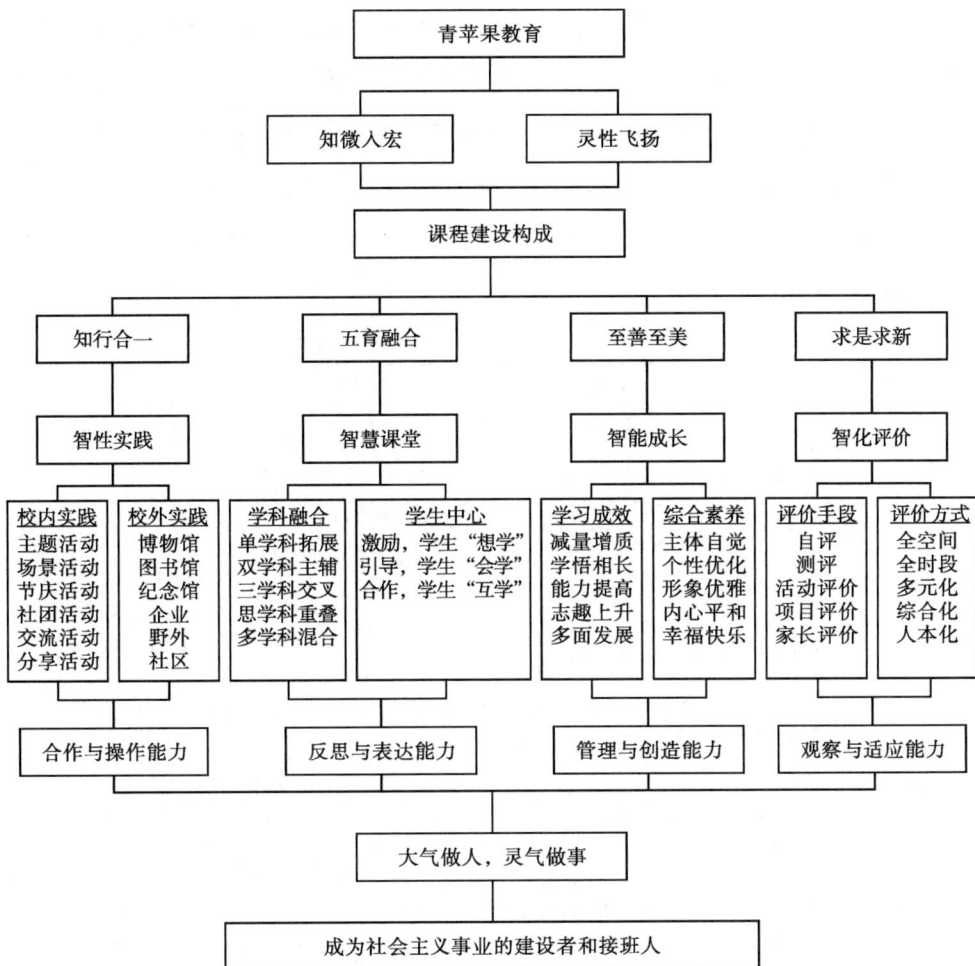

图2 青为大美，圆润万方——"青苹果"课程生成导向

（二）"青苹果课堂"的教学创新

我们带领教师认真研究校训内容"平和清新，果行育德"、研究培养目标"大气做人、灵气做事的刚健少年"，为每个词都赋予丰富的内涵，持续宣传了半年多，虽然在一些教师的行为中有所渗透，可校训和培养目标仍然没有在广大的范围内，在学生身上，在校园的每个细节中落实。造成这种现象的原因一方面是时间还不够长，积淀不够，另一方面是没有经验性理论和行动方法论的指导。

我们首先从学科教学入手，从学生的成长性出发，将"平和清新，果行育德"融入师生日常课堂教学之中，在教学内容的选择和教学方式确定上提出"适度、灵动、智性、创意"，并出台"青苹果"课堂的研究框架，具体准确分析、定位阶段目标，努力将其转化为每一节课的综合行动性目标。一是将学生的实际需要、教材特点、课标和考试的要求结合，确定年级目标；二是对确定的目标进行实践改进。其研究框架如表1所示。

表1 霞浦四小"青苹果"课堂教学研究

研究要素	要素说明		注意点
	育德（教学理念）	果行（策略方法）	
人文情怀	1. 关爱所有学生 2. 公平对待所有学生 3. 理解信任学生 4. 师生、生生关系和谐	1. 给每个学生机会和帮助 2. 创设活动满足学生的求知欲、好奇心、想象力 3. 给每位学生合适的评价和关心 4. 师生交流言行规范、大方自信	言行的分寸感 态度的自然感 心理的安全感 精神的投入感
能力提升目标适度	1. 所有活动目标设计向所有学生的最大发展负责 2. 尊重学生个性差异 3. 在目标设计中追求教学水平的精进	1. 教学目标要处于学生"最近发展区" 2. 根据学生差异，制定弹性教学目标 3. 教学目标蕴含于各教学环节中，提醒多层次的课堂反馈	基础性 发展性 个性化
教学资源选择适度	1. 资源选择为所有学生最大可持续发展负责 2. 教材研读和新资源引入上持续精进 3. 资源选择追求精细	1. 深入研读教材、挖掘教材资源形成对教材的见解，恰当取舍 2. 适量、适度、适机地拓展学习空间 3. 对资源加以梳理、归纳、综合，提升学生认知水平 4. 学生根据要求选择资源、分享资源、有选取资源的能力和意识	关注学生基础与发展，提升"青苹果思维"和"青苹果能力"，达到运用最大化
评价适度	1. 在以评价引领学生可持续发展上追求精进，对学生负责 2. 关注评价多元化设计 3. 关心所有学生被评价的体验 4. 宽容学生的细微错失	1. 关注学生学习共性，努力提升整体学习水平 2. 关注特殊部分学生，关注个性，帮助学生有效、愉快地学习 3. 帮助学生掌握学习方法，引发学生深度学习 4. 多方评价、多元评价，促进学生潜能和兴趣的发展	结合学科目标，立足学生个性，帮助各层次学生更加活跃，更有智性，更有创意

青苹果课堂教学原则：适度 灵动 智性 创意

立足"平和清新"贯穿"果行育德"

这些课堂目标如何在课堂教学中转化为"青苹果"行动性目标呢？每位老师可以选择其中的一个研究要素，以此为原点，辐射、带动其他要素的研究。如可以从"评价适度"出发，将"育德"与"评价适度"教学理念联系，将具体策略与方法联系，综合考虑评价的多元。立足"平和清新"，构建"青苹果课堂"，贯穿"果行育德"，准确分析和定位"青苹果"理念目标，自然贴切地将课堂教学转化为综合行动目标。霞浦四小的"青苹果"课堂理念得到了教师的价值认同和行为追随，相信深入持久的研究和实践，四小的课堂教学将促进学生自主发展的动力形成。

在此基础上不断辐射生成以生为本的特色课程，如开蒙养正的项目课程：礼仪、书画、棋类、合唱；激发志趣的项目课程：音乐、舞蹈、阅读、足球；富有个性的创意项目课程：机器人、航模、3D 打印木件创构、编程创意、陶艺制作等。

（三）"青苹果"教师团队打造

霞浦四小最初教师团队构成是来自各个不同学校的教师组合，针对新城新校大校实际，我们对学校的组织结构进行了设计，以服务我们确定的"青苹果"教育理念培养目标。

首先确定了学校的三年规划，每一年度都有相应的重点目标项目。2017 年是学校办学的第一年，我们确定为教师发展年，2018 年为学校课堂改革年，2019 年确定为课程发展年，之后是学生发展年、校园文化年等等。学校的组织架构分设六个年级部，设置课程管理处、教学服务处、教学保障处、学校事务处等分别由副校长分管。这样就形成以项目组推动学校发展的组织架构。

重组了结构之后，又重新制定了一些新的机制。比如把课程研发纳入年度考核，把课程建设与职称评定挂钩，把参与课程设计设置为教师晋级的必要条件，出台了《教师成长导师制》《教师等级评估》《教师教育学分制》等等，同时去发现老师们参与课程的故事，推介年度课程人物，不断借助老师的力量，生成学校的课程体系。这样通过项目活动让教师更快地融入了学校文化，同时学校从 2018 年启动钉钉智慧校园建设，借鉴新媒体技术工具为教师发展提供更有力的支撑。

在团队管理过程中，我们也持续关注教师的个人成长。教师的成长靠什么？靠课程研发。我们发现在课程研发中，教师成长最快，他们在创造课程的同时发现学生，发现自己。正如林瑞丁老师所说："在课程研发的过程中，我不再为自己是即将退休的教师而焦虑，我完成了从一个语文老师到教学研究者，再到课程研发小组成员的转变。"而我们对"青苹果"教师的定位也是"教师的职责除了传递知识，更多是激励思考，与学生更多互相影响、讨论、激励、了解、鼓舞。"这也就是要求教师要不断加强道德修养，努力提升人格修养，引入多种学科要素，从整合教材走向整合课程，从紧盯教案到关注学生。通过创新课堂教学方法，激发学生兴趣，活跃思考氛围，通过培养学生的自主探究、合作学习、批判思维，让课堂更多注重培养学生品格、打开学生视野、训练学生能力、教会学生方法，促进学生自主发展的动力形成。

通过课程的研发，老师们把目光瞄准学科融合，更加关注了核心素养落地，关注各学科相互衔接。在此基础上，学科教研团队提炼出各学科的学年重点，比如，语文学科强化阅读数量、数学学科瞄准学科思维、英语学科增强情景感知、体育课程更加注重阳光心态养成、音乐课程关注愉悦学生性情等。而所有的学科素养的凝练最终指向的是"大气做人、灵气做事"的培养目标。

（四）校园文化创建

霞浦四小是一所高起点、社会高期待的新学校，起步初期提出"青苹果教育"主张。校园文化创建与学校生活共同起步，经历理念先行、系统完整阐释办学理念、将理念体系逻辑化等过程。我们确定了"青苹果教育"实施的短期行动目标是建构办学特色，通过特色项目形成、特色发展推进、特色学校建成落实争先领先的发展战略。长期建设目标则是形成全体共识、积极向上、和谐快乐的校园文化，包括创设校园情景，突出主流价值取向，渲染育人向上的品牌精神。

1.特色项目选择

新建学校，特色项目的选择空间较大，可以就是"一张白纸，可以画最美图画"。但是，新建学校虽然场所好、设施好、空间大、障碍少，却也面临着人手新、经验少、技术低、起步慢的困难。综合学校优势与劣势，我们在特色项目选择上关注以下几个方面：一是发展前景好，可以与学生核心素养提升的要求相呼应；二是社会认可度高，可以在同行中找到学习、交流、竞争的对手，有助于互动提高；三是学生感兴趣的，可以唤起学生们对自主学习、合作探究的好奇心与求知欲；四是学校现有的条件可支撑的，包括师资、场地、经费和政策能够给力支持的因素；五是项目的发展前景好，包括家长支持、社会认可并且学生可以持续发展。据此，我们提炼出几项学校特色项目：第一是霞浦小吃制作与品评项目。此项目为地方著名的、全国知名的，既有文化根底，又可实际应用，培养孩子们胆大心细的同时也可以增强团体精神；同时，此项目可以获得社会认可、家庭支撑，具有较强的普适性。为此，设立霞浦小吃特色工作坊，每周由不同班级学生轮流制作，老师指导点评，形成一批作品照片和研究小论文，培养学生的劳动意识、家乡情怀和创新能力。同时在学校庭院设立霞浦小吃文化走廊，进一步营造浓厚的小吃文化氛围，形成学校校本特色课程。第二是手工制作与文化研究项目。霞浦历史悠久，容山纳海，为此，学校就近取势，因地制宜，发展手工特色项目。在校内专辟出一间功能室，用于学生制作手工，并展出学生作品和研究成果，做到工匠精神培养和人文知识学习同时进行，科学精神培育和人文情怀强化同时提升。第三是体育特色项目。学校拥有得天独厚的体育场地空间，更重要的是政府通过购买服务的方式，引进专业技术团队，为校园体育教学提供保障。选择球类（含足球、网球等）、田径与文体局、校外少年宫对接，让这些项目落地学校，聘请有经验的体育教师指导体育运动项目或担任学生体育竞赛社团的指导老师，同时发挥学生敢拼会赢的吃苦精神，把体育项目做优做精，促进学生德智体美全面发展。此外，以省文化艺术馆艺术扶贫 10 周年为契机，进一步深化合作，在学生艺术、阅读、书法、机器人制作等方面，争创学校特色新项目。

以上特色项目的开展，促进学生综合素质提升，满足核心素养语境下学生自主学习，合作探究，培养开阔视野，拓展思维能力，强化实践本领，争取全面发展的要求；促进学校落实以生为本、立先创优的发展战略，完善学校办学设施，增加学校办学功能和空间，提升学校的优势和实力，争取特色学校的社会影响和品牌成效。

2. 蓬勃生命力、幸福苹果园的校园环境文化建设

环境文化是学校发展的基础，是学校精神文化的承载物，其第一功能就是教育功能。因此，学校创校初期，首先以"净、洁、静、美"为校园环境的基本要求，规范师生的行为习惯。其次从学生校服设计、校歌的编创、理念大厅、艺术长廊、足球石雕群的设计等都充分考虑实用性与艺术性。关注孩子的视角，既考虑到教育性，还关注到与学校各建筑群的多元协调、和谐相生。更令师生感到自豪的是学校标识、学生校服、建筑文化以及其他设施的设计都有全校师生的积极参与，让静物说话、让走廊变课堂、让苹果雕塑送美传情，符合少年儿童的审美，从形式到内容都为学生喜闻乐见，寓教育于美之中。

校园是一个充满活力又趣意盎然的综合多元的文化载体。学校不仅是学生成人的家园，而且是传授知识的学园，是师生共处的幸福乐园。所以，学校必须"有校有园""有灵有性"，校园文化建设要把"青苹果教育"的办学理念贯彻到位。

以"青苹果教育"为办学导向，更是可以拉动学校文化建设的站位、档次和格调，主要体现在如下几个方面：

一是"青为大美"和"圆润万方"互为依托。"青苹果教育"志于创意、创设、创新，就是要求师生们明白"立德树人，全面发展怎么做？""最好的自己怎么遇见，怎么成为社会最需要的个体？"同时也让师生们理解"青苹果"理念的寓意，从中悟出为人之道、处世之道、治学之道。鼓励师生将知识向智慧转化、智慧向心性转化、心性向能力转化，做到举重若轻、收放自如，有"正性"，有"灵气"，有"守正"，有"创新"。从传统优秀文化和现代先进文化中汲取营养成分推进学校治理、课程建设。

二是"场文化"和"景文化"的有机结合。学校文化建设包括形状、色调、途径、氛围的改造。在学校环境建设过程中，我们着力在景观设置上花心思，在空间视觉上下功夫，正确处理"场"与"景"的关系，正确认识门庭、廊道、楼台、厅堂的不同性质功能。不仅关注强化教育训诫的警示功能，也着力突出文化休闲的滋养作用；既考虑场景与教育场所的功能融为一体，也突出教育品味和个性的设计；既考虑全校一体化的风格色调要求，也关注不同功能分区、不同年段班级甚至不同

个性学生的特殊使用要求的设置；有大气的空间格局，也有灵性的小品雅兴；等等。这样学校的每个角落有场有景，场景融合，让人舒服，使人愉悦。

三是"人文化"和"物文化"的紧密结合。学校以人为本，突出办学主体师生的地位，所以我们在校园文化建设中强化人的关怀和对文化的关切。"人文化"放在主体的位置，同时对门道、廊道、楼道进行美化装饰，借物唤醒人文情怀和科学精神，因此有了校园物的陈设、物的改造、物的传神。同时，"物文化"是为人服务的，放在辅助的位置，"物文化"服从于"人文化"。

43

"品质教育" 办学主张及实践

◎ 陈妙洪

【 作者简介 】

陈妙洪，男，福建福安人，高级教师。宁德福安市八一小学原校长、书记。现任福安民族实验小学校长，福建省"十三五"小学名校长培养人选。全国骨干校长高级研修班学员、福建省骨干校长、福安市品德学科骨干教师，曾获全国校园文化建设先进个人、宁德市先进教育工作者、福安市十佳先进教育工作者等荣誉称号。

近年来，我始终坚持"品质教育"的办学追求，秉承"育根铸魂、品质人生"的办学理念，致力于把学校办成品质人才的基石、特色教育的典范。

一、办学主张

（一）"品质教育"的提出背景

1. 党和国家对高品质教育的重视

《党的十九大报告》《教育部 2015 年工作要点》《关于全面深化新时代教师队伍建设改革的意见》指出，要提升校长治校能力，打造高品质学校，努力让每个孩子都能享受公平而有质量的教育，实现教育内涵式发展。

2. 新时期社会及人民群众对教育发展的需求

新时期中国教育将由规模增长转向高质量发展。实现从大到强，建设教育强国，加快教育现代化，办好人民满意教育，推进教育公平，立德树人，实现教育高质量发展。人民群众对教育需求的本质特征是教育机会均等、高质量的教育、健全的教育体系和合理的教育结构，是有声、有爱、有情、有根、有未来、有人文的教育，其基本内涵是办人民满意的教育。

3. 学校办学内涵提升的要求

八一小学创办六十年来，从最早的一所村级小学，不断发展壮大成为一所市直小学，从小到大，从弱到强。1996 年创办闽东第一所少年警校，并与武警福安中队开展警校共建活动至今。学校坚持党的教育方针，坚持军营的管理模式，以军纪促校风，以训练抓养成，具有拥军爱民优良传统和优秀品质。学校由经验型向科研型、由粗犷型向精细型、由传统型向现代型迈进，办学成效显著，内涵不断提升，树立教育新形象，品质教育应运而生。

（二）"品质教育"的内涵解析

1. 品质

品质指人的素质和物品的质量。对人而言是指人的行为和作风所表现的思想、认识、品性等的本质。品质对于人来说不仅仅限于道德，还包括人的能力、文化等因素。品质是成就品牌最重要的因素。

2. 品质教育

品质教育就是做有内涵、有文化、有特色、有信誉、有质量的教育。外在表现为品牌，内在表现是质量，核心是文化构建。体现在营造和谐育人环境、实现学校师生高水平发展上。学校创造丰富的、高品位的校园生活，将学校的各种资源置于一种和谐共生的状态，为学校师生提供一个可持续发展的校园生活背景。

3. 品质教育的特征

一是具有时代性，强调科教兴国和人才兴国战略，坚持落实社会核心价值观。二是具有全体性，强调要面向全体学生。三是具有综合性，强调要促进学生德智体美劳各方面全面、均衡发展。四是具有主体性，强调要充分弘扬教师和学生的主体性，关注个性和创造力发展。五是具有长效性，强调要培养学生的基本素质和终身学习能力，促进和支持学生可持续发展。我校的"品质教育"不是针对部分学生的"精英教育"，而是面向全体学生、为了全体学生的"大众教育"；不是压抑学生发展的片面教育，而是促进学生德智体美劳和谐发展的全面教育。

二、理论体系

（一）"品质教育"的理论依据

1. 我国古代经典理论依据

《论语》中讲："君子务本，本立而道生。"在创建品质学校的过程中，并不是列出的因素越多越好，必须先确立指导思想和原则，必须围绕核心价值观、核心理念、核心素养，必须遵循教育发展规律扎实有序推进。这为构建"品质教育"框架体系提供理论依据。

王阳明先生的《致良知》倡导"立德、立功、立言"思想和"心即理、立圣人之志、知行合一、事上磨炼、致良知"的核心理念。其谈及心灵品质建设的重要性，这为"提升品质队伍"，抓师德师风建设，提升教师队伍的整体品质提供理论依据。

2. 国家法律理论依据

《中华人民共和国国防法》强调，"各级各类学校应当设置适当的国防教育课程，或者在有关课程中增加国防教育的内容""国防教育要从娃娃抓起"。这为建构"品质教育"框架体系和"国防教育"特色学校提供了理论依据。

3. 党和国家的政策理论依据

《十九大报告》特别指出"努力让每个孩子都能享有公平而有质量的教育，实现教育内涵式发展"；中共中央、国务院《关于全面深化新时代教师队伍建设改革的意见》中指出"提升校长办学治校能力，打造高品质学校"。这些政策强调了实现教育内涵式发展，提升学校品质，为"品质教育"的内涵解析和框架体系提供理论依据。

4. 现代教育管理等理论依据

赵文明、孟涵编著的《品质成就孩子的一生》中，从责任、感恩、勤奋、勇敢、进取、自信、自律、诚实、宽容、专注、自立、博爱、谦虚、创新等 14 个方面论述了优秀品质对于人生的重要意义。欧阳芬主编的《做有根的教育》中，从教育的原点开始，到心理健康教育、教师语言运用、高效课堂教学、特色学校创建、班主任修炼之道、名师育人之道等方面提供了理论依据。王定华先生的"因应时代变化提升学校品质"的主题报告，从学校品质的内涵、促进学校品质提升的具体措施、处理好品质提升过程中的关系等三个方面提供了理论依据。

（二）"品质教育"的体系建构

1. 建构品质教育文化模型

建构"洋葱型"的四层次文化模型。第一层：价值与愿景（八一精神、办学理念、学校愿景）；第二层：目标与发展（办学目标、培养目标、一训四风、细化目标的各个要素）；第三层：行为与形态（课堂文化、课程文化、规章制度、管理体系、道德规范、行为准则、学校活动等）；第四层：符号和象征（形象标志、文化设施、环境布置，即物质文化和环境文化等）。

2. 学校文化建设的步骤

从最内层开始，依次从内往外、自下而上，再从上到下逐步构建。第一步：诊断评估文化状态。第二步：顶层设计文化体系。第三步：行为的养成和固化。第四步：符号的固化和环境的熏陶。由此加强文化自信，让每位老师有"信仰"，带领全体师生携手共进，努力实现学校共同的愿景。

3. 核心理念及标识

办学理念：育根铸魂、品质人生。

办学目标：优质化、特色化、现代化。

学校愿景：品质人才的基石，特色教育的典范。

八一精神：品德优良、团结奋进、敢于担当、严格要求。

办学特色：国防教育、书法教育、竞技体育。

品牌语：好品质受益一生。

校　训：会学习、会生活、会做人、会创新。

校　风：严谨、和谐、求真。

教　风：善教、博爱、求实。

学　风：勤学、向上、求新。

校歌：主歌《绿营风采》、副歌《八一军旗高高飘扬》。

校标：色彩：五星红、橄榄绿。①标识整体视觉形象以"品""八一"草书书写形式为主要元素构成，体现本校是全国书法教育实验学校，"品"字凸显"品质教育"的办学主张。"八"字经变化组合成一条飘扬的红领巾（或燃烧的火炬）代表少先队，"一"字经变化组合构成一对雏鹰的翅膀（也可理解为一对人民解放军的领章）托起飘动的红领巾，（也像燃烧的火炬）展翅飞翔，二者有机结合，将符号转化为视觉形象，直观、大气、简洁，活力四射。②数字1960是学校创办时间。③"八"字的标识颜色采用红色和橙色渐变，象征太阳和热情，"一"字的标识色采用军队的橄榄绿和海军蓝，加上五角星更能体现"军校共建"的办学特色。

4. 学校观

聚焦质量、提升效能、追求人道，是品质学校关注的三个维度。

5. 学生观

坚持立德树人的根本任务；坚持加强社会主义核心价值观教育；坚持传承和弘扬博大精深、源远流长的中华文明基因；坚持落实学生发展核心素养。

6. 教师观

力做"四有好老师"、当好"四个引路人"。

7. 课程观

关注课程的文化价值，关注学生的生命成长，关注多种课程文化的融合。

8.课堂观

以"高尚、丰实、灵动"作为品质课堂的核心要素。构建"践行—思行—导行"的"三行"课堂教学模式。

三、实践探索

（一）培育品质学生

我校坚持德育为先、以人为本，开展丰富的实践活动和评优活动，通过正面教育引导人、感化人、激励人、塑造人、发展人。①军魂铸人，提炼十二种品质基因：忠诚、文明、担当；合作、尚美、创新；健康、阳光、拼搏；友爱、节俭、独立。每月着重开展一种品质基因的培育活动，细化要求，落地生根。好品质，让孩子受益一生。②评选"八一品质少年"：一个好人品、一个好习惯、一手好字、一篇好文章、一副好口才、一项音乐技能、一个好故事、一项国防专业技能。制定《八一小学"品质少年"评选细则》，班级每月评一次，年段每学期评一次，学校每学年评一次。颁发奖状、奖章、奖杯，设立"八一品质少年"荣誉墙，编辑《好品质滋养人生》画册。

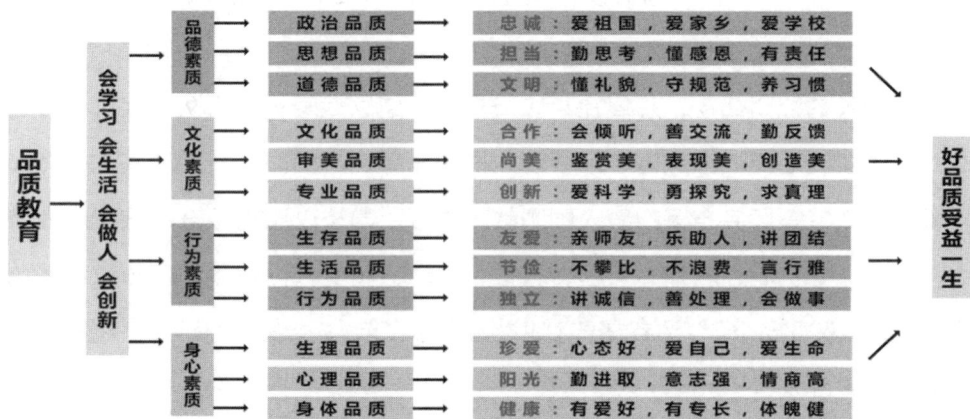

图1 学生品质（基因）培养目标体系

（二）提升品质队伍

教师是学校发展的核心竞争力。在全面落实《中小学教师职业道德规范》的基础上，学校竭力培育教师健全的性格品质。要求教师对待自己要自尊、自信、自强；对待他人要正直、尊重、宽容；对待工作要敬业、负责、协助；对待社会要平等、公正、自律，促进身心健康发展，形成健康的人格，保证事业的成功和幸福感。同时，要着力抓好教师素养提升四大工程。采用校本培训模式，抓好信息技术应用能力提升工程，实现信息技术与教育教学的深度融合；依托培训模式，抓好班子执行能力提升工程，培养班子的业务能力、管理水平；采用帮扶结对模式，抓好新教师成长萌芽工程，为教龄在五年以内的新教师、青年教师的快速成长搭建平台；采用示范研训模式，抓好教师专业成长领雁工程，重点培养名师后备力量、骨干力量，积极发挥引领和辐射作用。形成一个"活水养鱼、蓄水养鱼"教师培训的机制，提升教师队伍的整体品质。

（三）特色品质文化

八一小学拥有六十年拥军爱民的优良传统，在传承原有的"警校共建"学校特色的同时，把打造国防教育特色学校作为品质教育的着力点，落实"国防教育要从娃娃抓起"理念，把国防教育渗透到各学科的教学之中。学校开发了《国防教育》校本教材，开设军歌、军乐、仪仗、警棍、盾牌、队列、举重等26个国防教育相关的社团活动，开展社会综合实践，建立武警福安中队、闽东革命纪念馆、潭头实地野战训练营、革命老区柏柱洋等四个国防教育实践基地，在楼层设计、教室等环境布置中融入国防教育内容。学校以国防教育军旅文化为推力，着力抓好机制、教师、课程、教材、活动、环境六位一体的国防教育特色文化。以"双香校园""数字校园"建设为支撑，努力达到文化化人、特色推动、全面育人的目标。

（四）形成品质课程

课程是学校品质提升最重要的载体。学校品质提升应该通过课程有效推进。围绕学校文化和学校特色，在遵循多样化、选择性、可持续发展原则的基础上充分挖掘课程资源，构建"品质教育"课程体系，为学生提供尽可能丰富且有特色的课程，以满足不同潜质学生发展的需要。八一小学主要从"一个基于、两个整合、三个体现"的方向思考。"一个基于"就是基于育人目标、办学理念和办学特色；"两个整合"就是整合学校育人的时间、空间和资源，整合国家、地方和学校三级课程；"三个体现"就是课程规划既体现国家对教育的基本要求又体现学校的特色发展，既体现宏观办学目标又反映微观课程内容及教育教学方式；既体现学生的共性要求又满足个性期待。八一小学以国防教育特色为基础，从而确立了"核心课程保大局，特色课程显魅力"的"一体两翼"课程模型。从课程形象、课程目标、学习要求、学生塑形、建设策略五个方面，明确博学品质、博爱品质、博闻品质三大课程群的特色和内容，力求独特、贴近学生。博学品质课程群：课程形象——"读万卷书"；课程目标——"博学，让生活更自信"；学习要求——"好学、善思、明理、敏行"；学生塑形——"自信乐活"；课程结构——国家必修课程和国家选修课程；建设策略——构建高效课堂，重点在国家课程规范化，难点在组织分类分层走班教学。博爱品质课程群：课程形象——"怀人道情"；课程目标——"博爱，让生活更温暖"；学习要求——"善良、尊重、感恩、平等"；学生塑形——"温暖阳光"；建设策略——从知识、情感、技能的路径培养学生具有博爱之知、之情、之能，着力支撑其独具特色的博爱文化。博闻品质课程群：课程形象——"行万里路"；课程目标——"博闻，让生活有品位"；学习要求——"进取、健康、沉毅、践行"；学生塑形——"追求卓越"；建设策略——让学生在课程里穿越时空，了解人文与艺术、科学与技术、社会与实践，行走于物质与精神的世界里。

（五）构建品质课堂

本着"以生为本，以学定教，还教于学，共同发展"的理念，以"高尚、丰实、灵动"作为品质课堂的核心要素。优化教师教学方式，学生学习方法，实现课堂高效率。通过不断实践，及时反思总结，构建了"一三五"品质课堂教学模式。这是在教学过程中建立民主、平等、合作的师生关系，构建生生互动、师生互动，师生成为学习共同体的"轻负担、高质量"课堂教学的改革之路。"一条主线"指品质课堂的基本理念：先学引路，导学助阵。确立课堂上学生的主体地位和教师的主导地位，以学生为中心，强调学生对知识的主动探索、主动发现和主动创造。"三个阶段"指学生学习的三个阶段：①践行。鼓励学生拓展思维进行训练，在实践活动中培养学生思维品质；②思行。引导学生勤于思考，勇于创新，敢于思辨，通过自主学习、合作探究培养善于思考、鉴别和研究的思维好习惯。③导行。创设高质量问题情境激发学生求知欲望，引导多角度多层次灵活地发现问题。"五个环节"指课堂教学的五个环节：①情景导学·提出问题；②自主学习·尝试解决；③生生讨论·小组交流；④集体展示·运用提升；⑤巩固深化·学生达标。

（六）树立品质家庭

家庭是真正影响孩子成长的决定因素，家长的一言一行和教育方式影响并决定着孩子的一生。学校发挥"福建省智力扶贫课业辅导基地""宁德市家庭教育示范学校""福安市新时代乡村教育院"的作用，通过家庭教育培训、"品质家庭"评选、"书香家庭"评选等活动，树立典范，让"好品质受益一生"成为家校的共同追求。

（七）强化品质管理

学校立足校情激活力，精细管理增效益，创建特色促发展。着重抓好教育质量提升工程、学生品质提升工程、教师素养提升工程、办学条件提升工程、品牌创建提升工程等核心工作。学校在理念创新、课程设置、管理机制等方面进行大胆改革。遵循学校管理的"四字经"。"精"：详细制定学校章程、规划、制度，实行精细管理。"实"：遵循教育发展规律，各项工作扎实稳步推进。"新"：开拓进取、勇于创新，努力实行校园数字化、学校标准化、现代化。"活"：加强校际联动，盘活机制，开放办学。使学校内涵进一步得到发展，学校品质得到提升，师生精神面貌更加积极向上。2017年5月至今，学校荣获省级以上综合表彰9次，师生参加市级以上各类活动近千人次，学校连续四年荣获福安市学校工作综合督导先进集体，市级以上7次质量检测名列前茅；结盟"五福教研共同体"；帮扶五所农村薄弱校。学校内涵不断发展，学校品质不断提升。

四、未来展望

关于品质教育，我们一直在实践中探索，在探索中前行。我将致力于促进学校内涵发展，提升学校品质；致力于把学校办成"品质人才的基石，特色教育的典范"；致力于追求办好让学生快乐，让教师幸福，让人民满意的教育。品质教育已成为我校发展的办学实践，一种办学追求，向更高更好的目标迈进。

44

让平和润泽童年

◎朱晓华

【作者简介】

朱晓华，男，福建福鼎人，高级教师、特级教师。现为福鼎市桐南小学校长，福建省小学语文学科带头人，福建省小学语文常务理事，宁德市名校长。福建省"十三五"小学名校长培养人选。曾获得福建省优秀教师、宁德市特支人才等荣誉。已发表20余篇论文于 CN 刊物；多次获得全国课堂教学一、二等奖，并赴境外交流。承担多项省级课题研究，教学成果获得福建省基础教育教学成果奖一等奖。

不少学者提出："如果一所学校没有文化，这所学校严格意义上不能算是一所学校。"《中国学生发展核心素养》提出以培养"全面发展的人"为核心，分为三个方面，六大素养。据此，我们提出"平和教育"办学主张，致力于学生平和成长，营造良好育人氛围，滋养平和心境，促成师生具有高尚情怀，公正有爱的学校文化。

一、办学主张

（一）"办学思想"提出的背景

1. 立足学校现实和地方文化

（1）基于学校自身发展的要求

桐南小学是一所百年老校，曾受朱子文化、永嘉学派等多元文化浸润。由于历史和区位的特殊性，办学空间十分有限，发展与规模之间矛盾突出，管理安全隐患巨大，需要平安的环境。同时，基于学校生活要建立平等学习关系，校园人际交往要平顺，处事应平妥，为人要平实的需求，办平和之校是教育者的共同心声。

（2）历史文化和地方现实所决定

福鼎在新石器时期就有人类活动迹象，先民来自多个不同文化区域，四大语系在此交汇，社会样貌错综复杂，人与人之间相处需要平和之道。梧桐树是福鼎市树也是校园主要植物，其生长温和，与教师教书育人的职业要求有共通之处，契合平和文化理念。

2. 源于传统文化与时代的要求

（1）源于文化传承

从文字本身而言，平和就是追求一种中庸之道，深得传统文化的精髓。《说文》认为，平，语平舒也；《廣韻》中有"平，坦也；平，和也"；和的本意是乐音美妙协调共振，引申为强调诸异而致同，诸同而大同，借以希望人与人之间意见相容，观点趋近，步调一致。从文化传承而言，信仰、宗教文化强调和而不同，人与自然一致性，达到兼容（和与合），所以平和是一种人自身内心信仰的需要。

（2）源于时代发展的要求

共享平等的社会理想是人民基本追求，当前道德、法制教育和社会主义核心价值观，指向社会公平与平等的追求，平和就是这种追求的集中体现；国家教育方针提出立德树人是教育根本任务；争端不断的国际环境需要建立以和为贵的国家关系。因此，平和教育倡导的"同心同德"作为核心目标就是时代的基本特征。

（二）"平和教育"内涵解析

"平和教育"办学理念致力于营造良好育人氛围，滋养平和心境，促进学生平和成长，培植师生高尚情怀，打造公正有爱的学校文化。

"平和"是指一个人在"无害"的成长环境中建立一种"平等""和谐"关系，达成生态生长的目的。主张教育应始于至柔、臻于至善、止于至美。教育过程应以平等、和谐为底色，激励师生怀揣梦想，砥砺前行，快乐生长，在平和中成长，建立身、心、灵与生活的共同体，赢得健康人生的起点。提倡尊重儿童天性，站在儿童立场，以儿童视界，施以尊重、互助、合作，建立学习诸元素之间协调的关系。

二、理论体系

（一）"平和教育"的理论依据

平和教育办学主张是基于古今中外的教育先贤所传承的经验财富，集合新时代的国家教育方针和未来发展的基础上形成的。

1. 古今著名教育家思想传承

孔子以伦理道德为核心价值，以正人君子为教育目标，通过人的自我发展，来促进社会的进步；朱熹倡导学校教育要明人伦，有教无类，因材施教；蔡元培倡导"五育"并举，"尚自然，展个性"的思想；陶行知提出"生活教育""知行合一"的理论。

2. 外国教育思想之集大成

苏格拉底"美德即知识"、发现学习法；苏霍姆林斯基"个性全面和谐发展"的教育理想；皮亚杰发展认知理论及加德纳多元智能学习理论等。

3. 借鉴前沿教育理论

张瑞璠主编《中国教育哲学史》，雅斯贝尔斯的《什么是教育》，同时结合中国学生发展核心素养，习近平关于教育的论述和社会主义核心价值观。

（二）"平和教育"的体系建构

1. 德育体系

建立"以德为先，以爱为首，以善为经，以和为纬，以敬为要"的"平和五层次"德育体系，以立德树人为核心的"最美桐南人的评价"为基准，建设以阅读、航模、知心家长学校、武术、动漫为特色项目，形成五大德育课程体系：健康生活，审美创新，责任担当，家国情怀，合作共进，追求"平和"谋事、"平和"待人、"平和"做人，夯实平和人生道德基础。

2. 学校文化建设

学校文化建设分成两个步骤：自下而上和自上而下。首先，通过 SWOT 分析确定学校发展的优势和劣势，整合学校资源，形成办学共识，正确定位学校发展方向，动员全校教师规划建议，集思广益。其次，进行筛选、细化研究，进行顶层设计，形成初步的学校五年发展规划。再次，制定实施方案、时间表、线路图等。最后，确认评价标准，并及时予以调试。

3. 核心理念及标识。

教育理念：平和心境　高尚情怀。

办学目标：平和成长　以爱为先。

办学方式：平实厚德　和美启智。

校训：平和致美。

含义：成就每一个孩子未来的每一天，做最好的自己，做最美的自己。平心治学，和雅动人，欣赏他人就是优雅自己。

教师发展理念：高雅品正　书香和悦。

学生发展理念：知书达"礼"　健康聪慧。

校风：厚德和谐　阳光正气。

教风：赏识激励　公正有爱。

学风：主动创造　探索求证。

工作作风：不要轻视校园任何细节，举手投足皆是言传身教。

校歌：《梧桐花开》。

校标：以红蓝绿为元素，以五彩儿童为主要形象的梧桐树。

4. 学校观

平和教育基于人的全面发展的全育人元素的物态总和，汇聚学校所有教育因素，指向建设百花齐放、和而不同、生长个性的"家国"，打造学生喜欢的学校。让学校成为关照儿童心灵的良性土壤，一个体验完整的幸福童年生活地方。

5. 教师观

强调教师是学校文化构成的核心因素，更是爱的传播者，要做"四有好老师"，更要做契合时代发展，具有信息化能力的引领者，要从传统课堂封闭教学转向课程意识和文化觉醒，从"教书匠"转变为教育教学的研究者和反思的实践者。

6. 学生观

引领、激发孩子学会创造，学会思考，学会质疑，学会生活，平和待人，有良好的道德观，适应社会发展，成为德能一流的社会公民。

7. 课程观

学校通过课程化来实现课程特色，依据"平和教育"的办学定位、育人目标确定学校课程"五大原则"：常态与特色相结合；个性与共性相结合；课堂与基地相结合；自选和通识相结合；基础优势与师资优势相结合。对国家课程依据校情、生情进行二次开发，确定五个课程作为学校特色课程项目：全阅读（跨学科、跨界、跨年龄）；知心家长学校；航模航空兴趣小组；动漫；武术。采用走班制、混班制、固定社团和常态大课间活动方式，开发以学科因素与学生生活融为一体的项目式学习，推动阅读，把阅读作为学科最大公约数。

三、实践探索

（一）平和教育理念通过显性文化标识呈现

1. 以学校徽标表达文化意义

校徽校标双圆相套，内外一体——意味着学校是学生成长最近安全区，学校秉承立德树人、全面发展的教育宗旨。一横一竖构成最基本的底座，代表桐南小学以立德树人为标准的"最美桐南人"的评价体系，一横突破内圆，是指提倡学生在发展的基本道德要求上，实现思维、思想、方法上的突破，提倡个性化学习，遵从自己的内心表达。座上是五个彩色的"U"形，指向学校教育要建构平等、和谐的校园关系，让学生个性得到充分释放，共同打造五彩的童年生活。五个标识呈现手舞足蹈的样子，代表要给孩子一个快乐平和的童年。1905 字样代表着桐南小学建校的时间，让所有人记住，今天的成功与幸福是建立在前人努力的成果之上，要饮水思源学会感恩。大圆和小圆中间的上下位置分别写着"平和相随，最美自我"和"福鼎市桐南小学"纯中文字样，表明学校的教育态度——我是华夏子孙，学校就是传承华夏文明的基本场所，我们每一个人都要学好汉字，发扬光大中华文明。

2. 以多彩表达育人愿景

红黄蓝三色体是桐南小学的校色，意蕴着热情向上的待人之道，向善多能的学习之道，平和重礼的人生本质。整个校标的内核就是一棵朝气蓬勃的梧桐树，既寄寓着桐南小学积极向上、合作共进的团队精神，又预示着学校发展和师生成长的无限可能。

3. 以吉祥物彰显学校文化立意

桐桐头戴梧桐树的叶子，代表着每位学子如叶子般富有生命力，蓬勃向上。楠楠头戴金灿灿的花儿，寓意学校是座百花园，学生像蜜蜂在乐园里学习。桐桐、楠楠欢乐奔跑的姿势，寄托着桐南小学希望打造一个欢乐、五彩、释放个性的教育环境的美好愿望。卡通形象以梧桐树为基本元素，体现"与吾（梧）同行"，友善前行，不离不弃之意。

4. 以浮雕传递学校文化内涵

通过呈现"平和""梦想"两个主题雕塑，塑造师生精神榜样，提升师生精神追求。以平和为主题——从"百福鼎"开始，依次选取虞舜之道、负荆请罪、六尺佳话、文成西嫁、民族团结、拥抱世界六组画面，展现历史长河中各种关系的"和"，鼓励打造平和人文环境。以梦想为主题——从校标开始，选取马栏山文化遗址、太姥山世界地质公园、福鼎城市建设者、知行共长的校园生活、学校武术与文化品牌、女排形象、高铁长征火箭发射台等画面，彰显鼎力争先的精神，鼓励所有教育者为学生放飞心中的梦想而努力。同时融现代文明元素于细节中，传递梦想与希望。

（二）建立多元体验平台

平和教育的实践探索，除了呈现静态的显性文化之外，还借助多元体验平台让学生在潜移默化中润泽心灵。

1. 编创教材

自编自创教材——绘本课程、经典诵读等校本课程教材开展文化设计系列活动。

2. 文化元素设计大赛

开展以"平和"为主题的丰富多彩的文化元素设计大赛,包括:吉祥物形象设计;同刻"和"字章;同绘"和"字墙;未来学校设计;师生形象设计;办学理念墙设计;文化体育节徽标设计;"我家的书屋"家庭阅览室设计。

3. 创意体验性活动

开展"平和书远"图书漂流活动,"好书推荐,平和相伴"推荐会,"平和阅读屋,规矩知多少"阅读规则倡议活动,创建"平和时光":名画鉴赏、美文朗诵、名曲欣赏、艺术鉴赏、书法感受等。

(三)"平和"课程建构

平和教育致力于打造特色课程,提出"平和课堂、情智相长"的课程理念,强化学科之间高度融合。围绕国家课程打造四大主题课程系列——校本课程以活动课程 + 自修课程为主,实现社团常态化、生活化,引进地方课程;阅读课程以开展班级阅读课 + 阅读指导课的模式,突破空间,开展家校、师生、亲子共读;德育课程——开设知心家长学校,编创梧桐树课程;个性课程——诵读课程、吟诵、朗读、绘本阅读、一班一品。在每个学科中制定学科个性教学策略——数学课堂:双互学习、思辨课堂、实践悟法;语文课堂:诵读为主、超前断后、迁移运用;技能科课堂:感受真善美、发现真善美、创造真善美。

1. "平和致美"德育课程体系

以平和成长为核心,紧紧依托中华经典,放眼世界文化,瞻望未来科技,创建和谐的校园人文环境。以"U"形构建管理模式,打造本校特色文化品牌,注重凝聚力和拓展力——从细节、文化、民主、人文等方面构筑同心圆,把校园文化建设成为师生、家校高品位教育的有效载体,实现制度与人文、家庭与学校的和谐共生,培养有家国情怀、健康生活、审美创新、责任担当、合作共进的"最美平和桐南人"。建设五大德育课程体系:健康生活,审美创新,责任担当,家国情怀,合作共进,同时开设相应的实践课程——平和阳光、健康课程;平和绽放、审美课程;平和少年、文明课程;平和三维、家校社课程;平和班级、动静课程。

（1）平和德育校内课程

以校内平台为原点，开展平和班级动静课程——"一班一品"特色班级、动感中队；"四大礼"——开笔礼、入队礼、十岁礼、毕业礼主题活动，落实德育基础课程，开发个性课程，实现校内平和德育课程一体化。

（2）平和三维家校社课程

根据不同年级孩子特征，确定德育教育课程，选择适合学生成长的主题。如：一年级："帮助孩子适应学校生活"；二年级："亲子阅读指导课"；三年级："让孩子和你一起学会感恩"；四年级："网络迷恋问题"；五年级："学会交往"；六年级："帮助孩子小升初的跨越"。家长开放日、周末聊吧、周末书吧成为课程常态，外聘讲师课程、社区课程、亲子活动、家长志愿者服务自选课程主题。

制作"最美桐南人行为示范片"进行道德引领，矫正不良行为习惯；编制《小学生综合评价手册》《"践平和文明礼，做最美桐南人"文明礼仪训行手册》，以知心家长学校为依托，实现校内外一体化。

2."平和"阅读课程建构

以大阅读课程推动平和文化的生成，通过分设多种类型课程，形成"全"阅读，达到全员阅读、全时阅读、全科阅读。通过推送诵读课程、图画书阅读课程、整本书课程让全校学生参与到多元的阅读实践中去；诵读经典的诗性文本，以儿童的诵读体验为核心，欣赏中外优秀的经典的图画书，结合有效的略读指导和班级读书会，形成核心素养下的大阅读氛围。

通过晨午间默读，读书成果静态分享，"平和时光"的美文欣赏时光、经典回顾时光实现常态阅读；通过图画阅读、故事聆听与讲述等课程形式丰富小学母语课程的形态，培养儿童的想象力、理解力、创造力，从而获得美感，生成平和成长的价值观，引导儿童走向真、善、美的世界。

引导日有所诵，引领孩子感受诗性文本的音韵、节奏、趣味、内涵，涵养美好的心性，促进其语言发展和精神成长，六年积累500篇以上。引导学生阅读不同风格的儿童文学作品，让阅读润泽学生心灵，丰富学校平和文化的内涵。通过整本书阅读课程实施，达到小学六年的阅读总量不少于500万字这一保底要求，指导选书，学习读书方法，提升阅读力，促进语文核心素养的发展。

（四）"平和理念"教学践行

1."平和教育"的教学主张

"平和教育"的教学主张是"平和课堂、情智相长"，主要指向课堂要建立学习元素之间和谐关系，学习过程要达到悦纳、悦言、悦行的"三悦"，形成平和学习境界。教师课堂要做到"三行"——蹲下来、共同体、同行者，即要建立平等的学习空间关系，要以儿童的视角来思考观察学习过程，以儿童表达方式来沟通、理解、呈现思维结果，以儿童立场来评判学习结果，尊重儿童的表达，建立同伴教育关系的机会，改变教育角色和学习关系中的位置，做学生的学习伙伴，建立情境教学的空间，使学习深度、广度、梯度、效度不断提升，形成审美与知识、能力与方法、感受与表达一体的学习结果；以"和"衡量心智——和谐、和畅、和同，打造有效平和课堂。

2."平和教育"的德育践行

（1）立于常态，根植一言一行

以基础课程为主要抓手，落实德育常规，建立常态课程执行规范。从基础抓起，循序渐进抓好行为规范养成教育，突显活动灵魂，科学规划活动，把平和教育融入每一件小事中去，重细节，重成效。以"美德小达人"的推荐评选为抓手，评价学生学习与践行社会主义核心价值观养成行为，树立榜样，提供多元评价平台。

（2）打造品牌，构建"平和家庭"

首先，以常态促平和品牌生成。平和教育充分发挥家庭教育和学校教育的合力，实现平和入心，多元勾连，开辟多种渠道打造省级品牌。推进省级中小学德育建设示范学校，省级项目的引领下的"知心"家长学校规模与办学规范，在平和家校的建设中形成生态家庭教育模式。引进社会资源，设立家长讲坛，利用"知心"家庭教育分享微信家校沟通平台和现代信息技术架起有效沟通的桥梁，形成三位一体和谐共育的局面。以班级为单位，开展丰富多彩的亲子活动，让家长深度参与到班级管理中，成为教育力量，例如：开展家庭共植（植物）共育（动物）共游活动，记录美好生活；参与"城市管理一日体验"和清理城市牛皮癣，升值社会担当意识；融入地方文化，参与白茶体验活动；体验各种不同的职业，丰富生活经验；树立最美家庭榜样，开展"最美家庭"评选，让爱在家常驻，培育良好家风；以省武术传统校微平台开展武术奠基活动；通过科技健脑，开展丰富多彩的航空航模活动，让科技与时代并肩，联合科学课程，让科普教育"学科化"，打造科学型教师队伍，积极开展科普教育课题研究和丰富多彩的科普活动，成立科技活动社团，举办校园科技节，使平和文化在立体的活动建构中落地生根。

其次，以书香为平和落地助力。学校每年举办一届"悦读节"，以"同沐书香，共享阅读"作为推手，通过课题引领、课程护航、活动推进、评比促进、家校互动、馆校共建、邀请作家进校园等活动全力推广人人阅读。

最后，传统节日文化与现代精神共舞，生成平和之美。开展节日印象活动，体育节、艺术节、科技节、教师节、悦读节及各种重大的传统节日，步入学校着力打造的文化印记中。南苑讲坛、师德论坛等传递桐南精神，建立互联网共享，通过信息化手段分享自己对时代精神的理解、感悟，创作出学校文化内涵，制作成特色文化产品，让家长参与网上评选。在设置信息课程时，注重创新课程内容和学校文化相结合，学生建立个人网页融入学校文化和时代精神，通过微信公众号，表达自己的想法，倾听社会建议。让信息化助力学校文化动态生长，多元变化，落地有声。

（五）"平和教育"的评价体系

平和教育要从理论走向具体的行为养成，落实到生活中去，就必须要有一套切实可行的评价体系。我们提出"五提倡"：日常相处，微笑相待；产生矛盾，温和化解；面对差生，假以时日；不良行为，循循善诱；师有所失，推心置腹。师生相处要做到"四平"：平心而论、平心静气、平心而察、终和且平、平安无事；制定"五不准"：不允许高声呵斥、不允许怒目圆瞪、不允许声讨诛罚、不允许随意轻慢、不允许推脱转嫁。出现任何教育问题必须持"我的责任"的态度，从不同层面制定"平和"教育具体评价方案。

1. 平和文化渗透力评价

通过这个评价体系，让全体师生明确平和文化的内涵要求、行为标准、自我定位，在现实行动中自我矫正。

2. 平和文化管理力评价

主要针对班子成员融入班级管理，执行平和文化实施的效度和主动意识，强化所有管理者让自己成为文化标杆。

3. 平和文化消化力自我评价

通过对具体执行平和文化的意愿和效度制定的，采取"多元多项评价制度"，从空间、内容、对象等方面采取多种办法来衡量平和文化的消化力。

教师个体和班级的文化生长离不开评价制度，多一把评价的尺子，就会多一份文化渗透，但实际教育管理中，由于客观存在的个体差异，又不能用简单划一的标准进行评价。为了促进平和文化落地，我们设计了"平和文化的层级评价"模式。

方式之一："最美班级排行卡"。以全校班级为经线，平和文化内容要求为纬线，班级行动作为指针，指向学生养成。每个班级全面落实平和文化要素，全校人人齐抓共管，实行班级排行榜，以量化评估班级的文明程度。

方法之二："平和周星海选卡"。学生在班主任指导下填写平和文化行为矫正卡，要求每周填写一次，每次填写的内容包括：五提倡、六不准，进行自我评价、家长评价、教师评价、同学评价一体等。

方法之三："最美桐南人推荐卡"。学生是评价主体，通过写"推荐卡"参与到评价中来。主要有四种渠道：班级、校园所见（机动评价）、教师、个人等评价所接触的学生，把自己日常在校内外所见的做到"平和待人"的师生挑选出来。可以写推荐卡，或者通过网络二维码线上投票，匿名向"最美桐南人"评价组推荐。

方法之四："平和绿卡"。"平和绿卡"由"美德卡"和"阅读卡"组成，学生通过"最美班级排行卡""平和周星海选卡""最美桐南人推荐卡"参与活动和个人美行为效度获取积分，得到"美德卡"，然后加上"平和阅读卡"积分的综合评比获得

"平和绿卡"。同时利用线上阅读检测平台进行评分，并通过相应的过关检测，依次获取"平和宝宝积分卡""绿卡"，以此类推。每一张卡都可以在"道德超市"换取相应等值商品，在"道德银行"储蓄美德——最后达到"小卡换大卡"，细节换美德的目的。获得"平和绿卡"最多的学生与获得"平和阅读卡"积分总数最高的学生获得"平和之星"，奖励"桐桐""楠楠"，接受颁奖、赠书，授予金牌，具有校园景致独立命名权。

多元评价促进学生平和生长的可持续性，让师生树立"校园里的每个细节都是关乎教育与成长的大事""教育没有多余的细节""每个人都应该为自己的每一个行为负责任""今天的小事就是明天的大事"等观念，开启"举手投足皆是言传身教"的平和教育之门。

平和教育实践三年来，获得了福建省基础教育改革成果一等奖，知心家长学校获评全国家庭教育创新基地。

四、未来展望

"平和教育"办学主张是建立在学生能有独立的发展可能愿景下，在当前实验过程中，已经取得多项高级别成果。未来五年，我们希望通过多元探索，全面推进，以"小学整本书阅读课程体系构建"课题为核心抓手，打造平和文化下的优质教育，培养全面发展、能力一流的社会公民。

45

多元和合　润泽花开
——"和润教育"办学思想的构建与实践

◎余清华

【作者简介】

余清华，女，福建宁德人，中共党员，高级教师。现为宁德市华侨小学书记、校长。福建省"十三五"小学名校长培养人选，宁德市首届名校长，宁德市特支人才，宁德市先进教育工作者，宁德市"十佳"优秀青年教师，宁德市三八红旗手，宁德市五一巾帼标兵。

一、办学主张

美国教育家欧文斯在他的《教育组织行为学》中曾写道："改变组织表现的唯一关键因素就是改变其文化。"学校文化是一所学校的"魂"，而办学理念则是一所学校的文化之根基，精神之所在。

（一）"和润教育"办学理念提出的背景

1.基于党和国家对人的培养的要求

"为谁培养人？培养什么样的人？怎样培养人？"这是教育的初心与使命，也是学校教育的起点与归宿。党的十九大报告和中共中央、国务院《关于全面深化新时代教师队伍建设改革的意见》都指出：中国教育进入后普及时代，人的主体地位得到了前所未有的彰显和尊重，人的发展时空得到了前所未有的拓展和释放。培养德智体美劳全面发展的社会主义建设者和接班人，这是当代的教育使命与担当。

2. 源于教育的使命

苏霍姆林斯基曾指出，教育者的使命是尊重每一个孩子的个性，让孩子各方面得到和谐发展。孔子的因材施教、陶行知的生活即教育都告诉我们，教育的本质是应尊重差异，发现和成就人的独特性，培养完整和谐、充满个性的人。生命如此多元，未来的世界也一定更加多样和开放。学校教育其内容和任务就要着力营造优良的教育生态，为学生成长提供一种和谐共生的可持续发展的校园背景，时刻怀着对人的个性多元差异的由衷尊重，千方百计创设学生个性化成长的空间，发现和成就每个人的独特性。也由此，学校才能成为一个多元开放、包容共进、内蕴深厚、和谐润泽的师生生命成长的园地。

3. 来自学校的实际情况

寻找学校文化的生长之路，就要追溯学校的历史，扎根本土文化与优良传统，在传承与变革中沉淀精神，并不断超越，铸炼出一所学校独特的文化特色。

宁德市华侨小学前身为东湖塘侨校，是为解决归国难侨的子女入学问题，于1965年创办的。1985年更名为东湖塘小学。2005年随着闽东侨乡——东侨的崛起，扩建新校区，更名为宁德市华侨小学。作为一所侨校，曾经这里的教师、学生均为归侨及其子女。学校偏安一隅，默默地为那些曾与风搏，曾与浪斗，填海筑堤的归侨们解决后顾之忧！从2005年开始，随着东侨的腾飞，这所侨校的学生数呈几何级数增长，目前，已达4000人。这些有着天南海北籍贯的孩子们，在这里和谐快乐地学习、成长。"可敬的华侨""腾飞的东侨""奋进的侨小"——"三侨"相依相融，和谐共生。至此，多元和合已成一种必然！"和润"教育就是在这种必然中应运而生！

（二）内涵和理论渊源

"和润"是传承，是融合，是儒家思想、闽东精神、三侨文化的大集合。

"君子和而不同，小人同而不和""万物负阴而抱阳，冲气以为和""夫和实生物，同则不继""礼之用，和为贵"……这是儒家思想中的"和"；"可敬的华侨""奋进的侨小""腾飞的东侨"——"三侨"相依相融，和谐共生，这是"三侨文化"的"和";"弱鸟可望先飞""至贫可能先富""后发可以先至"……这是"闽东精神"的"和"。"和"作为中国传统文化的核心理念和根本精神，铸就了中华文化的风骨与气度，既是深入骨髓的文化认同，也是现代社会的核心价值追求。层面之一为"和谐"，即自我身心的和谐、人际关系的和谐、人与自然的和谐、人与社会的和谐；层面之二为和而不同，体现着"尊重差异、开放包容、多元共生"的理念。

"润"是一种状态，是一个润物无声、滴水穿石般的过程。"润"有滋养，也有韧劲。润泽着我们的身心，丰厚着每个生命的底色。

二、理论体系

在继承和创新中，架构具有学校特色的"和润"教育体系：

（一）办学精神：温润而泽，和合与共

"温润而泽"出自《礼记·聘义》："昔者君子比德于玉焉，温润而泽，仁也。"形容君子温暖而有光华，以宽容如海之度，待人和煦，举止从容有度，处事令人如沐春风。正如"三侨"那深厚的精神底蕴与东湖水的大气、坚韧，润泽着我们的身心，丰厚着每个生命的底色。

"和合"语出《国语》《管子》。"和""合"互通，"相异相补，相反相成，协调统一，和谐共进"。"和合与共"中我们追求在尊重个体差异的基础上，通过"各美其美，美人之美"，进而达到"和凝为一，融合发展""美美与共，天下大同"。

"温润而泽"，一个润物无声、滴水穿石般的育人过程，就仿如悠悠的东湖水，无声地滋养着东侨的人民，也如东湖水，用一往无前的坚韧，做好育人的每一件事。"和合与共"则是在办学精神的引领下我们追求的美好愿景，尊重每一个生命的个性差异，用心浇灌，静待每一朵生命之花绽放。

（二）育人目标：和润生命，美泽人生

奥地利的阿德勒曾说过，幸运的人用童年治愈一生，不幸的人用一生治愈童年。和润教育是润泽心灵的教育，恰如春雨滋润大地，于不知不觉中营造自然和谐

的氛围，潜移默化地润泽生命。和润教育是尊重多元与差异的生命教育，成全每一个生命的成长。在教育教学中，不是灌输，不是强制，而是尊重、包容、熏陶、启迪、感染、激励、体验、参与，彼此相互成就。和润教育是自主特色发展的教育，在提升学生综合素质的同时，多角度、多路径地挖掘学生发展的不同可能，尊重每个生命主体的独特性、丰富性、主动性，培养学生过美好人生的能力与情怀。这样的教育，有着浓浓的生命情怀，面向每个生命的未来。

（三）办学定位：和衷共济，润己达人

和衷共济，出自《尚书·皋陶谟》。比喻同心协力，克服困难。和衷共济，润己达人着力于打造一支发展同心、目标同向、工作同步、困难同上的合作团队，并通过"和融课程""和真课堂""和悦治理""和正评价""和美环境""和乐联动"为孩子们的幸福人生奠定坚实基础。

（四）校训：和而不同，润行致远

"和而不同"出自《论语·子路》，是指每件事物、每个人都是独一无二的，拥有着仅属于自己的个性能力。正是这美妙的独特性，各司其职，造就了和谐自然的世间万物，赐予了普罗大众不一样的色彩，使生命充满了意义。东侨是海的女儿，有海纳百川的姿态；在这所侨校里，有让每个心灵和谐相遇的温度。当深厚的学校文化底蕴与精神力量，渗透到教育教学的每一个细节中，春风化雨般地润泽着每个师生的时候，每一个师生便有了独特的精神特质、乘风破浪奔向远方的情怀梦想与无穷的力量，这就是"润行致远"。

（五）校风：守正出新，和融向上

守正："正"者，大道也。守道德之正，品行自觉；守学问之正，乐学善思；守处事之正，诚信平和；守行事之正，踏实做事。出新，即"创新"，新者，生机也，敢于挑战自己，善于探索，勇于直面挫折，成就个体生命的和谐成长，带动学校的持久发展。当一所学校，具有海纳百川的气度，和融共进时，师生便有了心灵相契的归属感，必心中有温暖，脚下有力量，眼里有未来，和融向上，将成为校园

最美的风景。

（六）教风：和悦包容，执着向前

"和悦"：一是自身的和悦，达成身心和融，悦纳自我；二是与他人和悦，达成人伦和善，悦纳他人。当面对千差万别的教育对象、千变万化的教育情况、千头万绪的教育内容时，身为师者，要尊重包容，懂得和而不同；要心中有爱，和风细雨。在教育这条路上，怀揣情怀，善教善导，勇于迎难而上，执着向前。

（七）学风：乐学善思，滴水穿石

孔子言："知之者不如好之者，好之者不如乐之者。"充分说明了乐学的重要性；"学而不思则罔，思而不学则殆"，说明善思的重要性。乐学善思，让学习富有乐趣，发自内心爱上学习；勤于思考，勇于尝试，敢于创新，让学习真正地深度发生。

宋代罗大经《鹤林玉露》中有："绳锯木断，水滴石穿。"是的，学习需要专注，需要持之以恒，需要日积月累，需要勇往直前。当学生具有意志力时，定能学有所成，未来有所建树。这种学习品质将伴随着一个人的终身和谐成长，使学习真正地面向未来。

三、实践探索

（一）和美环境，润健善勇

育人离不开环境，"学校空间即教育"，这意味着学校空间的营造、校园内的一草一木，都将成为教育元素。一所好的学校，不仅是一个教育环境，也是一个文化环境。

在学校环境空间布局上，我们划分出六个区域：阅读区、交往区、发泄区、展示区、独处区、运动区。动静相宜，独处与共处中，尊重赏识每个孩子的天性，因材施教，让每个孩子有个性化的发展空间。漫步校园，随处可见"和润教育"的理念在校园的角落用心绽放、扎根。"和源馆"，即我们的校史馆，学校的发展历程与"三侨"文化生动而深刻展现。以班级为单位来上校史课，传承中汲取前行的力量。

"和润园"以浮雕的形式呈现"和润教育"的文化精髓。"和悦厅",教师成长风采的展示园地,"和悦包容,执着向前"的教风得到了诠释。"予香廊",鲜花绽放,取名自"赠人玫瑰,手有余香",告诉学生做一个"和善"之人。"诗地"精心挑选的经典诗歌,无不在启发学生,保有自己的个性,眼中有光,心中有梦,脚下有力量……校园环境的一草一木,悄然传达着"和润"的温度与坚毅。在这样和美的育人环境中,学生的身心和谐,并在心中生发出更多的力量。

(二)和悦管理,润诚求真

行和润之路,成教育之美。为办好一所有灵魂、有品质的学校,在探索与实践中我们提出"一点两线三面"和润教育的立体治理模式,彰显学校管理的人文性、自主性与创新性。

1. 一点:"党建 +"135 工程

学校是立德树人的地方,把党建引领放在学校管理的首位,强化党的全面领导,通过价值引领,打牢"不忘初心,牢记使命"的红色底子,我们推行"党建 +"135工程。"1"指立德树人和融为先,推行"党建 +"系列教育活动,让党建引领学校教学、德育、工会等各项工作。"3"指润行为主,落实三项培养,即把普通教师发展为党员教师;把党员教师培养成双优教师(优秀党员 + 优秀教师);把双优教师培养成学校管理人才。"5"指不忘初心,坚持"五育强校",即以德治校、学习强校、强体健校、和润美校、以劳兴校。

2. 两线:细实常规,凸显创新

常规管理是学校最基础的、最常态的管理。在常规管理中,我们从细微处入手,落到实处,使之规范化、细节化。同时,在细实常规管理过程中,我们力求管理创新,常抓常新,适应教育新常态,引爆发展正能量。如创新约束机制:学校在管理制度的制定与实施中,力求体现对生命的关照,摒弃传统的"控制与惩戒";创新评价机制:如在"四星班级"管理与教师的绩效考核中,我们改变传统的扣分制,采取加分的形式,对师生的正向行为及时给予鼓励强化,将建章立制的"硬"管理与人文关怀的"软"管理相结合,激励师生,达到自主约束、自我教育之目

的。常规管理与管理创新构成了一个完整的管理链。由此，来唤醒师生生命自觉与成就感，激发向善向上的活力与动力，进而推动学校管理的特色创建与内涵发展。

3. 三面：自我成长——小组协作——团队共进

教师的成长力是学校的生产力、竞争力，是核心发展力。

在教师队伍的成长建设管理中，我们采取的路径策略是自我成长—小组协作—团队共进，三面螺旋式关联共同发力。通过一个个教师个体的主动发展，延展到各种形式的小组协作成长，从而水到渠成地带动学校整个教师队伍的共生共进。

教师专业成长的要义在于唤醒、激励生命个体自我主动成长的动力。在自我成长层面，用阅读去唤醒激励：学校创设各种条件，引领教师们在繁杂的工作之余，主动阅读，不断思考，深度唤醒自我内在的生命成长自觉，拥有仰望星空的教育情怀和强烈的职业责任感。用榜样去唤醒激励：运用好评价激励机制这一外因，催生教师的自我成长与超越的内在需求。我们通过评选校园人物，催生个体与群体共生的"责任情怀"，唤醒其责任意识和责任自觉，用身边的榜样典型，激励自己，同时更深层次地唤醒自我成长的冲动。具有合作意识与协同"作战"的能力，于个人及学校的发展，都弥足重要。如我们开展各种小组式的教师成长共同体活动，如在日常教学教研中，我们以年段小组为单位，共同齐备齐评好课，推出"好课大家上""好课大家评"；成立教师兴趣发展小社团，如阅读写作社、书法社、班级管理研究社、合唱社等，让有相近的温度、相类的愿景、相当的承担的他们走到一起，共同成长。

当每一个团队中的成员，通过个体自我成长及小组的协作学习成长之后，每个人都激发出自身的无限成长潜能，叠加在一起，就是最强大的团队力量。当每个教师都能感受到这种力量、温暖、自豪的时候，就特别渴望在团队中展示自己的专长，愿意贡献自己的力量。就这样，由个体到小组，直至整个学校团队，就有了强大的凝聚力与前进的爆发力。

（三）和融课程，润美毓能

陶行知曾说："盖课程为学校教育之中心，假使课程得有圆满解决，则其他问题即可迎刃而解。"可见学校课程设置的重要性。在立足国家课程、地方课程的基础上，在"和润"理念下，我们努力建设"和润"课程文化体系，培养具有学习力、思维力、创新力、温度力的未来公民。

1. 基础学科课程建设

我们把党的教育方针中关于学生德智体美劳全面发展的总体要求具体化、细化为学生发展的核心素养。各学科结合学生发展的核心素养要求和学科特点，进一步凝练出学科核心素养，努力打造扎实有效、开放包容、深度成长的学科课程，聚合各学科的育人效力。

在"和融语文"理念下，低年段提出"趣语文"的学科理念，让学生在学习语文的起步阶段就感受到学习语文很有趣，学语文是一件很有趣的事；中年段提出"真语文"的学科理念，引导学生说真话、写真事、抒真情；高年段则提出"韵语文"的学科理念，通过汉听、古词等经典学习，丰厚学生的语文素养底蕴。在"智慧数学"的理念下，低年段提倡"趣味数学"，挖掘数学教材中的趣味因素，让学生通过视、听、玩、赛等活动，真正感受到数学学习的乐趣；中高年段提倡"简约数学"，通过对数学课堂的情境创设、素材选择、活动组织、结构安排等，使教学要素做到精确把握和经济妙用，使课堂变得更为简洁清晰、丰富深刻，进而达到优质和高效，最终实现学生数学基础学力的发展、数学素养的提升、健全人格的生成。其他学科，如"润趣英语""文野体育""灵动音乐""提质美术"等，也一同发力，共同打造一体化的学科课程体系，助力学生的全面和谐成长。

2. 生命课程建设

卢梭曾指出："我们的教育是同我们的生命一起开始的。"关注生命，是教育永恒的主题。生命教育既关乎人的生存和生活，也关乎人的成长和发展，更关乎人的本性和价值。生命课程教育的核心目标在于，通过生命管理，让每一个人都能成为"我自己"，学会爱与付出，对生命多一份热忱和敬畏，让每一朵生命之花都能圆满地绽放。我们按年级，以五个主题——认识生命、爱护生命、感恩生命、敬畏生命、成就生命，关照到生命的多个维度，螺旋上升式地开展生命教育，并形成校本课程。

3.“一月两节四礼”活动课程建设

“一月”——读书月；“两节”——体育节、科艺节；“四礼”——入学礼、入队礼、成长礼、毕业礼。立足学生的生活世界，面向他们的广阔未来，通过丰富多彩的主题教育活动和仪式典礼，对活动仪式感进行渲染和营造，于无形中放大教育影响力，促进学生的全面和谐发展和生命绽放，从而全方位打造“和润少年”。

4.自主发展课程建设

“和润教育”是和谐发展、自主特色发展的教育，在提升学生综合素质的同时，应多角度、多路径地挖掘学生发展的不同可能。我们的自主发展课程主要有三个系列：小舞台展风采；小眼睛看世界；小小手能实践。尤其是“小舞台展风采”，深受学生欢迎。为孩子，为教育，为了让每一个孩子绽放独属于他的那一份光彩，只要学生有某方面的专长，都可以向学校提出申请，学校就会为其搭建展示平台，引领学生对自己的成长进行规划。如学校为某个同学出版“专著”，让他（她）体验到当“作家”的自豪；学生还可以向学校申请举办个人音乐会、个人绘画展等。只要学生有梦想，学校便成为其梦想实现的舞台。

（四）和真课堂，润学秉勤

“和真”课堂。着眼点在“真”。真教真学真知识。采用三段式教学模式：课前根据孩子的实际情况开展不同方式的预学活动，根据预学数据来设计课堂教学，让课堂更有针对性。让孩子带着问题进行学习，学会思考，学会解决问题，从而让课堂动起来，以学定教，顺势而导。课后拓学，拓宽学习外延，作业的形式是多样化的。当每一位教师尝试着努力改变自己固化的教学思想理念，学会改变相关“姿势”时，就能把在课堂中，甚至在教育教学过程中的每一个问题发现、解决，并把它们当作作为自己与学生成长的一次次重要机遇。这样，教育更接近本质，静悄悄地与师生生命成长融为一体。

（五）和正评价，润德促长

如果你的机制是在激发恶，那么培养善良的目标就是空谈。在一所学校中，评价往往发挥着“导向性”的作用，除了常规的分数外，我们的评价更注重发展性与多元化，从而建立综合的、多维的、互动的、正向的科学评价方式。我们以评促长。

构建和润教师和和润少年的成长目标：善于沟通常微笑；勤于学习多思考；勇于接纳能合作；乐于奉献展风采，敢于创新向未来。（教师）爱奔跑，会思考，能自律，善坚持，勇担当。眼中有光，心中有梦想，脚下有力量。（学生）

（六）和乐联动，润广视野

打破教育的藩篱，成就没有围墙的学校，是一种全民的大教育观。"和润"教育关注与家庭、社区、单位等联动，"家长微课堂""家庭教育沙龙""志愿者在行动"……让家长、让学有所长的专家走进校园，让师生走出校园，流动的资源使学生研学的空间更广阔，在丰富的体验中和乐成长。

四、未来展望

一所学校的文化建设从来不是一蹴而就的，而是经过经年累月的探索实践，才能慢慢形成自己的品牌特色文化之路，在这条路上，我们将"温润而泽，和合与共"的办学精神一以贯之，怀揣理想，脚踏实地，无悔向前。

46

大家学园
——汇聚所有美好

◎林彩英

【 作者简介 】

> 林彩英，女，福建平潭人，高级教师，现为平潭城中小学
> 书记、校长。福建省"十三五"小学名校长培养人选。从
> 事一线教育工作三十余年，在《中国教育报》等 CN 类刊
> 物上发表论文十余篇。曾获福建省五一劳动奖章、省先进
> 教育工作者、省三八红旗手等称号。

教育为追求美好而生。我们知道，教育过程是发现美、享受美和理解美的过程，如果没有对美的渴慕，教育就很难真正发生。同时我们知道，教育不是单纯的学校教育，而是需要学校、家庭、社会多方合力共同推进，她是一个巨大的磁场，吸纳和汇聚各种教育力量。所以我们提出打造家庭学校社会合力教育共同体，全民共同关注教育，教育引领全民学习的教育思考。树立"教育是大家的，大家办教育"的理念，形成"社会教育力""系统教育力"。推动构建全民教育的"大家学园"，真正把教育变成全社会、全人类的事业。

一、办学主张

（一）构建"大家学园"的背景

有人的地方就有教育。教育伴随着人类的发生发展，也伴随着个体的成长，教育乃是一种以育人为中心的活动，其核心正在于激活个体对美好事物的欲求，进而引导人成为"人"。这里的"美好事物"正是包蕴在日常生活世界之中又超越于日常

生活之上的以真、善、美为核心的价值事物。从苏格拉底、柏拉图一直到夸美纽斯，其中传递下来的基本教育信条就是，人的灵魂之中潜藏着美善知识的种子，教育就是把这种子引发出来。这里的种子其实就是包蕴在人类文化之中的美好事物的记忆。

加快推进教育现代化、建设教育强国、办好人民满意的教育是新时代学校教育发展的主旋律。《中国教育现代化 2035》提出了推进教育现代化的八大基本理念之一："更加注重融合发展，更加注重共建共享。""建成服务全民终身学习的现代教育体系""扩大社区教育资源供给，加快发展城乡社区老年教育，推动各类学习型组织建设"是党和国家对未来教育的布局。大家学园是未来趋势，教育就是与美相遇，教育的美是共享。生命与生命的相遇是美的，学生与老师、学生与学生、学生与自我的相遇都是美的，这种美就是共享，而教育的要旨正是心灵的共享。心灵共享，才能激活美善，正是共享，才能激发个体心灵对美善事物的欲求，每个人通过教育与古今中外的生命共享，这种相遇才能是美的。才能拓展一个更宽阔的世界，分享和共享更大的世界。

这个相遇、共享，我们希望在我们的学校中实现。

（二）构建"大家学园"的内涵及整体架构

我国较早的文献记载对"大家"的诠释，是"卿大夫"，是贵族阶层。在《辞海》里对"大家"有多种定义，我们借用了其中三种：一是巨室，世家望族，旧指有声望地位的高门贵族；二是知识渊博者、博学的人；三是"众人""大伙儿"。学校构建"大家学园"，旨在把学生培养成为有着高贵气质、渊博知识的大家学子。在大家文化熏陶下，学校以学生的全面发展为本，依靠家庭、社会各方面的通力合作，努力把学生培养成具备"大家"的科学素养，"大家"的人文品质，"大家"的唯美追求，让学生成长为具有"健美、智慧、高贵"的人。

"学园"即校园，"学园"即乐园，在这里，每个孩子都能积极主动地学习，开心地享受着学习带来的快乐。在大家学园里，无处不学程，每一科课程都变成了学程，每一种活动都是学程。在这里，教育的意义不仅仅是培养优秀的学生，更重要的是要成就每一个学生，让所有的孩子的潜力得到挖掘，得以释放。同时，我们不仅关注学生的学习和成长状态，还给予教师足够的关注和关怀，以提升教师的幸福感。因为一所好的学校的前提和旨归是让教育回归幸福。下面是"大家学园""的整体架构（见图1）

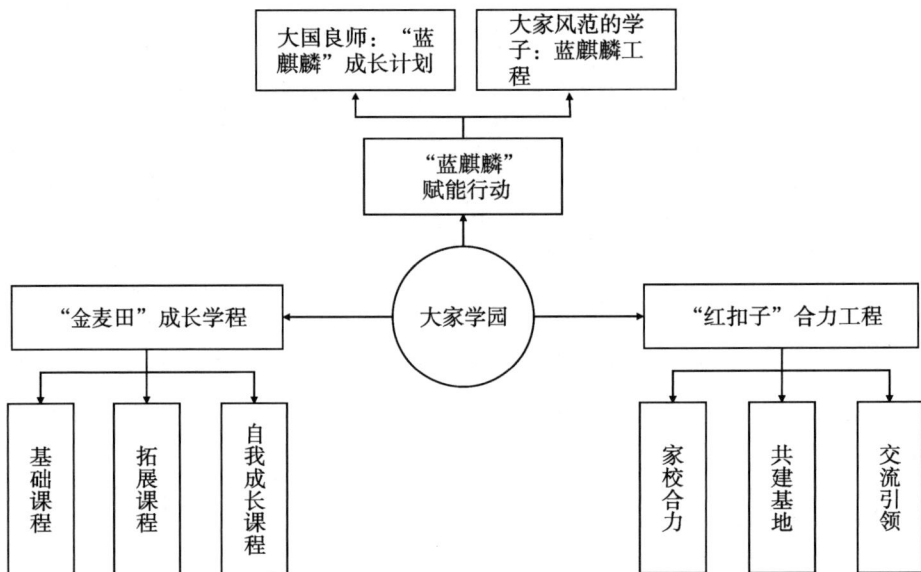

图1 "大家学园"的整体架构

（三）构建"大家学园"的理论渊源

"大家学园"办学主张借鉴伟大的人民教育家陶行知"社会即学校"的理念。陶行知认为，"社会的机构是整个的，学校所割宰的不过是社会某一部分，各个儿童有各个社会的背景，儿童的社会，不是成人的社会所能了解的，社会的展开应该是全部的，而不是片段的。"基于此，我们要汇集所有的美好，让儿童享受更美好的教育。

二、理论体系

良好的校风从每个细节入手，影响学生和教师的言谈举止，在无形中受到教育。学校通过书法"写字"文化引领，以点促面，以面成体，实现"解字作书、立德做人"（欧阳中石先生语），要求师生在每一言、每一行、每一事、每一天，以至于人生的每一个阶段都要做真人，做优秀的人。为此学校创建了三风一训：

（一）三风一训

1. 校训：写好人生每一笔

意指走好人生每一步，涵育师生严谨、细致、认真、实干的品格。

2. 校风：心正笔正　身正行正

心正笔正，缘由唐代著名书法家柳公权提出了书法实践思想。学生要追求学业的精进，学生必是执着追求、真心求道、深钻苦研、临池不辍，不达目的绝不罢休。学生要胸怀敬畏之心，用正确的思想指导做事，在成才道路上奋力攀登、审慎前行。

身正行正，出自子曰："其身正，不令而行；其身不正，虽令不从。"教师肩负"传业授道解惑"的光荣使命，更多的时候应该以身作则，举止得体，言行端正，依靠个人的言行和魅力来影响和感召他人。

3. 教风：身承匠心　身正学高　身传言教

身承匠心，匠心的背后隐含着的是追求职业完美的意识和精神，这就需要教师像工匠一样加强学习，精益求精，热爱自己的工作，并追求完美。

身正学高，语出《荀子·修身》："夫师以身为正仪而贵自安者也。"教师首先必须是一位合格的公民。作为人之典范，教师应当以崇高理念作为职业价值观，自觉遵守并维护社会的核心价值体系。

身传言教，教师所授的知识往往会被学生新的、更高的知识所代替，而教师示范对学生的人格影响则能受用终身。

4. 学风：行品端正　学品兼优　位品高雅

行品端正，学校教育的最终目的是培养具有幸福生活能力的人，并能帮助别人幸福生活。应该培养精神高贵的人，拥有正义、仁慈的精神底色，有教养，有责任担当意识，以高贵的精神赢得社会地位。

学品兼优，出自曾国藩的《致四弟·宜常在家侍侯父亲》："明年延师，父大人意欲请曾香海，甚好甚好！此君品学兼优，吾所素佩。"品学兼优意味着学生的品德和学业都很优秀，即学生成长为会做人、会学习、会做事的，全面发展，学有所长的优秀人才。

位品高雅，培养优雅而有品位的学生。生命充满热情，拥有美丽的心灵和丰富的情感，成为美的发现者、欣赏者和创造者。教育不能过度关注单一的技能，而要通过文学与艺术的熏染，培育美丽的心灵，丰富的情感，使孩子充满激情，有创意地生活。

在这样的理念体系下，学校侧重抓住三个发展理念，即用红黄蓝三原色诠释学校的办学理念。

（二）"红扣子"合力工程——建构全民教育的大家学园

习近平总书记于 2014 年在北京大学师生座谈会上提出，青年的价值取向决定了未来整个社会的价值取向，青年又处在价值观形成和确立的时期，抓好这一时期的价值观养成十分重要。这就像穿衣服扣扣子一样，如果第一粒扣子扣错了，剩余的扣子都会扣错，人生的扣子从一开始就要扣好。而系好人生第一扣，需要的是家庭、学校、社会的通力合作。要成就好的教育，发展好学校，必须与教师、家长、企事业、政府等深度沟通，围绕共同的价值观，形成合力。一所面向未来的学校，应有长远的目光，能够协调学校、家庭、社区的关系，营造一种和谐共生的教育大生态，为学校教育教学和学生成长创造良好的软环境。一所面向未来的学校，必须重视自身在社区中的引领作用，开放校园，实现与社区的深度共融、共进。基于此，学校从"教育为大家与大家办教育"的教育宗旨与理想入手，推出"红扣子"合力工程，建构社会教育力，推动全民教育的学习氛围。

（三）"金麦田"成长学程——实现生活与学科的完美融合

学程是一种动态的过程，是生成性的，是强调师生经验互动和学习者经验的建构过程，是跟学生当下的生活经验联系起来，以学习者的兴趣、需要、能力、经验为中介来实施，让学生在探究和体验中学习，关注的是学习者的学习过程和方法。

它是从学习者角度出发和设计的，与学习者个人经验相联系、相结合，强调学习者作为学习主体的角色，让课程更具人性。

简单地说，学程打破了课程的时空性，强调的是吸取资源的能力和终身学习的毅力，从小学开始，让学习成为一种习惯，让学习陪伴一生的美好。基于此，学校打造"金麦田"学程体系（见表1），用一个"中心"（儿童视角）两个"聚焦"（聚焦生长和聚焦合作）、"五品"（德品、学品、健品、艺品、研品）结构来夯实国家课程，在它的基础上开设了成长社团课程，让德育课程系列化，提出项目式研究性课程，利用项目式学习，以学为本，让学校成为师生共同成长的金色家园。

表1 "金麦田"学程体系

分类	德品	学品	健品	艺品	研品
基础课程：国家课程	道德与法治等	语文、数学、英语、历史等	体育与健康	美术、音乐书法	通技、信技
拓展课程（研究性学习）	项目式研究课程	以"主题节庆"为主题；以"大千世界"为主题；以"纵横古今"为主题			
	成长社团课程	科技创新类、人文艺术类、运动生活类……			
	德育实践性课程	三礼六节	三礼：入学礼、成长礼、毕业礼 六节：感恩节、读书节、书法节、才艺节、实践节、体育节		
		主题教育	安全、国防、禁毒教育等		
		研学课程	行走平潭（按年段划分）		
	私人定制课程	毛笔书法琅琊课程 乒乓球队转训课程 特殊生辅导课程			
自我成长课程：6+1行动	一声问好，温暖你我；一根跳绳，健康伴我；一本好书，智慧随我 一手好字，行正如我；一个问题，创新有我；一场研学，发现新我 一项特长，遇见最美自我				

（四）"蓝麒麟"赋能行动——造就大家风范的师生气度

旧谓为颂扬周王室公子之作，后因以麒麟比喻优秀子弟。故美称自己家族中子侄之秀出者为"吾家麒麟"。平潭岛也称为麒麟岛，学校依托麒麟是集高洁、祥瑞于一身，是尊贵、优秀、杰出的象征的寓意，以"大家学园"为办学思考，结合平潭是国际旅游岛的时代要求与未来展望，提出了"蓝麒麟"成长赋能行动，意在把提升教师和学生的素质作为目标，以培养大家风范的师生为终极目标，着力打造具有行品端正、学品优秀、位品高雅的大家风范的三品学子；努力把教师塑造成身承匠心、身正为高、身传言教的大国良师。

三、实践探索

（一）吸纳＋凝聚，推动构建"大家学园"

学校提出了"三地"的概念，启动"红扣子"合力工程，即打造家庭学校社会合力教育共同体，提倡全民共同关注教育，教育引领全民学习。

1. 学校发展——"大家学园"实现的主阵地

教师和学生是学校这个舞台上的主角，要让每一个人都有成为主角的机会。为此，学校以人为本，一直重视两支队伍建设，即教师队伍和学生队伍。注重师生积极性的发挥，给师生创造发展的空间和展示的舞台。充分为他们打开了自我发现、自我完善、自我成长的一扇窗。学校提出"蓝麒麟"赋能行动，启动了"城中少年自我成长6+1行动"，创立"城中少年仪表礼仪三字歌"……旨在希望城中学子怀揣深远博大、纯净的梦想，奋发向上，争做明理诚信的文明少年，朝气蓬勃的阳光少年，饱读诗书的儒雅少年，提笔如兰的蕙质少年，心怀天下的励志少年，勇于创新的时代少年。

学校以把教师塑造成身承匠心、身正为高、身传言教的大国良师为终极目标，依托校内外的力量，重视对教师的业务培训，提高教师的业务水平。坚持以校本培训为主，开展多种形式的培训活动。每个教师制定三年自我规划赋能，用六大工程目标构建整个学校教科研的框架（专家引领亮眼工程，青蓝携手成长工程，小课题研讨探索工程，学科带头人造山工程，教学风采展示塑性工程，共同体阅读提升工程）；开设六种课型让教师阶梯式成长（新教师汇报课、青蓝携手课、校本研讨课、课题研究课、骨干展示课、名师观摩课）；让新教师研磨课型，经验型教师主抓课题；学科带头人设立工作室；团队合力攻坚，阅读共享丰实视野；以课题研究为抓手，全校教师全员参与做课题研究，推动学校教科研步入正轨。同时，在学校微信公众号"城中大学堂"开辟"先生叙事"栏目，鼓励教师们将教育教学上的得失总结出来，冷静反思，提出问题，定期诊断，让反思、研究、科研成为习惯。

2. 家长成长——"大家学园"实现的保障地。

学校以构建"有温度"的家校育人共同体为目标，用"五个一"工程带动家长成长：一周至少面对面和孩子认真坦诚地交流半小时，一学期至少读一本家庭教育书籍，听一次家庭教育讲座，交一本家长课堂笔记，分享一次家长读书沙龙活动，全部完成可以参与学校的"智慧家长"评选活动。每年"六一"节评选表彰积极参与学校管理的家长委员会成员、智慧家长及书香家庭，举行优秀家委、智慧家长、书香家庭颁奖典礼。学校创设家校共生、共育、共情的良好环境，让教育改善家庭，让家庭助力教育，构建校内外心心相印的有温度的教育共生体。家校合作由封闭走向开放、由传统走向现代、由碎片化走向集约化、由分散用力走向整合推动，日趋常态化、制度化、规范化，推动家长参与教育的行为由局外人走向局内人。实现资源互补，从而促进学校、家庭、教师、家长的合作共赢共进。

3. 社会各部门合作共育——"大家学园"实现的依托地

长期以来，社区在教育中的作用没有得到足够重视，学校几乎"包办"了教育的一切。"大家学园"是要成为优化资源、汇聚美好的中心。唯有开放学校，将其置于社区之中，让这个社会最前沿的信息及时反馈到学校，融入教育设计中，使其成为学生可以触摸和体验的课程与学习，并培养他们面向未来的核心能力，学生才会一点点接近美好的未来。

学校向社区开放资源，社区为学校提供发展动力，学校与社区互相沟通、双向参与，使社区在推进自身的发展与居民终身学习的需求上获得了学校的支持，同时又为学校的生存和发展提供了保障与合作。学校积极与区图书馆共建阅读基地，与交警部门共建文明出行基地，与海岛研究中心共建海洋研学基地，与国家海西隔检中心共建动植物保护研学基地，与将军山公园共建爱国教育基地等；汇聚社会力量，邀请各部门各机构参与，专业团队加盟，建立教育共同体，良性互动，形成合力，共谋共建、共促共享营造一个科学、专业、绿色、可持续发展的健康教育生态圈。

（二）主线＋特色，逐步凸显"两香校园"

教学质量是学校的立身之本，紧抓教学质量是一所学校可持续发展之源。课程是教学的中心，也是教改的重点。课程改革的中心理念就是优化学生的学习，使得学生更好地接受知识，培养自己独立思考的能力，成长为社会未来的栋梁。在这一理念的指导下，我们建立了"一条主线，书香·墨韵并进"的发展模式。

1. "一条主线"

"一条主线"是指做好教育教学工作。作为福建省素质教育改革试点项目单位，学校通过"师魂铸造工程""青蓝结对工程""能力提升工程""人文关怀工程"四大工程来搭建学习力与教学力增值的平台；打造"金麦田"学程，推进以"主题节庆"、"纵横古今"和"大千世界"等为主题的项目式教学；打造新教师汇报课、青蓝携手课、校本研讨课、课题研究课、骨干展示课、名师观摩课六种课型，把技术性知识和学术性知识相整合、把动手和动脑相整合，整体架构和实施课程，提高学生的学习效率和综合素质，使课程更符合儿童发展需要，真正体现"儿童立场"。

2. 书香·墨韵的办学特色

多年来，学校推行以书法教育和阅读为载体，营造"读好书，写好字，做好人"的校园文化氛围，形成书香·墨韵的办学特色。

（1）传承书法文化，翰墨润童心。学校秉持"认认真真写字，堂堂正正做人"书法教育理念来培养师生。大力开展书法特色教育研究，开辟的书法教育特色区；建立书法成长记录袋、竞赛评比等多种方式不断提升师生书法能力；各班量身定做书法练习方式，开辟每日书法作品展示区，坚持每周一次班内的书法评比；开展丰富多彩的书法活动；利用校本课程，开设书法兴趣班，成立书法小社团，充分发挥课堂教学主渠道的作用。

（2）开启阅读之旅，书香浸校园。学校着力建设让阅读像呼吸一样自然，以师生阅读为特色的校园文化新思路，并在实践中构建了"六化"阅读模式；学校引进梯航网阅读平台，与区图书馆共建阅读基地，建造城市书房，共建职工书屋，利用国旗下讲话、广播、走廊标语等营造浓厚的读书氛围；构建三种阅读课程（主题阅读课、经典诵读课、整本书阅读课）；开展各种阅读活动；扎实推进"晨诵午读"，让每个学生养成书包带一本书的习惯，每周亲子阅读打卡；每个学生都有一张免费的区图书馆借阅证，学校图书馆全天开放，随时供阅；把校图书馆的书搬进教室读，让学生随时随地都能接触到书籍，真正做到阅读像呼吸一样自然。

（三）名师＋优才，凝聚美好"大家风范"

"学生作为生命个体都需要被珍爱，他们的健康成长需要我们共同培植。"在这一思想的倡导下，学校明确了要培养具有"大家风范"的师生，即围绕必备品格和关键能力的核心素养，培养品格出众和能力不凡的师生。

学校全面加强师德师风建设，突出全员全方位全过程师德养成，确立了教师成长进程中"学习讲坛，共同价值观的生成"、"成长论坛、提升专业素质"、"研磨耕坛、学习力与教学力增值的平台"、"活动赋能、走向文化自信"四大板块，以及从民师到明师再到名师的教师成长"三部曲"。坚持在品格和能力方面学习提升，给学生做好榜样，实现做"有理想信念、有道德情操、有扎实知识、有仁爱之心"好老师的要求。

学校重视教师的专业阅读，为全校教师办理读者证，购买专业用书，建立读书沙龙，定期举行阅读分享会。全方位提升老师们的读书学习力，促进了教师的专业成长。

同时，为引导学生"写好人生每一笔"，学校要求每一位学生都应树立明确的目标，形成良好的个性和社会性培养素质。用丰富多彩的活动，如举行读书交流活动、"我在书中等你"好书推介校园征文活动、"读书点亮心灵　墨香润泽人生"校园读写节系列活动、"开笔启蒙　弘道养正"新生入学教育等系列主题活动，让学生珍惜现在的幸福生活，努力学习，追求梦想，从思想上引导学生走上积极健康的人生之路。

以小事、小细节来落实，抓好行为训练，培养文明的习惯；充分发挥学生礼仪督查岗、纪律督查岗、卫生督查岗、诵读督查岗、锻炼督查岗作用，培养自主管理能力，形成知荣明耻、知书达礼的内在气质和干净利落、训练有素的外在作风。建立校内外德育基地，指导学生深入社区，到大自然、农场、大中型企业、科技馆、博物馆、大学开展社会实践活动，定期举办读书节、歌咏比赛、英语演讲比赛、英语情景剧比赛等主题活动，帮助学生丰富情感体验，提高实践能力。

利用大型的活动培养学生的品位。"金麦田"社团的潜能发挥，"迎春送福，共享吉祥"区书法家协会与平潭城中小学共建书法基地等，开展"尊老、敬老、爱老"活动，传承尊老敬老美德；到社区清理环境，树立环保意识；到社区广场义写春联，传播传统文化；进入各部门参观，以此培养学生的团体意识、创造意识、公民责任意识与服务社会意识等综合能力。

四、未来展望

真正的教育乃是深入我们心灵、长久地留存在我们记忆之中，并且催人向善的事物。它是以生命关怀为基础，以人文为引领，以环境美好、课程美好和教学美好为基本途径，以培育美好人性为核心，追求人的美好发展为目标。它既关注学生未来生活的美好，也关注生命成长过程的美好；既关注人的自然性生命之美，更关注人的精神性生命之美；既关注人的生活需要，更关注人对尊严的需要。接下来，我们将进一步完善"人人都是教育者，人人也是受教育者"的理念，久而久之，这种合作力将会形成越来越大的磁场，影响着周边乃至更多人的学习力与综合素养——"让教育像呼吸一样弥漫于整个宇宙"，那么，"教育为公已达天下为公"的愿景将不遥远，大家学园、大家乐园的美好生活必将快步走来。

这不仅是我们的梦想，也是我们的职责，因为对教育者而言，目标很明确——这个世界，因我们的存在而愈发美好。